D1749650

Os HOMENS que SALVAVAM LIVROS

DAVID E. FISHMAN

Os
HOMENS
que SALVAVAM
LIVROS

*A luta para proteger
os **tesouros judeus**
das mãos dos **nazistas***

TRADUÇÃO DE Luis Reyes Gil

VESTÍGIO

Copyright © 2017 David Fishman. Publicado mediante acordo com a Mendel Media Group LLC of New York.
Copyright © 2018 Editora Vestígio

Título original: *The Book Smugglers: Partisans, Poets, and the Race to Save Jewish Treasures from the Nazis*

Todos os direitos reservados pela Editora Vestígio. Nenhuma parte desta publicação poderá ser reproduzida, seja por meios mecânicos, eletrônicos, seja via cópia xerográfica, sem a autorização prévia da Editora.

GERENTE EDITORIAL
Arnaud Vin

EDITOR ASSISTENTE
Eduardo Soares

ASSISTENTE EDITORIAL
Pedro Pinheiro

PREPARAÇÃO
Pedro Pinheiro

REVISÃO
Eduardo Soares
Samira Vilela

TRADUÇÃO DA EPÍGRAFE
Juliano Klevanskis

CAPA
Diogo Droschi
(sobre imagem do Instituto YIVO para Pesquisa Judaica)

DIAGRAMAÇÃO
Larissa Carvalho Mazzoni

Dados Internacionais de Catalogação na Publicação (CIP)
Câmara Brasileira do Livro, SP, Brasil

Fishman, David E.
  Os homens que salvavam livros : a luta para proteger os tesouros judeus das mãos dos nazistas / David E. Fishman ; tradução Luis Reyes Gil. -- 1. ed. -- São Paulo : Vestígio, 2018.

  Título original: The Book Smugglers : Partisans, Poets, and the Race to Save Jewish Treasures from the Nazis.
  ISBN 978-85-54126-12-4

1. Bibliotecas judaicas - Destruição e pilhagem - Europa 2. Holocausto, judeu (1939-1945) - Europa 3. Propriedade cultural - Proteção - Europa 4. Propriedade cultural da Europa - Destruição e pilhagem I. Título.

18-19193   CDD-940.5318

Índices para catálogo sistemático:
1. Holocausto judeu : Guerra Mundial, 1939-1945 : Alemanha : História 940.5318
Iolanda Rodrigues Biode - Bibliotecária - CRB-8/10014

A **VESTÍGIO** É UMA EDITORA DO **GRUPO AUTÊNTICA**

São Paulo
Av. Paulista, 2.073,
Conjunto Nacional, Horsa I
23º andar . Conj. 2310-2312.
Cerqueira César . 01311-940
São Paulo . SP
Tel.: (55 11) 3034 4468

Belo Horizonte
Rua Carlos Turner, 420
Silveira . 31140-520
Belo Horizonte . MG
Tel.: (55 31) 3465 4500

Rio de Janeiro
Rua Debret, 23, sala 401
Centro . 20030-080
Rio de Janeiro . RJ
Tel.: (55 21) 3179 1975

www.grupoautentica.com.br

עליסאַן
(Ellisson)

"קום אַרויס צו מיר
(Vem para mim)

מײַן טײַער זיס לעבן . . .
(Minha querida e doce vida)

קום זשע אַרויס
(Vem para fora)

כ'וויל מיט דיר צוזאַמען זײַן"
(quer estar junto a você)

SUMÁRIO

  9 Nota do autor
12 *Dramatis personae*
19 Introdução

PARTE UM – *Antes da guerra*

25 Capítulo 1: Shmerke – A alma do grupo
32 Capítulo 2: A cidade do livro

PARTE DOIS – *Sob a ocupação alemã*

45 Capítulo 3: O primeiro ataque
53 Capítulo 4: Intelectuais no inferno
63 Capítulo 5: Um paraíso para livros e pessoas
74 Uma joia resgatada: O livro de registro da sinagoga do Gaon de Vilna
78 Capítulo 6: Cúmplices ou salvadores?
84 Capítulo 7: Os nazistas, o bardo e o professor
91 Capítulo 8: Um Ponar para livros
99 Capítulo 9: A brigada do papel
107 Capítulo 10: A arte de contrabandear livros
116 Uma joia resgatada: O diário de Herzl
120 Capítulo 11: O livro e a espada
129 Capítulo 12: Curadores e eruditos em trabalho escravo
139 Capítulo 13: Do gueto para a floresta

150 Capítulo 14: Morte na Estônia
158 Capítulo 15: O milagre de Moscou

PARTE TRÊS – *Após a guerra*

181 Capítulo 16: Debaixo do solo
189 Capítulo 17: Um museu como nenhum outro

198 *Uma joia resgatada: As cartas de Sholem Aleichem*

202 Capítulo 18: As difíceis batalhas sob os soviéticos
211 Capítulo 19: Lágrimas em Nova York
219 Capítulo 20: A decisão de ir embora
227 Capítulo 21: A arte de contrabandear livros – de novo
234 Capítulo 22: A escolha de Rachela
240 Capítulo 23: A descoberta alemã
250 Capítulo 24: Dividindo obrigações

256 *Uma joia resgatada: O busto de Tolstói e outros russos*

260 Capítulo 25: Perambulações: Polônia e Praga
266 Capítulo 26: Paris
275 Capítulo 27: O retorno de Offenbach, ou a profecia de Kalmanovitch

PARTE QUATRO – *Da liquidação à redenção*

285 Capítulo 28: O caminho para a liquidação
292 Capítulo 29: A vida segue
298 Capítulo 30: Quarenta anos no deserto
303 Capítulo 31: Grãos de trigo

312 Agradecimentos
316 Notas
345 Referências

NOTA DO AUTOR

A maioria de nós entende o Holocausto como o maior genocídio da história. Vimos muitas imagens de campos de concentração e de montes de cadáveres. Mas poucos encaram o Holocausto como um ato de pilhagem e destruição cultural. Os nazistas buscaram não só assassinar os judeus, mas também eliminar sua cultura. Mandaram milhões de livros, manuscritos e obras de arte para os incineradores e depósitos de lixo. E transportaram centenas de milhares de tesouros culturais para bibliotecas e institutos especializados na Alemanha, a fim de estudar a raça que pretendiam exterminar.

Este livro conta a história de um grupo de internos de um gueto que resistiu, que não aceitou que sua cultura fosse esmagada e incinerada. Narra a perigosa operação levada a cabo por poetas que se transformaram em *partisans*, e por eruditos que viraram contrabandistas em Vilna, a "Jerusalém da Lituânia". Esses salvadores lutaram contra o doutor Johannes Pohl, um nazista "especialista" em judeus, enviado pelo órgão de pilhagem alemão *Einsatzstab Reichsleiter Rosenberg* para coordenar a destruição e a deportação das grandes coleções de livros judaicos de Vilna.

Os alemães usaram quarenta internos do gueto como trabalhadores escravos para selecionar, empacotar e transportar o material. Em um desesperador projeto de dezoito meses, os membros do grupo de trabalho escravo, apelidados de "brigada do papel", enrolaram livros em volta de seu torso e conseguiram fazê-los passar escondidos pelos guardas alemães. Quando pegos, enfrentavam a morte no esquadrão de fuzilamento em Ponar, o local de assassínio em massa nos arredores de Vilna.

Depois que Vilna foi libertada dos alemães, os membros sobreviventes da "brigada do papel" desencavaram os tesouros culturais ocultos em *bunkers* e esconderijos. Mas logo chegaram a uma dura constatação: as autoridades soviéticas que assumiram o controle de Vilna eram tão hostis à cultura judaica quanto os nazistas. Tiveram então que resgatar de novo os tesouros e tirá-los da União Soviética. Mas contrabandear livros e documentos pela fronteira soviético-polonesa era tão arriscado quanto a operação no gueto.

Este livro conta a história de homens e mulheres que mostraram uma devoção inabalável à literatura e à arte, dispostos a arriscar a própria vida por isso. Coloca homens e mulheres de letras em confronto com dois dos mais mortíferos regimes da história.

Tomei a liberdade de imaginar os sentimentos e os pensamentos de meus protagonistas em vários momentos, mas as coisas que eles fizeram não foram imaginadas – baseiam-se em extensiva pesquisa e documentação. Na maioria das vezes chamei a cidade onde os eventos tiveram lugar de "Vilna", que é como os judeus a chamavam, mas em certos contextos usei a forma lituana "Vilnius" ou a polonesa "Wilno".

No fundo, *Os homens que salvavam livros* é uma história pessoal: uma história sobre pessoas. Permitam-me então contar uma história minha. Há alguns anos, dei uma palestra sobre o gueto de Vilna e mencionei de passagem a bravura da "brigada do papel". Ao final do evento, um homem idoso, andando com auxílio de uma bengala, veio até mim e disse: "Sabe, eu trabalhei nessa brigada alguns meses. Eu mesmo passei alguns livros e documentos escondidos pelos guardas alemães". Fiquei perplexo. Não imaginava que algum dos heróis da "brigada do papel" estivesse ainda vivo em 2012. Mas ao vê-lo responder minha bateria de perguntas, pude concluir que havia sido de fato membro do grupo.

Aos 93 anos de idade, Michael Menkin vive hoje numa residência de idosos de Nova Jersey. É um homem gentil e elegante, um comerciante de joias e pedras preciosas que se mostra muito modesto levando em conta sua bem-sucedida carreira nos negócios. Ele curte os prazeres prosaicos que a vida lhe concede: a companhia do filho, da filha, dos seis netos e dos muitos amigos e admiradores. Menkin é um apoiador convicto do Estado de Israel e lembra com orgulho que Menachem Begin, então o jovem líder do sionismo revisionista na Polônia – e mais tarde o sexto primeiro-ministro de Israel –, dormiu na casa de seus pais em Vilna. Michael foi também um dos fundadores do Museu Memorial do Holocausto dos EUA, em Washington, D.C.

Mas naquela época, era um interno alto e esguio, de 18 anos de idade, do gueto de Vilna. Os alemães o mandavam carregar caixas de livros até a plataforma de carga – a maioria destinada aos incineradores e às "fábricas de papel", e algumas para serem despachadas para a Alemanha. O poeta Shmerke Kaczerginski colocou-o sob sua proteção e ensinou-lhe a arte de contrabandear livros.

A atividade de Michael resgatando livros é uma das poucas memórias felizes que ele guarda de seus anos no gueto. A mãe, duas irmãs e um irmão foram executados em Ponar. "Todos tínhamos certeza de que seríamos mortos logo. Então, por que não fazer uma coisa boa e salvar alguns tesouros? Não me lembro do nome dos livros e manuscritos que 'roubei' durante o trabalho, mas muitas vezes deitava na cama à noite e pensava comigo, *Quem sabe? Talvez tenha resgatado algo importante.*"

De fato. Resgatou sua humanidade e a nossa.

*DRAMATIS
PERSONAE*

Shmerke Kaczerginski. Idade em 1942: 34 anos. Nascido em Vilna, a "Jerusalém da Lituânia". Criado em um orfanato, frequentava a escola noturna, trabalhava numa gráfica e escrevia poesia. Shmerke – todos o chamavam pelo primeiro nome – juntou-se ao grupo literário "Vilna Jovem" e se tornou o membro mais alegre e cheio de vida, o coração e a alma do grupo. Foi também membro do Partido Comunista clandestino na Polônia e autor de canções populares de cunho político. Independente e sagaz, quando os alemães invadiram Vilna perambulou pelo interior por sete meses fingindo ser um polonês surdo-mudo. Decidiu entrar no gueto de Vilna em abril de 1942 e tornou-se seu bardo mais popular.

Zelig Kalmanovitch. Idade em 1942: 61 anos. Nascido em Goldingen, Letônia. Erudito e intelectual até a alma, Kalmanovitch era doutor em filologia semítica pela Universidade de Konigsberg. Um amigo certa vez observou: "Quando Zelig entra na sala, não preciso mais de enciclopédias". Exemplo de seriedade e integridade, tornou-se codiretor do Instituto Científico Iídiche de Vilna

(YIVO) em 1928. Kalmanovitch abraçou a fé religiosa e o sionismo por volta dos cinquenta e tantos anos, às vésperas da Segunda Guerra Mundial. No gueto de Vilna, conclamava seus companheiros a manter a dignidade humana e a estatura moral, e foi apelidado de "o profeta do gueto".

Rachela Krinsky. Idade em 1942: 32 anos. Nascida em Vilna. Era muito popular como professora de história do ensino médio, e tinha mestrado pela Universidade de Wilno e domínio de latim medieval e alemão. Num escândalo que chochou muitos de seus amigos, teve um caso amoroso com um homem rico e casado, Joseph Krinsky, que acabou se divorciando da esposa para casar-se com Rachela. Joseph morreu poucas semanas após a invasão de Vilna pelos alemães, e Rachela foi sozinha para o recém-criado gueto de Vilna. Deixou a filha de 22 meses de idade do lado de fora, aos cuidados de sua babá polonesa. No gueto, sua maior fonte de alívio e de distração da dor era ler poesia.

Herman Kruk. Idade em 1942: 45 anos. Nascido em Plock, Polônia. Bibliotecário profissional, Kruk era diretor da maior biblioteca judaica de Varsóvia. Era um social-democrata atuante, que via nos livros o meio pelo qual os trabalhadores judeus poderiam se erguer. Kruk fugiu de Varsóvia em setembro de 1939 e instalou-se como refugiado em Vilna. Poderia ter imigrado para os Estados Unidos em 1940, mas decidiu ficar e tentar resgatar a mulher e o filho, retidos na Varsóvia ocupada pelos nazistas. Depois que os alemães capturaram Vilna, em 1941, tornou-se diretor da biblioteca do gueto. Homem refinado, sempre engraxava os sapatos e lixava as unhas – mesmo no gueto.

Abraham Sutzkever. Idade em 1942: 29 anos. Nascido em Smorgon, Bielorrússia. Sutzkever passou a infância durante a Primeira Guerra Mundial como refugiado na Sibéria, lugar que conheceu como um paraíso invernal e cheio de neve. Neto de um rabino, era um esteta apolítico, que acreditava apenas na poesia. Com olhos sonhadores e cabelo ondulado, era o poeta laureado do grupo literário "Vilna Jovem". Depois que os alemães invadiram, driblou a morte dezenas de vezes, uma delas escondendo-se dentro de um caixão num necrotério. Sutzkever abrigava a crença mística de que, se conseguisse cumprir sua missão e escrevesse poesia refinada, sobreviveria.

Johannes Pohl. Idade em 1942: 41 anos. Nascido em Colônia, Alemanha. Padre católico ordenado, acabou se tornando um nazista saqueador de livros. Pohl cursou estudos bíblicos avançados no Instituto Pontifício Oriental de Jerusalém, onde se tornou mestre em hebraico bíblico e moderno. Ao voltar à Alemanha em 1934, abandonou o sacerdócio e assumiu um cargo de bibliotecário de Hebraica* na Biblioteca Estatal Prussiana. De natureza diligente e agressiva obediência, tornou-se um servidor leal do nazismo e começou a publicar artigos antissemitas sobre o judaísmo e o Talmude. Em 1940, juntou-se ao órgão nazista alemão dedicado a pilhar tesouros culturais, o *Einsatzstab Reichsleiter Rosenberg*, como especialista em assuntos judaicos. Chegou a Vilna em julho de 1941.

---

* Hebraica é o nome genérico que se dá a uma coleção de materiais hebraicos, em geral relacionados à literatura e à história. Judaica é outro termo genérico correlato, que indica também livros, manuscritos e documentos ligados à religião, história e cultura dos judeus. [N.T.]

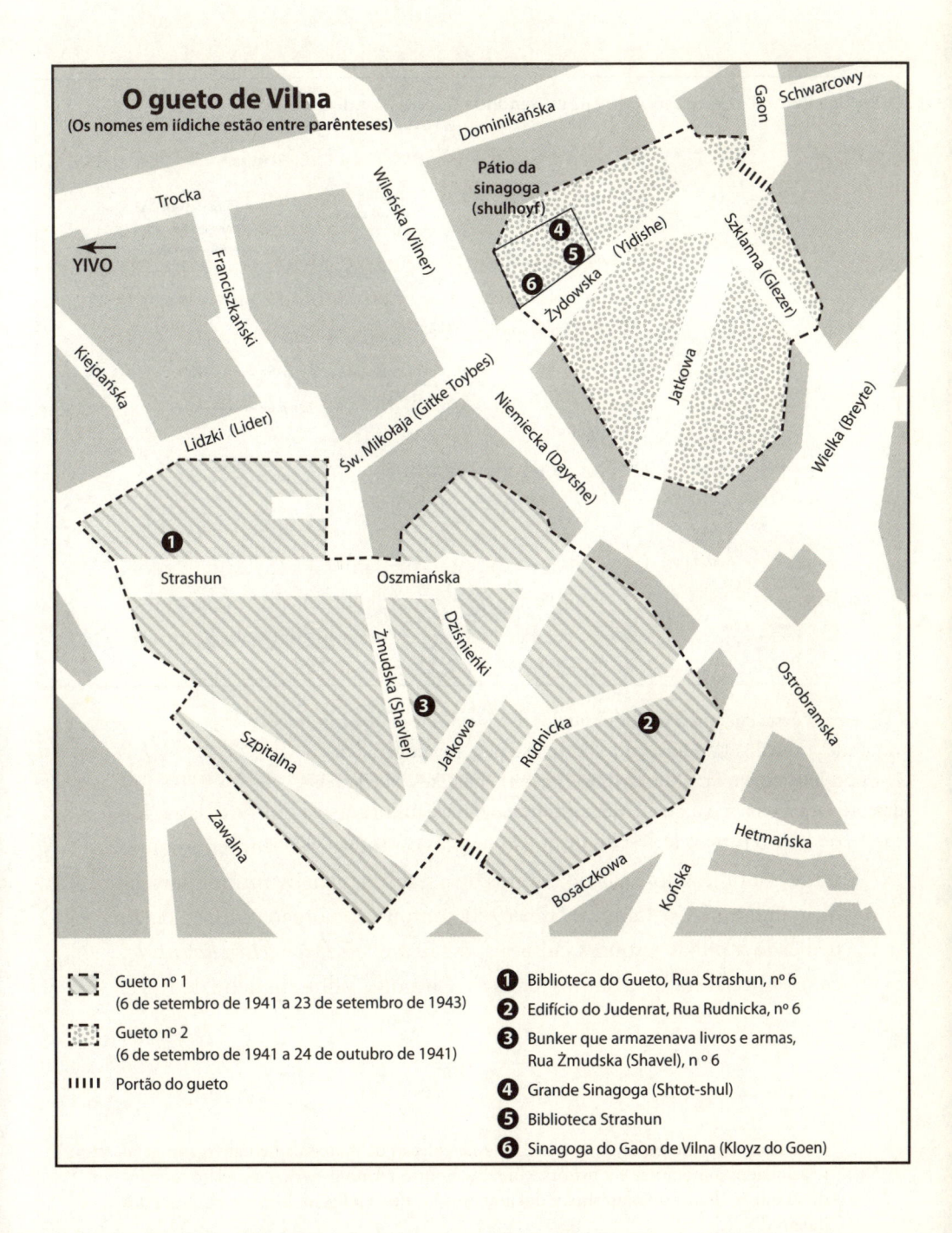

O gueto de Vilna
(Os nomes em iídiche estão entre parênteses)

← YIVO

Trocka
Franciszkański
Kiejdańska
Wileńska (Vilner)
Dominikańska
Pátio da sinagoga (shulhoyf)
Żydowska (Yidishe)
Szklanna (Glezer)
Gaon
Schwarcowy
Jatkowa
Wielka (Breyre)
Lidzki (Lider)
Św. Mikołaja (Gitke Toybes)
Niemiecka (Daytshe)
Strashun
Oszmiańska
Żmudska (Shavler)
Dziśnieńki
Jatkowa
Rudnicka
Ostrobramska
Szpitalna
Zawalna
Bosaczkowa
Końska
Hetmańska

❶ Grande Sinagoga (Shtot-shul)
❷ Gueto nº 2
❸ Bunker

:::: Gueto nº 1
(6 de setembro de 1941 a 23 de setembro de 1943)

::::: Gueto nº 2
(6 de setembro de 1941 a 24 de outubro de 1941)

||||| Portão do gueto

❶ Biblioteca do Gueto, Rua Strashun, nº 6
❷ Edifício do Judenrat, Rua Rudnicka, nº 6
❸ Bunker que armazenava livros e armas, Rua Żmudska (Shavel), nº 6
❹ Grande Sinagoga (Shtot-shul)
❺ Biblioteca Strashun
❻ Sinagoga do Gaon de Vilna (Kloyz do Goen)

Europa Central e Leste Europeu após a Segunda Guerra Mundial

Os alemães despacharam a maior parte dos livros e dos tesouros culturais saqueados em Vilna (Vilnius) para o Instituto para Investigação da Questão Judaica, em Frankfurt. Após a guerra, Shmerke e Sutzkever desenterraram o material que haviam escondido dos alemães e contrabandearam parte dele pela fronteira até Lodz e Varsóvia, na Polônia.

OS HOMENS QUE SALVAVAM LIVROS

INTRODUÇÃO

*Vilna, Polônia sob ocupação nazista.
Julho de 1943*

O poeta Shmerke Kaczerginski (pronuncia-se "Catcherguínsqui") sai do trabalho e volta ao gueto. Trabalhador forçado, sua brigada seleciona livros, manuscritos e obras de arte. Alguns itens são despachados para a Alemanha. O resto acaba incinerado ou vai para fábricas de papel. Ele trabalha num equivalente de Auschwitz para a cultura judaica, responsável por selecionar os livros que serão deportados – e os que serão destruídos.

Em comparação com as tarefas que outros trabalhadores forçados fazem pela Europa ocupada pelos nazistas, ele não está cavando fortificações para deter o Exército Vermelho, nem detonando minas terrestres com o próprio corpo, nem arrastando cadáveres das câmaras de gás para os fornos crematórios. Mesmo assim, foi um dia difícil, labutando no saguão cinza da Biblioteca da Universidade de Vilna, cheio até o teto de livros. Naquela manhã, o bruto chefe alemão da brigada, Albert Sporket, do *Einsatzstab Reichsleiter Rosenberg*, flagrara Shmerke e alguns outros trabalhadores lendo um poema de um dos livros. Sporket, comerciante de gado por profissão,

19

explodiu em gritos furiosos. As veias de seu pescoço saltavam. Brandiu o punho para os trabalhadores e atirou o livro do outro lado da sala.

"Seus ladrões trapaceiros, é isso que vocês chamam de trabalhar? Isso aqui não é uma sala de estar!" Advertiu todos que se aquilo acontecesse de novo haveria sérias consequências. A porta bateu atrás dele quando saiu.

Os trabalhadores labutaram nervosos a tarde inteira. O comerciante de gado tratava todos eles e os livros como animais de carga – iria explorá-los até a hora de levá-los ao matadouro. Se Sporket reportasse o caso à Gestapo, estariam todos mortos.

A colega de trabalho e amante de Shmerke, Rachela Krinsky, uma professora de ensino médio alta com profundos olhos castanhos, foi até ele.

"Ainda vai carregar coisas hoje?"

Shmerke respondeu com seu típico entusiasmo contagiante. "Claro. Esse louco de repente pode decidir levar tudo embora. Ou mandar para o lixo como papel velho. Esses tesouros são o futuro. Talvez não para nós, mas para quem sobreviver."

Shmerke colocou uma velha capa de Torá bordada em volta do torso. Assim que ela estava no lugar, enfiou quatro livrinhos dentro da nova cinta – velhas raridades publicadas em Veneza, Tessalônica, Amsterdã e Cracóvia. Enfaixou-se com outra pequena capa de Torá como se fosse uma fralda. Ele afivelou o cinto e vestiu a camisa e o paletó. Estava pronto para sair do trabalho e encarar a inspeção no portão do gueto.

Shmerke havia feito isso muitas vezes, sempre com uma mistura de determinação, empolgação e medo. Sabia quais eram os riscos. Se fosse pego, provavelmente enfrentaria uma execução sumária – como ocorrera com seu amigo, o cantor Liuba Levitsky, pego carregando uma mochila de feijão. No mínimo, um SS lhe aplicaria 25 golpes de cassetete ou chicotadas. Enquanto enfiava a camisa para dentro da calça, Shmerke não deixou de perceber a ironia. Afinal, ele, um membro do Partido Comunista e ateu convicto havia muito tempo, que não ia à sinagoga desde criança, estava prestes a arriscar a vida por causa daqueles artefatos, a maioria deles religiosos. Podia sentir o toque de gerações passadas na própria pele.

A fila de trabalhadores que voltavam para o gueto estava muito maior que de costume, dando voltas por dois quarteirões da cidade até chegar ao portão. Veio lá da frente da fila a informação de que o SS *Oberscharfuhrer* Bruno Kittel estava inspecionando todo mundo pessoalmente no portão.

Kittel – jovem, alto, de tez escura e bonito – era um músico competente e um assassino frio, nato. Às vezes entrava no gueto para matar internos por pura diversão. Parava alguém na rua, oferecia um cigarro à pessoa e então perguntava: "Quer fogo?". Quando a pessoa assentia, tirava a pistola e lhe dava um tiro na cabeça.

Quando Kittel estava presente, os guardas lituanos e a política judaica do gueto eram mais rigorosos. A um quarteirão de distância, dava para ouvir os gritos de internos sendo espancados por estarem levando comida escondida. Os trabalhadores em volta de Shmerke vasculharam dentro da roupa. Batatas, pão, legumes e pedaços de madeira para lenha rolaram pela calçada. Sussurraram advertências a Shmerke; afinal, seu corpo estufado chamava a atenção. Naquela paisagem povoada por corpos famintos e escravizados, seu torso inexplicavelmente robusto se destacava enquanto se aproximava do ponto de inspeção.

"Joga isso fora, joga logo!"

Mas Shmerke não faria isso. Sabia que seria inútil. Se deixasse os livros hebraicos e as capas da Torá largados na calçada, os alemães iriam associá-los à sua equipe. Ao contrário das batatas, os livros tinham *ex libris*, rótulos que indicavam sua origem e propriedade. Kittel poderia decidir executar a brigada de trabalho inteira – incluindo Rachela e o melhor amigo de Shmerke, o também poeta Abraham Sutzkever. Então Shmerke resolveu arriscar e se preparou para o que pudesse vir.

Todos os demais na fila reviraram de novo os bolsos para ver se não havia moedas ou papéis que pudessem despertar a ira de Kittel. Shmerke começou a tremer. À medida que crescia, a fila passou a bloquear o trânsito na Rua Zawalna, uma das principais vias de comércio de Vilna. Os bondes buzinavam. Pedestres não judeus se juntavam pela rua para assistir ao espetáculo, e alguns aproveitavam para recolher da calçada os itens descartados.

De repente, circularam vozes pela multidão.

"Ele entrou no gueto!"

"Vamos. Rápido!"

Kittel, provavelmente cansado de supervisionar as repetitivas revistas dos corpos, decidira dar uma volta por seu feudo. A fila então avançou rápido. Os guardas, surpresos e aliviados pela saída de Kittel, se viraram para checar aonde ele havia ido e não se incomodaram mais em fazer esforços para deter a multidão apressada. Ao passar pelo portão, com os livros firmemente atados ao corpo, Shmerke ouviu vozes enciumadas dirigidas a ele.

"Alguns têm sorte mesmo!"

"E as minhas batatas ficaram lá na calçada!"

Não sabiam que não era comida o que ele carregava.

Com suas botas retinindo contra os paralelepípedos da Rua Rudnicka, a principal do gueto, Shmerke começou a cantar uma canção que compusera para o clube jovem:

> Quem quiser sentir-se jovem venha cá,
> Pois anos têm aqui pouca importância.
> Os velhos também podem ser criança,
> Livre e nova é a primavera que virá.

Num bunker secreto bem no fundo do gueto – uma caverna com piso de pedra, escavada no solo úmido –, caixas de lata estavam abarrotadas de livros, manuscritos, documentos, lembranças relacionadas a peças de teatro e artefatos religiosos. Mais tarde naquela noite, Shmerke acrescentou seus tesouros àquele repositório perigoso. Antes de vedar de novo a passagem secreta para aquela sala dos tesouros, deu adeus às capas de Torá e às velhas raridades com uma carícia afetuosa, como se fossem seus filhos. E Shmerke, sempre um poeta, pensou consigo: "Nosso presente é escuro como esse *bunker*, mas os tesouros culturais brilham com a promessa de um futuro luminoso".[1]

PARTE UM

Antes da guerra

CAPÍTULO 1

Shmerke – A alma do grupo

A família e os amigos nunca imaginaram que Shmerke Kaczerginski viraria escritor. O mais provável era que se tornasse um carregador, como o pai, ou outro tipo de trabalhador braçal qualquer. Foi criado numa das ruas mais pobres de Vilna, e quando seus pais morreram (ambos de inanição, em 1915, o difícil ano inicial da Primeira Guerra Mundial) parecia que o destino do menino de 7 anos estava selado. Carregador. Ou quem sabe batedor de carteira, ou contrabandista.

Shmerke de fato acabou virando contrabandista, mas de um tipo bem diferente. Como interno do gueto de Vilna, roubou livros do depósito onde os nazistas mantinham os tesouros culturais que haviam saqueado, para evitar que fossem incinerados ou despachados para a Alemanha. E se tornou tão adepto do contrabando de livros que continuou a praticar essa atividade sob o jugo dos soviéticos. Mas antes de arriscar a vida pelos livros, Shmerke já havia se tornado um leitor e depois escritor, editor e *publisher*.[1]

Quando menino, o órfão Shmerke (um diminutivo afetivo em iídiche de seu nome hebreu, Shemaryahu) e seu irmão mais novo, Jacob, viveram com vários parentes, principalmente com o avô paterno. Mas passavam a maior parte do tempo na rua. Aos 10 anos, Shmerke foi admitido no orfanato judaico de Vilna e mudou-se para um dormitório que abrigava 150 crianças como ele, que haviam perdido os pais durante a Primeira Guerra. Era baixinho, estrábico e malnutrido, com sinais de raquitismo – o abdome estufado e a cabeça inchada. De dia, frequentava a Talmude Torá, a escola primária bancada pela comunidade para crianças órfãs e indigentes, e ali recuperou-se da doença e se tornou um bom estudante. Por volta do final desses seis anos na escola Talmude Torá, já lia obras do ensaísta e filósofo iídiche Chaim Zhitlowsky.

Mas o maior talento de Shmerke não era a escolástica, e sim sua capacidade de fazer e manter amizades. Tinha um sorriso sedutor, um calor humano e energia sem limites, e gostava de dar aos outros o apoio e a atenção que não havia recebido quando criança. Shmerke adorava cantar canções folclóricas nas festas e reuniões e contar histórias em voz baixa. Os colegas de escola sentiam-se atraídos por ele como abelhas pelo mel, e os professores sempre reservavam um tempo extra para instruí-lo e orientá-lo.[2]

Em 1924, aos 16 anos, Shmerke começou a trabalhar como aprendiz na oficina de litogravura Eisenshtat e saiu do orfanato para morar num quarto alugado. À noite, frequentava a Escola Noturna I. L. Peretz, que oferecia ensino médio a jovens da classe operária. A escola era dirigida por ativistas do Bund, a União dos Trabalhadores Judaicos, principal partido socialista judaico da Polônia, e enquanto estudou lá Shmerke envolveu-se com a política radical e com o movimento trabalhista.[3] Ele compôs sua primeira canção de sucesso aos 18 anos – um cântico político chamado "Barricadas", que retratava a revolução dos trabalhadores como um feliz encontro familiar:

> Pais, mães e filhos em barricadas erguidas,
> Brigadas de trabalhadores aguerridas;
>
> Crianças sabem – papai não vem no momento,
> Percorre a rua de arma em punho, olhar atento;
>
> Chana diz aos filhos "Não fiz nada pro jantar",
> Sai então de casa e ao lado do pai vai lutar;
>
> Todos na barricada, e na casa ninguém mais,
> Nas ruas, crianças apedrejam policiais.

A canção tinha uma melodia fácil de gravar, e logo se espalhou e passou a ser cantada por toda a Polônia, em reuniões socialistas, manifestações e grupos de jovens. Embora todo mundo cantasse, ninguém sabia o nome de seu autor.

Com base nesse poema, em algumas outras poesias e em dois ou três artigos, Shmerke se juntou a um grupo de novos escritores iídiches chamado Vilna Jovem, em 1928. Sua principal contribuição nas reuniões do grupo, realizadas ao redor de mesas de cozinha, era entoar canções folclóricas e incentivar os membros a uma animada cantoria. Um dos escritores observou mais tarde que o Vilna Jovem só passou a se sentir jovem depois que Shmerke entrou em cena.[4]

Seu amigo, o poeta e novelista Chaim Grade, lembrou: "Ele só beliscava um pouco de comida do prato, e então cantava a plenos pulmões uma canção, com todas as nuances melódicas, acompanhando com gestos de mão e expressões faciais. Ficava repetindo a música várias vezes, até o grupo ficar cansado de ouvir. Então colocava a palma da mão direita junto à orelha, como se ouvisse um diapasão vibrando dentro dela, e piscava os olhos: pronto – uma canção diferente soava agora. Todo mundo em volta dele ficava feliz em aprender a melodia, como se tivessem ficado aquele tempo todo à espera dela".[5]

Shmerke não tinha nenhuma das poses ou trejeitos afetados de um escritor. Baixinho, de porte elegante, testa grande e lábios grossos, tinha a aparência de um trabalhador padrão – o que de fato era. Usava óculos redondos de armação preta, boina e um paletó desengonçado. E ao contrário da maioria dos poetas, tinha a esperteza das ruas e era bom de briga. Uma noite, quando um bando de adolescentes poloneses atacou seu grupo de amigos enquanto passeavam por uma ruela escura, Shmerke entrou na briga com vontade e deu uma surra em alguns dos agressores. Os demais fugiram.[6]

O jovem poeta era muito popular com as garotas. Seu carisma e sua simpatia compensavam largamente o fato de ser baixinho, meio estrábico e com uma aparência desinteressante. Suas amigas em geral eram recém-chegadas a Vilna das pequenas cidades dos arredores, e ele as ajudava a arrumar trabalho e um local para morar. Fazia com que se encantassem com a sua cantoria e dizia a elas logo de cara: "Não se apaixonem por mim, senão irão sofrer". Todos sabiam do seu fraco: se uma garota ficasse com ele mais que uns poucos meses, ele enjoava dela e a deixava. Mas era absolutamente leal aos seus amigos homens, a maioria trabalhadores pobres e escritores batalhando para sobreviver. Levantava o ânimo deles com piadas, canções e histórias. E quando alguns *groszy* [a moeda polonesa] caíam na sua mão, levava os amigos a um café para tomar um chá ou uma vodca.[7]

Nas noites de fins de semana, Shmerke andava pelas ruas de Vilna rodeado por um monte de gente, sorrindo e brincando com todos. Mas era o primeiro a perceber quando algum conhecido vinha se aproximando a um quarteirão de distância. Então gritava "Como está você?" e partia para um aperto de mãos com um movimento amplo, como se fosse acertar um tapa na pessoa. Começavam a conversar e a pessoa acabava se juntando ao bando, mesmo que estivesse apressada a caminho de algum compromisso.

Apesar de sua postura relaxada e alegre, Shmerke era sério quando se tratava de política. Durante seus estudos na escola noturna dirigida pelos socialistas, juntou-se ao Partido Comunista, na época clandestino. As duas pragas gêmeas da Polônia, a pobreza e o antissemitismo, faziam com que a União Soviética parecesse, vista do lado de cá da fronteira, uma espécie de paraíso da liberdade e da igualdade. Suas atividades políticas clandestinas – dependurar bandeiras vermelhas nos fios de telégrafo no meio da madrugada, imprimir panfletos com proclamações contra o governo e jogá-los diante do posto da polícia local, ou organizar manifestações de rua ilegais – levaram-no a várias detenções e a ficar preso por períodos curtos.

Shmerke estava sob vigilância intermitente da polícia política polonesa e tomava precauções. Usava pseudônimo ao publicar seus artigos no *Matutino da Liberdade* (*Morgn-Frayhayt*), um jornal diário comunista de Nova York em iídiche, e conseguia que seus textos fossem postados no correio por turistas ou a partir de um endereço fictício em Varsóvia. E não comentava nada sobre suas atividades políticas com seus amigos da literatura.[8]

Mas acima de tudo, Shmerke era o coração e a alma do Vilna Jovem – a vida do grupo e do partido. Não era o escritor mais prolífico ou talentoso, mas era quem mantinha o grupo unido e acalmava os egos literários competitivos. Era o seu organizador – administrador, secretário, editor e promotor – e graças a ele o grupo literário se tornou uma fraternidade, uma confraria de escritores que se ajudavam e se apoiavam mutuamente.[9]

Seus escritos eram fortemente politizados. Seu conto "Anistia", publicado em 1934, descrevia as terríveis condições de vida dos prisioneiros políticos numa prisão polonesa, cuja única esperança era que fossem perdoados pelo chefe de Estado. Para que a história pudesse passar pela censura, Shmerke ambientou-a numa prisão alemã, não numa polonesa, mas o local que pretendia retratar na realidade era revelado por detalhes do texto (Hitler não concedia anistias). A história terminava com a constatação dos prisioneiros de que "ninguém irá nos libertar". Eles e as massas trabalhadoras é que teriam que lutar para isso.[10]

Quando um novo poeta chamado Abraham Sutzkever solicitou sua inclusão no Vilna Jovem, apresentando seus poemas de natureza extremamente sensível para serem avaliados pelo grupo, Shmerke advertiu-o: "Abrasha, os nossos são tempos de aço, não de cristal". A solicitação de Sutzkever foi rejeitada e ele só foi admitido no grupo alguns anos mais tarde. Ele acabou se tornando o maior poeta iídiche do século XX.

Pessoal e poeticamente, Shmerke e Sutzkever eram opostos. Abrasha Sutzkever era filho de um comerciante de classe média e neto de rabino. Era um apreciador da estética – apolítico, introspectivo e egocêntrico. Um homem jovem de beleza impressionante, com olhos sonhadores e cabelos ondulados. Depois de passar seus anos de infância durante a Primeira Guerra Mundial como refugiado na Sibéria, em meio ao povo do Quirguistão, Sutzkever era sensível à beleza da neve, das nuvens e das árvores, e aos sons exóticos da língua. Após a guerra, instalou-se em Vilna, frequentou escolas particulares e se instruiu em poesia polonesa. Shmerke, ao contrário, recebera toda a sua educação em iídiche. Mas depois que Abrasha entrou para o Vilna Jovem, os dois se tornaram os amigos mais próximos daquele grupo.[11]

A perseguição aos comunistas intensificou-se no final da década de 1930 na Polônia, acompanhando as tentativas do país de manter boas relações com seu vizinho ocidental, a Alemanha nazista. O ativismo político de Shmerke levou as autoridades a suspeitarem que seu grupo literário nada mais era do que uma célula revolucionária. Confiscaram, então, a maioria dos exemplares da revista literária *Vilna Jovem* e, no final de 1936, Shmerke foi preso devido à sua posição de editor e julgado por ameaça à ordem pública. Seu julgamento consistiu em longas deliberações na sala do tribunal a respeito do sentido de alguns versos. No final, o juiz, embora relutante, libertou-o da prisão e permitiu a circulação do último número da revista, que havia sido confiscado. Os amigos do Vilna Jovem e de Shmerke foram então celebrar sua vitória num café local, com piadas e cantoria em grupo, e Sutzkever ergueu um brinde: "Viva o shmerkismo!". O shmerkismo era a capacidade de superar qualquer desafio com determinação, otimismo inabalável e senso de humor.[12]

Paradoxalmente, a eclosão da Segunda Guerra Mundial deu a Shmerke outro motivo para celebrar. Embora a Polônia tivesse sido atacada a oeste pela Alemanha nazista em 1º de setembro de 1939, e Varsóvia estivesse sob cerco alemão, a União Soviética tomou a parte leste da Polônia, nos termos do pacto germânico-soviético de não agressão. O Exército Vermelho ocupou Vilna. Para a maioria dos judeus, os soviéticos eram um mal menor em relação aos nazistas. Para Shmerke, porém, a chegada do Exército Vermelho foi um sonho que se tornava realidade – o comunismo em sua amada cidade natal. Ele e seus amigos passaram a noite da sexta-feira seguinte cantando, bebendo e sonhando.

Mas a celebração de Shmerke foi seguida por decepção semanas mais tarde, quando os soviéticos decidiram entregar Vilna à Lituânia independente, um país capitalista e autoritário. Ele foi então para Bialystok, uma cidade 150 quilômetros a sudeste de Vilna, que permaneceu sob o domínio soviético, para continuar a sonhar com a construção do comunismo. Viveu ali quase um ano, trabalhando como professor e soldado. Quando os soviéticos tomaram Vilna uma segunda vez e fizeram dela a capital da República Socialista Soviética da Lituânia, em junho de 1940, Shmerke voltou para casa, confiando que os trabalhadores iriam se tornar os gerentes das próprias fábricas e que o desemprego seria eliminado.

Para a surpresa de todos, Shmerke voltou para Vilna casado, com uma esposa que fugira de Cracóvia quando esta foi ocupada pelos alemães. Barbara Kaufman era, como Shmerke, uma comunista ativa, mas em muitos aspectos era totalmente diferente dele ou de suas namoradas anteriores. Barbara vinha de uma família de classe média, falava um polonês perfeito e não conhecia canções ou literatura iídiche. A turma de Shmerke não gostou muito dela – achavam-na muito formal e fria – e ela não gostou de ter que competir com todos aqueles amigos pela atenção de seu marido.[13]

Mas Shmerke estava feliz. Voltava para casa para ficar entre amigos, estava apaixonado por uma mulher bonita e refinada, e era um cidadão da "sociedade mais justa do mundo". Quem poderia pedir mais?[14]

A ascensão de Shmerke, de menino órfão a escritor, não foi típica – seu irmão mais novo, por exemplo, tornou-se chaveiro e mal lia um jornal –, mas sua história não era excepcional em Vilna, cidade apelidada de "a Jerusalém da Lituânia", onde os livros e o estudo eram muito valorizados. Instituições como a Talmude Torá e a Escola Noturna Peretz converteram vários garotos de rua em ávidos leitores. Mas no caso de Shmerke a ligação com os livros foi bem mais profunda. Ele compreendeu que os livros o haviam salvo de uma vida de crime e desespero. O mínimo que poderia fazer era retribuir o favor e salvá-los da destruição quando foi preciso.

CAPÍTULO 2

A cidade do livro

Shmerke Kaczerginski adorava mostrar sua cidade a escritores e intelectuais judeus que vinham de Varsóvia e Nova York a turismo. Às vezes aparecia sem aviso na porta do quarto do hotel onde se hospedavam, oferecendo-se para guiá-los num tour pela cidade. Vilna tinha 193 mil habitantes, 28,5 por cento dos quais eram judeus. Numericamente, era a quarta maior comunidade judaica da Polônia (depois de Varsóvia, Lodz e Lwow), mas culturalmente era a capital do judaísmo no Leste Europeu, "a Jerusalém da Lituânia".[1]

Diz a lenda que Vilna ganhou esse imponente título nos anos 1600, quando pediu para se tornar membro do conselho das comunidades judaicas da Lituânia. As comunidades mais antigas de Grodno, Brest, e Pinsk se recusaram a conceder-lhe assento à mesa, considerando-a uma iniciante pretensiosa, pequena e sem brilho. Em resposta, os chefes da comunidade de Vilna escreveram uma carta inflamada, fazendo constar que tinham 333 residentes que sabiam o Talmude [a coleção dos livros judaicos sagrados] inteiro de cor. Os autores da carta destacaram a importância simbólica do número. Em hebraico, as letras do alfabeto têm valor numérico (Alef é 1, Bet é 2 etc.), e 333 era o equivalente numérico da palavra para neve, "sheleg". Vilna, escreveram eles, era tão pura e perfeita como uma camada fresca de neve branca.

Os membros do conselho ficaram boquiabertos e constrangidos. Suas comunidades mal tinham uma dúzia de eruditos que sabiam o Talmude de cor. Um dos rabinos se ergueu e disse: "Vilna deve ser admitida no conselho. É a Jerusalém da Lituânia".[2]

Antes de iniciar seu tour pelas atrações locais, Shmerke fornecia algumas informações históricas básicas a seus convidados americanos: Vilna ficava entre Varsóvia e São Petersburgo (Leningrado) e fora governada nos últimos quatrocentos anos ora por poloneses, ora por russos. Na Idade Média, porém, Vilnius, como era então chamada a cidade, foi capital do Grão-Ducado da Lituânia, um grande Estado que se estendia do Báltico ao Mar Negro, abrangendo boa parte de Bielorrússia, Polônia e Ucrânia. Os habitantes da cidade eram os últimos pagãos em solo europeu, antes de abraçar o catolicismo em 1387, e falavam o lituano, uma língua não eslava aparentada ao sânscrito.

Então os vizinhos da Lituânia começaram a se expandir e assumir o controle. O grão-ducado tornou-se parte do Estado polonês em 1569, o que produziu um influxo da cultura e da língua polonesas. Vilnius tornou-se Wilno, sede de uma universidade polonesa e um centro de publicações em polonês. Os russos conquistaram a região em 1795, no estágio final do desmembramento da Polônia, e a cidade se tornou Vil'no, uma capital provincial na ponta noroeste do império czarista. As autoridades impuseram o russo como única língua de ensino nas escolas e converteram muitas igrejas católicas em ortodoxas russas. Após 125 anos de domínio russo, quando a poeira baixou ao final da Primeira Guerra Mundial, a cidade voltou ao domínio polonês.

Mas ao longo de todas as mudanças de poder, os judeus continuaram a chamar a região de Lituânia; e Vilna, de sua Jerusalém.

Shmerke começava seu tour idiossincrático pela catedral, o epicentro da cidade, situada perto das margens do Rio Wilia. A elegante estrutura gótica ficava no local onde os lituanos abraçaram o catolicismo romano e batizaram a si mesmos no rio. Demoliram seu santuário pagão e construíram a catedral sobre suas ruínas.

Shmerke identificava então as figuras dos santos que enfeitavam o exterior da catedral, entre elas uma imagem em escala natural de Moisés, com longa barba e chifres, segurando os Dez Mandamentos, postada na fachada perto da entrada. O destaque incomum dado a Moisés na frente da igreja deu origem a uma lenda entre os judeus de Vilna: a de que o arquiteto italiano da catedral havia sido um judeu convertido ao cristianismo. Depois de ter esculpido a figura de Moisés, o artista anunciara seu plano de modelar uma última estátua – uma imagem do próprio Senhor. Mas quando começou a trabalhar na audaciosa figura, uma tempestade repentina passou pela cidade e derrubou o artista do seu andaime – uma queda mortal. A estátua de Moisés olhou para ele com raiva, com o dedo apontado para o segundo mandamento: "Não terás outros deuses além de mim".[3]

Em Vilna, até a catedral tinha uma história judaica.

Dali, Shmerke conduzia seu visitante pela Rua Wilenska, uma movimentada via comercial cheia de negócios judaicos e poloneses: lojas de ferragens, roupas de malha, remédios, alfaiatarias de alto nível e consultórios dentários. No caminho, mostrava o Teatro Helios – onde a peça iídiche mais famosa, *O Dybbuk,* de S. An-Ski, estreara em 1921 – e os escritórios do jornal judaico mais respeitado da cidade, *O Dia* (*Der Tog*).

Shmerke continuava até chegar à Rua Niemiecka, atravessada pelas ruelas estreitas e sinuosas do antigo bairro judeu. Os primeiros judeus chegaram ali no início do século XVII, e o rei polonês Sigismundo Augusto II expediu um decreto real em 1551 definindo três ruas nas quais os judeus teriam permissão de morar. Numa delas, a chamada Rua Zydowska ("Rua dos Judeus"), fora erguida uma sinagoga em 1572, que cresceu e se tornou a Grande Sinagoga ou, em iídiche, a *shtot-shul.*

O exterior do edifício da sinagoga não tinha nada de notável, especialmente se comparado com o da catedral. Eram apenas quatro andares, pois um decreto real estipulara que as sinagogas deveriam ser mais baixas que as igrejas locais. Mas, ao entrar no edifício, descia-se um conjunto de escadarias, e do andar mais baixo os visitantes olhavam para cima e deslumbravam-se com os pilares de mármore, o mobiliário de carvalho, as decorações em marfim, os enfeites de prata e os lustres. A Arca da Aliança era coberta por uma cortina de cetim bordada a ouro.

Conta-se que Napoleão perdeu a fala ao visitar a Grande Sinagoga em 1812, parado em pé, maravilhado, diante do portão.

O telhado da *shtot-shul* tinha uma mancha escura, que, segundo conta a história, datava do levante de Kosciuszko em 1794 – uma tentativa fracassada de restaurar o reino polonês depois que a Rússia tomou a maior parte de seu território. Enquanto os conquistadores russos e os rebeldes poloneses travavam batalhas nas ruas de Vilna, os judeus se reuniam na Grande Sinagoga e rezavam pedindo proteção a Deus. Uma bala de canhão então perfurou o teto, mas não explodiu, e ficou alojada no edifício. Mais de um século depois, os congregados da sinagoga ainda recitavam orações de agradecimento todo ano na data daquele milagre.[4]

Depois Shmerke levava seus convidados para um passeio pelo pátio da sinagoga, o *shulhoyf*, e mostrava a dúzia de pequenas casas de oração e estudo, as chamadas *kloyzn*, que ocupavam a maior parte do espaço. Uma das paredes do pátio exibia um conjunto de oito relógios com letras hebraicas nos mostradores, indicando a hora das diferentes cerimônias de oração, do acendimento de velas nas noites de sexta-feira e do fim do Sabbath. "Nos relógios" acabou virando um ponto de encontro para os membros da congregação, para passantes e pedintes, e o muro era coberto por avisos ao público.[5]

Embora a Grande Sinagoga fosse o marco judaico mais famoso de Vilna, não era o local sagrado judaico mais reverenciado. Essa distinção cabia a uma casa do outro lado do pátio – a casa e sinagoga do *Gaon* (ou gênio) de Vilna, o rabino Elijah, filho de Salomão Zalman (1720-1797), santo padroeiro da comunidade e herói cultural.

O recluso rabino Elijah era conhecido por sua total imersão no estudo dos livros sagrados, que praticamente excluía todas as demais atividades. Mantinha as persianas de todas as janelas fechadas, para evitar ser dispersado por visões e sons da rua. Dormia muito pouco e raramente saía de casa para se aventurar ao ar livre. Embora vivesse a poucos passos da Grande Sinagoga, não comparecia às missas ali. Em vez disso, montou em casa um centro de orações privado, uma *kloyz*, e convidava um círculo de discípulos para rezar com ele. Após sua morte, os discípulos continuaram a estudar e a orar ali, e acabaram passando seus assentos para a geração seguinte de estudiosos.

Ao contrário de todas as outras sinagogas de Vilna, a *kloyz* do *Gaon* não tinha uma seção para mulheres. E as missas eram também peculiares, seguindo um conjunto de práticas litúrgicas definidas pelo rabino Elijah, que diferia do padrão do rito do Leste Europeu. Quando os visitantes receberam permissão de comparecer às suas cerimônias religiosas pela primeira vez, no final do século XIX, ficaram confusos com a ordem das orações.

O ponto focal do *kloyz* do *Gaon* era a placa na parede sul, que marcava o lugar onde o rabino Elijah sentara-se para estudar a Torá durante quarenta anos. Acima da placa, havia dependurada uma luz eterna – um objeto usualmente encontrado na frente do santuário, acima da Arca da Aliança. Mas essa sinagoga tinha duas luzes eternas, uma sobre a Arca e a segunda sobre "o lugar do *Gaon*", na parede da direita. Sob a placa, a parede projetava-se para fora, na forma retangular de uma estante de leitura ou púlpito, e cobria o ponto onde o rabino Elijah havia estudado. Essa protuberância servia não só como monumento, mas também como uma barreira para impedir que qualquer pessoa se sentasse no lugar do rabino Elijah.[6]

Um historiador local observou em 1918: "o *kloyz* do *Gaon* evoca medo e assombro. Quando você entra e vê os talmudistas de barba grisalha, a impressão é que o espírito do *Gaon* ainda paira no ar". Um guia de informações acrescentava: "O *kloyz* do *Gaon* é a joia da coroa da Jerusalém da Lituânia".[7]

O rabino Elijah simbolizava o caráter moral e as crenças da comunidade: de que o livro era o valor supremo da vida judaica. Quando os judeus europeus imaginavam a "Jerusalém da Lituânia", não pensavam numa sinagoga, estátua ou memorial. Viam um grande volume *in folio* do Talmude com a palavra "Vilna" em grandes letras ao pé da página de título. O autor iídiche Sholem Asch lembra que quando era criança, ao começar a estudar o Talmude, tinha certeza de que a obra-prima do antigo judaísmo havia sido não só impressa em Vilna, mas escrita ali.

A essa altura do tour, depois da catedral, da Grande Sinagoga e do *kloyz* do *Gaon*, Shmerke provavelmente já estava um pouco cansado de marcos religiosos. Ele era tudo, menos devoto, e nunca ia à sinagoga – exceto para mostrá-la aos visitantes. Por isso Shmerke ficava feliz que o próximo ponto do passeio fosse um lugar onde se sentia totalmente à vontade – a biblioteca judaica da comunidade.

A biblioteca tinha o nome de seu fundador, Matityahu Strashun, um homem de negócios rico, erudito e bibliófilo, que ao morrer em 1892 doara seu acervo particular de livros à comunidade judaica. O acervo incluía cinco incunábulos judaicos (incunábulos é como são chamados os livros impressos antes de 1501), muitos impressos do século XVI de Veneza (primeiro grande centro de publicações hebraicas) e outras raridades. Após a morte de Strashun, doar livros à comunidade virou moda entre a elite judaica de Vilna, e a biblioteca foi crescendo rapidamente.

O conselho da comunidade decidiu então construir um prédio para a biblioteca no centro histórico da Vilna judaica – dentro do *shulhoyf*, ao lado da Grande Sinagoga. Essa escolha de lugar trazia uma mensagem: a biblioteca seria considerada um santuário intelectual. Em outro ato de grande repercussão, o conselho decidiu manter a biblioteca aberta sete dias por semana, mesmo no Sabbath e nos feriados judaicos (pelas regras da biblioteca, não era permitido escrever ou fazer anotações na sala de leitura nesses dias). Ler e estudar eram parte integrante da vida; não havia "dias de folga" para essa atividade.

Por volta da década de 1930, seu acervo chegou a quarenta mil volumes.

A Biblioteca Strashun era o núcleo intelectual da Vilna judaica. Costumava haver sempre uma fila de gente esperando vagar um dos cem assentos dispostos junto às longas mesas retangulares. Ao anoitecer, leitores mais jovens sentavam nos parapeitos ou ficavam recostados às paredes. A biblioteca era onde novas e velhas tendências da vida judaica se encontravam: rabinos barbudos e jovens seculares pioneiros, com suas echarpes azuis ou vermelhas.

Shmerke ia ali muitas noites após o trabalho para ler literatura iídiche e mundial. Escreveu um artigo em homenagem ao 45º aniversário da biblioteca intitulado "Pó que renova".[8]

Quase tão famoso quanto a biblioteca era seu bibliotecário, Chaikl Lunski, que reunia as funções de chefe do serviço de consulta, responsável pelo balcão de empréstimos, diretor de aquisições, preservador e zelador. O barbudo Lunski era um elemento importante da Vilna judaica, que mediava todos os conflitos na comunidade. Era um homem religioso, que do trabalho ia para as preces da tarde na Grande Sinagoga, mas era também um aficionado do hebraico moderno e da literatura iídiche e tratava cada poeta visitante como se ele ou ela fosse um VIP. Lunski era um ativo sionista, que sonhava um dia trabalhar numa biblioteca em Jerusalém, mas que também tinha boas amizades com socialistas. No início da década de 1900, colecionava panfletos revolucionários ilegais para a biblioteca, como o livreto do Bund "Abaixo a Autocracia!", e os escondia nos meandros das estantes da biblioteca. Quando a polícia czarista soube que a biblioteca guardava literatura subversiva, ameaçou fechá-la.

Embora Lunski não tivesse formação em biblioteconomia – não havia sequer um catálogo da biblioteca até o final da década de 1920 –, ele mais do que compensava essa sua deficiência com a erudição e a afeição pessoal, tanto em relação aos livros como aos seus leitores. "Ele sabia de cor os nomes de todos os livros da biblioteca, e seu lugar nas estantes, como alguém que se lembra dos endereços de seus amigos pessoais", um dos leitores confirma. As pessoas o amavam, e o chamavam de "o guardião da Jerusalém da Lituânia".[9]

Depois de se despedir da biblioteca, Shmerke provavelmente levaria seu convidado turista para comer algo no restaurante Volf Usian, popularmente conhecido como Velfke's. Ficava na esquina da Rua Niemiecka com a Rua dos Judeus, e era o ponto de encontro favorito da boemia judaica de Vilna, pois ficava aberto a noite inteira. As pessoas costumavam brincar que quando o último talmudista saía do pátio da sinagoga para ir dormir, o Velfke's começava a acordar e a ficar animado. O restaurante oferecia a melhor cozinha judaica da cidade, com porções grandes de fígado picado, *gefilte fish* ("peixe recheado"), carne cozida com legumes, e ganso assado.

O Velfke's tinha dois salões. O da frente, com um bar, era usado por condutores de *droshky**, valentões locais e membros do submundo judaico de Vilna. O salão dos fundos era frequentado por casais e tipos culturais – atores, escritores, intelectuais e seus convidados VIP. Às vezes, quando um escritor pobre não tinha dinheiro suficiente para pagar sua despesa, algum tipo do submundo do bar pagava a conta dele.

No salão de trás um rádio tocava música, e havia um espaço aberto para dançar. O dono, Velfke, recebia todos os clientes afetuosamente e ficava indo e voltando de um salão a outro.

O cliente regular mais celebrado do Velfke's era o extravagante ator iídiche Abraham Morevsky, que conquistou fama no papel do rabino hassídico de Miropol na peça *O Dybbuk*. Morevsky costumava jantar ali depois de cada espetáculo. Era um homem grandalhão, com apetite enorme – e um ego maior ainda – e costumava pedir cinco ou seis pratos principais e atacá-los como se fosse um lobo faminto. As pessoas diziam que Morevsky pagava suas refeições por hora, não por prato.

Se você visitasse Vilna e não fosse ao Velfke's, não tinha conhecido a cidade.[10]

---

* Carroção baixo, aberto, de quatro rodas, puxado a cavalo, usado especialmente na Rússia e em países vizinhos. [N.T.]

Depois da pausa, Shmerke mudava o tom e mostrava as modernas instituições culturais judaicas de Vilna. Descia pela Rua Niemiecka, virava à direita na Rudnicka e apontava para o Ginásio Real iídiche e para o Instituto Musical Judaico, que compartilhavam um amplo pátio. O Ginásio Real era a principal escola secundária de Vilna, e uma das poucas escolas da Polônia que ensinava Química e Física avançadas em iídiche. O instituto de música oferecia aulas de vários instrumentos e cursos de canto, com foco na música erudita. Organizava também produções de ópera em iídiche, entre elas *La Traviata*, *Carmen*, *Tosca*, *Madama Butterfly* e *Aida*.

Depois o tour seguia adiante, cruzando a Rua Zawalna até a Kwaszelna, onde ficava a gráfica e os escritórios da Kletzkin Press – a mais importante editora de iídiche do mundo. Seu fundador e diretor, Boris Kletzkin, havia impresso muita literatura clandestina para o principal partido socialista judaico, o Bund, nos idos da década de 1890. Ele projetara até uma máquina impressora que podia ser escondida na estrutura de uma mesa de jantar construída especialmente para isso. Quando a liberdade de imprensa foi proclamada no Império Russo em 1905, Kletzkin decidiu entrar na legalidade e operar comercialmente. Mas nunca perdeu seu compromisso idealista com os livros como instrumento para melhorar o mundo. O bom era que o próprio Kletzkin nunca tivera que se preocupar com dinheiro: sua fortuna vinha de transações imobiliárias, florestas e uma empresa madeireira, herdada do pai.

A Kletzkin Press distinguia-se por coleções de alta qualidade, como as obras completas de I. L. Peretz, o pai da moderna literatura iídiche, em dezenove volumes. A Kletzkin foi a herdeira laica no século XX da Editora Romm, de Vilna, que publicou a clássica edição em vinte volumes do Talmude, conhecida como *Vilna Shas*. A Kletzkin também publicou obras de grandes escritores europeus – Máximo Gorki, Charles Dickens, Thomas Mann, Knut Hamsun e Romain Rolland – em traduções de alta qualidade. Além disso, lançava obras de eruditos, como a clássica história do hassidismo de Simon Dubnow (traduzida do hebraico) e as *Guerras judaicas* de Flávio Josefo (traduzido do grego antigo).

Em 1925, Kletzkin mudou a sede de seu império editorial para Varsóvia e converteu as instalações de Vilna em uma filial. Mas a gráfica continuou autodenominando-se "a Editora de Boris Kletzkin em Vilna", em homenagem às suas raízes. Muitos amantes da literatura ficavam confusos ao abrir um livro e ler tanto "Vilna Press" como "Varsóvia" na folha de rosto. Mas o aparente paradoxo na realidade fazia sentido. Vilna era sinônimo de cultura judaica de alta qualidade. "Vilna Press" significava excelência.[11]

A última parada no tour de Shmerke era o edifício do Instituto Científico Iídiche, YIVO, na Rua Wiwulskiego. O YIVO, sigla de Yidisher Visnshaftlekher Institut, era um moderno instituto de pesquisa, que empregava os métodos das ciências humanas e sociais para estudar a vida judaica. Fundado em 1925, o instituto realizava suas reuniões organizacionais em Berlim, mas o prestígio e a centralidade de Vilna praticamente forçaram seus fundadores a escolher a cidade como sede. As filiais ficavam em Berlim, Paris e Nova York.

A força propulsora por trás do YIVO era um brilhante erudito chamado Max Weinreich. Ex-ativista do Bund, Weinreich obteve seu diploma de bacharel na Universidade de São Petersburgo, onde estudou História, Linguagem e Literatura. Depois de trabalhar um pouco no jornalismo político durante a Revolução Russa de 1917, fez doutorado em Linguística na Universidade de Marburg, na Alemanha. O iídiche não era sua língua nativa – era o alemão –, mas ele acabou se tornando seu maior estudioso e defensor. Quanto ao seu estilo pessoal, Weinreich combinava a formalidade de um professor alemão com o compromisso social de um membro do Bund. Era também praticamente cego de um olho, devido a um ferimento sofrido num ataque antissemita em 1931.

O YIVO publicou mais de 24 mil páginas de obras acadêmicas, nas áreas de Linguagem, Literatura, História, Folclore, Economia, Psicologia e Educação. O instituto também se empenhou na construção de sua biblioteca e seu arquivo. Como não tinha verba para adquirir raridades, o YIVO fez um apelo aos *zamlers,* colecionadores voluntários, para que enviassem material de suas comunidades locais. Em 1929, apenas quatro anos após sua criação, havia 163 grupos de coleta YIVO por todo o Leste Europeu – na realidade, espalhados pelo mundo. Eles mandavam expressões idiomáticas, bem como canções e contos folclóricos que haviam registrado de amigos e familiares; folhetos, cartazes e programações de teatro que a maioria das pessoas simplesmente jogava fora; e raros livros de registro manuscritos e documentos descobertos ao vasculharem sótãos de sinagogas. Por meio do incentivo a essa coleta voluntária, o YIVO envolveu as massas como participantes do empreendimento erudito.

O espaçoso edifício do instituto, construído em 1933, ficava no nº 18 da Rua Wiwulskiego, numa tranquila avenida arborizada, afastada do burburinho do centro da cidade e das ruelas estreitas e sombrias do velho bairro judeu. Eram instalações limpas, bem iluminadas, equipadas com sistemas de armazenagem sofisticados. Shmerke teria adorado frequentar os cursos acadêmicos do YIVO, inaugurados em 1935, mas faltavam-lhe as credenciais – não tinha diploma do ensino médio.

O YIVO era a academia nacional de um povo sem Estado, os judeus do Leste Europeu, e Weinreich era o presidente da academia. O instituto era uma fonte de orgulho étnico e de validação para dezenas de milhares de judeus, num país onde eram amplamente desprezados. E como o YIVO existia graças a modestas doações e a um espírito de voluntarismo, sem qualquer reconhecimento ou subsídio por parte do Estado polonês, era visto como expressão da vontade de sobreviver do povo judeu diante das adversidades.[12]

Ali terminava o tour de Shmerke por Vilna. Então era hora de algumas reflexões finais. Ele lembrava seu visitante que uma mera caminhada de vinte minutos separava o que havia de mais antigo e de mais novo na Jerusalém da Lituânia – da Grande Sinagoga até o YIVO, 350 anos em vinte minutos. Enfatizava a distância cultural entre os dois locais – uma sinagoga e um moderno instituto de pesquisa científica. Mas destacava também a continuidade subjacente. A Vilna judaica era devotada à vida da mente. Seu compromisso era com a ideia de que a riqueza intelectual podia crescer em meio a pobreza e perseguição, e não só se contrapor a elas como também ofuscá-las.

Os judeus de Vilna contavam uma história sobre o *Gaon* de Vilna e usavam a frase final como slogan. Um grupo de crianças voltando da escola viu o rabino Elijah na rua, numa de suas raras saídas dos confins de sua casa. Quando elas começaram a gritar "o *Gaon* de Vilna!", "o *Gaon* de Vilna!", o rabino Elijah virou-se e disse a um dos garotos, "*Yingele, vil nor, vestu zayn a goen*" ("Garotinho, é só querer [*vil nor*], e você se tornará um *Gaon*, um gênio"). Vilna era sinônimo de *vil nor*. A Jerusalém da Lituânia simbolizava a capacidade da força de vontade de vencer a adversidade. Era possível a grandeza judaica na diáspora, "era só querer". Isso, concluía Shmerke, foi o que o líder socialista judeu Wolf Latsky Bartholdy quis dizer ao declarar numa visita à biblioteca Strashun que "Vilna não é uma cidade; é uma ideia".[13]

PARTE DOIS

Sob a ocupação alemã

CAPÍTULO 3

O primeiro ataque

N ojekh Prylucki acordou na manhã de domingo, 22 de junho de 1941, para trabalhar no seu livro sobre fonética da língua iídiche. Na noite anterior, tinha ido ao teatro assistir à estreia da comédia de Sholem Aleichem *O bilhete da rifa*, e passou o anoitecer na companhia de Shmerke Kaczerginski, Abraham Sutzkever e dos escritores da Vilna Jovem. O estudioso de 59 anos era o intelectual judeu mais destacado de Vilna (agora chamada pelo seu nome lituano, Vilnius) – mesmo sendo um recém-chegado. Ele viera para a cidade em outubro de 1939, como refugiado da Varsóvia ocupada pelos nazistas.

Quando os soviéticos incorporaram Vilna à URSS, em junho de 1940, "sovietizaram" o Instituto Científico Iídiche (YIVO) e nomearam Prylucki seu diretor. Max Weinreich, a alma do YIVO, havia viajado à Dinamarca em setembro de 1939, para uma conferência internacional sobre Linguística, e decidira não voltar para o Leste Europeu quando a guerra eclodiu. Depois de sete meses no limbo na Escandinávia, instalou-se em Nova York em março de 1940. Os soviéticos escolheram Prylucki para herdar seu emprego.

Além de dirigir o YIVO, Prylucki, de porte rechonchudo e cavanhaque, tornou-se também o primeiro a ocupar a recém-criada cátedra de iídiche na Universidade Vilnius. Sua palestra inaugural foi um grande evento cultural judaico na cidade. Antes da guerra, quando Vilna pertencia à Polônia, a universidade era um foco de antissemitismo, e era inconcebível a existência de uma cátedra em qualquer área de estudos judaicos. Não havia nenhum professor judeu no corpo docente, e os alunos judeus tinham que sentar do lado esquerdo das salas de palestras (num protesto silencioso, eles em vez disso escolheram ficar no fundo). O empenho de Prylucki como professor e como diretor do YIVO era a esperança de que os judeus e a cultura judaica iriam florescer na Vilnius soviética "sob os raios da estrela de cinco pontas", como ele expressou numa entrevista.[1]

Mas essas esperanças caíram por terra em 22 de junho de 1941, quando os alemães invadiram. As sirenes começaram a soar por volta das 10 da manhã, enquanto Prylucki estava sentado à sua mesa. Às 11, o ministro do exterior soviético anunciou pelo rádio que a URSS havia sido atacada pela Alemanha. Ao meio-dia, aviões começaram a sobrevoar Vilna e, em seguida, bombardearam a cidade. Prylucki e um grupo de colegas correram para o edifício do YIVO na Rua Wiwulskiego e começaram a enterrar textos dos ricos arquivos do instituto, para escondê-lo dos invasores alemães que avançavam. Estavam particularmente preocupados com os registros da "Comissão Histórica", chefiada por Prylucki, que documentava as atrocidades nazistas da época contra os judeus na Polônia. A "Comissão Histórica" registrara o testemunho de mais de quatrocentos refugiados que haviam escapado do território ocupado pelos alemães e fugido para Vilna. Se os alemães encontrassem aqueles papéis, com relatos detalhados de seus crimes, sem dúvida iriam executar os membros da comissão.[2]

Enquanto o bombardeio se prolongava pela noite de domingo, Prylucki assumiu um ar confiante e disse aos amigos: "Com a primeira bomba que Hitler despejou na União Soviética, ele cavou a própria cova. Terá um fim rápido e amargo". Mas sua esposa Paula estava mais visivelmente preocupada. "Temos que fugir. Nojekh não deve ficar aqui nem mais um segundo. Eles vão fazê-lo em pedacinhos."[3] Ela tinha boas razões para se preocupar: além de ser um erudito em língua iídiche e folclore, Prylucki era uma figura política judaica muito conhecida. Havia chefiado o Partido do Povo Judaico (*Folkspartey*) em Varsóvia por cerca de vinte anos e ocupado cadeira do parlamento polonês.

Prylucki era um nacionalista judeu e um patriota polonês, e acreditava firmemente que essas duas coisas não eram contraditórias. Na década de

1930, publicara duros ataques à Alemanha nazista nas páginas do jornal diário iídiche *Momento*, de Varsóvia, do qual era editor-chefe. Após sua fuga para Vilna, virou um ferrenho patriota soviético, convicto de que apenas a URSS poderia proteger os judeus – e o mundo – da agressão nazista. Em suma, Nojekh Prylucki era exatamente o tipo de pessoa que os alemães com certeza iriam procurar: intelectual, líder político e um inimigo declarado do Terceiro Reich. Por isso Nojekh e Paula haviam fugido de Varsóvia em setembro de 1939. Mas, em junho de 1941, os alemães os estavam alcançando.

Os Prylucki fizeram às pressas planos de fugir para o leste de novo, junto com um grupo de jornalistas e escritores. Mas o exército alemão foi mais rápido e entrou na cidade no dia 24 de junho, apenas dois dias após a eclosão das hostilidades. Os alemães imediatamente bloquearam todas as estradas.

Sem poder sair de Vilna, o casal tomou a única medida de precaução que poderia conceber. Queimaram seus documentos pessoais no forno da cozinha, incluindo aqueles da "Comissão Histórica".[4]

Assim que os alemães assumiram o controle, as condições de vida dos setenta mil judeus de Vilna deterioraram-se rapidamente. Em 4 de julho, a polícia lituana leal aos alemães, junto com outros grupos armados, iniciou o ataque aos judeus nas ruas; em 7 de julho, os judeus receberam ordens de usar braçadeiras com a estrela de Davi, para facilitar sua identificação; e em 10 de julho, 123 homens foram mortos num massacre na Rua Szpitalna. Um dia depois, um grupo de pessoas foi cercado e enviado para a periferia da cidade, para um lugar cheio de bosques chamado Ponar, onde elas foram colocadas em fila e mortas a tiros. Foi a primeira de muitas dessas execuções em massa. No decorrer de um mês, milhares de judeus homens foram capturados das ruas e de suas casas e mandados para longe, supostamente para trabalhos forçados. Ninguém nunca mais soube deles. Ainda não havia um gueto, mas os homens judeus não saíam à rua por medo de serem apanhados nas "capturas".

Como Paula Prylucki suspeitara, os alemães vieram procurar seu marido Nojekh, mas por uma razão diferente da que ela havia previsto. Em vez de prendê-lo ou executá-lo, passaram a explorar seus serviços como erudito em um regime de trabalhos forçados. O homem que ordenou sua prisão foi um nazista especialista em judaísmo chamado doutor Johannes Pohl.

Pohl era membro da equipe do *Einsatzstab Reichsleiter Rosenberg* (ERR), o órgão alemão encarregado de saquear bens culturais pela Europa. O ERR começou seu saque em 1940 na França, pilhando livros e obras de arte de propriedade de judeus, mas logo passou a roubar obras numa escala muito mais ampla, dos museus nacionais, das bibliotecas e de coleções particulares de todo tipo.

Um dos interesses especiais do ERR era o saque da Judaica local – ou seja, de livros, manuscritos e documentos ligados à religião, história e cultura dos judeus. Esse material era considerado fonte valiosa para a área de estudos judaicos antissemitas chamada *Judenforschung*, que investigava a "depravação" dos judeus. A *Judenforschung* legitimava em termos científicos as políticas nazistas de perseguição – e, mais tarde, de extermínio. Para os nazistas, a "aquisição" de livros e manuscritos judaicos raros era uma ferramenta importante na batalha espiritual e intelectual contra o judaísmo. Pohl era a pessoa encarregada dessa atividade.[5]

Johannes Pohl era um católico devoto que se tornara nazista. Nascido em Colônia em 1904, filho mais velho de um motorista de caminhão, usou o sacerdócio como um meio de ascensão social. Ao se ordenar, tornou-se vicário da cidade de Essen, na Renânia do Norte-Vestfália, e continuou estudando a Bíblia na Faculdade de Teologia da Universidade de Bonn. Pohl nunca foi um estudante destacado, mas era aplicado e excelente para fazer contatos, o que o ajudou a saltar de um lugar para outro. Depois de Bonn, estudou no Instituto Bíblico Pontifício, em Roma, morando na capital italiana por três anos enquanto o país sofria sob o fascismo. Concentrou-se no Antigo Testamento e escreveu uma dissertação sobre "Família e sociedade na Antiga Israel segundo os profetas", aprovada com uma nota baixa. Da Itália, Pohl mudou-se para a Terra Santa. Conseguiu uma bolsa da igreja para realizar estudos no Pontifício Instituto Oriental em Jerusalém e passou de 1932 a 1934 naquele ambiente intensamente devoto estudando a Bíblia, bem como arqueologia e hebraico. Parece que chegou até a assistir palestras na Universidade Hebraica, a jovem instituição do movimento Sionista de estudo superior! Enquanto estava em Jerusalém, os nazistas tomaram o poder na Alemanha, um acontecimento que Pohl apoiou com entusiasmo. Ele e seus colegas de classe alemães costumavam cantar "Deutschland über Alles" e outras canções nazistas à noite, sentados em volta de uma fogueira.

Em 1934, Pohl mudou de vida. Voltou à Alemanha, renunciou ao sacerdócio e casou-se com uma alemã que conhecera em Jerusalém. Desempregado, decidiu oferecer-se ao mercado nas bibliotecas estatais alemãs como orientalista, especializado em hebraico. Felizmente para Pohl, essa era uma área com muitas oportunidades, já que os judeus vinham sendo demitidos das bibliotecas estatais e a maioria dos bibliotecários orientais era composta por judeus. Pohl foi contratado como especialista em Hebraica pela Biblioteca Estatal Prussiana, a maior da Alemanha, graças à sua competência na língua e à sua lealdade política. Já empregado, passou a estudar biblioteconomia à noite.

Pohl nunca realizou seu sonho de seguir carreira acadêmica. Candidatou-se para a Universidade Friedrich Wilhelm, a principal de Berlim, escrevendo uma tese de livre-docência em estudos orientais sobre a sociedade israelita antiga. Mas sua solicitação foi rejeitada, sob a alegação de que ele não tinha graduação em estudos bíblicos modernos. Candidatou-se de novo, propondo escrever sobre a relação entre o judaísmo e o bolchevismo, um tópico muito caro a Hitler e ao Partido Nazista, mas o departamento de estudos orientais objetou que o tema era mais apropriado para a área de ciência política. Então Pohl continuou como bibliotecário e embarcou numa carreira paralela de propagandista antissemita, publicando artigos sobre os malefícios do Talmude no *Der Sturmer* e em outras publicações do tipo. Seu livro, *O espírito do Talmude,* tornou-se bem popular e teve duas edições.

Pohl era um ativo e obediente seguidor das poderosas instituições ao seu redor: primeiro a Igreja Católica, depois o Estado nazista alemão. Desenvolveu seu antissemitismo instruído durante seus estudos católicos e colocou-o a serviço do nazismo.

Pohl juntou-se ao *Einsatzstab Reichsleiter Rosenberg* como especialista em Hebraica em junho de 1940. Nove meses depois, foi nomeado bibliotecário-chefe do recém-criado Instituto para Investigação da Questão Judaica, em Frankfurt, um dos principais centros de *Judenforschung*. Seus dois empregos tinham intercessões. Ele saqueava a Judaica para o ERR e enviava o material saqueado para o Instituto, que rapidamente montou uma biblioteca de Judaica extraordinariamente rica.[6]

Pohl chegou a Vilna apenas uma semana após os alemães assumirem o controle da cidade, no início de julho de 1941, acompanhado por um instrutor de estudos orientais e bíblicos da Universidade de Berlim, doutor Herbert Gotthard.[7] Os dois eruditos nazistas circularam de carro pela cidade vestindo o uniforme verde e amarelo e a braçadeira vermelha com a suástica preta, escoltados por soldados.

Vieram preparados, com os endereços das instituições culturais judaicas e os nomes de seus diretores. Pohl parou pessoas nas ruas do velho bairro judeu e perguntou-lhes onde poderia encontrar o doutor Max Weinreich do YIVO, o professor Nojekh Prylucki da Universidade Vilnius e Chaikl Lunski da Biblioteca Strashun. Embora Weinreich não pudesse ser encontrado – estava em Nova York –, Pohl localizou Prylucki e Lunski e mandou prendê-los. Ordenou que Prylucki lhe entregasse os maiores tesouros do YIVO e preparasse listas de seus principais bens.

Durante o mês de julho de 1941, Nojekh Prylucki foi um erudito prisioneiro. Uma escolta policial levava-o todo dia da sua casa na Rua Zakretowa até o edifício do YIVO, onde fazia o trabalho que lhe era designado.[8] O mesmo aconteceu com Lunski, o celebrado diretor da Biblioteca Strashun, e com Abraham E. Goldschmidt, curador do Museu S. An-ski da Sociedade Histórico-Etnográfica Judaica. Foram obrigados, sob ameaça de armas, a entregar os maiores tesouros de suas instituições a Pohl e Gotthard, do ERR.

Esse foi um ataque coordenado dos alemães à palavra judaica escrita. O fato de a operação ter lugar poucos dias após o ataque da Alemanha à União Soviética indicava que a tomada da Judaica de Vilna era alta prioridade.

Após um de seus primeiros dias de trabalho, ao voltar para casa, Lunski, o bibliotecário, disse a seus amigos: "Vocês não acreditam como ele fala bem iídiche, aquele alemão. Como lê bem em hebraico, até mesmo letra cursiva. E tem muita familiaridade com o Talmude!".[9]

Além do saque ao YIVO, à Biblioteca Strashun e ao Museu An-ski, Pohl e um contingente de soldados alemães invadiram a Grande Sinagoga, a *shtot-shul*, orgulho e glória dos judeus de Vilna. Encontraram o administrador de rituais da sinagoga, o *shammes*, tomaram seu molho de chaves e começaram a retirar os rolos da Torá e outros objetos rituais da Arca Sagrada – coroas de prata da Torá, peitorais e apontadores de ouro. O *shammes*, prevendo o assalto, havia guardado vários rolos e ornamentos numa câmara subterrânea oculta atrás de uma parede perto da Arca. Mas os alemães descobriram a câmara, arrebentaram-na e removeram o conteúdo.

Passaram então a saquear outras casas de oração, como as *kloyzn*, localizadas no pátio da sinagoga.[10]

Então, em 28 de julho, alguma coisa mudou. Prylucki não voltou para casa do trabalho e foi levado em vez disso para a prisão da Gestapo. Seu trabalho no edifício do YIVO prosseguiu, mas ele agora era transportado da prisão para o YIVO e de volta à prisão. Paula visitava-o no trabalho e lhe trazia comida e roupa. Ela relatou que seu rosto estava encovado, com olheiras, e o corpo, encurvado. Ao que parece, vinha sendo espancado. A certa altura, no início de agosto, os alemães puseram os três eruditos – Prylucki, Lunski e Goldschmidt – numa única cela da prisão da Gestapo, de onde eram levados todo dia aos seus respectivos locais de trabalho. Os três homens, segundo se conta, passavam as noites na prisão discutindo literatura e pensamento judaico, incluindo as obras de Maimônides. Então, em meados de agosto, Prylucki parou de ir ao YIVO. Testemunhas relataram tê-lo visto na Prisão Kukishi, a prisão central de Vilna, ensanguentado depois de muito surrado, com um pano enfaixando-lhe a cabeça. Estendido ao lado dele estava o corpo sem vida de Goldschmidt e um Lunski totalmente chocado e desorientado.

Pohl e seu assistente, Gotthard, haviam concluído sua missão em Vilna e deixaram os três eruditos sob custódia da Gestapo.

Nojekh Prylucki foi executado em 18 de agosto de 1941. A Gestapo sabia que ele era o líder de um partido político judaico e membro do parlamento polonês, e eliminou-o como inimigo do Terceiro Reich. Goldschmidt faleceu na prisão, ao que parece vítima dos espancamentos. Lunski foi o que teve mais sorte dos três. A Gestapo soltou-o no início de setembro – bem a tempo de ser arrebanhado no interior do recém-criado gueto de Vilna.[11]

Vilna havia sido violentada: os cinco incunábulos da Biblioteca Strashun foram expropriados, assim como os manuscritos mais antigos e os ornamentos rituais mais magníficos da *shtot-shul*. Pohl e seus colaboradores despacharam tudo para a Alemanha, junto com oito enormes caixotes de tesouros da Biblioteca Strashun e outras caixas do YIVO e do Museu An-ski. Os alemães mostravam que estavam empenhados – até a morte, por assim dizer – em "adquirir" a Judaica de Vilna.[12]

A notícia da pilhagem do YIVO chegou ao conhecido historiador judeu polonês Emanuel Ringelblum, que estava encarcerado a centenas de quilômetros no gueto de Varsóvia. Usando suas conexões na clandestinidade polonesa, Ringelblum enviou uma carta em código a um colega em Nova York, informando-o da catástrofe que havia atingido o YIVO. A carta de Ringelblum começava com as palavras "Yivush Wiwulsky acaba de morrer". Era a sua referência cifrada ao YIVO, que ficava na Rua Wiwulskiego. Depois, prosseguia dizendo: "Você o conheceu bem. Ele não deixou quaisquer pertences. Mas em tempos de guerra, as pessoas perdem ainda mais coisas. Você deve lembrar o quanto ele se esforçou em seu empreendimento. Agora, tudo o que resta é uma casa vazia. Seus pertences foram levados embora por seus credores".[13]

A informação de Ringelblum era exagerada. Apenas uma pequena parte dos pertences do YIVO foi levada embora em julho de 1941. A maior parte ficou. Na realidade, Pohl aprendeu uma lição importante de sua breve estada na "Jerusalém da Lituânia". Vilna abrigava tesouros culturais judaicos demais, em localizações demais, para que fosse possível tomar tudo numa simples incursão. Era necessária uma equipe de trabalho que se dedicasse por um longo período a fazer a triagem de centenas de milhares de livros e documentos. Quando o ERR voltou a Vilna em fevereiro de 1942, ele criou essa equipe.

Ao mesmo tempo, autoridades alemãs colocaram o YIVO entre as 43 principais bibliotecas dos territórios ocupados do leste cujos pertences eram de grande interesse para o Reich. Essas bibliotecas foram alvo da "aquisição" em nome de uma planejada megabiblioteca da Academia Nazista, a Hohe Schule. Um memorando com data de 29 de setembro de 1941 visava três repositórios em Vilna: a biblioteca da universidade, a Biblioteca Estatal Wroblewski (filial regional da Biblioteca Nacional Polonesa), e o YIVO, cujos pertences eram estimados em quarenta mil livros e setenta mil unidades de arquivo. O memorando observava que as bibliotecas em Vilna eram importantes para o Reich porque iriam enriquecer o acervo alemão de Judaica, Hebraica, e literatura católica.[14]

Era apenas uma questão de tempo para que o *Einsatzstab Reichsleiter Rosenberg* voltasse a Vilna para implementar as diretivas desse memorando.

CAPÍTULO 4

Intelectuais no inferno

Nojekh Prylucki era um dentre as várias dezenas de intelectuais que saíram de Varsóvia para se refugiar em Vilna no outono de 1939: escritores, jornalistas, educadores e líderes políticos. Mas no que se refere a livros, nenhum deles se igualava a Herman Kruk, diretor da Biblioteca Grosser, a maior biblioteca judaica de Varsóvia, patrocinada por uma organização chamada Liga da Cultura. Kruk era o bibliotecário judaico mais respeitado em toda a Polônia. Publicou dezenas de artigos e livretos sobre bibliografia e o estudo dos livros, chefiou o centro da biblioteca da Liga da Cultura e editou seu boletim de notícias.

Kruk era um socialista democrático dedicado e membro do Bund. Para ele, as bibliotecas eram a ferramenta por meio da qual os trabalhadores iriam se erguer e ganhar consciência de classe, a fim de poder forjar uma sociedade justa.

Após um mês em fuga, escapando por um triz das bombas e balas alemãs e dormindo no chão de estações de trem às escuras e sem eletricidade, Kruk chegou a Vilna e foi direto da estação para a Biblioteca Strashun e o YIVO, estudar seus catálogos e métodos de operação. Só depois é que arrumou um lugar para morar e poder trocar a roupa do corpo por roupas limpas.

Kruk destacava-se como homem íntegro e disciplinado, que despertava respeito naturalmente. "Ele andava do jeito que um cabo do exército anda" (foi o grau que alcançou ao servir no exército polonês), "e com a cabeça bem erguida, parecia mais alto do que era na realidade". Homem refinado e elegante, sempre engraxava os sapatos e lixava as unhas, mesmo depois, no gueto.[1]

Kruk veio para Vilna junto com o irmão, Pinkhas, um dos líderes do movimento da juventude do Bund, mas não trouxe a esposa nem o filho novo, que ficaram em Varsóvia. A viagem era perigosa demais para uma criança, e os organizadores dos grupos de refugiados não permitiam que ninguém trouxesse membros da família. Em Vilna, Kruk gastava muito da sua energia tentando obter informações sobre o paradeiro da mulher e mandando cartas a ela por meio da clandestinidade polonesa, para ajudá-la a fugir.

Kruk e o irmão tiveram a sorte de receber vistos dos Estados Unidos na primavera de 1940, graças à intervenção do Comitê de Trabalho Judaico em Nova York. Pinkhas foi para os Estados Unidos, mas Herman ficou protelando sua partida, tentando localizar a mulher e o filho. Quando os soviéticos retomaram a Lituânia e a anexaram em junho de 1940, cortaram a concessão de vistos de trânsito para Vladivostok, a única via de saída para os Estados Unidos. Oficiais soviéticos ofereceram um trato. Ele poderia sair por Vladivostok se concordasse em trabalhar como agente soviético no exterior (eles usavam o termo "amigo", mas a intenção era clara). Deveria se alistar nas Forças Armadas Polonesas no Ocidente, que operavam sob o comando britânico, e enviar a eles informações sobre suas atividades. Encaminharam Kruk a um centro de recrutamento polonês que operava no Canadá. Kruk recusou-se a assinar o acordo que os oficiais soviéticos colocaram em cima da mesa, e a partir desse momento ficou encurralado em Vilna.[2]

Quando os alemães atacaram, em 22 de junho de 1941, Kruk, já com 44 anos de idade, não tentou fugir mais para leste. Não tinha a energia para vagar pelas florestas e procurar comida onde fosse possível – pela segunda vez. Ficou no seu apartamento, ocupado em escrever seu diário. Com o tempo, esse diário tornou-se uma crônica monumental dos sofrimentos dos judeus de Vilna. Depois que virou diretor da biblioteca do gueto (mais sobre isso adiante), passava de duas a três horas por dia no seu escritório ditando o texto de seu diário à sua secretária, que datilografava tudo em três cópias. Se os alemães tivessem descoberto isso, acabaria executado. Mas Kruk não conseguia parar de escrever. Era o que lhe dava um senso de propósito, de missão. Chamava o diário de "o haxixe da minha vida". Em junho de 1942, a Associação dos Escritores do gueto de Vilna outorgou-lhe um prêmio por seu diário como obra de "jornalismo literário clandestino".[3]

As primeiras entradas registram o andamento do reinado de terror dos alemães: os judeus receberam ordens de usar uma estrela amarela de Davi sobre o exterior da roupa, foram proibidos de andar pelas ruas principais da cidade e tinham que ficar em filas de comida separadas durante horários de compras restritos. Kruk registrou a captura de homens judeus, sob a alegação de que iriam para trabalhos forçados, e o massacre ocorrido na Rua Szpitalna, no qual 123 homens foram assassinados. Descreveu a reação ao decreto alemão que criava o Conselho Judaico, ou Judenrat: a maior parte dos líderes comunitários se recusou a servir, mas acabou cedendo na esperança de ser capaz de aliviar o sofrimento de seus irmãos. Essas esperanças foram frustradas em 6 de agosto, quando o auxiliar do *Gebietskommissar* para assuntos judaicos, Franz Murer, ordenou que o Judenrat recolhesse uma "contribuição" de cinco milhões de rublos. Quando os judeus trouxeram apenas 3,5 milhões de rublos, Murer mandou executar sumariamente a maioria dos membros do Judenrat e ordenou que um novo conselho tomasse seu lugar.

Kruk foi um dos primeiros a ouvir os "rumores" de que massacres a tiros estavam ocorrendo em Ponar, uma área de florestas na periferia da cidade, mas achou que poderia ser uma tentativa de espalhar o medo. Considerou que o relato, feito por uma empregada doméstica polonesa que acompanhara sua patroa até o local da execução, deveria ser uma mentira ou uma alucinação. Então, em 4 de setembro, ouviu o testemunho pessoal de sobreviventes e o registrou "com mãos trêmulas e tinta sanguínea". Duas garotas feridas, de 11 e 16 anos, e quatro mulheres adultas haviam chegado ao hospital judaico de Vilna com ferimentos a bala. Kruk entrevistou-as ele mesmo:

> Todas elas contaram: "Eles atiraram em nós com metralhadoras. Na vala, havia milhares de corpos mortos. Antes de atirarem neles, tiravam-lhes as roupas, ou sapatos [...] Os campos exalavam fedor de corpos mortos [...] Alguns conseguiram sair de lá se arrastando, e uns poucos

chegaram até as vilas [...] Uma mulher se arrastou até um camponês e pediu que a levasse até os judeus. Depois do que tinha visto, e depois de todos os seus entes queridos terem sido mortos a tiros diante de seus olhos, achava que a vida não valia mais a pena. Mas queria que os judeus soubessem, e essa foi a única coisa que a levou até o camponês. Que os judeus saibam!!!"[4]

Kruk ficou em choque. Ele compreendia agora que os milhares de pessoas "sumidas", capturadas das ruas durante os últimos dois meses, haviam sido massacradas nas valas de Ponar. Ele só conseguiu usar linguagem apocalíptica para expressar suas emoções:

O mundo não é capaz de soltar um grito?

Se os céus são capazes de se abrir, quando isso irá acontecer se não for hoje? Se o céu é mesmo o céu, deveria começar a despejar lava. Que todos os seres vivos sejam levados embora de uma vez por todas. Que venha uma destruição do mundo ainda maior que essa – que um novo mundo surja das ruínas! "De pé, ó vítimas da fome!" [o primeiro verso da Internacional] São as trevas do Egito no meio do dia. Horror atrás de horror, pavor atrás de pavor![5]

Para Kruk, a notícia de Ponar logo foi superada pelo repentino decreto de constituição do gueto. Em 5 de setembro, correu a informação de que todos os judeus de Vilna seriam encarcerados à força no dia seguinte nas estreitas e precárias ruelas do bairro histórico dos judeus, cercados por um muro recém-construído. Kruk fez anotações de hora em hora daquilo que chamou de "o dia histórico".

9h: Grupos de judeus estão sendo levados à força. Todo mundo vai carregado de coisas; vestem vários casacos, arrastam pacotes, levam coisas em carrinhos de bebê. A cena é horrível. Os cães, como se soubessem de alguma coisa, ficam latindo e uivando. Estão sendo dispensados por seus antigos donos [...] *14h*: As pessoas dizem que entrar no gueto é como entrar nas trevas. Milhares fazem fila e são enfiados numa gaiola. As pessoas são conduzidas, as pessoas caem no chão com seus sacos de coisas, e os gritos chegam até o céu. A triste jornada estende-se por horas.[6]

Os registros pararam quando o próprio Kruk foi arrebanhado no interior do gueto. Os dias seguintes foram traumáticos e confusos demais para que ele conseguisse escrever. Retomou seu diário em 20 de setembro e reconstruiu os eventos das semanas anteriores em registros retrospectivos.

A superlotação era esmagadora. Quarenta mil pessoas foram enfiadas num território de onze quarteirões, que antes da guerra abrigava apenas seis mil residentes. Vinte e nove mil pessoas instalaram-se no gueto maior, o número 1, e onze mil, no gueto menor, de número 2. Boa parte do espaço do gueto número 2 era ocupada pela Grande Sinagoga, pela Biblioteca Strashun e pelo *kloyzn* do pátio da sinagoga, todos agora transformados em alojamentos do tipo quartel. Kruk comparou a Rua Strashun a um formigueiro e seus habitantes, a ratos arrastando-se para fora dos buracos. Num registro datado de 15 de setembro (mas escrito mais tarde), ele anotou que a nutrição começava a ser um problema. Havia relatos de fome e doenças. Mas ele também registrou os esforços de médicos judaicos para cuidar dos doentes e o empenho da comunidade para contrabandear, compartilhar e distribuir comida.[7]

O novo Judenrat, chefiado pelo engenheiro Anatol Fried, começou a organizar a vida interna do gueto. Criou um hospital, serviços de higiene, escolas, um departamento de polícia e... uma biblioteca.

Kruk despertou a atenção do Judenrat na primeira noite no gueto – Abraham Sutzkever, o poeta, escreveu que "a noite no gueto é como a primeira noite no seu túmulo". Um dos líderes locais do Bund viu Kruk chafurdando em montes de lama, pegando livros do meio do lixo e catando páginas espalhadas que voavam ao vento. O membro do Bund era também membro do Judenrat e relatou a cena a seus colegas. No dia seguinte, o conselho pediu a Kruk que cuidasse da biblioteca do gueto.

A existência de uma biblioteca no gueto era em grande medida fruto do acaso. A biblioteca da Sociedade para o Esclarecimento dos Judeus (Hevrat Mefitse Haskalah) por coincidência ficava no território que os alemães haviam demarcado para o gueto número 1, na Rua Strashun, nº 6. Embora ficasse na Rua Strashun, essa não era a Biblioteca Strashun – nem de longe. A biblioteca da Sociedade para o Esclarecimento dos Judeus continha principalmente ficção e literatura educacional, boa parte dela em russo e polonês. Não havia raridades ou tesouros. Era uma biblioteca de serviço ao público, com um acervo de 45 mil volumes.[8]

Kruk encontrou o acervo totalmente bagunçado. As fichas haviam sido levadas embora por Pohl. Seria preciso que Kruk e sua equipe catalogassem tudo de novo, a partir do zero. De início, ele achou que a tarefa era recuperar o acervo e atuar como zelador até que a guerra terminasse. Não imaginava que levas de pessoas assustadas e confusas, procurando espaço no chão para dormir e comida para se alimentar, teriam condições psicológicas para ler. Mas quando a biblioteca começou a emprestar livros em 15 de setembro de 1941, os internos "atacaram os livros como cordeiros sedentos". "Nem mesmo os eventos horríveis que experimentavam conseguiam detê-los. Não podiam abrir mão da palavra impressa." Ele chamou isso de "o milagre do livro no gueto".[9]

Kruk rapidamente montou uma equipe na biblioteca com os melhores profissionais que ainda estavam vivos: o erudito Zelig Kalmanovitch, vice-diretor do YIVO; Chaikl Lunski, da Biblioteca Strashun; Bella Zakheim, que dirigia a biblioteca infantil judaica de Vilna, e sua assistente, Dina Abramowicz; o doutor Moshe Heller, instrutor no Seminário de Professores de iídiche; entre outros.

Kalmanovitch, o erudito do YIVO, tornou-se assistente de Kruk e membro da direção da biblioteca, composta por três pessoas (o terceiro membro era a secretária de Kruk, Rachel Mendelsund). Os dois homens tinham visões de mundo muito diferentes. Kruk era socialista; Kalmanovitch, não. Após várias metamorfoses ideológicas, era agora um sionista e um homem religioso. Mas suas personalidades eram similares e seus talentos se complementavam. Os conhecimentos de Kalmanovitch perpassavam áreas diversas; ele estudara em universidades alemãs e obtivera seu doutorado em Petrogrado (um amigo seu comentou certa vez: "Quando Zelig entra na sala, não preciso mais de enciclopédias"). Kruk, por sua vez, era um bibliógrafo e bibliotecário profissional. Apesar de suas diferenças ideológicas, ambos eram modelos de seriedade intelectual e de compromisso com o serviço público em defesa da cultura judaica.

Chaikl Lunski, o legendário chefe da Biblioteca Strashun, desempenhava um papel menor na biblioteca do gueto. Muito abalado por seu aprisionamento e pelo assassinato de Prylucki, não tinha recursos psicológicos para se envolver em trabalho intelectual. Kruk manteve-o como bibliotecário no setor de empréstimos, localizando livros para os leitores.[10]

Kruk era mestre em organizar e administrar, diligente e focado. Kalmanovitch era um homem de profunda paixão moral, apelidado de "o profeta do gueto". Ambos estavam totalmente comprometidos com a missão da biblioteca de fortalecer o espírito, a dignidade e o moral da população do gueto.

E Shmerke Kaczerginski, o festivo *bon vivant*, trovador e poeta esquerdista? Onde estava no meio disso tudo? Shmerke e sua mulher Barbara participaram da debilitante marcha para o gueto, carregados de vestimentas de inverno, roupas de cama e utensílios de cozinha. Instalaram-se num apartamento apinhado de gente na Rua Lydzki, junto com Sutzkever, a esposa Freydke, e vários outros intelectuais. Mas logo após a primeira incursão dos alemães, em 15 de setembro, na qual capturaram e deportaram 3.500 internos, Shmerke decidiu que deveria fugir daquela armadilha mortal chamada gueto. Tentaria as chances fora dele. Shmerke deixou crescer o bigode e tirou seus óculos de aro redondo, a fim de parecer polonês ou bielorrusso, e junto com Barbara, que tinha cabelo loiro, escapuliu do gueto numa manhã ensolarada de setembro, com uma brigada de trabalhadores que ia para um canteiro de obras. Assim que se viram do lado de fora, os dois abandonaram o grupo e tiraram as estrelas de Davi da roupa. Shmerke podia passar por não judeu – desde que ficasse de boca calada. Se dissesse uma única palavra, adeus. Tinha um forte sotaque iídiche.

Shmerke e Barbara foram para oeste, para a casa de um amigo lituano que vivia na Floresta Zvierzyniec.

Quando chegassem lá, iriam planejar os próximos passos. No caminho pelo bosque cerrado, com medo de serem identificados como fugitivos do gueto, Barbara soltou: "Se não fosse por você, eu – com minha aparência ariana e meu polonês fluente – poderia facilmente passar por polonesa e salvar minha pele".

As palavras atingiram Shmerke como uma tonelada de tijolos. Ele acolhera Barbara como uma refugiada faminta, sem teto, quando ela fugira dos alemães e fora para Bialystok no outono de 1939. Ele havia cuidado dela, alimentado-a, apresentado-a ao seu círculo de amigos e levantado seu ânimo – e agora ela lamentava abertamente estar com ele. "Se não fosse por você, eu poderia salvar minha pele." Shmerke ficou perplexo; olhou firme nos olhos dela e sem dizer palavra virou as costas e seguiu andando na direção oposta, de volta para Vilna. Barbara não o chamou, e ele não olhou para trás. Nunca mais se viram. Shmerke não conseguiu mais perdoar Barbara por aquelas palavras, nem depois que os alemães descobriram o esconderijo dela e a enviaram para ser executada em Ponar, mais de um ano depois. Mas nunca falou sobre isso com ninguém, a não ser com seus amigos mais íntimos.[11]

Shmerke foi para o endereço de uma polonesa da cidade que, conforme ouvira dizer, resgatava judeus. Bateu à porta da casa dela no meio da noite. De início, ela disse que devia se tratar de algum equívoco, mas depois o convidou a entrar no apartamento e, no escuro, ele pôde perceber silhuetas sentadas no chão de pessoas que haviam fugido do gueto. A tal mulher, Wiktoria Gzmilewska, era esposa de um oficial militar polonês e foi o anjo salvador de Shmerke.

O apartamento de Gzmilewska era um ponto de transferência. Dali, os fugitivos eram enviados a vários endereços para ficarem escondidos. Mas logo após a chegada de Shmerke, ela foi informada de que o apartamento estava sendo vigiado por espiões e precisou dissolver o esquema rapidamente. Não havia para onde mandar Shmerke, recém-chegado e último da fila, então ela arrumou para ele documentos falsos de "ariano", que o identificavam como um polonês chamado Waclaw Rodziewicz. Vendo que Shmerke ficaria exposto como judeu se dissesse mais de duas palavras, providenciou que os documentos atestassem que Rodziewicz era surdo-mudo, devido a uma concussão sofrida quando era soldado no *front* em 1939.

Pelos próximos sete meses, a pessoa mais falante e sociável de Vilna não deixou escapar uma única palavra. Vagou de cidade em cidade como pedinte surdo-mudo, aceitando ocupações ocasionais e vivendo com medo constante de que alguém pudesse reconhecê-lo. Afinal, "todo mundo" conhecia Shmerke antes da guerra. Então ele andava sempre de cabeça baixa, cobrindo-se com a gola do casaco. À noite, em momentos de solidão, ia até alguma floresta ou descampado e uivava como um animal selvagem, só para poder ouvir o som da própria voz.

Shmerke uma vez arrumou trabalho como cozinheiro para uma condessa polonesa idosa, muito agressiva. A mulher vivia gritando com ele e xingando-o, mas Shmerke fingia não ouvir nada do que ela dizia. Até que um dia ela gritou: "Você, seu preguiçoso inútil. Não serve nem para pegar uns tantos judeus, entregá-los aos alemães e ganhar um quilo de açúcar em troca, como fazem todos os outros camponeses". Nessa hora, ele explodiu, cuspiu no rosto dela e gritou: "Sua puta, eu vou viver mais que você". A condessa desmaiou, chocada com o fato de o surdo-mudo começar a falar, e Shmerke foi embora.[12]

Algumas vezes, ele entrava sorrateiramente em guetos de pequenas cidades (como Michaliszki, Gluboka, Svir e Kabilnik), só para passar uns poucos dias entre companheiros judeus. Mas nunca ficava muito tempo. Acabou entrando numa brigada de trabalhos forçados de trinta judeus, numa propriedade perto de uma cidade chamada Shumsk. Um dia, o chefe deles, um fazendeiro bielorrusso, disse ao grupo que o polícia auxiliar dera ordens de enviá-los ao distrito policial, para registrá-los. "Não vão!", disse Shmerke aos trabalhadores, mas eles foram. Dois dias depois, o grupo inteiro – exceto ele – foi executado.[13]

Enquanto Shmerke vagava disfarçado pelo interior, o gueto de Vilna vivia seus dias mais sangrentos.[14] As incursões alemãs no gueto, iniciadas em setembro, foram intensificadas, e os judeus construíram esconderijos improvisados, chamados *malinas* no dialeto iídiche local. No Yom Kippur, em 1º de outubro, as missas nas sinagogas lotadas do gueto foram interrompidas por homens da Gestapo que recolheram pessoas "para trabalhar". Homens ainda vestindo seus *taleysim* (xale de oração) e membros de sua família fugiram para as *malinas*, mas quatro mil internos foram capturados naquele Yom Kippur. Foram enviados para a prisão de Lukishki e, dali, para Ponar, onde foram executados.

Em 24 de outubro, teve lugar a infame "*Aktion* das Licenças Amarelas". Os alemães mandaram a administração do gueto expedir novos passes de identificação para todos os seus habitantes: 3.500 licenças amarelas de trabalho para "especialistas valiosos" e licenças cor-de-rosa para os membros de suas famílias – uma esposa e duas crianças para cada especialista. Quem tivesse licenças amarelas e cor-de-rosa, um total de quatorze mil pessoas, ficava protegido da deportação. Todos os demais internos receberam uma licença branca, que equivalia a uma sentença de morte. Homens e mulheres em pânico arrumaram casamentos fictícios, para poderem se declarar marido ou esposa de alguém com licença amarela. Herman Kruk recebeu uma licença amarela como diretor da biblioteca do gueto e "casou-se" com uma pioneira do Bund, de 74 anos de idade, Pati Kremer. E pegou dois órfãos da rua como seus filhos.

Depois que os portadores de licenças amarelas e respectivos membros de suas famílias foram para seus locais de trabalho fora do gueto, soldados alemães invadiram seu território e recolheram cinco mil pessoas com licenças brancas, que foram enviadas para a morte em Ponar. O mês terminou com a maior *Aktion* de todas: entre 28 e 30 de outubro, o gueto número 2 foi "liquidado" e quase todos os seus onze mil habitantes foram enviados a Ponar, que os alemães chamavam cinicamente de "gueto número 3".

Shmerke estava fora do gueto nesse período traumático de derramamento de sangue, mas seu amigo e colega escritor Abraham Sutzkever estava lá. Abrasha teve um grande número de experiências de quase morte em apenas alguns meses. Sobreviveu a um recolhimento passando a noite dentro de um caixão nos escritórios de uma sociedade funerária judaica. Enquanto esteve dentro dele, escreveu um poema sobre a experiência. Em outra ocasião, escapou de soldados alemães que ameaçavam atirar nele saltando para dentro de um tambor de cal viva. Quando Abrasha conseguiu pôr a cabeça para fora, a mistura do sangue que escorria de sua testa com a cal e a luz do dia formou "o mais belo pôr do sol que eu já havia visto". Mais tarde, Sutzkever entrou escondido no segundo gueto para encontrar a mãe, aprisionada ali, e levou-a para o primeiro gueto. Semanas mais tarde, o gueto número 2 não existia mais. O que fez Abrasha seguir em frente foi uma fé mística no poder da palavra poética: enquanto fosse capaz de cumprir sua missão de vida e escrever poesia, conseguiria sobreviver.[15]

No final de dezembro de 1941, o gueto era uma massa nervosa e aterrorizada de humanidade. Kruk escreveu: "Nenhum de nós era capaz de recuperar o fôlego. A sensação era de termos sido apunhalados e de ter um rasgo no coração. A última incursão levou embora muitas vidas. Ninguém conseguiu se recuperar".[16] O bibliotecário, o poeta e o erudito – Kruk, Sutzkever e Kalmanovitch – estavam dentro de um inferno construído pelo homem.

CAPÍTULO 5

Um paraíso para livros e pessoas

É difícil imaginar que uma biblioteca possa funcionar em meio a incursões da Gestapo, deportações para Ponar, escassez de alimentos e uma superlotação insuportável – mas a biblioteca do gueto no nº 6 da Rua Strashun não só estava operante como tinha muita procura. O número de leitores registrados, na realidade, cresceu em outubro de 1941 – o mês mais sangrento do gueto – de 1.492 para 1.739. A biblioteca emprestou 7.806 livros, ou uma média de 325 livros por dia. Ao mesmo tempo, atrás do balcão de empréstimos, a equipe catalogou 1.314 volumes.[1]

Herman Kruk notou esse paradoxo incompreensível da biblioteca do gueto, com capturas em massa seguidas por picos nos empréstimos de livros: "No Yom Kippur, 1º de outubro, três mil judeus foram levados. E exatamente no mesmo dia, 390 livros foram trocados. Nos dias 3 e 4 de outubro, levas de pessoas foram recolhidas do segundo gueto, e o primeiro gueto estava em um estado de tensão indescritível. Mas em 5 de outubro, foram trocados 421 livros".[2] A leitura era um meio de lidar com a situação, de se reorientar.

Reagindo a essa alta demanda, Kruk abriu uma sala de leitura em 20 de novembro, num espaço que havia servido como depósito para livros em duplicata antes da guerra. O espaço tinha mesas compridas e cadeiras que haviam sido contrabandeadas para dentro do gueto em caminhões de lixo que vinham fazer a coleta. As paredes da sala de leitura eram cobertas por estantes, que abrigavam um acervo de obras de consulta de dois mil volumes, dividido em quinze seções: enciclopédias, dicionários, manuais e várias áreas temáticas, como Filosofia e Economia. A sala de leitura também tinha armários envidraçados que exibiam rolos, coroas da Torá e outras peças de arte ritual. Ela era às vezes chamada de museu do gueto.[3] A sala de leitura transmitia uma sensação de normalidade, sob condições que estavam muito distantes disso.

A biblioteca virou uma âncora da vida do gueto no chamado "período de estabilidade", que durou um ano e meio – de janeiro de 1942 até julho de 1943. Cessaram as *Aktionen* de grande porte, as capturas e deportações para Ponar, e a vida começou a entrar numa rotina para os vinte mil internos restantes (quatorze mil registrados e seis mil "clandestinos"). Brigadas de trabalho saíam de manhã para os locais de trabalhos forçados fora do gueto, e no final do dia os trabalhadores traziam debaixo da roupa comida contrabandeada – se as circunstâncias permitissem. O Judenrat pregava a doutrina de um "gueto trabalhador" como essencial para a sobrevivência: se os internos fossem trabalhadores produtivos, e seu trabalho fosse útil para as forças armadas alemãs, os nazistas iriam mantê-los vivos, por uma questão de interesse. A maior parte dos habitantes acreditava que era assim, ou no mínimo queria acreditar que fosse.

Com a manutenção do período de estabilidade, a atividade cultural e social floresceu: foi realizado um primeiro concerto em 18 de janeiro de 1942; no mesmo mês, uma Associação de Escritores e Pintores do Gueto foi criada. Formou-se um comitê de assistência social e havia um clube de jovens, um *lectorium*, e várias associações profissionais (de advogados, músicos e assim por diante).[4] Para todos esses grupos, a biblioteca constituía um recurso valioso.

A calma era interrompida por atrocidades intermitentes. Em 5 de fevereiro de 1942, os alemães impuseram uma proibição às mulheres judias de terem filhos, que passou a vigorar imediatamente. Muitas mulheres já estavam grávidas antes de entrar no gueto. As que tinham sorte pariam seus bebês em segredo no hospital do gueto, cuja equipe médica pré-datava a certidão de nascimento dos recém-nascidos. Mas a maioria dos bebês nascidos depois de 5 de fevereiro foi morta pelos alemães, em geral por envenenamento. Um deles foi o filho de Sutzkever. Seu poema ao bebê assassinado exemplificava sua capacidade de produzir poesia requintada em meio à dor mais torturante.

> Eu quis engoli-lo, filho,
> Quando senti seu corpinho
> Frio nos meus dedos.
> Como se engole um copo
> De chá quente [...]
> Quis engoli-lo, filho,
> Para sentir o gosto
> Do futuro que me aguarda.
> Talvez você floresça de novo em minhas veias.
> Mas não o mereço.
> Não posso ser seu túmulo.
> Vou deixá-lo
> Para a neve que se acumula.
> Esse primeiro descanso.
> Você descerá como um lampejo de crepúsculo
> Para a quietude
> Levando saudações de minha parte
> Aos tênues brotos
> Sob o frio.[5]

Alguns meses depois, em 17 de julho, os alemães voltaram sua máquina mortífera contra outro grupo vulnerável: os idosos. Oitenta e seis internos de idade avançada do gueto foram recolhidos e enviados a um sanatório, o que despertou esperanças de que lá seriam tratados. Dez dias mais tarde foram todos assassinados.[6] Indivíduos e pequenos grupos também eram enviados a Ponar para serem executados pelo menor deslize – como desrespeitar o toque de recolher ou contrabandear comida.

Mas, na maioria dos dias, a vida era uma luta amarga pela sobrevivência, por dignidade e esperança, travada por uma população de internos traumatizada, assustada e faminta. A biblioteca era crucial nessa luta, e Kruk era seu visionário.

Quem eram os leitores, o que liam, e *por que* liam? Num relatório escrito em outubro de 1942, após mais de um ano de operação, o sóbrio e equilibrado Kruk apresentou estatísticas e análises. A biblioteca tinha 2.500 leitores registrados, mais que o dobro da sua antecessora pré-guerra, a biblioteca da Sociedade para o Esclarecimento. O público leitor era jovem: 26,7 por cento dos que retiravam livros tinham menos de 15 anos, e 36,7 por cento tinham entre 15 e 30 anos de idade. Os internos do gueto retiravam principalmente romances: 78,3 por cento dos livros emprestados eram ficção, 17,7 por cento eram literatura infantil, e apenas 4 por cento eram não ficção.[7]

Dina Abramowicz, uma das bibliotecárias do gueto, lembra os diferentes tipos de leitores que passavam pelo balcão de empréstimos durante o dia. De manhã, vinham as "damas da sociedade" – mulheres cujos maridos tinham um trabalho melhor na cidade e que eram ricas pelos padrões do gueto. Com tempo livre disponível, essas mulheres queriam ler os romances sentimentais russos. À tarde, chegavam as crianças, vindo direto das escolas do gueto, à procura de literatura de fantasia, como *A volta ao mundo em oitenta dias* e *Os filhos do capitão Grant,* de Júlio Verne. Nos fins de tarde e aos domingos, apareciam os que trabalhavam fora do gueto. Tinham interesse principalmente em literatura mundial traduzida para o polonês.[8]

Quanto à psicologia da leitura, Kruk relatou que a principal motivação dos leitores era o desejo de fuga, de esquecer sua realidade imediata: "O gueto mal tinha setenta centímetros de espaço vital para cada pessoa. [Nos espaços para morar], tudo fica no chão. Não há mesas ou cadeiras. Os quartos são como caixas gigantes. As pessoas deitam enroladas nos seus pacotes [...] O livro transporta as pessoas para fora dos muros do gueto até o vasto mundo. Desse modo, os leitores podem pelo menos sair um pouco de sua solidão opressiva e fazer uma conexão com seus pensamentos a respeito da vida, da liberdade perdida".[9]

Kruk notou com uma mistura de desalento e indulgência que os livros mais procurados eram histórias de crimes e romances baratos. Explicou que devido àquelas condições de vida fatigantes, perturbadoras, a maioria dos leitores não era capaz de fazer o grande esforço mental necessário para ler coisas desafiadoras, que exigissem muito. Enumerou uma longa lista de obras polonesas e russas de ficção barata que eram populares entre os internos do gueto. Quanto à literatura ocidental, os itens mais procurados eram os romances policiais de Edgar Wallace, o livro *...E o vento levou,* de Margaret Mitchell, e as histórias de amor em alemão de Vicki Baum. Lamentou que não houvesse qualquer procura por Flaubert e Gorki, e quase nenhuma por Dostoievski e Romain Rolland.

A leitura, observou Kruk, era um narcótico, uma forma de embriaguez, um recurso para evitar pensar. "Com frequência o bibliotecário do gueto vê a si mesmo como um traficante de drogas. Prevalece muito o aspecto, eu nem chamaria de leitura, mas de autoembriaguez. Há pessoas que nos dias mais difíceis leem sem parar, mas apenas romances policiais baratos. Alguns leitores inteligentes não escolhem nada além disso." Uma interna do gueto descreveu sua leitura em termos similares: "Leio romances policiais até minha cabeça ficar entorpecida. Agora que é tão difícil conseguir um cigarro, os livrinhos são o meu narcótico. Depois de ler três romances policiais, minha cabeça fica tão anestesiada que eu esqueço o mundo à minha volta. Tentei ler livros sérios, mas não conseguia organizar os pensamentos".[10]

As crianças estavam entre os mais ávidos leitores, com mais pedidos *per capita* do que os demais grupos etários. Sua necessidade de ler era tão intensa que umas poucas crianças invadiram as estantes fechadas da biblioteca para roubar livros. Os bibliotecários tiveram que chamar a polícia do gueto, que prendeu os "ladrões" e mandou-os para casa.[11]

Mas havia também uma teimosa minoria de "leitores socialmente maduros", desejosos de ler livros que lançassem alguma luz na sua difícil situação. Esses leitores pegavam emprestado literatura de guerra. O *Guerra e paz*, de Tolstói, foi emprestado 66 vezes no primeiro ano de existência da biblioteca do gueto, e nos anos pré-guerra foi emprestado em média 14,8 vezes ao ano. *Nada de novo no front*, de Remarque, também era muito procurado. Mas de longe o romance europeu mais popular entre os leitores socialmente maduros era *Os quarenta dias de Musa Dagh*, de Franz Werfel, baseado nos eventos de uma cidade turca no início do genocídio armênio. Os leitores sentiam estar enfrentando o mesmo destino que havia se abatido sobre os armênios.

Quanto à literatura judaica, leitores sofisticados devoravam os volumes de Graetz e Dubnow sobre a história judaica medieval, que narravam os sofrimentos durante as Cruzadas e a Inquisição. A obra de ficção em iídiche mais popular era *Kiddush Ha-shem* ("Martírio"), de Scholem Asch, um relato ficcionalizado dos massacres de Khmelnytsky na Ucrânia, em 1648-1649.[12]

Além da seção de empréstimos, havia também a sala de leitura, cujos visitantes tinham um perfil mais elitizado. Muitos deles eram eruditos e educadores, que utilizavam a biblioteca como local de trabalho onde podiam fazer suas pesquisas, preparar palestras e escrever. Quarenta por cento dos livros disponibilizados na sala de leitura eram de não ficção. Ali era um dos poucos locais no gueto onde você podia ler ou escrever sentado numa cadeira normal diante de uma mesa.

A sala de leitura era um local de refúgio para pessoas que estivessem precisando de silêncio, repouso e dignidade. Alguns dos visitantes folheavam jornais e revistas do pré-guerra, a fim de descansar de um dia difícil de trabalho, e "fingiam ler" (nas palavras de Kruk). A etiqueta da biblioteca era imposta com rigor (Silêncio, evite falar!), e o piso era lavado diariamente. Alunos de escola primária tinham permissão de ficar na sala de leitura apenas durante o dia e não podiam fazer a lição de casa ali.[13]

A biblioteca do gueto cultivava uma cultura de leitura e uma atitude de respeito para com os livros. Na área de empréstimos, perto das fichas do catálogo, havia dois avisos dependurados:

> *Livros são nosso único alívio no gueto!*
> Livros ajudam a esquecer a sua triste realidade.
> Livros podem transportá-lo a mundos bem distantes do gueto.
> Livros podem aquietar sua fome quando você não tem o que comer.
> Livros têm permanecido fiéis a você; seja fiel aos livros.
> Preserve nossos tesouros espirituais – livros!

Perto deste aviso, a administração da biblioteca colocou instruções mais prosaicas:

> Mantenha os livros limpos e intactos; não leia enquanto come. Não escreva nada nos livros; evite umedecer as páginas; não dobre as páginas nem estrague a encadernação. O leitor que tiver sido acometido por alguma doença contagiosa deve notificar o bibliotecário ao devolver o livro.[14]

Como as instruções indicam, um dos principais problemas da biblioteca era a deterioração física de seu estoque, devido à intensa utilização. Nas condições do gueto, a maioria dos volumes não poderia ser substituída por duplicatas. Kruk montou uma oficina de encadernação no local, para reparar itens danificados.

As regras de empréstimo eram observadas com rigor: livros tinham prazo de devolução de três dias e havia multas para atrasos. Se um leitor não devolvesse o item após repetidos lembretes, seu nome era levado à administração do gueto, e leitores em falta eram condenados a uma pena de prisão suspensa de um dia, mais uma alta penalização financeira.[15]

A biblioteca no nº 6 da Rua Strashun não era o único lugar onde os habitantes do gueto podiam ler. Kruk montou filiais da biblioteca nas escolas do gueto, no clube de jovens e num bloco de empregados domésticos fora do gueto chamado "Kailis". Havia até uma filial da biblioteca na prisão, onde os internos eram enviados pela polícia judaica do gueto por delitos que iam de violação do toque de recolher a furto. A biblioteca da prisão tinha um acervo de cem volumes de ficção. Kruk registrou que os internos da prisão liam em média vinte volumes por mês.[16]

Em 13 de dezembro de 1942, após quinze meses de operação, a biblioteca promoveu um programa em homenagem ao empréstimo de seu centésimo milésimo livro (estavam incluídos nesse número os livros da sala de leitura). No evento, o doutor Daniel Feinshtein, antropólogo e palestrante popular, saudou os presentes com uma interpretação da expansão da leitura no gueto de Vilna: a leitura era uma arma na luta pela sobrevivência. Ela acalmava os nervos tensos e servia como válvula de segurança psicológica, que evitava o colapso mental e físico. Ao ler romances e identificar-se com seus heróis ficcionais, a pessoa podia continuar psicologicamente alerta e emocionalmente viva.

Feinshtein usou uma imagem da literatura árabe como metáfora: "Estamos fisicamente isolados, como um homem andando pelo deserto. A atmosfera é escaldante. Desejamos um pouco de vida e de liberdade. E, vejam só, nossas almas encontram o que procuram nos devaneios artísticos das páginas dos livros. Sentimo-nos recuperados, nossa energia vital e nosso ânimo pela vida crescem. Aumenta nossa esperança de que iremos sobreviver a essa jornada pelas areias do deserto e que chegaremos ao oásis da liberdade".[17]

A fim de aumentar o acervo do nº 6 da Rua Strashun, Kruk recolhia livros onde fosse possível encontrá-los. Ele providenciou que os livros da principal escola secundária judaica de Vilna, o Real Ginásio da Rua Rudnicki, fossem transferidos para a biblioteca do gueto depois que o Judenrat tomou o edifício da escola para usá-lo como quartel-general. Zelig Kalmanovitch, seu assistente, descobriu os depósitos dos editores hebraicos Rosenkrantz e Shriftzetser e assumiu o controle do seu acervo. A biblioteca do gueto também lançou um apelo aos internos para que trouxessem quaisquer livros que encontrassem. A tarefa de aquisição mais difícil, do ponto de vista emocional, era recolher os livros pertencentes a internos que haviam sido enviados a Ponar e executados.[18]

O trabalho de coletar, catalogar, emprestar e ler inspirava a *intelligentsia* do gueto. A biblioteca tornou-se um símbolo da esperança de que a cultura judaica iria sobreviver àquele tempo de trevas, mesmo que a maioria dos internos não conseguisse. Kruk registrou em seu diário: "As pessoas vêm até mim e dizem: 'Estou enlouquecendo. Não tenho para onde ir. Me dê trabalho para fazer. Não quero dinheiro em troca. Deixe-me ajudá-lo nesse seu esforço admirável, meticuloso'. Já tenho vinte voluntários trabalhando comigo. Chegam alguns novos, os mais velhos muitas vezes vão embora. Escritores, jornalistas, médicos e profissionais trabalham aqui. As pessoas trazem livros: 'Onde iria me desfazer deles? Que fiquem com você. Ficando com você, pelo menos não serão queimados. Talvez alguns sobrevivam'".[19]

O *zamlen*, isto é, a atividade de recolher livros e documentos, tornou-se uma ocupação apaixonada na biblioteca do gueto, como havia sido antes da guerra no YIVO. Mas agora a atividade assumia um tom mais desesperado, como se as pessoas dissessem: alguma coisa precisa restar depois de toda essa morte e destruição; que sejam os livros.

Desde o começo, Kruk e Kalmanovitch sabiam que os tesouros culturais de Vilna corriam perigo. Johannes Pohl havia roubado milhares de itens em julho de 1941. Kruk não podia visitar os edifícios do YIVO e do Museu An-ski, pois ficavam fora do gueto, e ele não tinha nenhuma informação confiável a respeito do estado de seus acervos. A Grande Sinagoga e a Biblioteca Strashun ficavam no gueto número 2, mas após sua liquidação no final de outubro e a deportação e execução de todos os seus habitantes em Ponar, Kruk não tinha mais contato com a Biblioteca Strashun, embora ela ficasse a poucos quarteirões do gueto número 1.

Como primeiro passo para deter a hemorragia cultural, Kruk e Kalmanovitch persuadiram o Judenrat a expedir um decreto ordenando que os internos preservassem "os tesouros culturais restantes de nosso gueto, obras de arte, pinturas, esculturas, manuscritos e objetos rituais". Os internos eram obrigados a reportar sua existência e localização à administração da biblioteca do gueto.[20]

A seguir, Kruk e Kalmanovitch conseguiram autorização do Judenrat para fazer uma "expedição" ao edifício da Biblioteca Strashun, localizado no antigo gueto número 2, para resgatar tudo que fosse possível colocar numa carroça puxada à mão. Kruk visitou a Biblioteca Strashun uma segunda vez, por iniciativa própria, em janeiro de 1942, quando lhe concederam uma permissão extraordinária de viagem que lhe possibilitou deixar o gueto por dois dias. Em vez de tratar de assuntos na cidade e fazer algum estoque de comida, peles, couro ou ouro, gastou seu tempo selecionando livros do acervo da Strashun. Ao ver-se no pátio sinistramente vazio da sinagoga, fez uma visita ao *kloyz* do *Gaon* de Vilna e resgatou o livro de registro, de 180 anos de idade.[21]

Kruk conseguiu ainda autorização para liderar um pequeno grupo de membros da equipe e voluntários para uma excursão até a Grande Sinagoga, em busca de objetos rituais. Um dos participantes descreveu a cena lúgubre ao entrarem no santuário abandonado: "Estava impregnado de escuridão e melancolia [...] Via-se a ruína por todos os cantos. Apenas os pilares de mármore mantinham-se orgulhosamente intactos. Quase todas as cortinas da Arca Sagrada estavam fora de lugar ou haviam sido levadas embora [...] A velha Arca Sagrada esculpida em madeira e as outras arcas estavam entreabertas e muito danificadas. Os mais belos objetos religiosos haviam sido profanados".

A excursão rendeu resultados escassos. O santuário já havia sido pilhado e quase todas as coisas de valor haviam sido levadas. "Outros haviam ditado as normas nesse lugar antes da nossa chegada e tornado nossa tarefa 'mais fácil'. Dei uma última olhada na Grande Sinagoga: uma ruína abandonada, negligenciada. Suas paredes cinza olhavam misteriosamente para nós. Havia uma camada grossa de poeira e teias de aranha. Saímos da sinagoga com dor no coração e puxamos nossa carroça. Quem poderá dizer se voltaremos aqui algum dia?"[22]

Graças a todos esses esforços, Kruk reuniu um acervo extraordinário de tesouros culturais. Em 7 de janeiro de 1942, listou as novas aquisições em seu poder. Incluíam 126 rolos de Torá; 170 rolos dos Profetas e de Hagiografia (entre eles rolos do livro de Ester); 26 *shofars*; treze menorás de Chanucá; doze candelabros de prata, metal e cobre; sete placas memoriais com inscrições das paredes da sinagoga; doze caixas de caridade; quatro coroas de Torá (duas de prata, uma de estanho e uma quebrada); 21 coberturas da Arca Sagrada; 110 capas de Torá; dezessete desenhos; e duas pinturas a óleo. Contava ainda com 2.464 livros da Biblioteca Strashun, vinte manuscritos e onze *pinkasim* (livros de registro) de associações religiosas e sinagogas.[23]

Alguns dos itens que Kruk adquiriu nos deixam pasmos. Como é possível que tenha removido e transportado da Grande Sinagoga as paredes internas da Arca Sagrada (com 1,87 metro de comprimento), a histórica placa memorial sobre o assento do *Gaon* de Vilna em seu *kloyz* (173 x 69 centímetros) e os oito relógios que ficavam dependurados no pátio da sinagoga, indicando as horas de oração e do acendimento das velas?[24] Kruk teve assistência da administração do gueto e contou com um caminhão para contrabandear os itens para lá.

À medida que as aquisições se acumulavam, a biblioteca do gueto deixou de ser o repositório de um acervo mediano de ficção e manuais. Tornou-se a herdeira em sentido figurado e literal da Biblioteca Strashun.

Kruk aumentou a visibilidade pública e o prestígio da biblioteca ao montar várias instituições auxiliares sob seus auspícios: uma *livraria* que vendia volumes dos quais a biblioteca tinha vários exemplares (principalmente dos depósitos dos editores); um *arquivo*, cheio de cópias preservadas de memorandos, minutas e correspondência produzidos pela administração do gueto; um *escritório estatístico*, que gerou relatórios sobre tendências vigentes no gueto nas áreas de moradia, emprego, nutrição, saúde e criminalidade; e um *escritório de endereços*, que facilitava o reencontro de famílias e amigos. Havia ainda planos de criar um *museu do gueto*, mas o projeto nunca foi concluído.

Coletivamente, a biblioteca e suas instituições auxiliares eram chamadas de "os órgãos localizados na Rua Strashun, nº 6", e o edifício ganhou o apelido de Casa da Cultura. Tinha uma equipe de dezoito funcionários.[25]

Uma das instituições mais populares do gueto ficava por acaso logo à saída da biblioteca – o campo de esportes. A administração do gueto decidira tirar o entulho do edifício bombardeado localizado ao lado e usar o espaço para ginástica e esportes de equipe. O muro externo do prédio da biblioteca era coberto de slogans escritos a giz: "Num corpo saudável – uma mente saudável" e "Uma pessoa atlética acha fácil o trabalho mais árduo". Logo acima dos slogans, havia imagens de pessoas nadando e se exercitando.[26] O campo de esportes era apenas um espaço aberto no gueto e servia como ponto de encontro para os jovens, especialmente casais. Juntos, o campo esportivo e a biblioteca eram um grito de vida em meio ao assassinato em massa.

Não foi por acaso que a biblioteca ocupou um lugar central no gueto de Vilna e que colecionar livros e tesouros culturais se tornou um foco de atividade entre seus internos intelectuais. As tradições da Biblioteca Strashun e do YIVO sobreviveram nos sete quarteirões lotados do gueto número 1. Mesmo em sua agonia, a Vilna judaica não esqueceu que era a "Jerusalém da Lituânia", e foi fiel à sua alma.

UMA JOIA RESGATADA

O livro de registro da sinagoga do Gaon *de Vilna*

O *kloyz* (casa de oração) do *Gaon* de Vilna foi fundado em 1757 e continuou funcionando como sinagoga e casa de estudos até a invasão alemã, em 1941. Os responsáveis pelo *kloyz* mantiveram um livro de registro com uma grossa capa de couro, contendo suas decisões administrativas por um período de mais de 150 anos.

A sinagoga do *Gaon* ficava na mesma casa onde o recluso rabino Elijah residia e estudava, bem em frente à Grande Sinagoga. Ele orava em casa nos dias de semana, Sabbaths e feriados, com um grupo exclusivo de discípulos. O *minyan* (grupo de oração) era uma congregação composta apenas por quem fosse convidado, já que orar na presença do grande homem era considerado uma honra. Após a morte do rabino Elijah, em 1797, seus discípulos mantiveram o local como casa de estudo e oração e começaram a receber modestos ordenados mensais da comunidade de Vilna para apoiar seus estudos talmúdicos, como o rabino Elijah havia feito enquanto vivera. Mais tarde, após a morte dos discípulos, os responsáveis pelo *kloyz* selecionaram talmudistas que merecessem receber um assento permanente e apoio financeiro. Esses talmudistas, chamados *prushim*, deveriam devotar-se em tempo integral ao estudo e levar uma vida monástica de pureza e renúncia.

A certa altura, em meados do século XIX, as sessões de oração no *kloyz* foram abertas ao público. O espaço foi reformado e expandido em 1866.

O livro de registro (em hebraico, *pinkas*) é um fólio volumoso, que à primeira vista parece um livro do Talmude. Contém uma série de entradas manuscritas que começam em 1768 e terminam em 1924. Escritas em hebraico rabínico com letras ornamentadas e às vezes diminutas, as entradas são em sua maioria de natureza administrativa. Registram doações em dinheiro e propriedades para a manutenção do *kloyz*, para a execução de reparos nas instalações, seleção de novos responsáveis, venda de assentos, transmissão de assentos de pais para filhos, doações de literatura religiosa, e assim por diante.

O livro de registro foi mantido na própria sinagoga até 1941 e nunca foi vendido ou doado à Biblioteca Strashun ou ao YIVO. Os responsáveis mantiveram-no trancado a chave como um bem valioso e permitiram que fosse examinado por apenas dois estudiosos modernos – um deles na virada do século XX e o outro na década de 1930. Somente a partir do final da Primeira Guerra Mundial é que o acesso ao livro de registro foi liberado.

O *pinkas* revela que no primeiro século de sua existência o *kloyz* do *Gaon* não era uma instituição totalmente independente. Como todas as outras sinagogas de Vilna, estava subordinado à autoridade do *kahal*, o conselho judaico da comunidade da cidade, oficialmente constituído. A entrada mais antiga do livro, de 1768, foi uma decisão do conselho da comunidade de Vilna autorizando o *kloyz* a oficiar missas em dias de semana, Sabbaths e feriados. A autorização estava condicionada ao fato de o *Gaon* continuar a viver e a estudar ali. Se ele se mudasse de lá, a sinagoga deveria ser dissolvida.[1]

Como a imagem do rabino Elijah e de seu círculo de discípulos está envolta em folclore, lenda e hipérbole, as primeiras entradas do livro de registro enquanto o *Gaon* estava vivo são uma fonte de valor inestimável para os historiadores. Nelas há o registro confiável, em primeira mão, das pessoas que rezavam e interagiam diariamente com o rabino Elijah. O *pinkas* também revela que após a morte do *Gaon* houve uma disputa entre seus filhos e discípulos sobre quem seria o dono das instalações e quem deveria administrá-las. A questão foi levada à mais alta corte rabínica da cidade, que mediou um acordo e um arranjo de compartilhamento de poder.

    O rabino Elijah era um oponente feroz do movimento hassídico, que em sua época cresceu e se expandiu. O rabino era a força por trás das ordens de excomunhão contra o hassidismo, expedidas em Vilna em 1772, 1781 e 1796. Suas objeções ao movimento eram teológicas e religiosas: achava uma heresia a doutrina hassídica de que a divindade era inerente aos objetos mundanos, e também condenava o hassidismo por seu estilo de oração em êxtase e pelas críticas que supostamente fazia ao estudo talmúdico. "Se pudesse, faria com eles o que Elias, o Profeta, fez com os profetas do Ba'al" (isto é, mandar executá-los). Após a morte do *Gaon*, os responsáveis pelo seu *kloyz* expediram uma ordem (devidamente anotada no livro de registro) proibindo a admissão de adeptos do hassidismo como membros da congregação, receptores de ordenados ou funcionários. Enquanto o *Gaon* estava vivo, tal ordem era desnecessária. Era impensável que um hassídico colocasse os pés ali.[2]

    O livro de registro dá valiosos vislumbres sobre a atividade do *kloyz* no início do século XX, quando perdeu um pouco de seu brilho: os responsáveis sustentavam entre vinte e trinta estudiosos em tempo integral, os *prushim*, que em sua maioria eram ordenados rabinos. Os estudiosos produziam diariamente um discurso talmúdico, trocado entre eles ao meio-dia, com a instrução sendo revezada pelos membros do grupo. A maior parte dos fundos do *kloyz* provinha do aluguel de apartamentos que lhe eram transferidos pelos doadores.[3]

Em junho de 1916, na Primeira Guerra Mundial, o *kloyz* foi obrigado pela primeira vez em sua história a lançar um apelo público por fundos. O texto, afixado no pátio da sinagoga, foi devidamente registrado no *pinkas*. Fome e doenças disseminaram-se pela cidade, e o *kloyz* não conseguia praticamente nenhum rendimento de aluguéis. Os melhores apartamentos estavam desocupados, pois seus inquilinos haviam deixado a cidade junto com as forças russas em retirada em 1915, e os inquilinos dos apartamentos mais simples estavam tão empobrecidos que não conseguiam mais pagar os aluguéis. Um grupo de nove homens de negócios atendeu ao apelo, com doações que totalizaram trezentos marcos alemães – uma soma escassa, mas o que foi possível sob as condições de guerra e fome.[4]

Uma das entradas do livro, de 1922, registra à posteridade que o mausoléu do *Gaon* de Vilna no velho cemitério judaico da cidade havia sido reconstruído e expandido graças a uma generosa doação de um dos descendentes do rabino Elijah. O mausoléu estava em ruínas desde abril de 1919, quando foi atacado e danificado por legionários poloneses durante um *pogrom*.[5]

Hoje, o livro de registro original está exposto na entrada do Instituto YIVO de Pesquisa Judaica, em Manhattan.

CAPÍTULO 6

Cúmplices ou salvadores?

Naquele frio dia de inverno de 11 de fevereiro de 1942, três oficiais alemães do *Einsatzstab Reichsleiter Rosenberg* (ERR) apareceram no portão do gueto e ordenaram que os policiais judaicos ali postados os levassem para a biblioteca do gueto, na Rua Strashun, nº 6. A entrada de surpresa de alemães no gueto provocou nervosismo e comoção entre os internos, que temiam que pudesse ser o início de alguma *Aktion*. A equipe do ERR, chefiada pelo doutor Hans Muller, ladeado pelos doutores Gerhard Wolff e Alexander Himpel, entrou na sala de leitura da biblioteca e perguntou por Herman Kruk, que saiu de seu escritório para recebê-los. "Portaram-se de modo adequado, com elegância", escreveu Kruk em seu diário. Fizeram perguntas sobre o trabalho, os livros antigos, e depois pediram que os apresentasse aos diretores da Biblioteca Strashun e do YIVO. Kruk mandou chamar Chaikl Lunski e Zelig Kalmanovitch. Após uma breve conversa, os alemães anunciaram que gostariam de convidar os três para uma reunião dali a poucos dias. E foram embora.

A população do gueto deu um profundo suspiro de alívio. Não se tratava de uma *Aktion*. Ou melhor, era o início de uma *Aktion* de tipo diferente – dirigida contra livros, não contra pessoas.[1]

A reunião que se seguiu teve lugar nos novos escritórios da *Einsatzstab Reichsleiter Rosenberg*, no nº 18 da Rua Zigmuntowska, no que era antes a biblioteca de Medicina da Universidade de Wilno. As salas espaçosas estavam cheias de mesas e máquinas de escrever, e eram ocupadas por secretárias, com os estandartes nazistas dependurados nas paredes. Era claro que o ERR havia voltado a Vilna para mais uma rápida onda de saques. Muller informou os estudiosos judaicos que a partir de então iriam trabalhar para o ERR e recolher livros judaicos em nome do órgão. Kruk seria o chefe do grupo de trabalho, Kalmanovitch, seu assistente, e Lunski teria a função de bibliógrafo especializado. Muller permitiu que Kruk mantivesse seu outro emprego como diretor da biblioteca do gueto.

A primeira tarefa era transferir a Biblioteca Strashun do seu edifício no pátio da sinagoga, o *shulhoyf*, no antigo gueto número 2, para um espaço designado na Biblioteca da Universidade de Wilno. Ali, eles deveriam fazer uma seleção dos livros, catalogá-los e preparar os itens mais valiosos para serem despachados para a Alemanha. Teriam à sua disposição doze funcionários para o trabalho subalterno de empacotar e transportar os livros.

Lunski ficou perplexo. Estava recebendo ordens de destruir a biblioteca que vinha construindo havia mais de quarenta anos.

O plano dos alemães era em parte uma incorporação e em parte um saque. Era uma incorporação da Biblioteca Strashun à Biblioteca da Universidade de Wilno, com o ERR ficando com "a melhor parte". Mas os alemães apresentavam seu saque como uma forma de resgate: estavam "tomando emprestados" os livros, que ficariam mais seguros na Alemanha, longe do *front* de guerra.

Kruk, que sempre parecia manter a compostura, ficou enervado com a tarefa. Naquela noite, escreveu no seu diário: "Kalmanovitch e eu não sabemos se somos coveiros ou salvadores. Se conseguirmos manter os tesouros em Vilna, talvez seja muito bom para nós. Mas se eles levarem a biblioteca embora, teremos sido cúmplices. Estou tentando ter alguma certeza em relação a ambas as situações".[2]

Kruk tentou manter o maior número possível de livros em Vilna. Pediu permissão a Muller para transferir volumes em duplicata do acervo da Biblioteca Strashun para a biblioteca do gueto, e Muller concordou. Kruk também começou a roubar livros escondido dos alemães. Enfiava exemplares no bolso e depois escondia-os em outros lugares do edifício da biblioteca da universidade. Por fim, criou um esconderijo nas profundezas da biblioteca do gueto para os tesouros que recolhia. Kruk foi o primeiro contrabandista de livros.

A relação Muller-Kruk era complexa. Por um lado, Muller era o mestre ariano e Kruk, seu escravo judeu sub-humano. Mas havia também respeito profissional mútuo, como entre os generais de dois exércitos em guerra. Muller era um bibliotecário e parecia estar sinceramente interessado em cuidar dos livros judaicos. Ficou furioso um dia quando viu um grupo de lituanos levando embora carroças cheias de livros da antiga sinagoga Lubavitch na Rua Wilenska, para vender como papel velho. Mandou detê-los imediatamente e tomou os livros dos saqueadores. Muller relatou o incidente a Kruk e garantiu-lhe que os volumes não iriam sofrer nenhum dano: "Os livros virão para mim, e vou ficar com eles".[3]

Após outro encontro com os alemães, Kruk anotou em seu diário: "Fomos recebidos de maneira digna, até cordial". Muller e seus auxiliares envolveram Kruk, Kalmanovitch e Lunski numa longa discussão sobre a questão das línguas judaicas: Por que o iídiche e o hebraico estavam em conflito? Por que o hebraico estava associado ao sionismo? Qual era a atitude dos bolcheviques em relação ao hebraico? Parecia haver uma curiosidade sincera, um desejo de compreender.[4]

No que dizia respeito à condição física dos pertences da Biblioteca Strashun, Kruk estava mais preocupado com o que os doze trabalhadores braçais judeus poderiam fazer com eles do que com os alemães. Os trabalhadores eram um grupo tosco e sem instrução, que jogava caixas de livros raros por ali como se fossem tábuas de madeira, sem a menor noção de seu valor. Um dos trabalhadores viu um velho hagadá ilustrado do século XVIII e, depois de examiná-lo, decidiu pô-lo de lado e destruí-lo. Quando Kalmanovitch o deteve e perguntou que raios estava fazendo, o trabalhador respondeu que o hagadá tinha ilustrações dos servos do faraó açoitando judeus, e ele não queria que os alemães vissem aquelas imagens. Poderiam dar-lhes ideias.

As novas instalações do acervo na Rua Uniwersytecka, nº 3, eram salas que um ano antes, sob os soviéticos, haviam abrigado a biblioteca do seminário promovido pela universidade sobre marxismo-leninismo (os nazistas acreditavam numa conspiração judeu-bolchevista para dominar o mundo, portanto a sala do seminário sobre marxismo-leninismo pareceu-lhes o lugar mais adequado para os livros judaicos). Mandaram Kruk se livrar da literatura marxista e abrir espaço para o acervo Strashun. A secretária da biblioteca da universidade, que conhecia Kruk desde antes da invasão alemã, pediu-lhe em voz baixa que não jogasse fora os livros marxistas. Kruk não precisava que lhe pedissem isso – era bibliotecário, bibliófilo, e um socialista comprometido, que reverenciava Marx (mas não Lênin). Ele deixou o acervo empacotado num escritório próximo.

Em troca, a bibliotecária da universidade ajudou Kruk a transportar alguns volumes da Strashun para local seguro em outro edifício quando os alemães não estavam por perto. Era um novo tipo de intercâmbio de livros: você salva os meus e eu salvo os seus.[5]

Muller deu também a Kruk uma tarefa especial: verificar o catálogo da biblioteca da universidade à procura de Judaica e Hebraica. Os volumes que descobrisse seriam acrescentados ao acervo da Strashun na sala do seminário ou separados para envio à Alemanha. A atitude de Kruk na sala de catalogação, digna, contida, impressionou a equipe da biblioteca da universidade. Um deles virou-se para um colega e comentou: "Quando esse judeu baixinho com a estrela amarela de Davi no peito e nas costas entra na biblioteca – a gente tem vontade de ficar em pé e fazer-lhe uma reverência".[6]

Quando a transferência da Biblioteca Strashun para a Rua Uniwersytecka estava sendo concluída, Muller anunciou aos seus trabalhadores escravos judeus que os acervos do YIVO, do Museu An-ski e de várias sinagogas iriam também ser transferidos para o mesmo local. Agora era a vez de Kalmanovitch sentir uma pontada de dor. A biblioteca de seu amado YIVO seria demolida. Muller também mencionou que talvez solicitasse sua ajuda no processamento das bibliotecas, museus e arquivos poloneses e russos.[7]

Após menos de um mês de emprego forçado, Muller nomeou Kruk "supervisor de trabalho relacionado ao processamento de livros judaicos". O novo título refletia o reconhecimento dos alemães pelo seu profissionalismo, e Kruk fez piada em seu diário dizendo que agora era um "figurão" alemão. Embora o pagamento fosse irrisório, o emprego trazia um precioso benefício adicional – um "passe blindado" que lhe permitia sair do gueto livremente, sem escolta, e rodar pela cidade em busca de livros judaicos. Também garantia a Kruk o privilégio de entrar no gueto sem ser revistado no portão – o que facilitava muito contrabandear livros e documentos.

Ao longo de vários meses, Kruk visitou antigas sinagogas, escolas, livrarias, editoras, estudiosos e escritores para resgatar o que restava de suas bibliotecas. Os zeladores de casas polonesas ficavam chocados ao ver um judeu entrando porta adentro em plena luz do dia e mais perplexos ainda quando ele apresentava uma carta declarando que estava ali em nome das autoridades alemãs.

Para Kruk, foi uma experiência marcante visitar os lugares onde a vida judaica havia pulsado pouco tempo antes, entrar nas casas de seus amigos e colegas, e ver que a maioria deles havia morrido. Ele chamava seus passeios fora do gueto atrás de livros de "passeio pelos túmulos".[8] Entregou alguns de seus achados para o ERR e contrabandeou o resto para o gueto, guardando em local seguro nas profundezas da biblioteca.

A *malina* (esconderijo) de livros de Kruk continuava a crescer. Quando os internos celebraram a festa judaica do Purim pela primeira vez no gueto, em 3 de março de 1942, a única pessoa em posse dos rolos do livro bíblico de Ester era Herman Kruk, o socialista secular. As sinagogas do gueto pegaram os rolos emprestados de seu acervo.[9]

Por volta da época do Purim, no início de março de 1942, Muller foi para Berlim, para consultas. Quando voltou, anunciou que o ERR iria expandir suas operações em Vilna. Haveria também uma mudança de local: em vez de transferir os acervos do YIVO e do Museu An-ski para o nº 3 da Rua Uniwersytecka, os alemães decidiram converter o espaçoso prédio do YIVO, com mais de vinte salas, no principal local de trabalho do ERR. O templo do mundo erudito iídiche iria se tornar o quartel-general do roubo e da pilhagem do nazismo alemão.[10]

Nos primeiros oito meses da ocupação alemã, o edifício do YIVO havia sido usado como quartel da unidade L.07449 da Luftwaffe. Como instalação militar, estava fora do âmbito de uma visita de Kruk. Quando ele, Kalmanovitch e Lunski voltaram a entrar em seu amado santuário, em março de 1942, encontraram-no em total desordem. O majestoso saguão da entrada, que antes abrigava um mapa-múndi iídiche indicando os departamentos e afiliados do YIVO ao redor do mundo, tinha agora a águia alemã e a suástica com a inscrição "*Deutschland wird leben und deshalb wird Deutschland siegen*" ("A Alemanha irá viver e portanto a Alemanha irá dominar"). Os acervos e catálogos dos vários departamentos do instituto haviam ido parar no porão do edifício, onde os papéis formavam pilhas de um metro de altura. "Parecia que havia ocorrido um verdadeiro *pogrom*", escreveu um membro da brigada de trabalho. A unidade da Luftwaffe usara alguns dos livros, jornais e documentos como papel para alimentar o fogo. E haviam despachado vinte caixotes, com material aleatório, para reciclagem em fábricas de papel, a fim de liberar espaço para as suas necessidades.[11]

Kruk subiu a escadaria até a sala de exposições no segundo andar. Estava vazia. Os itens da exposição de 1940 do YIVO sobre I. L. Peretz, o pai da moderna literatura iídiche, haviam sido jogados num sótão lateral próximo. Páginas de manuscritos de Peretz estavam espalhadas no meio da lama e do cascalho, e documentos, fotos e artefatos estavam despedaçados, amassados e enlameados. Kruk, que reverenciava Peretz como o símbolo da moderna criatividade iídiche, e que relembrava com carinho o encontro com o grande escritor quando era um jovem sonhador, ficou abalado com aquele ato de desrespeito. Como primeira ordem ao grupo de trabalho, mandou limpar e arrumar os itens da exposição de Peretz.[12]

Conforme avançava com dificuldade pelas montanhas de livros e documentos despejados no porão do YIVO, depois de passar pela grande suástica no andar da entrada e de ver a imundície na sala de exposições, cheia de lama e terra, Kruk encontrou uma nova metáfora para a sua tarefa. Ele e seus colegas eram coveiros, relutantes coveiros prisioneiros, obrigados a descartar os restos desmembrados da própria cultura.

CAPÍTULO 7

Os nazistas, o bardo e o professor

Os dois atores principais no desenrolar do drama em torno dos livros voltaram a Vilna em abril de 1942: o doutor Johannes Pohl e Shmerke Kaczerginski. Para Pohl, era o primeiro retorno à cidade desde a onda de saques original em julho de 1941. Acabara de promover uma grande operação em Tessalônica, onde saqueara a biblioteca e o arquivo da comunidade judaica de vários séculos, a chamada "Jerusalém dos Bálcãs". Agora tinha o encargo de organizar a expansão da operação do ERR na Jerusalém da Lituânia. Assim que ele entrou no edifício do YIVO, ficou claro para Herman Kruk que Pohl estava no comando.

> O "Hebraísta" chegou. É um homem militar com uniforme do partido. Um homem alto com uma aparência judaica. Ele de fato parece ser descendente de judeus.
> Seu nome é Pohl. É doutor. Estudou na Universidade Hebraica de Jerusalém por dois anos. Publicou vários livros sobre o Talmude etc. Tem um comportamento cortês, até sociável. Mas você não consegue arrancar nada dele. O que vai acontecer a partir do trabalho dele no YIVO? Não podemos sequer tentar adivinhar. A questão está suspensa no ar. Ninguém sabe o que o "Hebraísta" quer, ou quais são seus planos.[1]

O seu Instituto para Investigação da Questão Judaica tinha um slogan: "*Judenforschung Ohne Juden*", ou seja, estudo dos judeus sem judeus. Mas apesar do slogan, Pohl sabia por experiência que a tarefa de catalogar e selecionar a massa de material hebraico e iídiche em Vilna não poderia ser feita apenas por alemães. Iria exigir judeus. Um dos membros da equipe do ERR, doutor Alexander Himpel, estimou que se os acervos fossem despachados em sua totalidade para a Alemanha e catalogados ali, a tarefa iria demandar dez anos – depois que a guerra terminasse. Simplesmente não havia suficientes bibliógrafos e arquivistas qualificados em Judaica na Alemanha.[2] Gostasse ou não disso, Pohl precisava contar com um grande grupo de intelectuais judeus para fazer a triagem do material e sua catalogação.

Pohl instruiu o chefe da equipe local, doutor Hans Muller, a aumentar a equipe de eruditos do grupo de trabalho de três pessoas (Kruk, Zelig Kalmanovitch e Chaikl Lunski) para vinte, e o porte da brigada de trabalho total para quarenta pessoas, incluindo os trabalhadores no transporte e a equipe técnica. Kruk cuidou de contratar a "brigada intelectual" (como eram chamados os eruditos), e o Departamento de Trabalho do Judenrat forneceu os trabalhadores da "brigada física".[3] Um dos primeiros contratados por Kruk foi o poeta Abraham Sutzkever.[4]

A "brigada intelectual" separava os livros pelos critérios de gênero e século de publicação. Pohl tinha interesse especial em literatura religiosa clássica, em razão de seus estudos em Roma e Jerusalém, portanto ordenou seus trabalhadores forçados eruditos a formarem pilhas separadas para Bíblia Hebraica, *Mishna* (o código de leis judaicas do século II), Talmude (a obra-prima do Judaísmo, editada no século VI), Maimônides (século XII), o *Shulhan Arukh* (o consagrado código de leis judaicas composto no século XVI) e livros de oração. Todos os demais volumes eram classificados em categorias bem amplas: livros impressos entre os séculos XV e XVIII, impressos do século XIX, do século XX, periódicos, jornais e assim por diante. Cada categoria de livros tinha duas pilhas: uma para despacho à Alemanha, outra para eventual transferência à Universidade Vilnius.

A segunda prioridade de Pohl (depois dos clássicos religiosos) ficava no extremo oposto do espectro cronológico e ideológico: literatura soviética. Os bolcheviques eram os grandes inimigos do Reich, ao lado dos judeus, e o bolchevismo judaico era uma obsessão nazista. Então ele ordenou que os livros soviéticos em iídiche, russo e outras línguas fossem separados dos demais impressos do século XX.

A organização de materiais que não fossem livros era rudimentar: jornais e periódicos eram arranjados por título e ano; manuscritos, por autor, e coleções de arquivo, por procedência.[5]

Em seus relatórios a seus superiores em Berlim, Pohl fez uma orgulhosa avaliação de seu pequeno "império" em Vilna. Em abril de 1942, quando veio organizar a operação, estimou que o ERR detinha o controle de cem mil livros judaicos: quarenta mil da Strashun, quarenta mil do YIVO, dez mil das sinagogas e coleções particulares, e dez mil da *ieshivá** Lubavitch e do *kloyz* do *Gaon* de Vilna. Dois meses depois, sua estimativa do número total aumentara para 160 mil volumes.[6]

Para "o Hebraísta" (como Kruk o chamava), Vilna era uma joia bibliográfica, mas mesmo assim era apenas uma cidade entre muitas. Ele era responsável pelo saque de Judaica em toda a Europa do leste e do sul. Sua visita organizacional em abril de 1942 durou apenas uma semana antes que ele partisse para o seu próximo destino. Mas encontrou tempo para examinar pilhas de livros e selecionar 1.762 velhos impressos (de Altona, Amsterdã, Frankfurt, Lublin, Slawuta, Vilna e outros centros de publicações judaicas) para despachá-los para a o Instituto para Investigação da Questão Judaica. Estimou seu valor em torno de meio milhão de dólares.[7]

Pohl voltaria a Vilna com frequência para supervisionar o trabalho no YIVO, geralmente de passagem, nas suas idas e vindas para Bielorrússia e Ucrânia.[8]

Mais ou menos na época da primeira visita de Pohl, Shmerke Kaczerginski entrou sorrateiramente no gueto de Vilna, depois de sete meses fatigantes de viagens pelo interior fazendo-se passar por um surdo-mudo polonês. O gueto vivia agora seu "período de estabilidade". As *Aktionen* de massa e deportações para Ponar haviam cessado, e Shmerke achou que seria seguro voltar. Ficaria mais livre no gueto fechado do que andando pelo interior. Não precisaria mais esconder o rosto de cada passante, que talvez detectasse seus traços judeus. No gueto de Vilna, estaria em casa, entre pessoas e lugares familiares, e seria capaz de abrir a boca e falar.

---

* Nome dado às instituições voltadas ao estudo dos textos religiosos judaicos tradicionais, especialmente o Talmude e a Torá. [N.E.]

Os amigos de Shmerke ficaram felizes em vê-lo vivo e receberam-no com afeto, embora não conseguissem entender muito bem por que estava tão feliz em se tornar um interno do gueto.[9] Shmerke instalou-se no gueto com Sutzkever, a esposa deste, Freydke, e vários outros intelectuais, num apartamento lotado, no nº 29 da Rua Niemiecka. Kruk contratou-o para trabalhar com Sutzkever na brigada de trabalho do ERR. Os dois poetas desenvolveram uma relação fraterna, unidos não só por amizade, poesia, trabalho e moradia, mas também por saberem ser os únicos membros do "Vilna Jovem" ainda vivos – e no gueto de Vilna. A maioria de seus amigos e colegas falecera. Uns poucos, como Chaim Grade, haviam conseguido fugir antes da chegada dos alemães.[10]

A estabilidade da vida no gueto, em comparação com a vida de fugitivo, significou que Shmerke era capaz de escrever de novo, depois de um hiato de sete meses. E sua musa sufocada veio à tona. Sutzkever já se estabelecera naqueles meses como o poeta laureado do gueto de Vilna; Shmerke tornou-se seu bardo. Os versos de Sutzkever inspiravam a *intelligentsia* do gueto. Os poemas de Shmerke eram musicados e apresentados em concertos no teatro do gueto. Todos cantavam, além, é claro, do próprio Shmerke.

Os poemas de Shmerke iam de um otimismo rebelde a um lamento lírico. Seu hino para o clube de jovens do gueto aludia ao perigo mortal enfrentado pelos jovens internos, mas previa um belo futuro para toda a humanidade:

> Nossa canção é de dor recheada.
> Mas com passo ousado, unidos marchamos,
> Tendo o inimigo à espreita na entrada.
> Jovens com o nosso canto avançamos.
>
> Quem quiser sentir-se jovem venha cá,
> Pois anos têm aqui pouca importância.
> Os velhos também podem ser criança,
> Livre e nova é a primavera que virá.

Sua melancólica cantiga "Quietos, Quietos" começava num tom de profundo desânimo:

> Quietos, quietos, em silêncio aguardar
> Pois há mortos crescendo por aqui
> Que algum tirano decidiu plantar

> Seus brotos a florir entrevi
> Toda estrada em Ponar vai dar agora
> E não há jeito de voltar de lá
> Meu pai também já foi embora
> E com ele nossa sorte levará.

Mas mesmo essa canção triste terminava com uma visão esperançosa de um dia melhor:

> Deixe que a fonte jorre bela e calma
> Fique em silêncio e cultive esperança [...]
> Seu pai trará liberdade à alma
> Durma, meu filho, ah durma, criança
> O Rio Wilia – enfim libertado
> As árvores, em seu verde renovado
> Verão a luz da liberdade brilhar
> E seu rosto inteiro se iluminar.[11]

Shmerke e Sutzkever eram os únicos poetas na brigada de trabalho do ERR. Os demais membros eram uma mistura variada da *intelligentsia* judaica sobrevivente de Vilna: Israel Lubotsky, professor de hebraico no Colégio Hebraico Tarbut; o doutor Daniel Feinshtein, antropólogo e cientista social (aquele que se referiu à leitura como um oásis no deserto da existência no gueto); o doutor Jacob Gordon, erudito de filosofia ocidental moderna, de Spinoza a Bergson; a doutora Dina (Nadezhda) Jaffe, historiadora do radicalismo judaico; o doutor Leon Bernstein, matemático formado em universidades alemãs; Uma Olkenicka, artista gráfica, ex-curadora do museu de teatro do YIVO; os educadores Rachela Pupko-Krinsky, David Markeles, Ilia Zunser, Tzemach Zavelson e Nadia Mats; e Akiva Gershater, fotógrafo e o mais destacado conhecedor de esperanto de Vilna.[12]

A "brigada intelectual" também incluía vários jovens brilhantes, que tiveram seus estudos universitários interrompidos ou obstruídos pela guerra: Ruzhka Korczak e Mikhal Kovner, ativistas da socialista e sionista "Jovem Guarda" (Shomer Ha-Tza'ir); Avrom Zeleznikow, um jovem do Bund, protegido de Kruk; e Noime Markeles, membro do Bund que se tornara comunista (Noime e o pai dela, o educador David Markeles, trabalharam ambos na brigada).

O brigadeiro, responsável por todos os arranjos técnicos relativos tanto à "brigada intelectual" quanto à "brigada física", era Tzemach Zavelson.[13]

No grupo, a amiga mais próxima de Shmerke e Sutzkever era Rachela Pupko-Krinsky, de 32 anos de idade. Antes da guerra, ela fizera parte do grande grupo de amigos de Shmerke e era uma ávida leitora da poesia e da prosa do grupo Vilna Jovem. Trabalhava na época como professora de escola secundária no Real Ginásio iídiche.

Rachela tinha as competências que Kruk procurava num membro da "brigada intelectual". Tinha mestrado em História pela Universidade Stefan Batory de Vilna, com uma dissertação sobre a história diplomática entre Polônia e Lituânia no início do século XVII. Podia ler com facilidade documentos em latim, alemão, russo e polonês, e era apreciadora da literatura iídiche.

Mulher atraente, com um sorriso envolvente e profundos olhos castanhos, Rachela tinha um bando de jovens admiradores à sua volta durante a juventude. Mas não mostrou interesse por nenhum. Em vez disso, teve um relacionamento de dois anos com um homem casado, o rico e jovem homem de negócios Joseph Krinsky. Krinsky acabou se divorciando da esposa para se casar com Rachela, o que gerou escândalo e chocou muitos dos seus amigos. Era um "comunista de salão", um homem de recursos, que apoiou o partido comunista clandestino e fez doações ao YIVO e a outras causas culturais.

Rachela viveu anos felizes entre seu casamento em 1936 e a invasão alemã em 1941: lecionava na melhor escola iídiche da cidade e era muito querida pelos alunos, pais e colegas. Vivia uma vida confortável, desfrutando dos prazeres de boas roupas e de móveis feitos sob medida. E deu à luz uma filha, Sarah, em novembro de 1939. O fato de seu marido ter apoiado o partido comunista durante os tempos difíceis evitou que fosse preso pelos soviéticos quando estes entraram em Vilna no início da guerra.

Sua vida se desfez rapidamente em 1941, no decorrer de dois meses. Um "esquadrão especial" lituano, leal aos alemães, prendeu o marido dela em casa em 12 de julho, numa das primeiras capturas de judeus. Deram-lhe ordens de trazer apenas sabonete e toalha e o levaram à Prisão Lukishki. Foi morto em Ponar poucos dias depois. No final de agosto, homens da Gestapo invadiram a casa de Rachela e a expulsaram sumariamente. Ela partiu com Sarah num braço e uma mala no outro e foi para a casa de parentes. Então, em 6 de setembro, junto com os judeus de Vilna, recebeu ordens de se mudar para o gueto.

Rachela e sua babá, Wictoria (Wikcia) Rodziewicz, decidiram às pressas que a pequena Sarah, que ainda não completara 2 anos, deveria ficar com Wikcia no lado ariano. Teria uma vida mais segura e melhor. Wikcia mudou-se para outra parte da cidade, dizendo a todo mundo que a menina era filha dela. A garotinha, agora chamada Irena, ia à igreja todo domingo. Rachela foi para o gueto sozinha.[14]

Viúva do marido e despojada da filha, Rachela buscou forças e conforto em sua amizade com Shmerke, Sutzkever e os colegas sobreviventes do Real Ginásio. Kruk mantinha uma atitude paternalista em relação a ela.

Todos estavam agora em seus lugares: a nova equipe do ERR chefiada por Pohl e Muller, e a "brigada intelectual" expandida de trabalhadores escravos, liderados por Kruk e Kalmanovitch. A questão era se os intelectuais judaicos seriam cúmplices em levar adiante os desígnios dos alemães ou seriam os salvadores de seus tesouros culturais ameaçados.

CAPÍTULO 8

Um Ponar para livros

Assim que o posto de trabalho no YIVO começou a operar, surgiram divergências entre Herman Kruk e Zelig Kalmanovitch a respeito do que deveriam fazer. Kruk era um defensor entusiasmado do contrabando de livros. Kalmanovitch, seu assistente, não. Para Kruk era fácil. Ele tinha um "passe blindado" que lhe permitia entrar no gueto sem uma revista corporal, bem como contatos na administração que facilitavam seu contrabando. O Judenrat organizava contrabando em larga escala de produtos alimentícios para o gueto em veículos que entravam em seu território com autorização dos alemães – para trazer as escassas rações oficiais de comida e lenha, ou para levar embora o lixo e remover a neve. Kruk pegava carona nas operações de contrabando de comida para trazer livros para o gueto.

Ele concebeu esquemas engenhosos. Os alemães uma vez lhe deram permissão para pegar móveis de escritório que estavam sobrando no edifício do YIVO e transportá-los de caminhão para a biblioteca do gueto – mesas, arquivos, coisas desse tipo. Ele então recheou os móveis de livros e papéis: manuais, que passou às escolas do gueto, e impressos raros, manuscritos e pinturas, que levou para o seu esconderijo. Depois de descarregar os tesouros, encaminhou a maior parte dos móveis não para a biblioteca do gueto, mas para a administração, para que esta distribuísse como julgasse mais adequado. A biblioteca já dispunha de todos os móveis de que precisava. A operação de transporte inteira foi um truque para carregar livros.[1]

Zelig Kalmanovitch não tinha como empregar esses esquemas e era por natureza mais cauteloso. Embora nutrisse um ódio feroz pelos alemães, achava que Hans Muller e Johannes Pohl estavam certos em uma coisa: os tesouros culturais estariam *sim* mais seguros em um instituto na Alemanha do que na Vilna devastada pela guerra. Os Aliados poderiam acabar ganhando a guerra e encontrar os tesouros, onde quer que estivessem. Então defendia que os trabalhadores escravos mandassem o maior número possível de livros e papéis para a Alemanha. Pode-se discutir se isso era uma racionalização de seu medo de ser pego contrabandeando ou se era uma visão profética, e a questão foi fervorosamente debatida por seus colegas de trabalho. Mas ele se mostrava penosamente coerente. Quando Kalmanovitch descobriu um livreto em iídiche do século XVIII, extremamente raro – um manifesto de esclarecimento e manual de medicina chamado *O livro dos remédios* (*Seyfer Refues*) –, em vez de escondê-lo ou entregá-lo a Kruk, mostrou-o a Pohl, que o colocou numa pilha de itens destinados à Alemanha. Shmerke, Sutzkever e outros membros da brigada de trabalho ficaram furiosos. Kruk foi mais condescendente.[2]

Os riscos ficaram maiores e os cálculos mudaram em maio de 1942, quando Muller e sua equipe partiram para Kiev para montar ali as operações do *Einsatzstab Reichsleiter Rosenberg* (ERR). Uma nova equipe, chefiada por Albert Sporket, assumiu seu lugar. Sporket, de 52 anos, não era um intelectual. Era um negociante de gado, dono e gerente de uma fábrica de artefatos de couro em Berlim. Era também um nazista ferrenho que se filiara ao partido já em 1931, antes de Hitler chegar ao poder (Muller, por sua vez, havia se juntado ao partido apenas em 1937). Albert Sporket era fluente em polonês e russo, tendo realizado negócios na Polônia antes da guerra, mas não sabia nada sobre Judaica. Seu assistente, Willy Schaefer, era um ex-pastor luterano, estudando para o doutorado na Faculdade de Teologia da Universidade de Berlim. Mas tinha apenas conhecimentos esparsos de hebraico bíblico. Outro membro da equipe, Gerhard Spinkler, tinha excelente domínio do russo, mas não sabia nada de hebraico ou iídiche.

Por fim, igualmente importante, havia o doutor Herbert Gotthard, o especialista em Judaica da equipe. Docente de Línguas Semíticas na Universidade de Berlim, com doutorado em Heidelberg, Gotthard era também o mais velho da equipe. Havia visitado Vilna com Pohl na primeira onda de saques do ERR, em julho de 1941. Agora, dividia seu tempo entre Vilna e Riga, onde era o especialista em religião do Grupo de Trabalho Principal de Ostland, do ERR. Gotthard era baixinho e rechonchudo, com uma voz muito aguda, o que levou Shmerke a apelidá-lo de "Porquinho".[3]

Acima de todos esses homens, na hierarquia burocrática do ERR, ficava Pohl. Todos se reportavam a ele – quando estava na cidade.

A nova equipe do ERR tratava seus trabalhadores escravos judeus de modo muito mais duro. Sporket era conhecido por humilhar e bater em seus trabalhadores. Rachela Krinsky lembra: "Seus gritos faziam tremer o edifício do YIVO, ficávamos aterrorizados. Tentávamos ficar o mais longe possível das vistas dele. Mas ele costumava ir de sala em sala e colocar-se bem perto de cada um de nós. Nessas horas, tudo caía da nossa mão". Kalmanovitch registrou no seu diário do gueto: "O velho [seu apelido para Sporket] bateu num trabalhador jovem hoje, quando o viu fumando".[4]

Sporket e os membros da equipe do ERR adoravam ostentar seu poder de arianos "mestres do universo", agindo segundo seus caprichos e dando vazão às suas frustrações do jeito que quisessem. Sporket uma vez mandou que as tábuas de madeira do piso da Biblioteca da Universidade de Wilno fossem levantadas, por suspeitar que houvesse livros judaicos escondidos embaixo. Não encontrou nada. Gotthard, "o Porquinho", estava convencido de que havia ouro escondido em algum lugar no edifício do YIVO, e quando deparou com um cofre mandou um chaveiro abri-lo. Ao descobrir que dentro não havia nada a não ser manuscritos e documentos, explodiu, atirou os papéis no chão, sapateou em cima e saiu da sala num surto de fúria.[5] Pohl dava o tom. Durante uma inspeção, destruiu esculturas do mestre judeu-russo do século XIX Mark Antokolsky, dizendo que eram "horríveis". A equipe de Muller agira como cavalheiros. Os membros da equipe de Sporket agiam como brutos selvagens.

Mas pior que a mudança na atmosfera de trabalho era a nova política de destruir livros "supérfluos". A sede do ERR em Berlim traçou essa política em 27 de abril de 1942, num memorando para seus oficiais no *front* leste. A primeira tarefa do órgão era "a coleta de material"; a segunda, "a destruição de material". "Devemos cuidar para que as armas espirituais de nossos inimigos filosóficos que não sejam necessárias para os fins de nossa 'coleta de material' sejam destruídas. Em muitos casos, a destruição terá de ser realizada por outros órgãos, mas o *Einsatzstab* deve estar envolvido para estimular e orientar. Isso faz parte da desintoxicação das bibliotecas, de negociantes de livros antigos, de arquivos, de acervos de arte e assim por diante, daqueles livros, documentos, manuscritos, fotos, cartazes e filmes que possam ser usados a serviço de nossos inimigos filosóficos."[6]

O escritório do ERR em Riga, comandado agora pela equipe de Vilna, prosseguiu expedindo orientações sobre como tratar as diversas categorias de "escritos do inimigo". Material em hebraico e iídiche, escreveu o escritório de Riga, "deve ser completamente destruído, desde que não tenha se qualificado para envio ao Instituto dos Judeus, de Frankfurt". As únicas opções eram ou Frankfurt, ou a incineração. Não haveria mais transferências para a Biblioteca da Universidade de Wilno.[7]

Pohl estabeleceu a cota: não mais de trinta por cento dos livros e documentos deveriam ser enviados à Alemanha. Os restantes setenta por cento ou mais deveriam ser destruídos. Sporket, o negociante, fez acordos com as fábricas de papel locais para que recebessem carregamentos de *makulatur*, papel lixo, do edifício do YIVO, por um pagamento de dezenove *reichsmarks* por tonelada. As fábricas dissolviam o papel numa polpa e a reciclava para a produção de papel novo. A destruição de livros tornou-se um pequeno negócio, que cobria as despesas básicas da equipe do ERR.[8]

Sporket e sua equipe geralmente deixavam que a seleção do material entre itens para "coleta" e itens destinados a "destruição" ficasse a critério dos próprios trabalhadores forçados. Com isso, a brigada de trabalho formada por eruditos, educadores e escritores judeus era responsável por decisões de vida e morte sobre o destino dos tesouros culturais. Nas raras ocasiões em que Sporket e sua equipe selecionavam material judaico, literalmente julgavam os livros pela capa e enviavam para a Alemanha os que tinham encadernações atraentes.[9] Paradoxalmente, a política mais rigorosa era a aplicada aos livros de Judaica escritos em alemão, todos encaminhados à destruição. "Já temos muitos desses em Riga; centenas de milhares", vociferava Sporket.[10]

Kruk, bibliotecário, tremia ao registrar o momento em que começaram a jogar fora os livros, no início de junho de 1942: "Os trabalhadores judeus envolvidos nesse trabalho chegam às lágrimas, literalmente. Assistir a essa cena é de cortar o coração". Como alguém que havia montado bibliotecas, primeiro em Varsóvia e depois no gueto de Vilna, Kruk percebia a magnitude do crime que estava sendo cometido e da catástrofe cultural que se desenhava. Também notou o paralelo entre o destino dos judeus de Vilna e seus livros. "Os espasmos de morte do Instituto Científico Iídiche não são apenas longos e lentos, mas, como tudo aqui, ele morre numa vala comum, junto com montes e montes de outros [...] A vala comum, 'o lixo de papel', aumenta a cada minuto."[11]

Pohl, por sua vez, estava bem satisfeito com a eficiência da operação em Vilna. Num relatório a seus superiores em Berlim, gabou-se: "Os objetos são selecionados por trabalho judaico [...] O material inútil é separado como lixo de papel [...] O trabalho de triagem no YIVO é eficiente, porque elimina a necessidade de enviar material inútil para o Reich".[12]

Objetos religiosos tinham o mesmo destino dos livros. A equipe do ERR vendeu trezentos rolos de Torá saqueados a uma fábrica local de artigos de couro, que usou o pergaminho para forrar as solas de botas do exército alemão. A ideia de reciclagem foi de Sporket. Afinal, era industrial do setor de gado e couro.[13]

Para Kalmanovitch, homem religioso, era difícil ver os rolos sendo destinados à profanação: "Como é bizarro esse nosso tempo. Hoje vi os rolos, em dois lugares diferentes – completamente arruinados e degradados. Estavam encostados à parede no canto do sótão – dezenas de rolos da Torá e dos profetas descobertos, grandes e pequenos, tão amados e delicados – por ordem dos mestres. Qual será o fim deles?".[14]

No que talvez tenha sido o clímax dos atos de destruição, Pohl vendeu as chapas de chumbo da edição do Talmude da Editora Romm de Vilna – que pesavam ao todo sessenta toneladas – para oficinas de fundição, que as derreteram. O chumbo foi então despachado para as fábricas alemãs de armamento. A oficina de fundição pagou a Pohl trinta e nove marcos por toneladas de chumbo.[15]

A destruição não se restringiu a material judaico. Como Muller previra, a equipe de Sporket começou a processar não apenas livros judaicos, mas também todo tipo de "escritos do inimigo" em Vilna. Livros e arquivos russos e poloneses começaram a circular pelo edifício da Rua Wiwulskiego, nº 18: livros em russo da Biblioteca Estatal Wroblewski e da Biblioteca da Universidade de Wilno, livros da biblioteca pública polonesa Tomasz Zan, da biblioteca de pesquisas da Sociedade Polonesa de Amigos da Ciência, do estoque do depósito da Editora Jozef Zawadzki, e da biblioteca da Igreja Evangélica de Wilno – todos enviados ao YIVO para processamento e seleção. O "trabalho judaico" (como Pohl o chamava) era responsável pela "seleção" também desse material.[16]

O ERR chegou a enviar trabalhadores forçados judeus em missões especiais nas igrejas e catedrais locais, para processar seus acervos. Uma dessas excursões chamou a atenção: trabalhando sob a supervisão de um professor polonês, o grupo de internos do gueto fez uma triagem entre os 2.500 volumes da biblioteca da Capela de Nossa Senhora do Portal da Aurora (em polonês: Ostra Brama), o local católico mais reverenciado de Vilna. Não muito longe da imagem da Virgem Maria, que segundo os fiéis havia realizado vários milagres, o grupo de trabalho "protegeu" quinhentos volumes de literatura cristã, sobre homilética, exegese e teologia, para serem despachados à Alemanha. Foi talvez o primeiro grupo de judeus a fazer uma visita tão extensa ao interior da Ostra Brama.[17]

Meses mais tarde, manuscritos e arquivos russos da vizinha Bielorrússia começaram a chegar ao depósito do YIVO. Em abril de 1943, um trem especial trouxe um grande acervo de material do museu e dos arquivos Smolensk, que incluía crônicas dos séculos XVI e XVII, o diário do criado pessoal de Pedro, o Grande, e cartas de Máximo Gorki e de Leon Tolstói. Coleções soviéticas dos arquivos Vitebsk também foram transferidas para Vilna, a caminho da Alemanha.[18]

Sporket era um administrador eficiente. Dividiu a "brigada intelectual" em departamentos, cada um numa sala diferente do edifício do YIVO. Sutzkever se lembrou do layout do edifício e das atribuições do pessoal da seguinte maneira:

Primeiro andar: *Livros de Soviética* – Paturksy, Spinkler e Sporket; *Livros de Judaica* – Mikhal Kovner e doutor Daniel Feinshtein; *Livros poloneses* – Doutora Dina Jaffe, Tzemach Zavelson; *Sala de catálogo por fichas* – Hirsh Mats, Brayne As.

Segundo andar: *Sala de manuscritos* – Abraham Sutzkever, Rachela Krinsky, Noime Markeles; *Estudos sobre a juventude* – Uma Olkenicka; *Departamento pedagógico* – Ruzhka Korczak; *Departamento hebraico*

– Israel Lubotsky, Shmerke Kaczerginski; *Departamento lituano* – Benjamin Lamm; *Departamento de tradução* – Zelig Kalmanovitch; doutor Jacob Gordon.
Terceiro andar e porão: *Departamento de jornais* – Akiva Gershater, David Markeles.[19]

Três dos onze departamentos lidavam com material não judaico. O próprio Sporket trabalhava na seleção de livros russos.[20]

Logo depois que começou a destruição do material, Sporket anunciou a Kruk que tinha ordens de "remover e processar" a biblioteca do gueto. Kruk ficou horrorizado. A biblioteca do gueto era sua menina dos olhos, sua maior realização cultural e o mais importante apoio moral do gueto. Ele partiu para a ação e montou um esquema para anular o decreto, colocando diferentes órgãos nazi-germânicos uns contra os outros.

Kruk abordou Jacob Gens, o chefe da polícia do gueto, que àquela altura, em junho de 1942, era em termos práticos o chefe do gueto. Ele pediu a Gens que fizesse cumprir uma ordem de Franz Murer, vice-*Gebietskommissar* para assuntos judaicos, que determinava que os livros em duplicata do local de trabalho do ERR deveriam ser entregues à biblioteca do gueto. Gens, que recentemente depusera o engenheiro Anatol Fried, chefe do Judenrat, estava ansioso para ganhar popularidade entre a *intelligentsia* do gueto. Então decidiu fazer esse favor a Kruk. Murer, o vice-*Gebietskommissar*, tinha interesse em fortalecer a nova posição de Gens de supremacia no gueto e concordou com sua solicitação. Então expediu uma ordem escrita para que o ERR entregasse as duplicatas de Judaica à biblioteca do gueto. Quando Sporket recebeu a ordem, interpretou-a como um sinal de que Murer, o mais alto oficial alemão para todos os assuntos judaicos em Vilna, estava interessado em preservar a biblioteca do gueto. Sporket não teve escolha a não ser desistir de seu plano de "remover e processar" a biblioteca.[21]

Foi um pequeno alívio, em meio àquele mar de destruição de livros. Enquanto isso, Kruk tomou a precaução de transferir a maior parte do conteúdo de sua *malina* (esconderijo) de livros da biblioteca para um novo local, uma adega no centro da cidade, fora do gueto.

Depois de julho de 1942, o diário de Kruk raramente menciona a atividade do ERR no YIVO. O que acontecia ali era doloroso demais para ser descrito – o extermínio físico de toda uma cultura. Mas o erudito Zelig Kalmanovitch manteve um diário do gueto e dá uma descrição do processo de destruição em registros curtos:

> 2 de agosto de 1942: "Foram tomadas medidas que não podem ser desfeitas – todas as bibliotecas foram desmanteladas. Os livros foram atirados no porão como lixo. Nosso chefe anunciou que irá arrumar veículos para levar o 'papel' para reciclagem. O porão tem que ser esvaziado para dar espaço a um novo transporte".
> 19 de novembro de 1942: "A fábrica de papel próxima fechou. O papel do porão está sendo vendido a uma fábrica que fica a uma distância de dez quilômetros".
> 24 de janeiro de 1943: "Eles estão a toda hora removendo lixo de papel. Nosso mestre não para de jogar fora lixo de papel".
> 5 de julho de 1943: "O resto da biblioteca do YIVO foi para a fábrica".
> 26 de agosto de 1943: "Fiquei selecionando livros a semana inteira. Mandei milhares para a destruição, com as próprias mãos. Há uma pilha de livros no chão da sala de leitura do YIVO. Um cemitério de livros. Uma vala comum. Livros vítimas da Guerra de Gogue e Magogue, junto com seus donos".

Embora os transportes para as fábricas de papel fossem frequentes, os despachos para a Alemanha só começaram mais tarde. Exigiam suprimentos (caixotes), coordenação (com a administração militar e da ferrovia) e aprovação de Berlim. O primeiro despacho para a Alemanha, contendo documentos de arquivo, teve lugar no final de outubro de 1942. Em 16 de novembro, cinquenta caixotes de livros foram enviados para a Alemanha, e em fevereiro de 1943 houve um despacho de 35 caixotes, com 9.403 livros. Havia dois destinos principais: a sede do ERR em Berlim e o Instituto para Investigação da Questão Judaica, em Frankfurt. As publicações soviéticas geralmente eram enviadas para o vizinho Grupo de Trabalho Principal de Ostland, do ERR, em Riga. O último grande despacho para a Alemanha foi feito em junho e julho de 1943 e consistia de cerca de dez mil livros em iídiche e hebraico.[22]

O material enviado à Alemanha compunha a minoria de "sorte". Para a maioria dos livros, manuscritos e documentos, o edifício do YIVO na Rua Wiwulskiego, nº 18, era seu Ponar, a última parada em seu caminho rumo às fábricas de papel.

CAPÍTULO 9

A brigada do papel

Entre os internos do gueto, o ERR era considerado uma brigada de trabalho tranquila. Não exigia um esforço físico extenuante e não incluía tarefas degradantes, como limpar privadas. Tudo o que você fazia era selecionar livros e papéis, preencher fichas de catálogo e fazer inventários de arquivos. E não tinha que se preocupar com a possibilidade de que os alemães substituíssem você por um polonês mais forte ou mais habilidoso, como ocorria nas fábricas e oficinas. O ERR era o único local de trabalho exclusivamente judaico fora do gueto.

Com um toque de zombaria, os guardas judaicos do portão do gueto colocaram no grupo o apelido *di papir-brigade*, "a brigada do papel", sugerindo que seu trabalho não tinha substância. Estavam apenas lidando com papelada. O nome pegou e se espalhou. Alguns levaram a brincadeira mais longe e chamaram o grupo de *di papirene brigade*, "a brigada feita de papel", ressaltando que seus membros eram intelectuais de constituição física frágil.

O edifício do YIVO na Rua Wiwulskiego, nº 18, era um local de trabalho tranquilo e seguro. Era incomum alguém ser agredido fisicamente, e a maioria dos chefes alemães, com a notável exceção de Sporket, falava em tom calmo. "São cavalheiros refinados", escreveu Shmerke com um sarcasmo amargo. O edifício era mantido em boas condições, tinha iluminação e aquecimento, e os trabalhadores escravos recebiam uma refeição diária no trabalho (chá, pão e um ovo ou uma batata), preparados no porão.[1]

O melhor de tudo é que os alemães passavam apenas umas poucas horas por dia no edifício do YIVO. Chegavam tarde, saíam cedo e faziam uma longa pausa para almoço. Sporket e a equipe do ERR passavam a maior parte de seu tempo nos seus escritórios da Rua Zigmuntowska. Quando os alemães estavam fora, um guarda civil polonês chamado Virblis vigiava o local. Johannes Pohl queria manter um ambiente de trabalho "civilizado" e não permitia o uso de guardas militares. A única alma viva nas vizinhanças era uma velha polonesa, que havia sido zeladora do YIVO antes da guerra e morava numa cabana junto ao terreno do instituto.

Apesar dessas vantagens, o edifício do YIVO não era um local de trabalho particularmente desejável. Ao contrário de uma fábrica ou armazém, lá não havia bens que pudessem ser furtados e vendidos. Só livros, para os quais não existia mercado comprador. E não havia colegas de trabalho cristãos, com quem você pudesse conseguir comida em troca de dinheiro ou de algum objeto de valor. Shmerke se lembra de um amigo de outra brigada de trabalho que o censurava: "Volta e meia a gente apanha no trabalho. Mas é mais fácil suportar uma coronhada de rifle ou uma bota na boca do estômago do que trabalhar passando fome, com a cabeça e o estômago girando".[2] Muitos dos trabalhadores braçais, que faziam o carregamento e o empacotamento, pediram que o Departamento do Trabalho da administração do gueto os transferisse para um local de trabalho mais promissor.

E os membros da brigada do papel, todos amantes dos livros, pagavam um preço emocional por seu trabalho: sentiam-se responsáveis por mandar milhares de volumes para a destruição e por desmantelar o YIVO, uma instituição que amavam de paixão. Quando Herman Kruk ofereceu a Rachela Krinsky a oportunidade de trabalhar ali, ela hesitou, porque não tinha certeza se conseguiria suportar a experiência de ver livros tratados como lixo. O próprio Kruk sentia-se profundamente afetado por aquilo, mesmo meio ano após o início da destruição: "Seu coração explode de dor com aquela visão. Não importa o quanto a gente acabe se acostumando a isso, ainda não temos nervos suficientes para olhar a destruição com serenidade".[3]

Toda manhã, a brigada do papel se reunia perto do portão do gueto às 9 horas e seguia em fileiras de três, liderados por seu brigadeiro, Tzemach Zavelson, pelas ruas da cidade – literalmente pelas ruas, já que era proibido aos judeus andar pelas calçadas. Não havia escolta de alemães ou lituanos para ir e voltar do trabalho, mas os membros sabiam que se alguém desaparecesse haveria sérias represálias para a brigada de trabalho inteira. O trajeto até o edifício do YIVO levava quinze a vinte minutos a pé e passava pela casa onde Rachela Krinsky morava antes de ir para o gueto. Ela ainda podia ver a placa que pendia do portão da casa, com o nome da família: Krinsky. Todos os dias, ao ver a placa, sentia como se estivesse lendo a inscrição na lápide do próprio túmulo.[4]

O edifício do YIVO ficava numa área residencial calma e arborizada, longe do barulho do centro da cidade e daquela sujeira superlotada do gueto. A carga diária de trabalho definida por Sporket era fácil de cumprir, e na realidade requeria umas duas ou três horas apenas. Os chefes do ERR e seus escravos judeus tinham interesse mútuo em não fazer seu trabalho rápido demais. Os alemães, porque não queriam sair de Vilna e ir para uma nova estação mais próxima do *front*. Alguns tinham namorada em Vilna, trabalhando como secretárias e assistentes para as forças armadas alemãs, a administração civil e outros órgãos. Shmerke escreveu num diário: "A única coisa que Schaefer deseja é que a gente mostre alguma comoção quando aparecem convidados ou outros estranhos, para mostrar a eles que o trabalho está sendo feito".[5]

As manhãs costumavam transcorrer sem novidades. As coisas ficavam mais interessantes quando os oficiais alemães saíam do edifício para a sua longa pausa do almoço. O guarda polonês, Virblis, sumia para cuidar de seus assuntos, e os trabalhadores ficavam por conta própria. Dedicavam-se então a outras atividades: quando o tempo estava mais quente, passeavam pelo gramado diante do edifício do YIVO, tomavam uma ducha no porão, ou simplesmente ficavam batendo papo.[6]

Uma das atividades mais agradáveis na hora do almoço era ler. Cada trabalhador escravo escondia sua cota secreta de material de leitura em algum canto ou pilha. Rachela Krinsky se lembrou mais tarde da intensidade da experiência de leitura no edifício do YIVO e do vínculo que existia entre leitor e livro: "Quem podia saber? Talvez fossem os últimos livros que iríamos ler na vida. E os livros também estavam, como nós, correndo perigo mortal. Para muitos deles, éramos seus últimos leitores".[7]

No almoço, os membros da brigada do papel muitas vezes se reuniam numa das salas para ouvir os longos discursos de Sutzkever e Shmerke. Sutzkever às vezes recitava obras de seus poetas iídiches favoritos: H. Leivick, Aaron Glants-Leyeles, Yehoash e Jacob Glatshtein. Shmerke contava piadas e histórias e recitava seus poemas mais recentes, em geral em pé, em cima de uma mesa, com o grupo reunido em volta. Ainda era a alma do grupo. Rachela ouvia enquanto tricotava um suéter. Mais tarde ela lembrou: "Graças à poesia, tínhamos muitos momentos em que era possível esquecer e ter algum alívio". Em horas mais calmas, Shmerke e Sutzkever escreviam seus "poemas do gueto" no edifício do YIVO – que, a rigor, ficava fora do gueto.

Havia outras atividades: o doutor Daniel Feinshtein, um palestrante popular, preparava anotações para as suas falas; Uma Olkenicka, pintora, desenhava ilustrações e às vezes esboços de cenários para as apresentações no teatro do gueto; Ilia Zunser, responsável pela catalogação do acervo musical do YIVO, lia partituras, que ele dizia ser capaz de "ouvir" tão bem quanto se estivesse numa sala de concerto.

Posteriormente, Rachela lembraria do seu trabalho no YIVO ocupado pelos alemães como uma espécie de paraíso perdido – a única parte de sua experiência em tempos de guerra em que conseguiu alguma alegria, humanidade e dignidade. Era o único lugar onde podia ver o céu e as árvores e, graças à poesia, era capaz de lembrar que havia beleza no mundo.[8]

Nessas horas livres de supervisão do almoço, alguns membros do grupo de trabalho recebiam também visitantes, amigos cristãos que lhes davam comida e apoio moral, e compartilhavam notícias sobre o mundo exterior. Entre eles, Wiktoria Gzmilewska, a esposa do oficial militar polonês que havia ajudado Shmerke e dezenas de outros judeus a se esconderem fora do gueto; Ona Šimaite, bibliotecária na Universidade de Vilnius, que repetidas vezes entrava no gueto sob falsos pretextos, fingindo que vinha recolher livros com prazo vencido mas na realidade oferecendo ajuda e apoio a amigos; e o jovem amigo lituano de Shmerke, Julian Jankauskas, que por várias semanas escondeu Barbara, a mulher de Shmerke, depois que o casal se separou na floresta após uma discussão.

Em uma ou duas ocasiões, Rachela Krinsky recebeu uma visitante muito especial: sua pequena filha Sarah. Na época da marcha para ingresso no gueto, em setembro de 1941, Rachela decidira deixar sua menina de 22 meses de idade do lado de fora, aos cuidados de sua babá polonesa,

Wikcia Rodziewicz. Mais de um ano depois, Wikcia trouxe a criança para um encontro de dez minutos diante do pátio do YIVO. Rachela, em pânico com a possibilidade de os alemães voltarem a qualquer momento, trocou algumas palavras com a menina, agora chamada Irena, que não sabia que a mulher falando com ela era sua mãe. Rachela deu uma flor à menina, que se virou para Wikcia, a babá, e disse: "Mãe, essa senhora é muito boa; eu não tenho medo dela". E então se separaram.

Em outra ocasião, Wikcia simplesmente ficou passeando pela Rua Wiwulskiego com Sarah, para que Rachela pudesse ter um vislumbre da filha, de longe.[9]

Os visitantes não judeus assumiam um risco calculado, torcendo para que os alemães não voltassem mais cedo, e numa ocasião isso quase acabou em catástrofe. A ressentida senhora que havia sido zeladora do YIVO antes da guerra decidiu "dar uma lição a todos eles" e trancou o portão da Wiwulskiego, nº 18, durante a hora do almoço, com todos os visitantes dentro. "Vou dar a chave para os alemães quando eles voltarem", disse ela. Os visitantes ficaram todos alarmados, especialmente Wikcia Rodziewicz, que já havia sido detida uma vez pela Gestapo. Mas Shmerke foi resgatá-los. Tendo sido criado nas ruas, sabia como usar a força. Sem hesitar um momento, partiu para cima da mulher, agarrou-a pelo braço e gritou com seu polonês de forte sotaque iídiche: "Antes que os alemães voltem, eu vou lhe dar tamanha surra que nenhum médico será capaz de ajudá-la. Me dê essa chave já!". Conforme ele foi torcendo o braço dela, a mulher se convenceu de que ele não blefava. Shmerke então liberou os visitantes assustados e foi para um canto do edifício.[10]

Como o YIVO tinha uma grande área frontal e muitas das janelas davam para a frente, os membros da brigada do papel podiam ver facilmente quando os alemães voltavam e então retomavam rapidamente o trabalho. Durante essa hora do almoço estendida, os trabalhadores escravos designavam um membro do grupo como vigia, e quando um alemão estivesse chegando este proferia a palavra de código: "maçã".

Segundo o protocolo estabelecido por Sporket, sempre que um oficial do ERR entrasse numa sala de trabalho, os trabalhadores forçados judeus tinham que ficar em pé. Sutzkever então sugeriu que quando um deles visse um alemão voltando ao edifício e dissesse "maçã", todos retomariam o trabalho, só que em pé, para não terem que se levantar quando o alemão entrasse. Era uma forma de resistência silenciosa, uma espécie de afirmação de sua dignidade humana e de sua igualdade.[11]

Com o tempo, a brigada do papel acabou criando fortes laços de amizade, deixando de lado diferenças políticas e divergências pessoais. O hebraísta e sionista Israel Lubotsky tornou-se amigo próximo do socialista e antissionista Daniel Feinshtein. Zelig Kalmanovitch desenvolveu um afeto paternal por Uma Olkenicka, a pintora, apesar de não falar mais com o marido dela, Moshe Lerer. Lerer, ex-membro da equipe do YIVO e comunista fanático, havia demitido Kalmanovitch do posto de diretor do YIVO quando os soviéticos assumiram o instituto em junho de 1940. Os cinco educadores iídiches da brigada permaneceram próximos, compartilhando comida e palavras de incentivo. E os membros da Shomer Ha-tsa'ir, a organização Jovem Guarda socialista-sionista, formavam um clã coeso, apesar de distanciado dos demais.

Nasceu um romance entre Shmerke e Rachela Krinsky. Ambos eram viúvos recentes, tendo perdido os cônjuges para a máquina mortífera alemã. O marido de Rachela foi tirado de casa e enviado a Ponar para execução em julho de 1941, antes mesmo da criação do gueto. Barbara, mulher de Shmerke, que se escondera na cidade, camuflada de polonesa, foi descoberta e executada em abril de 1943.

Não foram apenas mera solidão e proximidade que levaram os dois colegas de trabalho a ficarem juntos. Rachela adorava a afetuosidade de Shmerke, seu humor e otimismo, e admirava sua esperteza aprendida nas ruas.[12] Shmerke ficou tocado pelo amor dela pela poesia e por sua tranquila dignidade diante das tragédias pessoais. Impressionava-o também sua vasta cultura e erudição. Rachela tinha mestrado pela Universidade de Wilno, enquanto ele não chegara a concluir o colegial.

O romance Shmerke-Rachela foi um caso amoroso tranquilo, entre amigos e colegas. Não passaram a viver juntos, e as pessoas não os consideravam um casal. Mas o afeto entre eles era real e forte o suficiente para que após a guerra ele a pedisse em casamento (ela ficou tentada, mas recusou).

O relacionamento também inspirou Shmerke a escrever um poema sobre Rachela e a filha, chamado "A filha solitária". Falava de uma menina cujo pai fora "pego por um terrível gigante" e que estava agora separada da mãe. A afligida mãe iria algum dia, depois de muito vagar e de muitas noites mal dormidas, encontrar a filha e entoar-lhe uma cantiga:

> Um dia, na flor da maternidade,
> Fale aos seus filhos da agonia,
> Que a seus pais o inimigo infligia,
> E revele o passado à posteridade.

O poema foi musicado, cantado no teatro do gueto, e se tornou um sucesso popular.[13]

Um dos momentos difíceis do grupo era quando se fazia o despacho de livros e documentos para a Alemanha. O descaramento daquele saque e roubo enfurecia os trabalhadores mais jovens. Kalmanovitch tentava convencê-los que os envios eram uma espécie de bênção disfarçada. "Os alemães não serão capazes de destruir tudo. Estão em retirada agora. E o que quer que levem embora será encontrado ao final da guerra e tirado deles." Uma Olkenicka, a pintora, dizia o mesmo: "Se os alemães não destruírem o material, e em vez disso venderem ou esconderem em arquivos, então ele ficará seguro. Iremos encontrá-lo". Mas a profunda tristeza em seu rosto traía suas palavras, enquanto ela movia graciosamente o braço pelo quarto, como se observasse os tesouros. Sem dúvida, em grande medida as observações de Kalmanovitch e Olkenicka eram uma tentativa de iludir a si mesmos.[14]

Kalmanovitch tentava esconder sua dor dos colegas de trabalho, mas estava mais atormentado do que eles poderiam imaginar. Suas emoções vieram à tona um dia num programa literário no gueto, do qual foi o orador principal. Quando a pessoa que presidia o evento apresentou-o como "o guardião do YIVO no gueto de Vilna", Kalmanovitch saltou do seu assento e interrompeu: "Não, não sou um guardião; sou um coveiro!". Membros da plateia ficaram inconformados com essa explosão e protestaram, mas Kalmanovitch continuou: "Sim, sou o coveiro do YIVO. Ajudei a construir um edifício cultural, mas agora ele está sendo sepultado!".[15]

Os eventos imprevistos da vida do gueto também pesavam no ânimo do grupo. Quando Franz Murer anunciou a *Aktion* de recolher os idosos, em 17 de julho de 1942, vários membros mais velhos da brigada do papel temeram pela própria vida. Kalmanovitch escondeu-se durante a noite no hospital do gueto. No dia seguinte, a brigada se reuniu como sempre no portão do gueto, às 9 da manhã. A segurança havia sido reforçada. Os alemães checavam as autorizações de trabalho de todos os que deixavam o gueto e gritavam ordens a plenos pulmões. A brigada do papel assumiu sua formação em fileiras de três e começou a marchar, como de hábito. O grupo ia em silêncio, imerso em pensamentos sobre a *Aktion* que havia tirado deles perto de cem internos. De repente, Kalmanovitch começou a gesticular e a elevar a voz, dirigindo-se à pessoa ao seu lado, o doutor Jacob Gordon. "Não tenho medo deles, não tenho medo. Eles não podem me ferir!" Gordon reagiu com descrença: "O que você quer dizer, Kalmanovitch, com 'não tenho medo deles?'". Todos os ouvidos se aguçaram para ouvir o que Kalmanovitch iria responder, que proclamou nas ruas da Vilna dominada pelos nazistas: "Eles não podem me fazer mal. Tenho um filho na Terra de Israel".[16]

CAPÍTULO 10

A arte de contrabandear livros

Tão logo a destruição de livros e documentos teve início em junho de 1942, Herman Kruk começou também a alistar membros da brigada do papel para contrabandear material do local de trabalho. Muitos concordaram na mesma hora, pensando consigo: "Não vou viver muito tempo mesmo. Por que não fazer uma coisa boa e salvar um pouco do material?".[1]

Kruk ficou feliz com as reações e os primeiros resultados: "As pessoas estão tentando resgatar e estão fazendo muito. O perigo representado por cada pedaço de papel é imenso. Cada recorte de papel coloca sua cabeça em risco. Mesmo assim, há idealistas que fazem isso com muita habilidade".[2]

Não era difícil separar o material para um eventual contrabando. O prédio inteiro continha pilhas e mais pilhas de livros e papéis. Tudo o que você precisava fazer era enfiar o livro ou manuscrito valioso em uma delas quando Albert Sporket e sua equipe não estivessem vendo e pegá-lo mais tarde para levá-lo embora. Dava até para criar uma pilha separada "para contrabando" no andar, se os alemães não estivessem na sala. Cada trabalhador escravo tomava milhares de decisões no calor do momento sobre o que separar para resgatar. Embora não houvesse tempo para deliberações, havia algumas regras.

- Livros: Separar apenas um exemplar para contrabando. Duplicatas podem ser enviadas à Alemanha ou para reciclar em fábricas de papel. Como a brigada do papel processava várias bibliotecas, era comum haver várias cópias.
- Livros: Os de formato pequeno e os folhetos são mais fáceis de contrabandear dentro da roupa do que os grandes fólios do Talmude ou os álbuns. Itens maiores precisam ficar separados dentro edifício do YIVO, até que seja providenciado transporte para o gueto por meio de veículo.
- Manuscritos: Shmerke e Sutzkever davam alta prioridade a manuscritos literários e a cartas de escritores famosos. Ambos eram poetas e achavam importante preservar os legados literários. Cartas, poemas e contos tampouco eram volumosos e podiam ser escondidos no corpo com relativa facilidade.
- Arquivos: Um grande problema. Coleções de arquivos eram grandes demais para contrabandear no corpo. Tampouco era viável localizar uma "joia" entre os milhares de documentos de uma coleção. A brigada do papel designou a maioria dos arquivos para serem despachados para a Alemanha. Uns poucos fragmentos foram separados para contrabando por veículo.
- Obras de arte (pinturas e esculturas): contrabando por veículo.

O grupo acreditava que o esconderijo mais seguro para livros e papéis era dentro do gueto, entre os companheiros judeus. Mas os alemães consideravam o contrabando de material para o interior do gueto uma falta grave – em primeiro lugar, estariam roubando propriedade do local de trabalho. Johannes Pohl e Sporket deixavam absolutamente claro que havia apenas dois destinos para todos os livros e papéis no edifício: Alemanha e fábricas de papel. Em segundo lugar, havia uma proibição geral de trazer livros ou papéis para o gueto, por quem quer que fosse, de qualquer local de trabalho.

Ao final do dia de trabalho, eles enrolavam papéis em volta do corpo e enfiavam os itens por dentro da roupa. Os longos meses de inverno muito frio eram os melhores para contrabandear, pois os trabalhadores usavam casacos pesados e várias camadas de roupa. Também criavam faixas e fraldas para preencher com livros e papéis.

Mas, para poder carregar os livros, precisavam antes pegar seus casacos na pequena cabana de madeira perto do local de trabalho, herdada pela sua nêmesis, a antiga zeladora do YIVO. A mulher tinha visto algumas vezes os trabalhadores enfiando papéis em seus casacos e denunciou-os a Virblis, o guarda de plantão. Por sorte, Virblis não levou as acusações muito a sério – era uma mulher amargurada, conhecida por inventar histórias a respeito das pessoas – e não se deu ao trabalho de comunicar as denúncias aos oficiais do ERR.[3]

Quando a brigada saía do YIVO rumo ao gueto, a questão na mente de todo mundo era "quem será que está comandando as inspeções no portão?". Quando eram policiais judeus e lituanos, em geral não havia problema. Suas inspeções não costumavam ser rigorosas, especialmente no que se refere a apalpar os membros da brigada do papel. Os guardas sabiam que aquelas pessoas carregavam apenas papel – e não comida, o que seria uma falta mais grave. Alguns policiais do gueto até pediam aos membros da brigada de trabalho para lhes trazerem alguma novela interessante da próxima vez que voltassem do trabalho.

Mas quando o portão era inspecionado por alemães como Martin Weiss, chefe da polícia de segurança; Franz Murer, vice-*Gebietskommissar* de assuntos judaicos; ou o líder do esquadrão da SS Bruno Kittel, tudo podia acontecer. Os alemães espancavam sem dó os internos pegos carregando qualquer espécie de contrabando. Murer com frequência realizava inspeções de surpresa. Se encontrasse um trabalhador que voltava com pão ou dinheiro debaixo do casaco, obrigava-o a ficar nu, açoitava-o e o atirava na prisão. Se Murer mandasse o infrator para a prisão do gueto, ele provavelmente sobreviveria. Se o mandasse para a Prisão Lukishki, o próximo passo seria Ponar.[4]

"Quem está no portão?" era uma questão de vida ou morte.

Enquanto voltavam da Rua Wiwulskiego, nº 18, os trabalhadores escravos perguntavam a outras brigadas de trabalho que acabavam de sair do gueto para o turno da noite qual era a situação no portão. Se houvesse alemães ali, os membros da brigada do papel tinham algumas opções: podiam fazer um desvio e dar voltas por vários quarteirões, a fim de ganhar tempo até os alemães irem embora. Ou deixar o material, pelo menos temporariamente, nas mãos de judeus que moravam no bloco de trabalho "Kailis", que não ficava longe do YIVO. Mas às vezes o grupo chegava perto demais do portão para poder dar meia-volta sem ser detectado e era obrigado a passar pela inspeção alemã.[5]

A audácia de Shmerke era impressionante. Uma vez, ele carregou um volume imenso, muito desgastado, do Talmude até o portão em plena luz do dia e explicou ao guarda alemão armado: "Meu chefe, o Sporket, mandou trazer o livro para o gueto para fazerem outra capa na oficina de encadernação da biblioteca do gueto". O homem da Gestapo jamais poderia imaginar que aquele judeu baixinho fosse capaz de inventar uma mentira tão deslavada como aquela, que talvez lhe custasse a vida, e então deixou Shmerke passar.[6]

Às vezes, os contrabandistas de livros simplesmente contavam com a mais pura sorte. Murer descobriu uma taça de vinho de prata dentro do bolso de Rachela Krinsky e todos ficaram certos de que a vida dela acabara ali. Mas Rachela disse que trazia a taça de prata para ele, como um presente pessoal, e que colocara dentro um par de luvas de couro muito caras para a mulher dele. Inexplicavelmente, o vice-*Gebietskommissar* aceitou a história, ou pelo menos o suborno, e a deixou passar incólume. Estava de bom-humor naquele dia.[7]

Sutzkever tinha uma criatividade sem limites para contrabandear livros. Uma vez conseguiu uma autorização por escrito de Sporket para levar alguns maços de papel de refugo para o gueto e queimá-los no seu forno. Mostrou o documento para os guardas do portão, com os maços de papel de refugo nas mãos. O "papel de refugo" consistia de cartas e manuscritos de Tolstói, Gorki, Sholem Aleichem e Bialik; desenhos de Chagall; e um manuscrito especial do *Gaon* de Vilna. Em outra ocasião, conseguiu contrabandear esculturas de Mark Antokolsky e Ilya Gintsburg, e pinturas de Il'ia Repin e Isaak Levitan, debaixo de um veículo de transporte, com a ajuda de alguns amigos com bons contatos.[8]

Nem todas as histórias acabavam bem: várias vezes Shmerke e outros apanharam no portão, de alemães ou de policiais do gueto, quando esses últimos tinham ordens de "apertar mais o cerco" nas suas inspeções. Mas nenhum deles foi deportado para Ponar. Tiveram sorte.[9]

Apesar dos riscos, Rachela Krinsky lembra que quase todos os membros da brigada do papel participaram do contrabando – incluindo muitos dos que trabalhavam no transporte na "brigada técnica", responsáveis por fazer as caixas de madeira e papelão, empacotar e despachar. Um dos trabalhadores técnicos tinha uma caixa de ferramentas com fundo falso e transferiu livros e papéis no compartimento secreto debaixo de seu martelo, chave-inglesa e alicates.[10]

Zelig Kalmanovitch voltou atrás e aderiu à operação. Sabia que, com a cota de trinta por cento de despachos para a Alemanha, muitos itens de valor seriam destruídos se não fossem contrabandeados. Considerou a atividade do grupo uma afirmação do espírito, uma forma de resistência moral, e abençoou os contrabandistas de livros como devoto rabino que era: "Os trabalhadores estão resgatando tudo o que podem da eliminação. Que sejam abençoados por arriscar a vida e sejam protegidos sob as asas da Divina Presença. Que o Senhor [...] tenha misericórdia do que tiver sido resgatado e nos conceda que as cartas fiquem enterradas em paz".[11]

Shmerke mais tarde relembrou: "Os internos do gueto olhavam para nós como se fôssemos lunáticos. Eles contrabandeavam comida para o gueto, em suas roupas e botas. Nós contrabandeávamos livros, pedaços de papel, ocasionalmente uma Sefer Torá ou mezuzás". Alguns membros da brigada do papel enfrentavam um dilema moral, entre contrabandear livros ou comida para a família. Alguns internos criticavam a brigada de trabalho por se ocupar com o destino de papéis numa época de crise de vida ou morte. Mas Kalmanovitch replicava enfaticamente que livros eram algo insubstituível; "livros não dão em árvores".[12]

Depois que os materiais passavam pelo portão, precisavam ser escondidos em algum lugar. A alternativa mais simples era entregá-los a Kruk, que colocava as raridades na sua *malina* (esconderijo) de livros e acrescentava as não raridades ao acervo da biblioteca do gueto. Kruk mantinha um catálogo dos tesouros culturais e registrava sua procedência. Os itens "furtados" do local de trabalho do ERR eram listados como "provenientes daquele instituto". Escrever "provenientes do *Einsatzstab Reichsleiter Rosenberg*" teria sido uma evidência incriminadora de roubo, se as fichas do catálogo eventualmente caíssem nas mãos dos alemães.[13]

Mas ninguém poderia ter certeza de que a *malina* de livros de Kruk na biblioteca do gueto fosse sobreviver intacta. E se os alemães invadissem o edifício e sequestrassem seu acervo? Seria mais sábio distribuir os tesouros entre vários esconderijos. Sutzkever lembrou que na época havia dez esconderijos e ainda sabia os endereços de sete deles: Rua Niemiecka, nº 29 (o edifício onde ele, Shmerke e o doutor Daniel Feinshtein moravam);

Rua Strashun, nº 6 (a biblioteca do gueto); nºˢ 1, 8 e 15 da Rua Strashun; a Rua Sw. Janska; e o bunker do nº 6 da Rua Shavel (em polonês, Żmudska).

Dois dos itens mais preciosos resgatados das garras dos alemães eram o diário de Theodor Herzl, o pai do moderno sionismo, e o livro de registros do *kloyz* (sinagoga) do *Gaon* de Vilna. Sutzkever descobriu-os logo no início, contrabandeou-os para o gueto e manteve-os em dois esconderijos separados.[14]

Mas havia outras soluções. Shmerke e Sutzkever deram muitos itens a amigos poloneses e lituanos que os visitavam na hora do almoço. Ona Ŝimaite, a bibliotecária da Universidade de Wilno, pegou um maço de manuscritos de I. L. Peretz e arranjou com colegas para escondê-los na biblioteca da universidade. O poeta lituano Kazys Boruta escondeu pacotes de materiais no Instituto de Literatura da Academia Lituana de Ciências.[15] Sutzkever entregou materiais valiosos a Wiktoria Gzmilewska, que tinha contato com a clandestinidade polonesa. Quando ele lhe deu um documento assinado pelo combatente polonês pela liberdade Tadeusz Kosciuszko, ela se ajoelhou e beijou o nome na página. Ela mais tarde relatou que, ao entregar o documento a um grupo local da resistência polonesa, seus membros reagiram como se uma centelha tivesse sido atirada num monte de pólvora.[16]

Mas, à medida que os despachos para as fábricas de papel se intensificaram, ficou claro que a brigada do papel estava vencendo pequenas batalhas, mas perdendo a guerra. Apenas uma diminuta fração dos tesouros estava sendo resgatada. Na primavera de 1943, Sutzkever pensou em uma nova tática. Decidiu criar um novo esconderijo, uma *malina*, dentro do próprio edifício do YIVO. Isso iria abrir um novo canal para os resgates e talvez até eliminasse de vez a necessidade de contrabandear.

Depois de examinar a arquitetura do edifício, Sutzkever encontrou grandes cavidades debaixo das vigas e traves do sótão. Tudo o que precisava ser feito era distrair o guarda polonês, Virblis, para que Sutzkever e outros pudessem levar rapidamente materiais até o sótão durante a hora do almoço. Felizmente, Virblis, lamentando que a guerra interrompera sua educação formal, aceitou de bom grado uma oferta de dois membros do grupo de trabalho, os doutores Feinshtein e Gordon, de ensinar-lhe matemática, latim e alemão enquanto os alemães estivessem fora. Assim, enquanto professores e aluno estivessem ocupados nessa atividade, outros membros da brigada do papel transfeririam os materiais para o sótão.[17]

Vale a pena parar um momento e fazer uma pergunta básica: por quê? Por que esses homens e mulheres arriscaram a vida por causa de livros e papéis? Em essência, estavam fazendo uma declaração existencial e desempenhando um ato de fé. A declaração existencial expressava que a literatura e a cultura eram valores fundamentais, maiores que a vida de um indivíduo ou grupo. Como tinham certeza de que logo iriam morrer, escolheram dedicar o que lhes restava de vida, e se necessário a própria morte, a coisas que de fato tinham importância. No caso de Shmerke, quando jovem fora salvo pelos livros de uma vida de crime e desespero. Era hora de retribuir o favor e resgatar agora os livros. Abrasha Sutzkever alimentava a fé mística na poesia como a força subjacente que animava toda a sua vida. Desde que se mantivesse dedicado à poesia – escrevendo, lendo e resgatando –, sobreviveria.

Os contrabandistas de livros também estavam expressando sua fé de que haveria um povo judaico após a guerra, que precisaria retomar a posse de seus tesouros culturais. Alguém iria sobreviver e recuperar aqueles itens, a fim de reconstruir a cultura judaica. Nas horas mais obscuras do gueto de Vilna, era difícil acreditar que algo assim pudesse acontecer.

Finalmente, como orgulhosos cidadãos da Vilna judaica, os membros da brigada do papel acreditavam que a própria essência de sua comunidade estava em seus livros e documentos. Se volumes da Biblioteca Strashun, documentos do YIVO e manuscritos do Museu An-ski fossem salvos, o espírito da Jerusalém da Lituânia iria sobreviver, mesmo que seus judeus perecessem. Kalmanovitch colocou isso com clareza: "Talvez ainda haja judeus em Vilna após a guerra, mas nenhum deles irá escrever livros judeus aqui de novo".

Sutzkever afirmou sua fé no trabalho da brigada do papel num poema chamado "Grãos de Trigo", escrito em março de 1943. Retratou a si mesmo correndo pelas ruas do gueto com "a palavra judaica" nos braços, acariciando-a como se fosse um filho. As peças de pergaminho gritavam: "Esconda-nos no seu labirinto!". Enquanto enterrava o material no chão, Sutzkever ficou tomado de desespero. Mas recompôs-se ao lembrar de uma antiga parábola: um faraó egípcio construiu uma pirâmide para si mesmo e ordenou que seus servos colocassem grãos de trigo em seu caixão fúnebre. Nove mil anos se passaram, o caixão foi aberto, e os grãos de trigo foram encontrados e plantados. Uma bela extensão de talos floresceu daqueles grãos. Algum dia, escreveu Sutzkever, os grãos que ele estava plantando no solo do gueto de Vilna – plantando, e não enterrando – também iriam dar frutos.

> Efsher oykh veln di verter
> dervartn zikh ven af dem likht –
> veln in sho in basherter
> tseblien zikh oykh umgerikht?
>
> Un vi der uralter kern
> vos hot zikh farvandlt in zang –
> veln di verter oykh nern,
> veln di verter gehern
> dem folk, in zayn eybikn gang
>
> Quem sabe essas palavras perdurem
> E vivam para ver a luz brilhar –
> E na hora em que seu destino encontrem
> Possam elas de repente brotar?
>
> E como a semente de primavera
> Que em talo se vê transformada –
> As palavras venham nutrir,
> As palavras voltem a ser
> Do povo, em sua eterna jornada.[18]

Uma das fontes de força e encorajamento da brigada do papel era o fato de saberem que o YIVO e seu diretor antes da guerra, Max Weinreich, estavam vivos e a salvo na América. Weinreich instalara-se em Nova York em 1940 e havia transformado a filial nova-iorquina em seu quartel-general. Kruk e Kalmanovitch ficaram exultantes com a notícia de que o YIVO havia sido reconstituído na América. A notícia, surpreendentemente, veio do próprio Pohl.

Pohl era um leitor habitual do *Yiddish Daily Forward* e recortava tudo aquilo que, na sua opinião, demonstrava a depravação moral dos judeus e seus sentimentos de ódio (ele considerava que qualquer crítica à perseguição aos judeus era exemplo de sentimentos "de ódio" antigermânicos). Enquanto examinava uma edição do *Forward*, deparou-se com um artigo sobre a convenção do YIVO em Nova York, entre 8 e 10 de janeiro de 1943, e depois de lê-lo mostrou-o a Kalmanovitch. O artigo noticiava palestras proferidas por vários amigos e colegas de Kalmanovitch do pré-guerra, eruditos refugiados de Varsóvia e Vilna. Também mencionava que a convenção apresentara uma resolução formal transferindo a sede do YIVO para Nova York. As emoções brotaram no coração de Kalmanovitch, e ele correu para a biblioteca do gueto para partilhar as notícias com Kruk. Os dois se abraçaram, com lágrimas de alegria nos olhos. Kruk anotou em seu diário:

> Você precisaria ter estado aqui no gueto de Vilna, experimentar o que experimentei, e ter visto o que virou o YIVO aqui, para poder compreender o que significou para nós ter notícias do YIVO americano, e especialmente de todos aqueles que estão ali vivos, e reconstruindo o tronco da erudição judaica [...]
> Kalmanovitch e eu desejamos um ao outro sermos capazes de sobreviver e de contar ao mundo tudo o que passamos, especialmente o capítulo chamado YIVO. Embora o destino tenha sido tão cruel conosco a ponto de nos fazer suportar o fardo desse gueto particularmente trágico, estamos cheios de alegria e satisfação por saber que o judaísmo e a cultura iídiche vivem e levam adiante nossos ideais comuns.[19]

Os membros da brigada do papel sentiram o alívio de ver que a "Jerusalém da Lituânia" não fora totalmente destruída. Seus sobreviventes prosseguiam em Nova York. Os eruditos que haviam restado iriam algum dia herdar os livros e documentos remanescentes. Esse pensamento era um raio de esperança no meio das trevas.

UMA JOIA RESGATADA

O diário de Herzl

Theodor Herzl (1860-1904), o legendário pai do moderno sionismo, passou a vida adulta em Viena, como jornalista da Neue Freue Presse e presidente da Organização Sionista Mundial. Como foi que seu diário manuscrito dos anos 1882-1887, quando era estudante de Direito em Viena e batalhava para se firmar como escritor, acabou indo parar na Jerusalém da Lituânia? Só isso já constitui uma história.

Herzl nunca publicou ou revelou o conteúdo de seu diário de juventude em seu tempo de vida. O diário foi descoberto em 1930, no espólio de seu excêntrico filho, Hans Herzl, que pôs fim à própria vida.

Hans era um garoto de 13 anos de idade quando o pai morreu. A cena daquele adolescente recitando o *kaddish* junto ao túmulo de Theodor Herzl deixou uma impressão indelével em todos os que compareceram ou leram a respeito do funeral do líder nacional judeu. Hans foi criado na Inglaterra e frequentou a Universidade de Cambridge, mas não conseguiu encontrar seu lugar na vida. Ressentia-se de ser conhecido apenas como filho de Theodor Herzl e era afligido por um sentimento de fracasso. Mergulhou em depressão e dívidas. Em 1924, aos 33 anos, converteu-se à Igreja Batista, com o propósito, segundo ele, de marcar sua independência do pai. Mais tarde, converteu-se ao catolicismo. O movimento sionista e a comunidade judaica britânica afastaram-se dele e cortaram todos os laços. Hans ficou solitário, empobrecido, amargurado e desesperado. Sua irmã Pauline era sua última âncora na vida. Então, ela adoeceu e morreu. No dia do funeral dela, Hans cometeu suicídio.[1]

Hans, que recebeu o diário das mãos do pai, estipulou em seu testamento que ele deveria ser vendido por algumas dezenas de libras, a fim de saldar uma de suas dívidas. O executor de seu testamento era o jornalista anglo-judaico Joseph Leftwich, um dos poucos membros da comunidade que mantivera contato com ele após sua conversão. Leftwich era também ávido leitor de literatura iídiche e amigo do YIVO. Mais tarde, tornou-se o primeiro grande tradutor para o inglês e antropólogo de literatura iídiche. Aconteceu de um dos líderes do YIVO, Zalmen Rejzen, passar por Londres pouco após o suicídio de Hans, em sua volta a Vilna após uma viagem aos Estados Unidos para coleta de fundos. Rejzen encontrou-se com Leftwich, que lhe falou a respeito do diário. Animado pelo achado e pela perspectiva de aumentar o prestígio do YIVO, Rejzen saltou de seu assento e exclamou: "Esse manuscrito deve pertencer ao YIVO!". Ele se ofereceu imediatamente para comprá-lo pelo preço estipulado no testamento de Hans – e sequer se deu ao trabalho de consultar seus colegas em Vilna. Leftwich concordou, e Rejzen assinou um termo, pagou um depósito e levou o diário de Herzl para Vilna no bolso do casaco.

Então surgiu a controvérsia. Líderes sionistas de Viena ficaram furiosos com o fato de o diário ter caído nas mãos de uma organização iídiche, cujos chefes mal apoiavam ou eram hostis ao seu movimento. Escreveram cartas ao YIVO afirmando que Hans não tinha o direito de vender o diário de seu pai. O livro de anotações pertencia ao espólio literário de Theodor Herzl, cujo executor era o banqueiro vienense Moritz Reichenfeld. Os sionistas de Viena ameaçaram processar o YIVO nos tribunais. Mas o YIVO recusou-se a abrir mão de sua aquisição, a não ser que recebesse ordens de um tribunal.

Quando as ameaças não produziram os resultados desejados, o movimento sionista recorreu à diplomacia. Os escritórios centrais do movimento em Viena pediram aos líderes sionistas de Vilna que se reunissem com os chefes do YIVO e usassem seus poderes de persuasão. Na reunião, os sionistas de Vilna, liderados pelo doutor Jacob Vigodsky, argumentaram que era preferível para todos que os diários de Herzl ficassem num mesmo lugar. O diário deveria ser acrescentado à coleção de outros diários de Herzl mantidos pela Universidade Hebraica de Jerusalém. Também sugeriram que Theodor Herzl não era efetivamente um tópico relacionado à área de estudos do YIVO. Os sionistas de Vilna, ao que parece, ofereceram uma soma em dinheiro para compensar o YIVO por suas despesas – e talvez para tornar a transação mais atraente.

Mas o YIVO respondeu que todos os assuntos judaicos, incluindo Theodor Herzl, eram do interesse do instituto. E seus diretores não esconderam o fato de que consideravam a posse do diário uma questão de prestígio institucional. Ela elevaria o status do jovem instituto (fundado em 1925) como um dos grandes repositórios judaicos. Após um ano e meio de reuniões intermitentes, os sionistas desistiram.[2]

O diário, que era principalmente um relato dos livros que Herzl lia, oferece um vislumbre fascinante da mente do homem que faria história. Revela o quanto Herzl era assimilado e, na realidade, assimilacionista em seus anos de juventude. O futuro pai do Estado judaico mostrava orgulho de ser alemão. Criticava duramente a literatura francesa, incluindo as novelas de Émile Zola, como "literatura bordeletrista" (uma combinação de "bordel" com "beletrismo"), ressaltando que "nós alemães escrevemos melhor".

Herzl sentia-se ultrajado pelo tratado antissemita de Eugen Duhring, "A questão judaica como problema racial, cultural e moral", no qual o autor argumentava que os judeus eram irremissivelmente depravados e precisavam ser removidos de todas as esferas da vida pública – educação, imprensa, negócios e finanças. O jovem estudante de Direito vienense chegou à conclusão muito "não sionista" de que os judeus precisavam se fundir totalmente à maioria da sociedade. Se não houvesse diferenças entre judeus e alemães, ninguém seria capaz de detectar judeus e discriminá-los. "A fusão das raças ocidentais às chamadas raças orientais com base numa religião civil comum – essa é a solução desejada!", escreveu numa das primeiras entradas do diário.

O Herzl que emerge das páginas do diário é um jovem inseguro, especialmente quando comparado com o líder magnificente e dominador do movimento sionista, aproximadamente uma década mais tarde. "Não sou um daqueles que irá alcançar uma posição de visibilidade entre as grandes mentes de nosso tempo [...] Não tenho quaisquer ilusões a meu respeito", avaliava. "Hoje, tenho 22 anos de idade! E não realizei praticamente nada. Sem negar meu talento, sinto que não tenho em mim nenhum grande livro." Os sentimentos expressos nessas passagens eram similares à rejeição e à depressão que seu filho Hans iria sentir mais tarde. "Não há amor no meu coração, nem anseios em minha alma, não há esperança, não há alegria", escreveu Herzl em 13 de abril de 1883.[3]

O diário complicava a imagem do homem que iria se tornar um mito e uma lenda. O autor do slogan "Se você quer, não é uma fantasia" (em hebraico: "Im tirtsu eyn zu agadah") escreveu que não tinha anseios em sua alma. O diário mostra o quanto Herzl era um candidato improvável ao seu futuro papel de líder do movimento nacional judaico. Quando Weinreich ofereceu publicar seu texto no *Yiddish Daily Forward*, de Nova York, seu editor, Abraham Cahan, recusou. Cahan, um socialista de longa data, tornara-se um defensor do trabalhismo sionista após sua visita à Palestina em 1925. O Herzl desse antigo diário não era o Herzl que Cahan queria que seus leitores conhecessem.

CAPÍTULO 11

O livro e a espada

O trabalho da brigada do papel logo chamou a atenção da clandestinidade do gueto, conhecida como Organização Partisan Unida ou FPO (em iídiche, Fareynikte Partizaner Organizatsye).

A FPO nasceu na véspera de Ano-Novo de 1942, numa reunião de membros de vários movimentos jovens sionistas, quando Aba Kovner, chefe da Jovem Guarda (Shomer Ha-Tza'ir) leu uma proclamação convocando a juventude judaica a se envolver na resistência armada contra os alemães: "Hitler tem conspirado para destruir todos os judeus da Europa. O destino dos judeus da Lituânia é serem os primeiros. Não podemos ir como carneiros para o abate! Sim, somos fracos e indefesos, mas a única reação aos assassinos é a autodefesa. Irmãos! É melhor cair como lutadores livres do que viver à mercê dos assassinos. Vamos resistir, resistir até nosso último suspiro".[1]

Três semanas mais tarde, a organização foi fundada formalmente. Seu objetivo era realizar atos de sabotagem contra o inimigo e preparar o terreno para um levante popular no gueto. Itzik Vitenberg, líder da organização do Partido Comunista no gueto, tornou-se o comandante em chefe, e Kovner foi eleito seu vice. A FPO era uma organização interpartidária, e representantes dos Sionistas Revisionistas, dos Sionistas Gerais e do Bund também faziam parte do comando.

O maior desafio da organização era conseguir armas. Kovner teve conversas com os nacionalistas poloneses na clandestinidade em Vilna, mas depois de alguns primeiros contatos promissores o grupo polonês recebeu ordens do quartel-general em Varsóvia para não oferecer nenhuma assistência, e de modo algum fornecer armas para os combatentes judeus (o quartel-general não acreditava no nacionalismo polonês dos judeus e tinha receio de que eles algum dia usassem as armas para garantir a conquista do Leste da Polônia pelos soviéticos).[2] Com isso, a única alternativa que restou à FPO foi comprar armas no mercado negro e contrabandeá-las para o interior do gueto – uma manobra cara e difícil. Conforme foi acumulando um arsenal rudimentar, a organização começou a treinar seus membros no manejo de armas e a definir uma infraestrutura: unidades e linhas de comando, códigos e protocolos, reuniões secretas e novos boletins.

De início, o local de trabalho do ERR não despertou o interesse da FPO. Seu acervo não se mostrava muito útil: não havia armas, nem objetos metálicos, apenas livros.

Sua atitude mudou em junho de 1942, quando o comando da FPO decidiu realizar seu primeiro ato de sabotagem. Iriam explodir um trem militar alemão usando uma mina de fabricação caseira. O plano era absolutamente lunático – ninguém na FPO tinha experiência com explosivos. Como iriam construir uma mina? Teriam que arrumar um manual de munições e seguir muito bem as instruções. Mas onde achar um manual desses? Talvez no edifício do YIVO, que agora guardava dezenas de milhares de livros soviéticos!

Na época, havia dois membros da FPO na brigada do papel: Mikhal Kovner, irmão mais novo de Aba Kovner, e Reizl (Ruzhka) Korczak, companheiro de partido de Aba e amigo próximo dele. Mikhal e Ruzhka começaram a procurar manuais de munições soviéticos no YIVO, em absoluto sigilo – não só em relação aos alemães, mas também em relação a seus colegas de trabalho judeus. Quando Albert Sporket e sua equipe do ERR saíam para o almoço, e os demais trabalhadores estavam ocupados com outras coisas, os dois abriam o cadeado da sala de Literatura Soviética. Mas não conseguiam encontrar os livros que procuravam. Depois de várias invasões infrutíferas, finalmente depararam com um pequeno conjunto de livretos de cor cinza com letras vermelhas impressas na capa: "Biblioteca para comandantes militares, publicada pelo Comissariado de Defesa". Os livretos tinham tudo de que a FPO precisava: instruções sobre como construir minas e instalá-las, como montar e usar granadas de mão, e como manter e reparar armas.

Nos dias seguintes, Mikhal e Ruzhka contrabandearam outros livretos para dentro do gueto, sem contar nada a ninguém. Quando seus colegas de trabalho pediram que levassem livros e documentos raros em hebraico, recusaram-se, e isso chocou e desapontou seus colegas. Alguns membros da brigada do papel ficaram furiosos com os dois jovens sionistas, achando que estavam abandonando a elevada causa do grupo. O professor de hebraico Israel Lubotsky suspirou e balançou a cabeça decepcionado: "Esses jovens de hoje! Não têm sensibilidade para os tesouros culturais! O que entendem eles dessas coisas? Nós éramos diferentes quando tínhamos a idade deles".[3]

Com esses manuais, o grupo liderado por Aba Kovner preparou a mina. Três membros da FPO, Vitka Kempner, Moshe Brause e Izia Mackowicz, saíram do gueto numa noite escura, em 8 de julho de 1942, e colocaram a mina nos trilhos da ferrovia, sete quilômetros a sudeste de Vilna. Voltaram antes do amanhecer, exaustos e eufóricos. À tarde, chegou ao gueto a notícia de que uma mina havia destruído a locomotiva e vários vagões de carga de um trem alemão, e provocado seu descarrilamento. Era o primeiro grande ato de sabotagem antigermânica na área de Vilna, e motivo de celebração. Todos na cidade acharam que havia sido obra de *partisans* poloneses. Ninguém sequer levantou a suspeita de que os judeus do gueto estivessem por trás da mina, e menos ainda que havia sido construída graças a um livreto roubado do local de trabalho do YIVO.[4]

Nos meses seguintes, Mikhal e Ruzhka recrutaram outros membros da brigada do papel para a FPO: Shmerke e Sutzkever; a jovem comunista Noime Markeles; Mendl Borenshtein, carpinteiro da "brigada física"; o brigadeiro Tzemach Zavelson; e o membro do Bund, Avrom Zeleznikow. Ao entrarem para a clandestinidade altamente sigilosa, começaram a frequentar as reuniões secretas noturnas, onde foram treinados no manejo de armas. A maioria dos trabalhadores na brigada do papel não tinha ideia de que alguns de seus companheiros de trabalho eram ativos na resistência armada do gueto.

Conforme crescia o vínculo entre a brigada do papel e a FPO, os líderes da clandestinidade decidiram dar seu apoio à operação de contrabando de livros. Como? A FPO tinha "agentes duplos" na polícia do gueto, e alguns dos guardas no portão eram gente "deles". Nos dias em que a brigada do papel planejava contrabandear tesouros particularmente preciosos, eles notificavam a FPO, que providenciava para que guardas da organização ficassem de plantão para fazer a "inspeção" no portão. Não havia garantias, porque as unidades de guarda eram mistas (gente da FPO e outros sem vínculo com ela), e ninguém sabia em que hora os alemães poderiam aparecer. Mas, a partir daí, contrabandear pelo portão ficou menos perigoso.[5]

A FPO também compartilhou sua melhor instalação de armazenamento com a brigada do papel: o bunker da Rua Shavel, nº 6. Era uma caverna que descia mais de dezoito metros pelo subsolo. A entrada era pelo sistema de esgotos, e então desciam-se dois níveis por escadas, até um local equipado com seu próprio sistema de ventilação, eletricidade puxada por fios que ficavam fora do gueto, e um túnel que levava até um poço no lado ariano. O bunker fora construído por um jovem engenheiro civil chamado Gershon Abramovitsh, a fim de guardar armas para a FPO e também como esconderijo para sua mãe paralítica. A partir da primavera de 1943, caixotes de livros passaram a dividir o espaço com caixotes de armas.[6]

Em reconhecimento ao auxílio da FPO à brigada do papel, Herman Kruk, o bibliotecário, ofereceu ajuda à organização de resistência. Criou um esconderijo de armas dentro da biblioteca do gueto. Com armas mantidas num local público central, a organização seria capaz de se mobilizar com maior rapidez numa emergência. Atrás de uma estante de livros com exemplares de *Guerras judaicas*, de Josefo (que descreve a rebelião dos macabeus contra o império grego), havia um compartimento secreto que guardava metralhadoras Degtyarev. No meio da madrugada, membros da FPO entravam na sala um por um e, depois de baixarem as persianas, um instrutor ensinava-lhes a manipular a arma, amparados pelas prateleiras cheias de livros da biblioteca. Quando as aulas terminavam, o grupo de aspirantes a macabeus modernos devolvia as armas ao seu lugar e sonhava com a próxima guerra judaica.[7]

Ajudar a esconder armas era muito bom, mas adquiri-las era mais importante ainda. Como o local de trabalho do ERR era precariamente supervisionado pelos alemães, virou um ponto ideal para se encontrar com poloneses e lituanos e comprar armas. O canal para essas compras era ninguém menos do que Shmerke Kaczerginski.

Em maio de 1943, o comandante em chefe da FPO, Itzik Vitenberg, convocou Shmerke para um encontro frente a frente, numa aberta violação do protocolo conspiracional da organização, que vetava contato direto entre os seus membros subalternos e o comandante em chefe. Até então, Shmerke sabia apenas o codinome do comandante, Leon. Depois de ser escoltado por um labirinto de esconderijos, ficou perplexo ao encontrar o comandante, que era ninguém menos que seu velho amigo Itzik Vitenberg. Haviam trabalhado juntos no Partido Comunista.

Mal Shmerke se recuperara de sua descoberta, Vitenberg deixou-o de novo perplexo com uma ordem de obter armas para a organização por meio de seu amigo lituano Julian Jankauskas. Era o mesmo Jankauskas que havia escondido a mulher de Shmerke nos dias desesperados de setembro e outubro de 1941, e que visitava com frequência o pátio frontal do YIVO durante os horários de almoço.

Em seu encontro seguinte na hora do almoço, Shmerke falou a Jankauskas sobre a FPO e seu plano de resistência armada. O resto da conversa transcorreu como segue:

Shmerke: Temos armas, mas precisamos de mais. E você precisa nos ajudar. Se precisar de dinheiro, podemos arrumar.

Jankauskas: Não posso dizer nada por enquanto. Preciso pensar no assunto. Vou dar a resposta amanhã.

Shmerke: Sua resposta deveria ser na forma da primeira pistola.

Jankauskas: Talvez seja.

No dia seguinte, Jankauskas chegou na hora do almoço, o rosto avermelhado como fogo e os olhos brilhando. Shmerke saiu para encontrá-lo no meio dos arbustos e árvores da parte frontal do edifício.

Shmerke: Espero que sua resposta venha não da sua boca, mas do seu bolso.

Jankauskas: E se vier de dentro das minhas ceroulas, algum problema?

Com essas palavras, Jankauskas puxou de dentro das ceroulas um revólver de seis balas. Shmerke deu um pulo de alegria, abraçou Jankauskas pelo pescoço e deu-lhe um tapinha afetuoso no rosto. Shmerke voltou para o edifício do YIVO e enfiou a arma debaixo de uma pilha de jornais no porão.

Naquela noite, falou da sua aquisição para Abrasha Chwoinik, o membro do Bund dentro do comando da FPO encarregado da compra de armas. Chwoinik ficou satisfeito, mas também expressou alguma decepção, com bom humor. Um revólver de seis tiros era um ótimo presente para a sua namorada, e uma arma muito boa para um duelo, quando você não tinha intenção de matar seu oponente. Mas a organização tinha escassez de armas e ele decidiu aceitar a peça. Ele comunicou a Shmerke: "Amanhã à tarde, pouco antes de você sair do trabalho, um policial do gueto virá procurá-lo no edifício do YIVO. Quando ele disser a frase-código 'O Berl está à sua espera', dê-lhe a arma".

No dia seguinte, a entrega transcorreu sem problemas. O sargento da polícia do gueto, Moshe Brause, usou a frase-código, Shmerke tirou a pistola de seu esconderijo e Brause foi embora com ela, desejando-lhe: "Que seja um bom começo!" E era.[8]

Dali em diante, os encontros viraram rotina. Dia sim, dia não, mais ou menos, Jankauskas trazia armas na hora do almoço – pistolas, granadas e munição – e Brause vinha no final do dia coletá-la e entregar o dinheiro para o pagamento. Ruzhka Korczak e Mikhal Kovner faziam parte do esquema e checavam as armas que chegavam para ter certeza de que estavam funcionando e estimar seu valor. No período de um mês, Shmerke adquiriu um arsenal de quinze armas portáteis, cada uma delas a um preço entre 1.500 e 1.800 marcos alemães.

Era crucial que as entregas de armas e dinheiro fossem feitas de forma rápida, sem chamar a atenção dos colegas de trabalho que não fossem membros da FPO. Muitos na brigada do papel suspeitavam que havia um informante entre seus colegas de trabalho.[9]

Além do sargento Brause e da polícia do gueto, a brigada do papel usava também um segundo canal para contrabandear armas para o gueto. Mendl Borenshtein, um carpinteiro que pertencera à "brigada física", trazia munição e pequenas armas no fundo falso de sua maleta de ferramentas.[10]

A brigada do papel também ajudou a pagar pelas armas com seu próprio acervo. Entre os itens que vieram parar no nº 18 da Rua Wiwulskiego, provenientes do Museu An-ski, havia dezenas de taças de prata *kiddush*, apontadores da Torá e outros objetos rituais de ouro e prata. Kovner, Ruzhka e outros contrabandearam esses itens para o gueto e entregaram à FPO, que os fundiu. A organização então vendeu o ouro e a prata no mercado clandestino e usou o dinheiro para comprar suas tão necessárias armas.[11]

A operação de fundição inspirou Sutzkever a escrever um de seus mais famosos poemas do gueto, "As chapas de chumbo da Editora Romm". Nele, imaginou combatentes judaicos fundindo as placas de chumbo, usadas pela Editora Romm de Vilna para imprimir o Talmude, a fim de fazer balas para lutar contra os alemães. Conforme letras e mais letras pingavam dentro do líquido, Sutzkever sentia que ele e seus companheiros combatentes eram como os sacerdotes do antigo templo, preenchendo o menorá com óleo. O gênio judaico, que durante séculos expressara-se em estudos e cultos religiosos, agora precisava expressar-se na luta armada.

> Chumbo líquido brilhando em balas tão finas,
> Antigos pensamentos – em letras fundidas a quente.
> Uma linha da Babilônia, da Polônia outra linha,
> Em ebulição, inundadas no pote da fundição.
> Coragem judaica, oculta em palavras e símbolos,
> Que saberão explodir o mundo todo com um tiro![12]

O poema de Sutzkever era uma metáfora poderosa e um sonho inspirador. Na realidade, foram os alemães que arrebataram as chapas de chumbo da Editora Romm e as fundiram. Mas o poema era baseado numa outra operação real de fundição, da FPO: a que derretia taças metálicas *kiddush* e apontadores da Torá para comprar armas.

Um dia, Chwoinik, do comando da FPO, pediu para se encontrar com Shmerke. "Você está fazendo um excelente trabalho. A mercadoria é boa. Mas não seremos capazes de lutar apenas com armas portáteis. Você precisa arrumar fuzis para nós e, o mais importante de tudo, metralhadoras." Shmerke deixou escapar uma risada nervosa. Quando recuperou sua compostura e disciplina militar, replicou obediente: "Sim, senhor!".

No dia seguinte, quando Shmerke encontrou Jankauskas, levantou a questão das metralhadoras, e para seu grande espanto seu amigo não ficou surpreso. "Verei o que posso fazer."

Jankauskas não apareceu no próximo encontro marcado. Sumiu por vários dias, e Shmerke ficou preocupado, achando que pudesse ter sido preso. Nesse caso, os alemães viriam atrás dele, Shmerke, sem demora. Por precaução, passou a dormir em endereços diferentes do gueto nas noites seguintes.

Então, num dia chuvoso, por volta do final do intervalo do almoço, quando os alemães eram esperados a qualquer momento, Jankauskas abriu o portão do terreno do YIVO carregando um estojo de viola. Shmerke desceu correndo para encontrá-lo.

Shmerke: O que aconteceu? Decidiu aprender a tocar viola?

Jankauskas: É uma viola que atira. Pode levar.

Shmerke pegou o pesado estojo e carregou-o para o porão. Comunicou a aquisição a Mikhal Kovner, Ruzhka e Sutzkever. Eles decidiram desmontar a metralhadora imediatamente e esconder suas partes em salas diferentes, caso algum trabalhador curioso, que tivesse visto o estojo da viola por alguma janela, decidisse descer e dar uma olhada no instrumento musical.[13]

Quando acabavam de desmontar a metralhadora e esconder suas partes, os alemães chegaram – não num veículo, mas em dois. Tinham visitas. Willy Schaefer entrou no edifício acompanhado por visitantes de alto escalão, de uniforme. O coração dos membros da FPO bateu forte quando Schaefer decidiu levar os visitantes para um passeio pelo local de trabalho, sala por sala, mostrando seus tesouros. Os alemães entraram na sala de arte, onde o cano da metralhadora estava escondido atrás de três quadros, e começaram a examinar as diversas obras de arte: Chagall, Minkowsky e outros. Sutzkever, encarregado do departamento de arte e que estava trabalhando na sala ao lado com Rachela Krinsky, ficou fora de si de preocupação. Schaefer pegou um quadro e depois outro; no quadro seguinte descobriria o cano da arma. O rosto de Sutzkever ficou branco como giz, e ele foi correndo avisar Shmerke que a catástrofe era iminente.

Rachela Krinsky detectou a agitação de seu amigo e sentiu que havia algo de muito errado. Ela não era membro da FPO e não estava "por dentro" da operação de contrabando de armas, mas já suspeitava havia tempo que Jankauskas estava dando a Shmerke mais do que apenas pão durante suas visitas na hora do almoço. Sem hesitar um segundo, decidiu criar uma distração. Foi até a entrada da sala vizinha e chamou Schaefer: "Senhor, senhor, encontrei um manuscrito muito importante". Os alemães viraram-se para ela e vieram olhar o item que ela segurava: um documento do levante polonês de 1830. Depois de examiná-lo, saíram da sala.[14] A manobra de desviar atenção dera certo e a catástrofe fora evitada.

Shmerke sentia o mesmo orgulho por suas atividades de contrabandista de livros e de combatente da FPO. Encarava-as como formas complementares de resistência. Em suas memórias, ele conta uma história do folclore: quando o Senhor criou o primeiro judeu – Abraão, o patriarca da Bíblia –, o Todo-Poderoso deu-lhe dois presentes para a sua jornada na vida: um livro, que Abraão segurou numa das mãos, e uma espada, que ele empunhou com a outra. Mas o patriarca ficou tão fascinado lendo o livro que não percebeu que a espada lhe escapou da mão. Desde aquele momento, os judeus têm sido o povo do livro. Agora, cabia aos combatentes e *partisans* do gueto descobrir a espada perdida e empunhá-la de novo.[15]

CAPÍTULO 12

Curadores e eruditos em trabalho escravo

No início de julho de 1942, Albert Sporket, o cruel chefe da equipe do ERR, deu à brigada do papel uma atribuição inesperada: preparar uma exposição sobre os judeus e os bolcheviques, usando material do local de trabalho. Ele via a exposição como um veículo para doutrinação política dos soldados alemães, para instilar neles hostilidade em relação aos dois maiores inimigos do Reich. Sporket queria apresentar o trabalho do ERR em Vilna a altas autoridades do comando alemão, para mostrar o quanto sua pilhagem era importante para a "ciência" nazista.

Havia apenas um porém: Sporket e seus colegas eram totalmente ignorantes a respeito dos assuntos judaicos, e seu especialista em Judaica, Herbert Gotthard, não se interessou em ser o curador da exposição. Então Sporket deixou os preparativos da exposição a cargo dos próprios trabalhadores escravos judaicos, supondo que qualquer coisa que juntassem ali seria uma "evidência" da natureza vil e degenerada do judaísmo e do comunismo. O que emergiu no final foi um estranho híbrido de apresentação simpática, objetiva e antissemita.

A exposição, montada na sala de exposições do YIVO (onde o instituto iídiche havia antes realizado sua exposição sobre I. L. Peretz, o pai da moderna literatura iídiche), era dividida em duas seções: a seção judaica do lado direito, e a seção soviética adequadamente disposta à esquerda. Nas paredes, fotos do *Gaon* de Vilna, de Matityahu Strashun e de outros rabinos, e, dependuradas na parede oposta, fotos de Stalin, de membros do Politburo soviético e do marechal Voroshilov. Os dois grupos de dignitários ficavam então encarando-se através da sala.

A seção judaica consistia de itens do Museu An-ski, cujo acervo inteiro havia sido rapidamente transferido ao edifício do YIVO para seleção. Estavam em exibição esculturas e pinturas de vários artistas judaicos, livros antigos raros (entre eles um pequeno *siddur* de bolso do século XVII), e manuscritos. Havia uma caixa de vidro com as páginas de título ilustradas de livros modernos em hebraico e iídiche. Um rolo da Torá ficava no centro, rodeado por objetos rituais de prata, e também um cafetã (em iídiche: *kapote*) hassídico de cetim, vestido num manequim improvisado.[1]

O cafetã acabou sendo o tema de uma crise, quando certa noite ele desapareceu, aparentemente levado por um limpador de chaminés (limpadores de chaminés tinham total liberdade de movimentos de um telhado a outro da cidade e se envolviam em contrabandos e roubos. Alguns deles ajudaram a contrabandear armas para a FPO). O vice de Sporket, Willy Schaefer, acusou os membros da brigada do papel de terem roubado o cafetã, um item valioso da exposição, e ameaçaram levar o caso à Gestapo se não fosse devolvido até o dia seguinte. Os trabalhadores escravos protestaram, dizendo que nada sabiam a respeito do paradeiro da peça roubada, o que enfureceu Schaefer ainda mais. O grupo então empenhou-se em arrumar um *kapote* substituto no gueto após o trabalho, mas não encontraram nenhum cafetã hassídico no gueto de Vilna, que era historicamente uma comunidade não hassídica e anti-hassídica. Portanto, substituíram o original por uma "falsificação": o forro do casaco de chuva de Shmerke. Por sorte, Schaefer nem notou a diferença, e se acalmou.

A seção soviética da exposição, decorada com fitas vermelhas, incluía edições das obras de Lenin em várias línguas e alguns volumes com escritos de Stalin. Num canto, havia uma vitrine intitulada "Incitamento", com publicações contra a Alemanha nazista em russo, iídiche e outras línguas. A exposição culminava com um mostrador de vidro sobre literatura nazista – livretos, jornais e revistas, e várias edições da *Sturmer* –, que revelava "a verdade" sobre os judeus e os bolcheviques.

No meio da sala, entre as seções judaica e soviética, havia uma estante de livros identificada como "Karaitica", dedicada à seita caraíta, que se formou como dissidência do judaísmo no século IX. Mostrava livros caraítas, fotos de indivíduos e grupos e um grande retrato do clérigo caraíta de Vilna, Seraya Szapszal. A inclusão da seita na exposição judeu-bolchevique foi provavelmente ideia de Zelig Kalmanovitch, já que ele estava convencido de que os caraítas eram de origem judaica e na época dedicava-se a pesquisar sua história.[2]

Herman Kruk estava muito satisfeito com o resultado do trabalho de seus colegas como curadores forçados: "A exposição está concebida de modo que tudo o que é judaico seja realmente judaico, sem que nenhum de nós se envergonhe disso. Tudo o que é bolchevique compõe um ótimo canto bolchevique, sem tons de antibolchevismo. E os alemães ficaram convencidos de que os trabalhadores judaicos estão ajudando da melhor maneira possível. O lobo está satisfeito e o cordeiro está íntegro". Kalmanovitch foi ainda mais efusivo: "A exposição testemunha a força cultural do povo judeu. É como o bíblico Balaam, que tinha intenção de praguejar, e contra a própria vontade acabou abençoando".[3]

Antes da inauguração oficial da exposição, o edifício do YIVO foi limpado e arrumado, nas palavras de Kruk, como "uma pequena instituição filantrópica judaica de cidade pequena, às vésperas de uma visita do 'Comitê de Distribuição Conjunta' americano". Várias das salas de trabalho foram preenchidas com caixas, e foram afixados cartazes com a palavra "transporte" – tudo para dar a impressão de que se tratava de um local de despacho muito ativo. O *Gebietskommissar* Hans Hingst e numerosos oficiais alemães e lituanos compareceram à recepção de abertura da exposição.

Dias mais tarde, foi publicada uma "resenha" entusiástica sobre a exposição no *Wilnaer Zeitung*, o órgão local das autoridades alemãs. O artigo cobria o ERR de elogios: "A luta político-militar contra o judaísmo e o bolchevismo está agora sendo acompanhada por algo mais: a luta no nível da pesquisa científica. Temos não só que lutar contra nossos oponentes, mas conhecer sua essência, suas intenções e seus objetivos [...] Os homens do Einsatzstab são a tropa de choque da ciência [...] Esses homens têm feito inúmeras descobertas importantes para a compreensão do judaísmo e do bolchevismo – algumas delas com uma importância política direta e prática".[4] O artigo apontava a posição de Vilna como o histórico "quartel-general do judaísmo" e a "segunda Jerusalém" dos judeus. "Vilna oferece uma seleção de fato enorme de documentos importantes e interessantes sobre os Inimigos Mundiais número 1 e número 2 – os judeus e os bolcheviques."

O correspondente do *Wilnaer Zeitung* exaltou a exposição como uma importante realização educacional: "Ela mostra aspectos astutos e cruéis dos 'grandes' judeus do século XIX, as vacilantes tentativas de pintores judeus modernos [...] Por outro lado, há uma coleção especial de fotos do 'Paraíso Soviético' que falam mais do que quaisquer palavras sobre a desventura e o atraso do Homem Soviético".

O artigo informava os leitores que a exposição podia ser vista mediante agendamento por todos os indivíduos e grupos interessados. Concluía dizendo: "Quem quer que veja a exposição terá uma noção geral da importância e do escopo do trabalho que está sendo realizado silenciosamente pelos homens do Einsatzstab".

No decorrer de sua "temporada" no nº 18 da Rua Wiwulskiego, a exposição judeu-bolchevique foi vista por várias delegações visitantes (havia planos de enviá-la em turnê por cidades do Reich alemão, mas nunca foram implementados). Kalmanovitch notou que os visitantes alemães evitavam contato olho no olho com os trabalhadores escravos judeus do edifício, e ponderou em seu diário que o contato olho no olho poderia levá-los a captar um sentido comum de humanidade com suas vítimas e despertar sentimentos de compaixão. Para os visitantes, tais sentimentos eram inadmissíveis.[5]

Uma comissão de alto nível de Berlim, com uma pessoa da equipe do escritório de Heinrich Himmler, veio inspecionar a exposição. Não ficaram satisfeitos. Acharam-na ideologicamente deficiente, e um dos membros chegou a chamá-la de "propaganda comunista". Após sua visita, Sporket mandou incluir material mais explicitamente antissemita e antibolchevique. Em sua versão final, a exposição passou a mostrar fotos falsificadas, mostrando ostensivamente bolcheviques judeus torturando camponeses lituanos. Na realidade, as fotos eram de judeus sendo torturados por alemães e colaboradores lituanos.[6]

O doutor Herbert Gotthard, o especialista em Judaica da equipe do ERR, tinha projetos mais sérios em mente do que uma exposição, que para ele não passava de um truque publicitário. "O Porquinho", como Shmerke o chamava, tinha grandes ambições de transformar o ERR de Vilna num centro de Judenforschung, isto é, de estudos judaicos antissemitas. Ele decidiu explorar seus trabalhadores escravos como autores de estudos sobre tópicos judaicos, que ele então reescreveria dentro de um espírito antissemita e apresentaria ao departamento de análises do ERR em Berlim.

Gotthard começou passando pequenas tarefas de pesquisa a Zelig Kalmanovitch, o erudito do YIVO com doutorado pela Universidade de Petrogrado. Ao ver a qualidade de seu trabalho, Gotthard colocou Kalmanovitch como encarregado de um grupo de pesquisadores forçados e de um grupo associado de tradução, que havia feito estudos de alemão antes da guerra. Os pesquisadores (o doutor Moshe Heller, o rabino Abraham Nisan Ioffe e outros) instalaram-se na biblioteca do gueto, onde havia literatura de consulta prontamente disponível, e os tradutores (doutor Jacob Gordon, Akiva Gershater e outros) ficaram no edifício do YIVO. Kalmanovitch "flutuava" entre os dois locais.

Kalmanovitch ficou ultrajado com sua nova tarefa de estudioso forçado e indignado por ver seu trabalho sendo explorado para disseminar ficções antissemitas. Mas guardou seus sentimentos para si e só lhes deu vazão na privacidade de seu diário. "Eles querem trazer à luz nossos 'segredos' para revelar nossos 'afazeres ocultos'. Como são imbecis! Toscos e cheios de práticas fraudulentas. Mas eu tenho que ficar mudo e quieto – até que o perigo passe."[7]

Em algum nível, Kalmanovitch deve também ter encarado com bons olhos o desafio de se envolver em atividade intelectual em seu longo expediente de trabalho. É provável que tenha desejado provar a si mesmo que ainda era o mesmo erudito de antes da guerra, apesar dos nove meses de encarceramento no gueto, aos 71 anos de idade.

Sua primeira grande atribuição foi compilar uma bibliografia e traduzir estudos sobre os caraítas, a seita que se separou do judaísmo no século IX. Desde o início do século XIX, os caraítas na Europa do Leste e na Crimeia alegavam ser um grupo turcomano, que falava uma língua turcomana e praticava uma religião própria, apenas remotamente relacionada ao judaísmo. Os czares russos aceitaram esse argumento e não aplicaram aos caraítas as leis restritivas que impunham aos judeus. A Alemanha nazista seguiu a tradição czarista e não considerou o grupo racialmente judeu.

Mas os eruditos alemães descreveram a religião dos caraítas como "judaica" ou como "judaísmo sem o Talmude", o que os colocava como um grupo singular: de raça turca, mas de religião judaica.[8]

Assim que a guerra eclodiu, o tratamento dispensado aos caraítas na linha de frente variou. Nem todos "detinham essa informação" de que os membros dessa pequena seita não eram judeus, e comandantes militares envolvidos na ação tomavam decisões de improviso. Na Ucrânia, a máquina mortífera alemã em seu rápido movimento não fez distinção entre judeus e caraítas, e duzentos caraítas foram mortos em Babi Yar, nos arredores de Kiev, como parte do grande massacre que trucidou 36 mil pessoas em 29 e 30 de setembro de 1941. Na França, por outro lado, os caraítas haviam sido registrados como judeus, mas não foram deportados a campos de extermínio, por ordens explícitas de Berlim. Na Crimeia, maior núcleo numérico de caraítas, tiveram tratamento favorável, até privilegiado. Os alemães reconheceram-nos como povo turcomano aparentado aos tártaros, e não só os protegeram como cultivaram um relacionamento positivo com eles.[9]

Havia cerca de dois mil caraítas em Vilna e na cidade de Trakai, nos arredores. O doutor Gerhard Wunder, chefe do departamento de análise do ERR em Berlim, ordenou que fossem estudados por seus subordinados em Vilna. Explicou a importância do assunto do seguinte modo: "Houve recentemente casos lamentáveis em que caraítas foram confundidos com judeus. Considero que é nossa tarefa oferecer instrução a respeito desse grupo étnico peculiar [...] Nosso trabalho irá evitar erros no futuro, como aqueles que tiveram lugar no passado".[10] Eram os tais "erros" que haviam sido fatais para centenas de caraítas na Ucrânia.

Além de compilar uma bibliografia e de supervisionar a tradução dos estudos redigidos em hebraico e iídiche, Kalmanovitch escreveu uma resenha dos trabalhos acadêmicos existentes sobre o assunto, destacando o consenso geral de que o grupo descendia de judeus e praticava uma forma de judaísmo. Isso era o exato oposto daquilo que Wunder, o chefe do departamento de análises em Berlim, queria ouvir.[11]

Para obter uma contraposição à opinião de Kalmanovitch, Gotthard encomendou ao *hakham* caraíta de Vilna, Seraya Szapszal, a elaboração de um estudo sobre a origem racial de sua comunidade, religião e cultura. E ordenou que Kalmanovitch traduzisse o manuscrito do russo para o alemão. Os dois homens trabalharam em conjunto; Kalmanovitch traduzia o que

Szapszal escrevia. Na privacidade de seu diário, o erudito judeu depreciava o autor caraíta e sua obra-prima: "Como é estreito o horizonte dele! O seu esforço concentra-se em delinear sua descendência turco-tártara. Mas ele sabe mais sobre cuidar de cavalos e manejar armas do que sobre os ensinamentos da própria religião!".[12]

O projeto acabou dando lugar a uma relação pessoal entre os dois homens. Szapszal visitou o edifício do YIVO em várias ocasiões para examinar seus materiais relacionados aos caraítas, e Kalmanovitch visitava Szapszal na casa deste – levado até lá por uma escolta militar alemã –, para discutir alguns pontos de seu estudo.

Não há dúvidas de que o status dos dois eruditos era totalmente diferente. Os alemães referiam-se a Szapszal como "Professor", pagavam-lhe honorários de mil *reichsmarks* e prometeram enviar seu estudo aos órgãos governamentais alemães. Kalmanovitch, seu culto tradutor, não tinha o nome citado nos memorandos do ERR; fazia-se referência apenas a "Judenkraefte" (trabalho judeu). Kalmanovitch recebia apenas o salário padrão de trabalhadores escravos – trinta *reichsmarks* por mês. Quando muito, ganhava às vezes um filão de pão de seus chefes no ERR como agradecimento pelo trabalho bem feito.[13]

O projeto caraíta culminou com um debate promovido entre Szapszal e Kalmanovitch sobre a ascendência do grupo, realizado na presença da equipe do ERR e de outros oficiais. Nesse debate, Kalmanovitch voltou atrás e concedeu aceitar que os caraítas não tinham relação racial com os judeus. Fez isso não por convicção, mas movido por um sentimento de compaixão: para ajudar os caraítas a escaparem da perseguição.[14] Essa retificação de Kalmanovitch foi um ato de magnanimidade moral. Szapszal nunca ajudara os judeus e na realidade até colaborara com os alemães para capturá-los.

Nos primeiros meses da ocupação alemã, centenas de judeus moravam fora do gueto com documentos forjados que os identificavam como caraítas. Como os homens caraítas eram circuncidados, esse era um caminho plausível para evitar que os judeus homens fossem descobertos. E as mulheres judias de cabelo escuro e olhos castanhos tinham também maior chance de passar por caraítas do que por polonesas ou lituanas. Segundo relatos, Szapszal forneceu aos alemães uma lista com os nomes e endereços dos caraítas autênticos de Vilna, a fim de facilitar a detenção dos "fraudulentos", que eram então recolhidos e enviados a Ponar para serem executados.

Meses mais tarde, depois que as deportações em larga escala para Ponar haviam cessado, Szapszal escreveu uma carta aos alemães para informá-los que vinha recebendo solicitações de certificados de etnicidade caraíta por parte de pessoas que na realidade eram judias. Ofereceu então seus préstimos para resolver alegações dúbias de ascendência caraíta, e os alemães aceitaram e agradeceram. O Escritório do Reich para Pesquisa Genealógica (Reichstelle fun Sipenforschung), responsável por investigar casos de origem racial incerta, recorria a Szapszal como consultor.[15]

No debate, porém, Kalmanovitch não retribuiu Szapszal ou sua comunidade com a mesma moeda.

Em agosto de 1942, o departamento de análises do ERR expediu uma nova missão: ordenou que os grupos de trabalho em Ostland (Riga, Vilna e Minsk) apresentassem estudos sobre os guetos judaicos em suas regiões, tanto em relação ao passado quanto ao presente. Como em alemão a palavra "gueto" podia significar comunidade judaica, a ordem de Berlim era bastante vaga e aberta. Era possível apresentar praticamente qualquer coisa sobre os judeus locais.

Gotthard passou a tarefa a Kalmanovitch e pediu que preparasse alguns estudos. Kalmanovitch ficou chocado com aquela amarga ironia – primeiro, os alemães exterminavam os judeus; agora, queriam estudá-los. "Querem saber a altura da montanha que aplainaram", foi o comentário mordaz que anotou em seu diário.[16]

O grupo de pesquisa de Kalmanovitch elaborou cinco estudos. Dois deles foram redigidos pelo próprio Kalmanovitch: um resumo histórico dos judeus lituanos desde a Idade Média e uma análise da comunidade judaica na Lituânia independente entre 1918 e 1940. Dois outros estudos versavam sobre assuntos que interessavam mais a Kalmanovitch do que aos alemães: um catálogo das 114 sinagogas de Vilna elaborado pelo rabino Abraham Nisan Ioffe e uma análise da história e da arte do cemitério judaico Zarecha, que incluía a transcrição de muitas lápides históricas. Kalmanovitch decidiu aproveitar a ordem ambígua do ERR de preparar aqueles estudos sobre os locais da herança judaica de Vilna, temendo que eles não permitissem sua existência por muito tempo (estava certo). O quinto e último era um relato sobre o gueto contemporâneo de Vilna imposto pelos nazistas, escrito pelo doutor Moshe Heller.[17]

Para Gotthard, o "especialista" do ERR em Judaica, os estudos de Kalmanovitch e seu grupo de pesquisa eram material bruto que ele editava, alterava ou simplesmente ignorava, conforme fosse mais conveniente aos seus propósitos. Na maioria das vezes, usava as informações e ia intercalando no texto comentários e observações antissemitas.

Por exemplo, pegou a tabela estatística de Kalmanovitch sobre o colapso ocupacional dos judeus lituanos e então acrescentou as próprias interpretações: os judeus não trabalhavam na indústria pesada porque tinham uma constituição física frágil, e eram preguiçosos e indisciplinados. Preferiam a alfaiataria, a confecção de calçados e outros ofícios que lhes permitiam sair do trabalho toda vez que surgisse uma oportunidade de obter algum lucro rápido vendendo pequenas coisas ou intermediando transações e ganhando comissão.[18]

Gotthard dispensou o ensaio de Kalmanovitch sobre os movimentos políticos judaicos em Vilna e escreveu uma nova seção com sua própria conclusão: os judeus eram bolcheviques e inimigos do Reich. "A população inteira de Wilno é da opinião que as massas judaicas receberam os bolcheviques com entusiasmo. Em contrapartida, a população cristã rejeitou o exército russo-soviético [...] A Liga da Juventude Comunista era composta toda ela por judeus."[19]

Gotthard dominava a arte de transformar a erudição judaica em Judenforschung nazista e entregá-la ao seu colega mais jovem Willy Schaefer. Schaefer reescreveu o estudo sobre "Cemitérios e lápides judaicos em Vilna", transformando-o num virulento trabalho antissemita. "Não é possível detectar praticamente nenhum elemento criativo na arte tumular judaica, e tampouco na arte visual judaica em geral." A arte e arquitetura das sinagogas careciam de qualquer valor estético; eram "primitivas", "repetitivas", "empobrecidas" e "desprovidas de estilo". Quanto aos cemitérios judaicos, "quando nos postamos diante deles, podemos ver o caos petrificado da alma racial judaica".[20]

Essa combinação de uma pesquisa detalhada com uma interpretação antissemita impressionou os oficiais do ERR em Berlim, que elogiaram a equipe de Vilna. "O trabalho realizado pelo doutor Gotthard é excelente. É o mais extensivo e confiável. Especialmente seus estudos sobre o gueto."[21]

No final de 1942, Kalmanovitch começou a trabalhar em temas da literatura e da cultura clássica judaicas: o surgimento de Moisés na tradição judaica e a história da Estrela de Davi. Schaefer, que possuía doutorado em teologia pela Universidade de Berlim, chegou a propor à faculdade em Berlim uma dissertação sobre a imagem de Moisés nas lendas rabínicas, com a assistência de "trabalho judaico". Mas a faculdade rejeitou a proposta e observou que "uma dissertação deve ser fruto de pesquisa original, não pode se basear no trabalho de outras pessoas, e menos ainda em se tratando de trabalho de judeus".[22]

Os alemães perceberam que tinham uma mina de ouro nas mãos: um contingente de eruditos e pesquisadores que podiam produzir trabalhos de alto nível sob encomenda, a respeito de praticamente qualquer coisa, e de graça. No início de 1943, a equipe do ERR estava usando o grupo de pesquisa para elaborar também estudos sobre assuntos não judaicos: "Lojas maçônicas na Lituânia" e "Retratos das instituições culturais de Vilna (museus, teatros, fortalezas, igrejas)". Kruk assumiu essa última encomenda, porque, afinal, pesquisar as instituições culturais de Vilna dava-lhe novo pretexto para fazer "excursões" fora do gueto. Ele tinha contato com padres católicos e com curadores de museus para recolher informações para o estudo, e alguns deles concordaram em oferecer esconderijos para livros e documentos contrabandeados.[23]

Para Kalmanovitch, trabalhar como erudito em regime escravo era profundamente ofensivo. Violava todas as suas esperanças e ideais de juventude. Quando jovem, estudara na Alemanha, nas universidades de Berlim e Konigsberg, para dominar os métodos da crítica acadêmica. Mas os alemães agora traíam e pervertiam o ideal da *Wissenschaft* (ciência) e propunham uma teoria racial bárbara para justificar o assassinato em massa. Antes, como líder do YIVO, acreditara que o conhecimento acadêmico moderno poderia elevar e fortalecer o povo judeu. Agora, os nazistas exploravam a própria erudição dele a fim de justificar o extermínio de seu povo.

CAPÍTULO 13

Do gueto para a floresta

Em meados de julho de 1943, os alemães ficaram sabendo da existência da Organização Partisan Unida (FPO) no gueto, por meio de um comunista polonês capturado que confessou sob tortura. Descobriram que Itzik Vitenberg era o comandante da organização e mandaram Jacob Gens, o chefe do gueto, entregá-lo. Vitenberg foi para um esconderijo, e Gens fez um discurso aos internos dizendo que, se ele não fosse capturado, os alemães exterminariam o gueto inteiro. Era uma vida ou, então, vinte mil vidas. Após uma busca desesperada promovida por internos do gueto, Vitenberg rendeu-se aos alemães e morreu sob a custódia da Gestapo em 17 de julho, supostamente por suicídio.

Shmerke Kaczerginski, o bardo do gueto, imortalizou aqueles fatídicos eventos em uma balada, que concluía com um solilóquio do martirizado herói e um chamado às armas:

> Então bradou bem alto nosso Itsik
> Com palavras que eram como raios
> "Devo aceitar essa ordem, é claro,
> Não posso sacrificar suas vidas,

Aos cruéis punhais dos tiranos".
Para a morte caminhou sem medo

De novo, em algum lugar o inimigo
Surge à espreita qual bruta fera;
Uma Mauser a postos na minha mão
Agora, minha querida Mauser
Seja você minha libertadora
Cumprirei cada um de seus comandos![1]

Apesar da bravata lançada pela canção, a situação era sombria. Agora que os alemães haviam descoberto a FPO, iriam desferir um ataque militar para esmagar a organização de resistência ou então liquidar o gueto de Vilna de vez e deportar seus habitantes. Em qualquer das opções, o gueto estava com os dias contados.

Em 19 de julho, dois dias após a morte de Vitenberg, Albert Sporket mandou Herman Kruk escrever um relatório final sobre seu trabalho para a *Einsatzstab Reichsleiter Rosenberg* (ERR), cobrindo o período inteiro de um ano e meio em que exercera seu trabalho forçado. Era um sinal aos membros da brigada do papel de que seu emprego, e provavelmente suas vidas, aproximavam-se do fim.[2]

A premonição foi confirmada pela tarefa que lhes foi designada. Dez membros da brigada foram enviados à Rua Uniwersytecka para "concluir o trabalho" na Biblioteca Strashun. O grupo, que incluía Shmerke, Sutzkever e Rachela Krinsky, realizou sua "seleção" final de livros e deu um triste adeus ao acervo da lendária biblioteca. Shmerke contrabandeou alguns últimos itens para o gueto.[3]

O grupo voltou em seguida para o YIVO, para uma última limpeza. Sutzkever explorou o edifício uma última vez, procurando tesouros que pudesse levar e esconder no sótão. Viu o livro de visitantes do YIVO, encadernado a couro, com assinaturas de personalidades: escritores, eruditos e líderes comunitários. Enquanto ele e seus amigos viravam as páginas, brotaram em suas mentes memórias do YIVO do pré-guerra: aulas com Max Weinreich, pesquisas na biblioteca, conversas com a equipe e com estudantes graduados.

O grupo decidiu então acrescentar a própria dedicatória na página final do livro de visitantes e escondê-lo no sótão. Talvez alguém o encontrasse após a guerra, quando não estariam mais vivos, e ele serviria como um monumento às suas atividades. Sutzkever escreveu a última estrofe de seu poema "Uma oração para o milagre" ("A tfile tsum nes"), um insistente pedido de socorro:

> A morte corre em ponta de bala
> Para destruir meu mais caro sonho
> Mais um segundo – e serei líder
> Se não me alcançares, serei condutor.
> Alcança-me! Senão, te arrependerás.
> Um milagre também tem sentido moral.

A inscrição de Rachela Krinsky era mais melancólica: "Morituri vos salutant" ("Aqueles que estão prestes a morrer vos saúdam"). Era a frase usada pelos antigos gladiadores ao se dirigirem ao imperador antes de entrar na arena.[4]

De volta à tensão e ao nervosismo do gueto, Zelig Kalmanovitch conclamou os internos a manter sua esperança e sua fé. Numa reunião na Associação dos Escritores do Gueto, o homem que eles chamavam de "o profeta do gueto" pegou um exemplar de um livro hassídico contrabandeado do local de trabalho do YIVO e recitou uma passagem para os presentes: "Uma pessoa não deve deixar-se levar pela tristeza, porque a tristeza é a anulação da existência". Kalmanovitch interpretou a passagem como se fosse um *rebbe* hassídico dissertando numa refeição festiva: "A tristeza é a anulação da existência, e é isso o que os alemães querem conseguir. Eles não querem apenas nos matar; querem anular nossa existência *antes* de nos matar. Para contrariar os alemães, e não importa o quanto isso possa ser difícil, vamos nos lembrar de não cair na tristeza!".[5]

Em 1º de agosto de 1943, o gueto foi isolado. A partir desse dia, nenhuma brigada de trabalho tinha permissão de sair para os locais de trabalho fora do gueto. Os membros da brigada do papel foram oficialmente demitidos de seus cargos.[6]

Em 6 e 19 de agosto, *Aktions* das forças alemãs e da polícia da Estônia, com assistência da polícia judaica do gueto, capturaram milhares de internos para deportá-los a campos de trabalho na Estônia. Se aqueles que foram capturados foram de fato enviados a campos de trabalho ou mortos, não se soube na época. A ansiedade alcançou um novo pico, apesar das garantias de Gens.

Sentindo que o fim estava próximo, Kruk decidiu que era o momento de enterrar o arquivo do gueto em caixas de metal. O arquivo era um caleidoscópio documental da vida do gueto, com milhares de cartas, memorandos, relatórios e requisições solicitadas ou recebidas por departamentos da administração. Também escondeu as três cópias de seu diário. Depositou as maiores esperanças na cópia deixada no sótão da Rua Pequena Stephanowa, nº 19 (em polonês: Rua Kwaszelna), fora do gueto, e usou seu "passe blindado" para levar sua secretária até lá e mostrar o lugar exato onde estava. Talvez ela sobrevivesse. Enterrou a segunda cópia em caixas de metal no bunker de Gershon Abramovitch na Rua Shavel. E deu a terceira cópia a um padre polonês de quem ficara amigo quando escrevera descrições das igrejas de Vilna para o ERR.[7] Parecia que os esforços da vida de Kruk – preservar livros, contrabandear material impresso e manuscritos e registrar a agonia dos judeus de Vilna – haviam chegado ao fim.

Então, quando todos da brigada do papel já estavam resignados com a própria morte, por deportação ou em batalha, houve um retorno de surpresa ao Instituto Científico Iídiche (YIVO). Sporket decidiu levar sua brigada de trabalho para uma última semana de limpeza, no final de agosto. Os trabalhadores escravos fizeram pilhas com os últimos livros e jornais destinados a despacho para Berlim e Frankfurt. E Kalmanovitch escreveu numa de suas últimas entradas do diário, em 23 de agosto: "Nosso trabalho está sendo concluído. Milhares de livros estão sendo jogados fora como lixo, e os livros judaicos serão destruídos. Qualquer parte que possamos resgatar desses livros será poupada, com a ajuda de Deus. Iremos encontrá-los quando voltarmos como seres humanos livres".[8]

Na hora de almoço do último dia no YIVO, vários membros da brigada se reuniram na sala de Rachela Krinsky e começaram a escrever seus testamentos. Shmerke olhou ao redor enquanto eles escreviam e deu adeus ao mundo: aos 35 anos, era a pessoa mais velha da sala.

Uma moça de cabelo loiro de 20 anos de idade chamada Rokhele Trener, que entrara na brigada alguns meses antes, perguntou a Shmerke o que deveria escrever. "Bem, você deve ter parentes em algum lugar". Trener listou seus parentes: "Tenho uma irmã e uma tia em Nova York, quatro primos na Terra de Israel, mais dois primos na África do Sul, um tio em Cuba. Tenho uma irmã e um marido no gueto e [...] Tenho meus pais e meus dois irmãos em Ponar". Quando Trener começou a escrever, alguma coisa aconteceu com Shmerke, o amigo sempre alegre, o brincalhão despreocupado e o otimista inabalável, algo que nunca acontecera antes: começou a derramar lágrimas sem parar.[9] Shmerke, o autor daquele hino animado da juventude ("Todo aquele que quiser pode ser jovem"), compreendeu que a juventude do gueto de Vilna não viveria para ver "uma livre e nova primavera".

Na manhã de 1º de setembro, os alemães e a polícia estoniana cercaram o gueto e enviaram suas forças para recolher qualquer um que aparecesse na rua. Os alemães exigiram que três mil homens e duas mil mulheres se apresentassem para deportação a campos de trabalho estonianos – um terço da população total remanescente do gueto.

A FPO, agora sob o comando de Aba Kovner, viu aquela *Aktion* como o início da liquidação do gueto e ordenou uma mobilização geral. A organização transferiu seu quartel-general operacional para a Rua Strashun, nº 6, para o edifício da biblioteca do gueto. Um de seus maiores esconderijos de armas ficava dentro da biblioteca, e outro, debaixo do campo de esportes adjacente. Os combatentes se posicionaram ao longo das estantes de livros, prontos para sua última resistência. Se a Jerusalém da Lituânia ia cair, então cairia em meio aos livros.

Outros grupos de combatentes da FPO estavam distribuídos ao longo da Rua Strashun. A organização lançou um apelo para que a população do gueto aderisse a um levante geral, mas relativamente poucas pessoas atenderam ao chamado. Os internos não acreditavam estar diante da morte iminente. Haviam recebido relatos e cartas de deportados para a Estônia dando conta de que estavam vivos e trabalhando. A população remanescente do gueto preferia a deportação para campos de trabalho, com alguma chance de sobrevivência, do que uma batalha suicida contra as forças militares alemãs.[10]

Mais tarde naquele dia, os alemães enviaram um destacamento militar para a Rua Strashun, para recolher pessoas para a Estônia. Um grupo de combatentes da FPO no nº 12 da Rua Strashun abriu fogo, e o comandante do grupo, Yechiel Sheinbaum, foi morto numa breve troca de tiros. Então, como estava anoitecendo, os alemães decidiram não avançar na direção da biblioteca no nº 6 da Rua Strashun e se retiraram do gueto, para evitar um combate de rua na escuridão da noite.

Shmerke era um dos combatentes da FPO dentro da biblioteca, aguardando a batalha final. Enquanto montava guarda em seu posto, leu para seus companheiros de armas trechos do romance de Franz Werfel *Os quarenta dias de Musa Dagh*, que conta a história do genocídio armênio pela ótica de uma cidade armênia que resistiu às forças otomanas.[11] Era como ler uma profecia sombria da própria experiência.

Nos dias que se seguiram, os alemães recolheram e levaram embora três mil internos para a Estônia, com a ajuda da polícia do gueto, mas não voltaram à Rua Strashun. Por enquanto, queriam evitar o confronto aberto com a FPO. Mas os combatentes do gueto estavam encurralados. Havia alemães nas ruas adjacentes, e a população de internos não havia atendido ao seu chamado para um levante geral. Os clandestinos temiam que, no caso de um conflito armado com os alemães, seus companheiros judeus pudessem na realidade lutar *contra* eles.

O comando da FPO chegou à triste conclusão de que não haveria nenhum levante no gueto de Vilna, como houvera em Varsóvia. A FPO não tinha alternativa a não ser se retirar e se reagrupar. Em 4 de setembro, Kovner e os outros membros do comando decidiram enviar grupos de combatentes para as florestas, onde se juntariam ao movimento *partisan* liderado pelos soviéticos.

Shmerke, Sutzkever e sua esposa Freydke saíram do gueto em 12 de setembro de 1943, integrando o segundo grupo de combatentes da FPO em retirada. Estavam ansiosos para se juntar à luta contra o inimigo, mas quando se preparavam para sair sentiram uma ponta de angústia; deixavam para trás os livros e os tesouros culturais, numa dezena de esconderijos: o diário de Theodor Herzl, o livro de registros do *kloyz* do *Gaon* de Vilna (ver p. 35), um quadro de Chagall, cartas e manuscritos de Tolstói, Gorki, Sholem Aleichem e Bialik. Iriam vê-los de novo algum dia? Todo o seu trabalho teria sido em vão?

Um oficial da FPO deu ordens finais ao grupo de vinte homens e seis mulheres que se dirigiam à floresta: "Assim que passarem desses muros, vocês não são mais combatentes do gueto; são *partisans*. Não desonrem Vilna e permaneçam judeus!". O grupo arrancou de suas roupas a Estrela de Davi amarela e partiu no meio da noite, no máximo duas pessoas por vez, até um portão lateral do gueto na Rua Jatkowa, que era usado apenas pela Gestapo e pela administração do gueto. A FPO dera um jeito de arrumar uma cópia da chave. A maior parte dos membros do grupo que partia estava armada com pistolas, mas alguns vinham totalmente desarmados. Sutzkever carregava um revólver belga de seis tiros no bolso, compartilhando-o com Shmerke, que o comprara de seu amigo Julian Jankauskas.[12]

Os alemães liquidaram o gueto de Vilna onze dias mais tarde, em 23 de setembro de 1943. Enviaram a maior parte dos internos para campos de trabalho na Estônia. Vários milhares foram enviados ao campo de extermínio de Treblinka. Os idosos e doentes foram executados perto dali, em Ponar.

O grupo de Shmerke e Sutzkever foi para a floresta Narocz, uns duzentos quilômetros a nordeste de Vilna, onde esperavam se juntar às forças *partisans* soviéticas do coronel Fyodor Markov, organizadas na brigada Voroshilov. Alguns meses antes, Markov havia enviado emissários ao gueto para recrutar combatentes da FPO para sua brigada. Mas a FPO na época se recusou a abandonar o gueto e seus habitantes. Agora que o *front* do gueto estava perdido, os combatentes fugiam para a floresta e procuravam Markov.

Nessa jornada de duas semanas por Narocz, embrenharam-se por floresta densa e pântanos, a fim de evitar cidades e vilas onde alguém poderia vê-los e delatá-los aos alemães. O grupo se deslocava apenas à noite e descansava na floresta durante o dia.

A parte mais perigosa da jornada era cruzar trilhos de ferrovia, pontes e rios – lugares patrulhados pelos alemães. O grupo perdeu um de seus membros bem cedo; foi abatido a tiros no primeiro cruzamento dos trilhos.

Depois de quarenta quilômetros de caminhada, estavam com os sapatos e botas em frangalhos e fizeram o resto da jornada descalços, tentando não dar muita importância às pernas ensanguentadas e machucadas. Bebiam água lamacenta dos pântanos e comiam o que encontrassem pela floresta. Quando tinham sorte, roubavam alguns legumes da beirada de um campo de cultivo ou de alguma horta.

Quando o grupo finalmente cruzou o Rio Wilia, num ponto 150 quilômetros a nordeste de Vilna, foi como entrar num novo mundo, a "zona *partisan*", onde os alemães raramente ousavam aparecer e os camponeses locais não eram hostis aos judeus. Um par de *partisans* a cavalo foi até eles e conduziu-os em plena luz do dia até um acampamento que abrigava judeus das vizinhanças. Depois de descansarem e se recuperarem, Shmerke caiu de amores pelos campos e florestas em volta dele. Depois de dezesseis meses no ambiente sufocante e sujo do gueto, a floresta era para ele uma terra da fantasia, uma "lenda verde". Sentia-se como um animal selvagem que acabasse de ser solto da jaula e pudesse agora vagar pela selva.[13]

Mas o ânimo de Shmerke não demorou a mudar. Ele ficou chocado com a maneira como ele e outros judeus recém-chegados foram tratados pelo coronel Markov e pelo comando da brigada Voroshilov. Os oficiais *partisans* os consideravam um fardo. Markov rejeitou a maioria dos membros do grupo logo de cara e disse que podiam ir embora, para onde quisessem. Só foram admitidos uns poucos homens jovens que chegaram desarmados, mas foram considerados aptos para o combate. Shmerke, Sutzkever e muitos outros nem foram rejeitados, nem tiveram permissão de lutar. Foram colocados numa unidade de apoio na retaguarda. Seu sonho de entrar em luta contra o inimigo logo foi posto de lado.

O major-general Klimov, que chefiava a organização do Partido Comunista dentro da brigada, queixou-se com Shmerke: "Vocês não têm armas, por que vieram?". Shmerke não conseguiu conter a raiva e gritou: "Camarada Klimov! Dezenas de ucranianos que lutaram ao lado dos alemães contra a União Soviética recentemente desertaram de suas unidades e foram para a floresta. Também vieram até vocês sem armas, mas foram admitidos em unidades de combate!". Klimov praguejou e virou as costas.[14] Não tinha como rebater essa verdade nua e crua: ex-colaboradores dos nazistas haviam sido aceitos na brigada, mas os ex-combatentes do gueto, não.

Um dos subalternos de Markov registrou os judeus que foram admitidos e anunciou que deveriam doar seus relógios de prata e casacos de couro para o Fundo de Defesa da Pátria. Os recém-chegados ficaram surpresos com a exigência, mas quiseram causar uma boa impressão em seus novos comandantes. Então se desfizeram com relutância de seus objetos de valor. No dia seguinte, viram os relógios e casacos sendo usados pelo assistente de Markov, a mulher do assistente e outros oficiais *partisans*. Foi uma extorsão humilhante.

Em outubro, a brigada Voroshilov obteve informação do serviço de inteligência de que a floresta estava cercada por milhares de soldados alemães, que planejavam uma operação extensa para expulsar todos eles de lá. Os destacamentos da brigada espalharam-se em direções diferentes. A unidade de apoio de Shmerke e Sutzkever foi deixada sem comandante e sem orientações. No meio da confusão, Shmerke deu a Sutzkever sua posse mais valiosa – o revólver. "Se apenas um de nós conseguir se salvar, que seja você, Abrasha. Você é o maior poeta; prestará maior serviço ao povo judaico."[15]

Eles partiram em direção a uma ilha cercada por pântanos no meio da floresta. Foi apelidada de "América", pois ficava longe e do outro lado da água. A unidade esperava que os alemães jamais descobrissem a América.

Shmerke, Sutzkever e sua esposa Freydke esconderam-se naquela região de pântanos cobertos de vegetação alta. Ouviram sons de armas de fogo cada vez mais perto e sabiam que os alemães se aproximavam. Nessa hora, os três selaram um pacto de morte: se soldados alemães os cercassem, usariam as últimas balas de seu revólver para dar um fim à vida. Após alguma discussão, foi decidido que Sutzkever iria matar primeiro Freydke, depois Shmerke, e por fim se suicidaria.[16]

Os alemães descobriram a "América", mas felizmente não fizeram uma varredura completa. Em vez disso, dispararam alguns tiros em direção à ilha, na esperança de atingir os *partisans* que pudessem estar escondidos ali. Quando os alemães foram embora, atearam fogo às terras secas do outro lado da ilha. Shmerke, Sutzkever e Freydke continuaram na "América" mais alguns dias, comendo cascas de árvore para aliviar a fome.

Quando o assalto alemão à floresta Narocz finalmente terminou, suas consequências ficaram dolorosamente evidentes. Centenas de combatentes *partisans* haviam sido mortos, entre eles Joseph Glazman, membro do comando da FPO, e Mikhal Kovner, irmão de Aba Kovner e membro da brigada do papel. Mikhal era quem havia localizado os manuais sobre munição entre os livros soviéticos. A brigada Voroshilov sobrevivera, mas sua capacidade estava seriamente comprometida.

A unidade de apoio de Shmerke e Sutzkever foi restabelecida numa base no meio da floresta. Parte de suas atribuições era expropriar comida dos camponeses à mão armada, para obter farinha, milho de canjica, ervilhas, sal, carne de porco e outros itens. Esses ataques, chamados de "operações econômicas", eram o desagradável trabalho sujo necessário para alimentar a brigada. De volta à base, os membros da unidade cozinhavam, assavam e erguiam estruturas provisórias. A unidade tinha ainda alfaiates, sapateiros e artesãos de couro. Shmerke chamava-a de um *shtetl* [iídiche para "cidadezinha"] na floresta. Passavam as noites em volta de uma fogueira, com Shmerke liderando cantorias em grupo e Sutzkever recitando seus últimos poemas.[17]

Em dezembro, o coronel Markov chamou os dois poetas *partisans* à sua cabana no quartel-general da brigada e deu-lhes uma nova atribuição: deveriam escrever a história da brigada Voroshilov. "Seria uma grande perda para o movimento *partisan* se todos os feitos de nossa brigada deixassem de ser registrados para a história. Tudo o que vocês precisam fazer é observar, ouvir e escrever." Markov queria que as façanhas da sua brigada ficassem para a posteridade, e por acaso tinha dois escritores sob seu comando que estavam perfeitamente à altura da tarefa. E já que não eram grandes combatentes, tampouco alfaiates, por que não torná-los historiadores?

Shmerke e Sutzkever foram transferidos para o quartel-general da brigada, onde lhes foram oferecidas condições ideais de vida e de trabalho. Dispunham de uma cabana de barro privada, com um cavalo, carroça e cocheiro à sua disposição para viajar de uma base *partisan* a outra. Tinham um tradutor, que passava seus textos em iídiche para o russo, e um desenhista, que fazia as vezes de fotógrafo.[18] Tiveram contato com centenas de combatentes – judeus, russos, lituanos e bielorrussos – e ouviram suas histórias entre canecas de café e vodca. Shmerke cuidava da maior parte da escrita das histórias, e ambos compunham também poesia.

Shmerke tinha interesse especial pelas histórias de combatentes judeus, que eram refutações vivas da farsa de que os judeus eram covardes. Boris, de 21 anos de idade, havia explodido um trem alemão que se aproximava e quase perdeu a vida na ação. Avner, de Gluboka, havia capturado sozinho um grupo de desertores do Exército Vermelho e convencido todos eles a passar para o lado *partisan*. Uma dupla de mãe e filho, Sarah (40 anos) e Grisha (12), lutou lado a lado na mesma brigada *partisan* para vingar o assassinato do marido dela – até Sarah tombar.[19]

A viagem era estimulante e as histórias, inspiradoras. Ali, nas profundezas da floresta Narocz, enquanto viveram na cabana de barro, Shmerke celebrou as façanhas dos *partisans* judeus num poema que ajustou a uma melodia soviética:

> Da prisão do gueto escapei
> Para a floresta livre e vasta,
> As amarras das mãos soltei,
> A arma de mim não se afasta.
> Afaga-me minha nova amiga

Quando sigo na empreitada.
Minha arma e eu, o tempo liga,
Numa mesma voz afinada.

Em número, poucos somos,
Mas lutamos como milhões.
Explodimos vales e morros,
Pontes e seus batalhões.
Fascistas tremem nas bases,
Nem sabem quem os alveja;
Surgimos das sombras, audazes,
Judeus *partisans* na peleja.

O termo "vingança" é rico
Quando com sangue é escrito,
Em prol de uma nova manhã,
Lutamos aqui com afã,
O sol clareia e ansiamos
Que nenhum dos nossos seja
O último dos moicanos
– Judeus *partisans* na peleja.[20]

CAPÍTULO 14

Morte na Estônia

Zelig Kalmanovitch e Herman Kruk decidiram não fugir para a floresta. O sexagenário Kalmanovitch não tinha a energia necessária para viver como fugitivo, depois de quase dois anos de exaurimento físico e emocional no gueto. Em vez disso, decidiu se juntar a uma das levas para a Estônia, voluntariamente, depois que o chefe do gueto, Jacob Gens, assegurou-lhe pessoalmente que as condições de vida ali eram boas. Kruk, o bibliotecário, era mais novo, 45 anos, estava em melhor forma, e poderia ter suportado a vida na floresta, mas decidiu ficar no gueto de Vilna e narrar sua história até o último momento. Sempre um homem de princípios, sentiu que seria uma traição abandonar os doze mil internos remanescentes para salvar a própria pele. Estava pronto a encarar o que quer que o destino pudesse trazer.[1]

Kalmanovitch "instalou-se" num campo em Narva, no extremo nordeste da Estônia, depois de paradas em Vaivara e Ereda. Gens havia mentido. As rações de comida eram um regime de fome – de manhã, café e pão, uma sopa aguada no almoço e nada no jantar. Kalmanovitch trabalhava carregando e arrastando sacos para as fábricas de tecidos do campo, localizadas a dez quilômetros dos alojamentos. Mas, mesmo nas condições debilitantes do campo de Narva, continuou atuando como um profeta da consolação. Participava das programações noturnas literário-artísticas no bloco dos homens, com palestras e rodas de conversas. Numa noite da festa do Chanucá, com a presença de trezentos internos, fez uma palestra de meia hora sobre a festa, com palavras de encorajamento, afirmando que a luz do judaísmo continuaria a brilhar.[2]

Enquanto esteve em Narva, Kalmanovitch reconciliou-se com seu antigo arqui-inimigo, Moshe Lerer, um comunista radical que havia trabalhado nos arquivos do YIVO. Quando os soviéticos entraram em Vilna em junho de 1940, Lerer assumiu o controle do instituto, depondo Kalmanovitch e expurgando a equipe daqueles que não fossem comunistas. Recolheu toda a "literatura antissoviética" da biblioteca do YIVO e cobriu as paredes do edifício com slogans glorificando Stalin. Pelos três anos seguintes, Kalmanovitch não perdoou Lerer pela humilhação pessoal e, mais ainda, pela degradação política a que submetera o YIVO (Kalmanovitch sempre fora anticomunista e se opunha a subordinar o conhecimento à política). Mesmo no gueto, os dois não se falavam. Trabalhavam em salas próximas na biblioteca do gueto – Kalmanovitch como vice-diretor, Lerer como curador do arquivo e do museu do gueto –, mas não trocavam uma palavra. No trabalho, Lerer reportava-se a Kruk.[3]

Em Narva, porém, tornaram-se amigos próximos, dormindo na mesma cama de tábuas e passando longas noites conversando.[4] Quando Lerer teve disenteria, Kalmanovitch cuidou dele e compartilhou sua ração de pão. Quando Lerer morreu, Kalmanovitch, devoto, recitou o *kaddish*, a oração judaica para os mortos, pela memória do amigo, o Comunista.

O próprio corpo de Kalmanovitch sucumbiu à doença poucas semanas mais tarde. Internos subornaram um oficial do campo para que lhe designasse um trabalho mais leve, que não o obrigasse a sair ao ar livre no frio intenso – limpar as privadas no alojamento. Nas semanas em que fez esse trabalho, conta-se que comentou com seus companheiros de bloco: "Estou feliz por ter o privilégio de limpar os excrementos desses santos judeus".[5]

Alguns dizem que Kalmanovitch morreu tranquilo em sua cama de tábuas. Mas há um relato de que uma equipe avaliadora médica alemã ordenou que fosse morto. Segundo esse relato, suas últimas palavras, enquanto era levado embora arrastado, foram as que uma vez dissera a seus colegas da brigada do papel na rua: "Eu rio de você. Tenho um filho na Terra de Israel". Dessa vez, foi uma provocação. Seu corpo, como o de outros que morreram em Narva, foi incinerado nos grandes fornos do porão do campo, que serviam de crematório.

Um companheiro interno relatou que Kalmanovitch guardava com ele um bem precioso no campo de Narva: uma pequena Bíblia que conseguira esconder dos alemães, e que mantinha enterrada no alojamento ou bem escondida no próprio corpo. Não deixa de ser tragicamente adequado que um dos líderes da brigada do papel tenha falecido carregando no próprio corpo um livro contrabandeado. Sua morte foi como a de um mártir do século II, o rabino Chaninah Ben Tardion, queimado vivo pelos romanos com um rolo da Torá na mão.[6]

Kalmanovitch não viveu para ver cumpridas as palavras da entrada final do seu diário do gueto: "Iremos encontrar os livros resgatados quando voltarmos como seres humanos livres".

Herman Kruk continuou no gueto até o final. Viveu mais que Gens, executado pelos alemães em 14 de setembro de 1943, por ter supostamente mantido contato com a clandestinidade da FPO. Poucos dias após a execução de Gens, os alemães pararam de enviar as rações de comida do regime de fome ao gueto.

Às 5 horas da manhã do dia 23 de setembro, o SS *Oberscharfuhrer* Bruno Kittel entrou no território do gueto com uma comitiva de soldados e leu uma ordem do balcão do escritório da Judenrat: o gueto de Vilna, por meio dela, estava encerrado. Todos os seus habitantes seriam "evacuados" para campos de trabalho no norte da Lituânia e na Estônia. Os internos deveriam reunir-se no portão do gueto da Rua Rudnicki às 2 horas da tarde para a deportação, trazendo com eles um balde, panelas e outros utensílios de cozinha, porque tais itens não seriam distribuídos quando chegassem ao seu destino. Os internos tiveram permissão de levar os pertences que conseguissem carregar na mão.

Muitos daqueles internos privados de comida e enfraquecidos imaginaram que tudo aquilo se tratava de um engodo e que na verdade estavam sendo levados para Ponar. Kittel tentou aliviar seus receios e ansiedades, porque pessoas desesperadas podem tomar medidas desesperadas – como rebelar-se.

Kittel também enfatizou que não fazia sentido eles se esconderem. Após o desmantelamento, os alemães iriam cortar a água e a eletricidade da área do gueto e explodir as casas. Aqueles que estivessem escondidos iriam morrer de sede ou ser esmagados pelo desabamento dos edifícios. Os que saíssem dos esconderijos seriam executados a tiros ali mesmo.[7]

Às 2 da tarde, várias centenas de policiais auxiliares lituanos e ucranianos invadiram o gueto e se posicionaram em todas as ruas. Milhares de internos dirigiram-se em silêncio ao portão, onde estavam Kittel, Martin Weiss e outros oficiais da SS, contando os que saíam. O tumulto e a histeria no portão eram insuportáveis. Pais perdiam seus filhos; filhos, seus pais. Depois de deixar o gueto, aquela leva de gente exausta e assustada desceu a pé a longa e sinuosa Rua Subocz, ladeada por soldados portando todo o equipamento de combate – capacetes, granadas de mão, fuzis carregados e metralhadoras. Cães do exército latiam e mantinham guarda para que ninguém tentasse fugir. Muitos dos internos debilitados deixavam cair seus fardos no meio da rua, atrapalhando a movimentação.

Os alemães fizeram sua primeira "seleção", separando homens, mulheres, crianças e idosos. Primeiro, mandaram os homens até um recinto de confinamento num vale lamacento junto à Rua Subocz, nº 20, enquanto os demais eram impedidos de avançar e obrigados a permanecer num pátio grande de uma igreja. A rua se encheu de gritos e choros conforme os casais e as famílias faziam sua última despedida.

O sol se pôs, a noite chegou. Os alemães projetavam luzes estroboscópicas portáteis no vale dos homens, que haviam cercado com arame farpado, e também sobre o pátio das mulheres e crianças, que rodearam de soldados. Os internos estavam ofuscados pelas luzes. Então os alemães começaram a tocar músicas de jazz pelos alto-falantes, para seu próprio entretenimento noturno. As mulheres, crianças e idosos detidos sentaram ou deitaram no chão do pátio da igreja. Passaram a noite ali, sem nenhuma ração de comida nem água – superlotação, imundície, crianças chorando, gemidos dos velhos, fome e sede. Alguns internos pereceram ali mesmo, ainda detidos na rua.

Os alemães enfileiraram os homens no vale para uma segunda seleção. Dessa vez, um oficial da SS andava entre as fileiras, apontando o dedo para os internos que fossem velhos demais, jovens demais ou de aparência muito enfraquecida, e ordenavam sua remoção do grupo. Os homens franzinos começaram a se esconder atrás dos fortes, mas o oficial era rigoroso. No final, escolheu cem internos, que foram enviados em veículos para Ponar e executados. Uma seleção similar teve lugar entre as mulheres.

Vários membros da brigada do papel morreram naquelas seleções. Entre eles, a pintora Uma Olkenicka, que foi para Treblinka por vontade própria, para não abandonar a mãe idosa.

A multidão de homens foi então exposta a um espetáculo. Os alemães construíram quatro forcas no recinto de confinamento do vale, com degraus que subiam até as plataformas e as cordas. Um oficial da SS deu um passo adiante e anunciou: "Vamos agora executar pessoas que resistiram a nós e tentaram fugir para juntar-se aos *partisans*. Isso é para mostrar a todos vocês o que vai acontecer aos que resistirem".

Trouxeram quatro combatentes da FPO, que haviam sido capturados quando fugiam do gueto. Ao caminhar para a forca, uma mulher de 30 anos chamada Asya Big gritou para a multidão: "Morte aos assassinos alemães! Viva os combatentes da FPO, vingadores do sangue do povo jud... !". Antes que pudesse terminar a frase, o laço da forca já estava em volta de seu pescoço e os degraus já tinham sido removidos. Seu corpo se debateu na forca por um minuto até ceder, inerte.[8]

Alguns membros da brigada do papel haviam decidido se esconder, em vez de marchar pelo portão do gueto. Chaikl Lunski, 72 anos de idade, o lendário bibliotecário da Biblioteca Strashun, juntou-se a um grupo de pessoas que se esconderam na adega do nº 5 da Rua Strashun. Os alemães descobriram seu esconderijo em 4 de outubro, onze dias após a liquidação do gueto, e mandaram todos para a prisão da Gestapo, na Rua Mickewicz. Lunski e os outros passaram a noite na cela número 16, "a cela da morte". Todos escreveram seus nomes nas paredes, como se essas fossem suas lápides. Muitos, entre eles Lunski, acrescentaram uma inscrição: "Estamos indo para Ponar. Vinguem nosso sangue!". Chaikl Lunski foi executado, sem alarde, em Ponar, em 6 de outubro.[9]

Herman Kruk foi um dos que marcharam para fora do gueto pela Rua Subocz e sobreviveu às duas "seleções". Passou a maior parte do ano seguinte num campo chamado Klooga, perto do litoral norte do país. Klooga acabou virando um dos principais complexos industriais alemães no leste, produzindo concreto armado e madeira para o exército. Kruk apelidou-a de "a metrópole dos campos judaicos".

Klooga e o gueto de Vilna eram tão diferentes como o dia e a noite. Surras e açoitamentos, assim como outras formas de abuso físico, eram a regra. Os internos eram obrigados a ficar em posição de sentido horas a fio para a lista de chamada, num frio congelante, no início e no final do dia de trabalho. Eram submetidos a uma ginástica punitiva, durante a qual aqueles que desmaiavam ou caíam de exaustão eram retirados e executados.[10]

Kruk trabalhou principalmente na pavimentação de estradas e na construção de alojamentos. Também era ativo na clandestinidade do campo, uma organização chamada Grupo Partisan (GP). Tratava-se, antes de mais nada, de uma comissão de ajuda, que secretamente providenciava comida e remédios para os mais doentes e necessitados. O GP também organizava eventos culturais clandestinos, como as palestras do próprio Kruk sobre política, aos domingos. E acumulou uma coleção de pistolas, para usar num levante imaginado, caso o fim – quer por massacre, quer por libertação – parecesse iminente.

Durante um ano inteiro após sua deportação, Kruk continuou escrevendo – entradas de diário, histórias de companheiros internos e relatos da vida do campo. Tudo ia para pequenos livros de anotações que ele roubara de uma sala de armazenamento e escondia em seu alojamento. Quando preenchia totalmente um livrinho, começava outro. Sua caligrafia beirava o ilegível. "Eu escrevia em cima do joelho, com um medo constante de aparecer alguém indesejado, tanto na oficina de alfaiataria como quando eu misturava cimento e despejava concreto, ou então à noite, na minha cadeira dura."[11] Apesar da deterioração física e psicológica de Kruk, ele nunca parou de escrever. Os médicos do campo mandavam-no descansar à noite após o trabalho, mas Kruk respondia que escrever, para ele, era mais importante que a própria vida. Suas anotações, dizia, iriam sobreviver a Hitler e seriam um tesouro para as futuras gerações.[12]

O maior problema em Klooga era a fome. Dezenas de internos morriam todo dia de inanição. Kruk escreveu um duro ensaio sobre o novo tipo de fome que encontrou no campo. "Trinta e três decagramas de pão não é o suficiente para sobreviver, e tampouco para matar [...] A maioria, que não consegue comer nem isso, acaba morrendo de fome [...] Os mais fortes tentam conseguir cascas de batata. Fazem uma triagem e pegam as mais grossas. Aqueles que comem costumam ter cólicas estomacais por causa disso. Mas a dor de estômago passa e a fome volta. Então saem atrás de algum nabo, de pedaços de pão embolorado, e enchem a barriga de veneno, sentem dor por causa disso, mas pelos menos afastam a fome, o verme que rói e rói e que nunca para."[13]

Quando internos morriam, os alemães empilhavam seus corpos sobre pedaços de lenha, despejavam gasolina e ateavam fogo. O oficial que supervisionava a incineração vestia seu melhor uniforme. Nas palavras de um dos internos sobreviventes, era como um sacerdote pagão fazendo uma oferenda à sua divindade.

Kruk sabia que o Exército Vermelho estava próximo. Em 14 de julho de 1944, registrou em seu caderno que Vilna havia sido libertada. "Vilna foi libertada e aqui gememos sob o jugo, chorando nossa desventura. A FPO de Vilna com certeza marcha agora vitoriosa pelas ruelas do gueto, procurando e vasculhando. Espero que tentem também salvar meus materiais."[14]

De surpresa, Kruk e quinhentos outros internos foram transferidos em 22 de agosto de 1944 para um campo chamado Lagedi, onde as condições eram bem piores que as de Klooga: as pessoas moravam em cabanas baixas de madeira, construídas sobre terra batida, e comiam só uma "refeição" por dia: uma sopa aguada de farinha. Não havia camas, cobertores nem banheiros. Uma vida de cão. O único raio de esperança era a proximidade da guerra no *front*. Dava para ouvir disparos de aviões e bombas sendo lançadas perto dali. Tartu, a segunda cidade da Estônia, acabava de ser libertada pelo Exército Vermelho.

Como a transferência de internos de Klooga para Lagedi foi uma operação de surpresa, Kruk não teve tempo de trazer seus cadernos ocultos. Haviam se perdido, ou pelo menos era o que imaginava.

Lagedi foi a parada final para Kruk e os demais internos. Foram todos mortos em 18 de setembro de 1944 – no *Rosh Hashanah*, o Ano-Novo Judaico.

Os alemães realizaram o massacre com cinismo e astúcia. Um alto oficial da SS foi até o campo, repreendeu o diretor pelas lamentáveis condições de vida dos internos e ordenou-lhe, dentro do raio de audição dos internos, que fossem transferidos para um local melhor. Chegaram caminhões e entregaram uma refeição de pão, margarina, geleia e açúcar. Era tudo uma farsa, para fazê-los crer que de fato estavam sendo transferidos para um bom local e que sua vida iria melhorar.

Os caminhões eram carregados em levas de cinquenta internos cada e partiam a intervalos de meia hora para um local de execução previamente preparado. A ideia era evitar que os internos soubessem o que estava acontecendo – até que fosse tarde demais.

O método de execução foi uma variação daquele utilizado em Klooga. Os alemães amarravam dez a doze pessoas juntas, faziam-nas subir numa plataforma de tábuas e então as executavam com um tiro na nuca. Em seguida, punham uma segunda plataforma em cima dos corpos, e outro grupo de internos subia em cima dela e também era executado. Depois que toda a leva de cinquenta internos do caminhão havia sido morta, os alemães despejavam gasolina em cima das plataformas e dos cadáveres e ateavam fogo. A execução de Lagedi durou das 11 da manhã até o anoitecer.

O Exército Vermelho chegou no dia seguinte, 19 de setembro, e descobriu centenas de corpos queimados – e dois sobreviventes.

Um dia antes da execução de Kruk, um mensageiro secreto trouxe-lhe um pequeno pacote com seus livros de anotações de Klooga. Kruk ficou imensamente feliz. Decidiu enterrar seus escritos e fez isso na presença de seis testemunhas, na esperança de que pelo menos uma sobrevivesse e pudesse recuperá-los. De fato, uma das pessoas sobreviveu.[15]

Como carta de apresentação à posteridade, Kruk incluiu um poema em prosa que havia escrito em Klooga, e que abria com as seguintes linhas:

> Os vizinhos no campo de Klooga costumavam perguntar
> Por que você fica escrevendo numa crise como essa? –
> Por que e para quem? [...]
> Sei que estou condenado e aguardando minha hora.
> Embora dentro de mim reste a esperança de um milagre.
> Embriagado com a caneta tremendo na minha mão,
> Registro tudo para as futuras gerações.
> Chegará um dia em que alguém encontrará
> As folhas de horror que escrevo e registro.[16]

CAPÍTULO 15

O milagre de Moscou

O milagre pessoal de Abraham Sutzkever – que ele invocara em sua inscrição no livro de visitantes do YIVO – teve lugar em março de 1944. Fyodor Markov recebeu por telegrama uma mensagem de Moscou, avisando que um avião militar soviético seria enviado para recolher o poeta Sutzkever e sua esposa. O comandante *partisan* providenciou guardas armados e um trenó puxado a cavalo para levar os dois até uma pista de pouso *partisan*. Foram necessárias duas tentativas para realizar o resgate aéreo – o primeiro avião foi derrubado pela artilharia alemã, mas o segundo resgatou a carga humana, e no dia seguinte Abrasha e Freydke Sutzkever estavam em Moscou, instalados no quartel-general da Divisão Partisan Lituana.[1]

Esse extraordinário resgate aéreo privado foi arquitetado por Justas Paleckis, o titular do governo lituano soviético no exílio. Paleckis era um poeta bem conhecido antes de se tornar presidente e fez amizade com Sutzkever após um encontro de escritores lituanos e iídiches no início de 1940. Opositor do regime lituano autoritário de Antanas Smetona, aprendeu iídiche na prisão ouvindo prisioneiros judeus quando cumpriu pena por sua atividade anti-Estado.

Paleckis entrou no Partido Comunista em junho de 1940, quando Stalin incorporou a Lituânia à União Soviética. Meses mais tarde, foi nomeado presidente, como um gesto dos novos governantes de aproximação com a *intelligentsia* lituana. O cargo de presidente era em grande medida simbólico.[2]

Paleckis exilou-se em Moscou na época da invasão alemã, em junho de 1941. Ao receber carta de um comandante de campo *partisan* informando-o que o poeta Sutzkever estava vivo e escrevendo na floresta de Narocz, o chefe de Estado interveio junto ao comando militar soviético. Em pouco tempo, Sutzkever estava no avião.[3]

A repentina mudança na vida de Sutzkever foi quase surreal. Durante dois anos, ele e a mulher, Freydke, viveram como animais de caça no gueto, e pela maior parte dos seis meses anteriores haviam dormido ao relento ou em cabanas de chão de terra batida. Agora, depois de um rápido voo, estavam hospedados no luxuoso hotel "Moscou", com roupas limpas, e andando livremente pelas ruas de uma cidade moderna. Retornavam à civilização humana depois de quase três anos de ausência.

A chegada de Sutzkever a Moscou foi uma sensação nos círculos literários. Aos 31 anos, já era reconhecido como um dos maiores poetas iídiches de seu tempo. Em seu período encarcerado no gueto de Vilna, arrumara um mensageiro *partisan* e enviara alguns de seus poemas a Moscou, onde haviam sido lidos num encontro de escritores, com respiração contida e assombro. Dias após seu milagroso resgate, a seção iídiche da União dos Escritores da União Soviética promoveu uma recepção em sua homenagem na Casa dos Escritores de Moscou. O poeta Peretz Markish, vencedor do Prêmio Stalin de Literatura, presidiu o evento e apresentou Sutzkever: "As pessoas costumam apontar para Dante e dizer: 'Esse homem esteve no inferno!'. Mas o inferno de Dante é um paraíso comparado ao inferno de onde este poeta acaba de ser resgatado".[4]

A chegada de Sutzkever foi um evento não apenas para os escritores. Era o primeiro interno de um gueto a chegar à capital soviética e relatar pessoalmente o extermínio de judeus pelos alemães. Foi convidado a falar numa grande manifestação antinazista, realizada em 2 de abril na Sala dos Pilares da Casa dos Sindicatos, em frente ao Kremlin. O evento, patrocinado por uma organização chamada Comitê Judeu Antifascista, atraiu mais de três mil pessoas, que ouviram discursos dos mais proeminentes judeus da

União Soviética – heróis militares, escritores, o principal rabino de Moscou e Sutzkever. Era o único orador que havia sobrevivido a um gueto.

Em parágrafos curtos e pontuais, Sutzkever retratou as execuções em massa, a resistência espiritual e armada do gueto, e a fuga da FPO para as florestas. Concluiu dizendo: "Que o mundo todo saiba que nas florestas da Lituânia e da Bielorrússia centenas de judeus *partisans* estão lutando. São orgulhosos e corajosos vingadores do sangue derramado de seus irmãos. Em nome daqueles judeus *partisans*, e em nome dos judeus sobreviventes que restaram em Vilna, ou que estão nas florestas e nas cavernas, eu conclamo vocês, companheiros judeus de todas as partes, a lutar e a cobrar vingança".

O apelo público de Sutzkever por solidariedade judaica na luta contra os alemães não era incomum em Moscou em 1944. Stalin afrouxara as proibições em relação ao nacionalismo e à religião, a fim de explorar esses sentimentos em favor do esforço de guerra. O Comitê Judaico Antifascista era uma ideia do Estado soviético para unir os judeus soviéticos e estrangeiros numa luta contra a Alemanha nazista. Era presidido pelo famoso ator iídiche Solomon Mikhoels, diretor do Teatro Estatal Iídiche de Moscou.

A fala de Sutzkever foi incomum não pelo que disse, mas pelo que omitiu. Foi o único orador que não invocou o nome de Josef Stalin. Até o rabino de Moscou bajulou o Grande Líder e proclamou que "na terra da constituição de Stalin, a fraterna amizade entre os povos está profundamente enraizada". O rabino concluiu que "o heroico Exército Vermelho, sob a liderança do comandante em chefe marechal Stalin, vem incessantemente derrotando o inimigo". Sutzkever evitou essas exaltações. Como expressaria mais tarde, as chamas do gueto haviam gravado nele o medo de qualquer governante. Fora morto tantas vezes que agora podia falar livremente.[5]

Em Moscou, a fama de Sutzkever cresceu de maneira meteórica. Em 15 de abril, o *New York Times* publicou um artigo sobre ele: "Poeta-Partisan do gueto de Vilna diz que nazistas chacinaram 77 mil de 80 mil". E em 27 de abril, o *Pravda* publicou um perfil seu de meia página, escrito por Ilya Ehrenburg, o mais destacado escritor do tempo de guerra na URSS. Ehrenburg, que se afastara de suas raízes judaicas antes do conflito, agora as acolhia abertamente. Estava muito comovido por seu encontro com um judeu poeta, interno do gueto e *partisan*.

O artigo, intitulado "Triunfo de um ser humano", abria com uma apresentação de Sutzkever aos leitores do *Pravda* como o homem que havia resgatado tesouros culturais da destruição. "Trouxe com ele cartas de Máximo Gorki e Romain Rolland – cartas que resgatou dos alemães. Resgatou o diário de um criado de Pedro, o Grande, desenhos de Repin, um quadro de Levitan, uma carta de Leon Tolstói, e muitas outras relíquias culturais russas extremamente valiosas."

O artigo falava do sofrimento e do heroísmo dos judeus no gueto de Vilna, conforme relatado por Sutzkever. Foi uma das poucas vezes durante a guerra em que o *Pravda* ofereceu uma descrição detalhada do Holocausto. Mas Ehrenburg concluiu voltando ao resgate feito por Sutzkever de tesouros culturais e sintetizando suas diferentes "personas" numa imagem única: "Ele teve nas mãos uma metralhadora; na cabeça, versos de poesia; e no coração, cartas de Gorki. Aqui estão elas, páginas com tinta esmaecida. Reconheço a caligrafia bem conhecida. Gorki escreveu sobre a vida, sobre o futuro da Rússia, sobre o poder de um ser humano [...]. O rebelde do gueto de Vilna, poeta e soldado, salvou suas cartas, como uma bandeira da humanidade e da cultura".[6]

Ehrenburg apresentou Sutzkever não só como um combatente, não só como um poeta, mas acima de tudo como um salvador da cultura.

Judeus de toda a União Soviética leram o artigo com orgulho. Dezenas de pessoas escreveram cartas a Sutzkever expressando sua admiração – soldados do Exército Vermelho, refugiados na Ásia Central e intelectuais. Após sua publicação, Sutzkever tornou-se uma celebridade e foi convidado a festas e reuniões por literatos russos. Teve um encontro privado com o maior poeta russo, Boris Pasternak, no qual os dois escritores recitaram suas obras um para o outro. Pasternak – que não se considerava judeu – ainda lembrava um pouco de iídiche da sua infância.[7]

Enquanto Sutzkever curtia o reconhecimento e a fama, Shmerke Kaczerginski continuava às voltas com as agruras da floresta, como o solitário historiador da brigada Voroshilov. Quanto mais conversava com combatentes judeus, mais chegava à triste conclusão de que o movimento *partisan* soviético estava infestado de antissemitismo. Escreveu em seu diário: "Se um *partisan* não judeu cometia uma transgressão, era punido com alguns dias de prisão, mas se um *partisan* judeu fizesse a mesma coisa era executado. Os combatentes judeus com frequência tinham que ser cautelosos quando estavam fora das operações de combate, para não serem mortos pelas costas por um dos seus. Judeus [que haviam fugido dos guetos] com frequência eram mortos, acusados de ser [...] espiões alemães".[8]

Shmerke perguntava a si mesmo se seria concebível que o governo soviético, o Partido Comunista, o comando geral do movimento *partisan*, não soubessem de que modo os judeus e outras minorias étnicas estavam sendo tratados nas florestas. Não, isso não era concebível. Ou toleravam isso, ou apoiavam, ou quem sabe até ordenavam. Essas foram as primeiras dúvidas que corroeram Shmerke em relação ao sistema soviético.

Em 2 de junho de 1944, Shmerke foi transferido da brigada Voroshilov para a brigada lituana "Vilnius", na qual metade dos combatentes eram judeus (a outra metade era mista – lituanos, poloneses, bielorrussos e russos). As seis semanas seguintes foram as mais felizes da carreira *partisan* de Shmerke. Ele serviu numa unidade de sabotagem que explodia trens, trilhos de ferrovias, instalações de armazenamento, e derrubava linhas telefônicas. Passou por cidades e vilas da Bielorrússia que havia visitado dois anos e meio antes, disfarçado de polonês surdo-mudo. Agora era um orgulhoso judeu *partisan*, armado e lutando.[9]

Shmerke estava numa vila perto de Polotsk, Bielorrússia, em 7 de junho de 1944, quando soube do desembarque dos americanos e britânicos na Normandia. Ele e os de sua unidade dançaram de alegria. A vitória estava próxima.[10] Poucas semanas mais tarde, ele e sua unidade lutaram para libertar Svientsian (em lituano: Švienčonys), uma cidade situada 67 quilômetros a nordeste de Vilna. Uma vez ali, solicitou a seu comandante permissão para partir em direção a Vilna, a fim de participar de sua libertação: "Não consigo mais suportar isso; preciso ir". O comandante concordou e deu-lhe um veículo e um grupo de *partisans* para acompanhá-lo.

Na noite anterior à partida, Shmerke revirou-se na cama, incapaz de dormir, e escreveu em seu diário: "Vilna, minha querida cidade, qual será seu aspecto agora? As feras selvagens destruíram você como fizeram aqui em Svientsian? Só de pensar em tal possibilidade fico zonzo e doente. Quem vou encontrar ali? Vou recuperar os incríveis tesouros culturais que secretamente roubamos dos alemães e enterramos?".[11]

O grupo literário Vilna Jovem. Sentado no centro: Shmerke Kaczerginski; à direita dele: Abraham Sutzkever. Shmerke era o administrador, o editor e a alma do grupo. Sutzkever era de todo poeta. Foto do Instituto YIVO de Pesquisa Judaica.

A Biblioteca Strashun, biblioteca comunitária judaica de Vilna; atrás dela, a Grande Sinagoga. Juntos, os dois edifícios constituíam o núcleo intelectual e espiritual da Vilna judaica. Desenho do pintor Zigmund Czajkowski, 1944. Foto do Museu Judaico Estatal do Gaon de Vilna, Vilnius.

A sala de leitura da Biblioteca Strashun. Em pé, à direita, o bibliotecário assistente Isaac Strashun, neto do fundador Matityahu Strashun. Foto do Instituto YIVO de Pesquisa Judaica.

O edifício do Instituto Científico Iídiche, YIVO, no número 18 da Rua Wiwulskiego. O YIVO era a academia nacional e a biblioteca nacional do mundo judaico de fala iídiche. A placa dá boas-vindas aos convidados da conferência de 1935. Foto do Instituto YIVO de Pesquisa Judaica.

Max Weinreich, diretor do YIVO em Vilna e, a partir de 1940, em Nova York. Combinava a formalidade e o rigor de um professor alemão com o compromisso público de um socialista. Weinreich era praticamente cego do olho direito, devido a um ataque antissemita sofrido antes da guerra. Foto do Instituto YIVO de Pesquisa Judaica.

Herman Kruk, diretor da biblioteca do gueto de Vilna e chefe da "brigada do papel". Homem refinado, mesmo no gueto sempre engraxava os sapatos e lixava as unhas. Foto do Instituto YIVO de Pesquisa Judaica.

Zelig Kalmanovitch, codiretor do YIVO antes da guerra e vice-líder da "brigada do papel". Apelidado de "o profeta do gueto de Vilna", sempre estimulava seus colegas: "O que quer que levem embora será encontrado ao final da guerra e tirado deles". Foto do Instituto YIVO de Pesquisa Judaica.

O portão do gueto de Vilna com guardas alemães e lituanos. Contrabandear comida ou livros para dentro do gueto podia custar a vida de um interno. Genrikh Agranovskii e Irina Guzenberg, *Vilnius: Po sledam litovskogo yerusalima*.

Dr. Johannes Pohl, principal especialista em Judaica do *Einsatzstab Reichsleiter Rosenberg* (ERR), o órgão da Alemanha nazista para pilhagem de tesouros culturais. Ex-padre católico, Pohl estudara hebraico e a Bíblia em Jerusalém, de 1932 a 1934. Depois de abandonar o sacerdócio, abraçou o nazismo e seguiu carreira como bibliotecário de Hebraica, autor antissemita e saqueador de livros judaicos. Foto: Dr. Paul Wolff & Tritschler, Historisches Bildarchiv.

Um trabalhador forçado judeu fazendo triagem de livros no edifício do YIVO, que o *Einsatzstab Reichsleiter Rosenberg* converteu em seu principal local de trabalho em Vilna. Segundo a cota estipulada pelos alemães, 30 por cento do material era enviado para a Alemanha e o resto, para reciclagem em fábricas de papel. Foto do Instituto YIVO de Pesquisa Judaica.

Transporte de livros, manuscritos e documentos na estação de trem de Vilna. Material não judaico foi enviado das cidades soviéticas Smolensk e Vitebsk, ocupadas pelos alemães, para Vilna, a fim de ser processado. Leyzer Ran, *Yerushalayim de-lite ilustrirt un dokumentirt*.

Um pedaço de um rolo de Torá de Vilna, transformado em palmilha de bota. Os alemães venderam trezentos rolos da Torá a uma fábrica local de artigos de couro, que os usou para reparar as solas das botas do exército alemão. Leyzer Ran, *Ash fun yerushalayim de-lite*.

Shmerke Kaczerginski e Abraham Sutzkever, na varanda de seu apartamento no gueto de Vilna, em 20 de julho de 1943. Os poetas lideraram a operação de contrabando do local de trabalho do *Einsatzstab Reichsleiter Rosenberg* (ERR). "Os internos do gueto olhavam para nós como se fôssemos lunáticos. Eles contrabandeavam comida para o gueto, em suas roupas e botas. Nós contrabandeávamos livros, pedaços de papel, ocasionalmente uma Sefer Torá ou mezuzás". Foto do National Library of Israel.

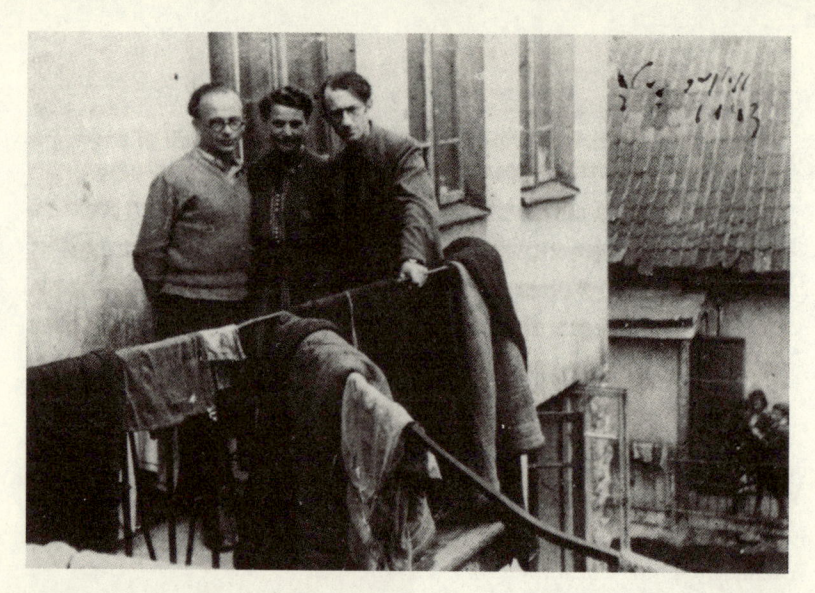

Shmerke, Sutzkever e sua colega de "brigada do papel", Rachela Krinsky, no gueto de Vilna, em 20 de julho de 1943. Professora de história do ensino médio e apreciadora de literatura, Rachela lia poesia na hora do almoço, quando os alemães saíam. Mais tarde lembrou: "Graças à poesia, tínhamos muitos momentos em que era possível esquecer e ter algum alívio". Foto da Biblioteca Nacional de Israel.

Diagrama do bunker da Rua Shavel, nº 6-8, que ficava dezoito metros abaixo do solo no gueto de Vilna. Ele armazenava livros contrabandeados pela "brigada do papel" e armas obtidas pela Organização Partisan Unida (FPO), sediada no gueto. As setas indicam o caminho de entrada pelo sistema de esgoto. Foto da Biblioteca Nacional de Israel.

Shmerke Kaczerginski e Abraham Sutzkever como partisans. Eles saíram do gueto de Vilna e foram para a floresta, apenas duas semanas antes da liquidação do gueto, quando todos os internos remanescentes foram deportados para campos de trabalho e de extermínio. Foto de Kaczerginski: *Shmerke Kaczerginski ondenk-bukh*. Foto de Sutzkever: Leyzer Ran, *Yerushalayim de-lite ilustrirt un dokumentirt*.

Abraham Sutzkever (esquerda) e Gershon Abramovitch (direita), com uma carroça cheia de jornais e obras de arte recuperadas, entre elas um busto de Leon Tolstói, em julho de 1944. Foto do Instituto YIVO de Pesquisa Judaica.

Shmerke Kaczerginski entre esculturas, pinturas e jornais recuperados, em 1944. Shmerke Kaczerginski, *Khurbn vilne*.

O Museu Judaico, na Vilnius soviética. Foi fundado por Shmerke e Sutzkever em 26 de julho de 1944, sob os auspícios da Comissão de Educação da República Socialista Soviética da Lituânia.

O pátio do Museu Judaico, na Rua Strashun, nº 6. O museu ocupava os edifícios que haviam servido como a biblioteca e a prisão do gueto. O pátio tinha sido o campo de esportes do gueto. A equipe do museu usou as antigas celas da prisão como escritórios, pois eram os únicos espaços em condições de uso. Foto da Casa dos Combatentes do Gueto, Israel.

Voluntários do museu descarregam sacos de batatas recheados de documentos resgatados do bunker da Rua Shavel. Shmerke escreveu no seu diário: "Os habitantes poloneses a toda hora chamam os policiais e outras autoridades. Acham que estamos cavando para encontrar ouro". Leyzer Ran, *Ash fun yerushalayim de-lite*.

Livros e papéis judaicos no quintal da Administração de Lixo de Vilnius, em 1944. Os alemães não conseguiram enviar toneladas de material para as fábricas de papel antes de se retirarem da cidade. Shmerke Kaczerginski, *Khurbn vilne*.

Sutzkever junto às ruínas do edifício do YIVO durante sua última visita a Vilna, em abril de 1946. Ele fez acordos com a clandestinidade sionista para contrabandear malas cheias de documentos pela fronteira até a Polônia. Foto do Instituto YIVO de Pesquisa Judaica.

Rachela Krinsky com a filha Sarah na Polônia, final de 1945. Na época em que os judeus foram obrigados a se reinstalar no gueto, Rachela conseguiu que a babá Wikcia Rodziewicz ficasse tomando conta da criança de 22 meses de idade, criando-a como se fosse uma menina polonesa. Mãe e filha voltaram a viver juntas depois de quatro anos de separação. Cortesia de Alexandra Wall.

A partir da esquerda: Shmerke Kaczerginski, Abraham Sutzkever, Yitzhak Zuckerman (líder do levante do gueto de Varsóvia) e Chaim Grade (membro sobrevivente da Vilna Jovem), em Varsóvia, novembro de 1946, às vésperas da partida dos escritores para Paris. Quando Shmerke e Sutzkever saíram da Polônia, precisaram contrabandear os livros e papéis por mais uma fronteira controlada pelos comunistas. Foto da Biblioteca Nacional de Israel.

O Depósito de Arquivos Offenbach, na zona americana da Alemanha ocupada. Lá eram guardados três milhões de livros saqueados pelos nazistas, metade deles de Judaica. O governo americano devolveu a maioria ao seu país de origem e redistribuiu os demais; ele cogitou enviar os livros do YIVO de volta para a Lituânia soviética ou para a Polônia. Foto do memorial Yad Vashem, Israel.

Líderes do YIVO de Nova York examinam as caixas de livros e documentos de Vilna, devolvidos ao instituto pelo governo americano. A foto foi tirada no armazém de New Jersey da Manishewitz Matzoh Company, que de início acolheu os materiais. Foto do Instituto YIVO de Pesquisa Judaica.

Antanas Ulpis, segundo a partir da esquerda, em pé, com um grupo da equipe da Câmara do Livro da República Socialista Soviética da Lituânia. Nos anos das campanhas antissemitas de Stalin, Ulpis, o diretor da instituição, escondeu milhares de livros e documentos judaicos na Igreja de São Jorge, que serviu como dependência de armazenamento da Câmara do Livro. Ele brincou dizendo que "um dia eles vão erguer um monumento em minha homenagem em Israel, por ter resgatado o que restou da cultura judaica". Foto da Biblioteca Nacional Martynas Mažvydas, da Lituânia.

Rachela Krinsky, aos 86 anos de idade, em seu retorno ao YIVO, em 1996, examina documentos que ela mesma ajudou a resgatar no gueto de Vilna. Por que ela arriscou a vida para salvar livros? "Eu não acreditava na época que minha vida me pertencesse. Achávamos que podíamos fazer algo pelo futuro." Foto do Instituto YIVO de Pesquisa Judaica.

PARTE TRÊS

Após a guerra

CAPÍTULO 16

Debaixo do solo

Em 10 de julho de 1944, Shmerke Kaczerginski entrou no perímetro da cidade de Vilna, junto com uma unidade mista de *partisans*. O exército soviético já estava envolvido em combates de rua contra os alemães. O grupo de Shmerke veio do sul e, ao som de artilharia pesada e bombardeios, passou pelos estreitos becos e ruelas em direção ao centro da cidade. Quando se aproximavam dos trilhos de trem perto da Rua Torgowa, foram recebidos por uma rajada de tiros de metralhadora. Dois combatentes poloneses de sua unidade foram mortos, e o grupo decidiu deter seu avanço. Foram necessários mais dois dias de combates para que as forças alemãs se retirassem da cidade, com alguns deles rendendo-se e sendo aprisionados. Quando Shmerke alcançou o centro de Vilna, no dia 12 de julho, viu dezenas de corpos de alemães mortos pelas ruas. "Lembrei-me de sua brutalidade e apenas lamentei que tivessem tido uma morte tão fácil."

Algumas das avenidas principais da cidade – Mickiewicz, Wielka e Nemiecka – estavam em ruínas e em chamas. Ao caminhar por aquelas ruas familiares, em meio a fogo e entulho, Shmerke ficou atordoado, confuso e perplexo. Escreveu em seu diário: "Não sabia para onde ir, mas meus pés me levavam a algum lugar. Eles sabiam aonde eu deveria ir. Eles me levaram morro acima [...] De repente, me vi ao pé da minha querida Rua Wiwulskiego, e – que tristeza – o edifício do YIVO! Estava irreconhecível, em ruínas. Parecia que nenhum outro edifício da cidade inteira estava tão arruinado quanto ele". Shmerke sentiu uma irrupção de dor, como se o seu corpo estivesse prestes a explodir. Seu coração ficou apertado, retorcido e murcho ao ver que o Instituto Científico Iídiche, o YIVO, fora destruído – e que todo o material que ele e seus colegas haviam escondido em seu sótão eram agora fuligem e cinzas.[1]

Em seu estupor agoniado, Shmerke seguiu até seu próximo destino, a Rua Shavel (Żmudska) nº 6, já no território do gueto – o local do bunker a dezoito metros de profundidade, onde a FPO armazenava armas e a brigada do papel escondia livros. Ao chegar ao local, notou que havia sido recentemente habitado por pessoas buscando abrigo dos bombardeios. Usou sua lanterna para perscrutar a escuridão do bunker e começou a remover areia do chão de terra com as mãos. De repente, pedaços de papel cintilaram diante de seus olhos, e Shmerke sentiu alegria e alívio. O material ali estava a salvo. Mas sua alegria durou pouco. Um minuto depois, ao sair do bunker e ter a vista ofuscada pela luz do sol, pensou consigo: "O sol brilha forte, mas o mundo nunca esteve tão escuro para mim quanto agora".[2] Não havia nenhum sinal de judeus pelas ruas.

A cidade foi oficialmente libertada pelo Exército Vermelho no dia seguinte, 13 de julho. A brigada *partisan* judaica "Vingadores", liderada por Aba Kovner, Vitka Kempner e Ruzhka Korczak, entrou em Vilna e se reuniu no gueto vazio, onde encontraram Shmerke e outros combatentes judeus da brigada "Vilnius". Sua alegria estava misturada a uma dor de rasgar o coração: Vilna havia sido libertada, mas era uma cidade diferente; não era mais a Jerusalém da Lituânia.

Outro que entrou em Vilna no dia da libertação foi Ilya Ehrenburg, o mais ilustre correspondente de guerra da União Soviética e o autor do artigo do *Pravda* sobre Sutzkever. Ehrenburg emocionou-se ao ver sobreviventes do gueto com metralhadoras no ombro, e abraçou-os. O ânimo dos combatentes judaicos melhorou muito com a calorosa acolhida de uma destacada personalidade soviética e com as saudações que ele transmitiu da parte de Abrasha, agora em Moscou.³

Na semana seguinte, começaram a aparecer os judeus. Alguns tinham estado escondidos no subsolo, no sistema de esgotos; outros, em porões de casas de poloneses e lituanos. Pessoas que estavam escondidas em cidades vizinhas ou nas florestas começaram a voltar à cidade.

Pelo fato de ser *partisan*, Shmerke recebeu do comando soviético um apartamento de três quartos mobiliado, na principal via da cidade, a Rua Mickiewicz, agora rebatizada em lituano como Rua Gedimino. O apartamento havia sido a residência de um oficial alemão de alto escalão, que fugira às pressas, deixando comida e roupa. Pela primeira vez em dez meses, Shmerke dormiu numa cama.⁴

No dia da libertação de Vilna, 13 de julho, Sutzkever estava numa rústica casa de saúde para escritores, em Voskresensk, arredores de Moscou. Sua reação ao ver a notícia estampada na primeira página do *Pravda* foi similar à de Shmerke: "Não posso ficar aqui numa casa de saúde agora que Vilna foi libertada. Tenho que ir para a minha cidade natal e ver nossa destruição". Ele partiu para Moscou e foi direto falar com Justas Paleckis, o presidente da Lituânia soviética no exílio que conseguira resgatá-lo da floresta Narocz. Dessa vez, Sutzkever pediu ajuda para ser transportado na direção oposta, de volta a Vilna, o mais cedo possível. Paleckis, ele mesmo prestes a voltar para casa, respondeu: "Certo, Abrasha, iremos juntos, de carro ou avião".

Foram de carro, e na noite de 18 de julho Sutzkever e Paleckis chegaram à Vilnius soviética num veículo militar. Seguiam pela estrada, ainda cheia de cadáveres de alemães em decomposição. "Mas esse odor para mim foi mais agradável do que o de qualquer perfume", escreveu Sutzkever em seu diário. Depois, ponderou: "Se não fosse pelos tesouros culturais escondidos, não sei se teria força suficiente para voltar à minha cidade natal. Sabia que não encontraria mais meus entes queridos. Sabia que todos haviam sido executados pelos assassinos. Sabia que meus olhos ficariam cegos de dor quando eu visse o Rio Wilia. Mas as letras hebraicas que eu plantara no solo de Vilna brilhavam para mim a milhares de quilômetros de distância".⁵

Ao chegar, Sutzkever mal podia acreditar que estava rodeado por seus camaradas da FPO – Shmerke, Aba Kovner e outros –, agora com uniformes de campanha, em vez das Estrelas de Davi. Ele foi morar com Shmerke no apartamento na Rua Gedimino, nº 15. Pelos dois anos seguintes, trabalhariam juntos de novo, pela quarta vez – depois da Vilna Jovem, da brigada do papel e da floresta.

Na manhã seguinte, o grupo de *partisans* foi até a Rua Wiwulskiego, nº 18, e Sutzkever pôs os olhos pela primeira vez naquela estrutura dizimada. Foi nessa hora que compreendeu que a sua Vilna, a capital da cultura iídiche, não existia mais. O grupo prometeu então resgatar e recuperar os restos sobreviventes dos tesouros culturais judaicos. Shmerke fez uma avaliação dolorosamente honesta: a grande maioria dos livros e documentos havia sido destruída nas fábricas de papel, uma pequena parte fora despachada para a Alemanha, e apenas "uma fração mínima" havia sido resgatada pela brigada do papel.[6] Mas o dever moral deles para a posteridade, e para com seus colegas de trabalho assassinados, era resgatar essa minúscula parte.

O destino de seus colegas da brigada do papel teve imenso peso sobre Shmerke e Abrasha. Zelig Kalmanovitch havia morrido em Narva. O doutor Jacob Gordon, que trabalhara no grupo de tradução, falecera em Klooga; Uma Olkenicka, a artista gráfica e arquivista de teatro do YIVO, havia sido deportada para Ponar; e o doutor Daniel Feinshtein, o cientista social que proferia palestras no gueto, fora assassinado apenas dois dias antes da libertação da cidade.[7] A doutora Dina Jaffe, que fazia traduções, morreu em Treblinka; o professor Israel Lubotsky, que trabalhava selecionando livros hebraicos, faleceu num campo de trabalhos da Estônia. David e Chaya Markeles (pais de Noime Markeles), ambos professores, foram fuzilados em Ponar.[8] Ilia Tsunzer, que trabalhava na seleção de material musical, morreu de tifo no campo de Narva, na Estônia. O rabino Abraham Nisan Ioffe, que participara do grupo de pesquisa, foi descoberto pelos alemães num esconderijo na época da liquidação do gueto e executado em Ponar.[9] Mendl Borenshtein e Mikhal Kovner, ambos combatentes da FPO, fugiram do gueto e foram mortos na varredura que os alemães fizeram na floresta Narocz.[10]

Ao todo, seis membros sobreviventes da brigada do papel voltaram a Vilna após sua libertação: Shmerke, Sutzkever, Ruzhka Korczak, Noime Markeles, Akiva Gershater e Leon Bernstein. Dois outros estavam internados em campos de concentração alemães: Herman Kruk e Rachela Krinsky. Kruk morreu em Lagedi em setembro de 1944 e Krinsky sobreviveu – mas não voltou mais a Vilna. Os seis sobreviventes em Vilna foram então reunidos por Aba Kovner, o antigo comandante da FPO, que acertou com eles que o resgate dos livros e documentos era um dever solene e uma prioridade urgente.[11]

A primeira incursão do grupo pelos dez esconderijos que conheciam produziu resultados mistos: As *malinas* (esconderijos) da Rua Strashun, nº 1, e da Rua Strashun, nº 8, estavam intactas, assim como o bunker da Rua Shavel (Żmudska), nº 6. Mas o esconderijo da Rua Niemiecka, nº 29, antigo endereço de Sutzkever e Shmerke no gueto, estava inacessível, coberto pelas ruínas de um edifício que havia desabado em cima dele. A *malina* de livros dentro da biblioteca do gueto na Rua Strashun, nº 6, havia sido descoberta pelos alemães pouco antes de sua retirada. Eles removeram todo o material e atearam fogo nele no pátio.[12]

Shmerke e Sutzkever procuraram Henrik Ziman, um membro do Comitê Central do Partido Comunista da Lituânia, e pediram-lhe apoio oficial para uma operação de resgate dos tesouros. Ziman era bem conhecido deles da floresta, onde foi o vice-comandante dos *partisans* lituanos soviéticos. Antes da guerra, foi professor em escolas judaicas de Kovna, mas como comandante *partisan* adotou o codinome lituano de Jurgis e afirmava agora ser apenas um comunista lituano. Nem todo mundo na floresta sabia que ele era judeu. Em conformidade com sua postura internacionalista, Ziman respondeu à solicitação de Shmerke e Sutzkever com um ostensivo desinteresse: a recém-restaurada Lituânia soviética tinha questões mais importantes a tratar.[13]

Não se sabe bem de que modo Sutzkever abordou Juozas Banaitis, diretor da Administração das Artes do Comissariado do Povo para Educação, mas de algum modo Sutzkever convenceu-o a apoiar o projeto. Em 25 de julho, Banaitis entregou a Sutzkever um documento manuscrito autorizando-o "a recolher e transportar para o apartamento da Rua Gedimino, nº 15, 24 itens valiosos da cultura e da arte judaicas, que haviam sido distribuídos e escondidos pela cidade durante o período da ocupação alemã".[14]

Sutzkever, Shmerke e Kovner reuniram-se no dia seguinte, 26 de julho, e criaram o Museu Judaico de Cultura e Arte. Autodenominaram-se o "grupo-iniciativa" do museu e enviaram um memorando às autoridades solicitando patrocínio oficial. Sabiam que na União Soviética as instituições culturais tinham que pertencer a um ministério, um comissariado. Na URSS não havia algo como um museu privado, independente. Banaitis expediu um certificado temporário a Shmerke declarando-o membro de equipe do "Museu Judaico que estamos em processo de criar".[15]

Shmerke, Sutzkever e Kovner conceberam o museu como uma continuação tanto da brigada do papel quanto da FPO. Seu objetivo era recolher e preservar artefatos culturais judaicos do pré-guerra, mas iriam dar atenção especial a coletar documentos do gueto e material sobre os crimes cometidos pelos alemães. Os três decidiram localizar os registros da Gestapo, que teriam extensas informações sobre os perpetradores do assassínio em massa. Decidiram também preparar um questionário para sobreviventes que tivessem sido testemunhas dos crimes. Por fim, o grupo-iniciativa concordou que, assim que fosse garantido status oficial ao museu, este pediria filiação à Comissão de Estado Extraordinária de Vilnius para Investigação das Atrocidades dos Invasores Germano-Fascistas e seus Cúmplices. A "Comissão de Estado Extraordinária" era um órgão estatal soviético que recolhia testemunhos e documentação, e relatava casos passíveis de abertura de processo. Em suma, o grupo-iniciativa tentava usar diferentes tipos de material (o arquivo do gueto, o arquivo da Gestapo e testemunhos de sobreviventes) para assegurar que os assassinos fossem julgados e punidos.[16] Viam o Museu Judaico como uma estrutura para travar uma batalha continuada contra os assassinos alemães e seus colaboradores locais, agora com julgamentos e provas no lugar de armas e minas terrestres.

O museu começou a trabalhar imediatamente. Sutzkever era o presidente; Shmerke era secretário e gerente-geral; e Kovner chefiava o acervo e a operação de resgate. Mas a divisão de trabalho não era rigorosa, e seus papéis e os títulos dos cargos mudaram várias vezes nas semanas seguintes.

O trabalho inicial concentrou-se no bunker da Rua Shavel, um labirinto subterrâneo de adegas, corredores e compartimentos. Shmerke descreveu a operação em seu diário: "Todo dia, sacos e cestas de tesouros são transferidos do bunker – cartas, manuscritos e livros de famosas personalidades judaicas [...] Os habitantes poloneses do pátio a toda hora chamam os policiais e outras autoridades: acham que estávamos cavando para encontrar ouro. Não entendem para que queremos pedaços de papel sujos enfiados no meio de penas dentro de travesseiros e cobertores. Nenhum deles sabe que descobrimos cartas de I. L. Peretz, Sholem Aleichem, Bialik e Abraham Mapu; o diário manuscrito de Theodor Herzl; manuscritos do doutor Solomon Ettinger e de Mendele Mokher Seforim; e partes de arquivos de [...] Max Weinreich, Zalmen Rejzen e Zelig Kalmanovitch".

O trabalho na Rua Shavel, nº 6, prosseguiu durante semanas. Alguns dos tesouros culturais estavam embalados em caixotes ou caixas de metal, outros simplesmente enterrados, sem qualquer proteção. No meio do projeto, Gershon Abramovitsh, o engenheiro-arquiteto do bunker, apareceu para ajudar.

Alguns membros da equipe de resgate tinham pás; outros usavam as mãos. Os *partisans* do grupo trabalhavam com a metralhadora dependurada no ombro. O material que desenterravam cobria todo o espectro da cultura judaica, russa e mundial: o livro de registro do *kloyz* (sinagoga) do *Gaon* de Vilna; pôsteres das mais antigas representações teatrais em iídiche de Abraham Goldfaden, o pai do teatro iídiche; cartas de Gorki, um busto de Tolstói, crônicas russas do século XVII; e [...] um retrato de um estadista britânico pintado em Bombaim (este último item era proveniente do Museu Smolensk).[17]

Enquanto Sutzkever e seus companheiros desenterravam obras de arte e esculturas enterradas no bunker, depararam com uma escultura do rei Davi, do mestre russo judaico do século XIX Mark Antokolsky. Em seguida, encontraram um braço projetando-se para a superfície, e Sutzkever agarrou-o, achando que fosse outra obra de arte. Ele estremeceu ao perceber que o braço era feito de carne humana, e não de argila. Um grupo de judeus havia se escondido no bunker após a liquidação do gueto e um deles morrera ali, no subsolo. Depois de se recompor do choque inicial, Sutzkever e seus amigos prosseguiram escavando a escultura. Ele viu um simbolismo poético na sua proximidade do cadáver. "A vítima de Hitler jaz sob o solo, mas o poderoso rei Davi, com uma espada na mão, agora ergue-se acima do chão. Ele se libertou e irá se vingar."[18]

O recém-fundado museu estava localizado no apartamento de Shmerke e Sutzkever, na Rua Gedimino, nº 15. Os dois poetas decidiram afixar uma placa em russo e iídiche na rua, perto da entrada do prédio, mesmo antes que a instituição fosse legalmente reconhecida.

Não foi só no bunker da Rua Shavel que foram descobertos materiais, mas em muitos outros locais. Shmerke registrou em seu diário em 5 de agosto: "Continuamos trazendo rolos de Torá que estavam espalhados por toda a cidade. Eu trouxe uma enorme quantidade de livros valiosos que foram guardados pela polonesa Marila Wolska, que os recebeu de seu amigo Moshe Lerer".

Enquanto isso, Kovner procurava vestígios documentais da organização *partisan* FPO que ele chefiara. Numa pilha de lixo no pátio da Rua Strashun, nº 6, encontrou uma cópia do último apelo da organização, "Judeus, preparem-se para a resistência armada!", datado de 1º de setembro de 1943. "Li o panfleto, e, exatamente como na época, meus olhos ficaram injetados de sangue. Não porque fosse minha escrita ou porque fosse meu comando, minha voz. E tampouco porque eu tivesse arrancado *minha vida* das cinzas, mas porque senti a dor petrificada daqueles dias fustigando de novo meu rosto. Uma espécie de dor que ninguém será capaz de imaginar com precisão."[19]

O apartamento de Shmerke e Sutzkever na Rua Gedimino, nº 15, enchia-se rapidamente de material. Um correspondente de jornal que os visitou descreveu a cena: a sala estava cheia de pacotes com volumes encadernados a couro, enegrecidos pela umidade e pelo tempo. Havia rolos de Torá alinhados pelas paredes, empilhados. O chão estava coberto por montes de manuscritos e na mesa erguia-se uma estátua de gesso, arranhada, com um dos braços quebrado. Mal havia espaço para Shmerke e Sutzkever dormirem.

Os quartos tinham um ar sombrio à noite, na semiescuridão. Era como dormir num cemitério, no meio de túmulos e sepulturas abertas.[20]

CAPÍTULO 17

Um museu como nenhum outro

Nos primeiros meses após a libertação de Vilna, o museu no apartamento de Shmerke e Sutzkever funcionou como uma espécie de centro comunitário para sobreviventes, retornados e soldados judeus do Exército Vermelho. As pessoas se juntavam à noite para contar suas histórias, compartilhar esperanças e trocar conselhos e informações. Não havia outro endereço judaico na cidade. Para quem era nativo de Vilna, a cidade parecia vazia. Shmerke se lembrava dos muitos amigos que costumavam rodeá-lo quando descia pela Rua Zawalna aos fins de semana. Agora, andava por essa mesma rua e não reconhecia viva alma. Começou a elaborar uma lista de seus amigos mortos, com suas biografias e as datas e circunstâncias de sua morte.[1]

O museu acertou com o correio que encaminhasse todas as cartas endereçadas a nomes judaicos desconhecidos ao museu – a maior parte dos destinatários havia morrido. Noime Markeles, a secretária do museu, afixava as cartas num mural de avisos, para que os sobreviventes pudessem descobrir parentes ou amigos, e enviava confirmação de seu recebimento aos remetentes. O museu servia também como ponto de distribuição de refeições grátis. O grupo-iniciativa (Shmerke, Sutzkever e Aba Kovner) planejava passar essas funções a um comitê judaico municipal, assim que o museu fosse oficializado pelas autoridades. Enquanto isso, espalhavam-se boatos de que *já havia* um comitê judaico na cidade, localizado no apartamento de Shmerke e Sutzkever.[2]

Em 2 de agosto, o grupo-iniciativa organizou um encontro com cerca de sessenta *partisans* judeus, para arregimentá-los como coletores para o museu nascente. Foi a primeira reunião pública de judeus na Vilna pós-nazista. Sutzkever falou emocionado:

> Essa é uma reunião dos últimos judeus que restaram, os sobreviventes. Os olhos do mundo todo estão agora voltados para a nossa cidade. O gueto de Vilna é conhecido no mundo inteiro [...] Ilya Ehrenburg está escrevendo a respeito de Itzik Vitenberg, e poetas russos têm composto poemas em sua homenagem [...] A fim de justificar o poder de atração de Vilna, a fim de justificar nossas vidas, devemos ser criativos enquanto estivermos sentados em cima de nossas ruínas. Um grupo nosso empreendeu a primeira tarefa: juntar os tesouros culturais que restaram, reunir os remanescentes. Antes de começar a pedir ajuda aos outros, vamos cada um de nós procurar entre nossos pertences e no nosso ambiente imediato os restos de nossas vidas assassinadas.

Kovner falou em seguida e dirigiu-se aos *partisans* que haviam estado sob seu comando no gueto, passando-lhes novas ordens. A resistência armada da FPO e a resistência espiritual da brigada do papel eram uma coisa só: "No bunker do nº 6 da Rua Shavel, estavam escondidos trinta caixotes de valioso material do YIVO. E é também o lugar onde a FPO escondeu suas metralhadoras. Isso simboliza a grande importância de nosso trabalho. Devemos resgatar tudo o que restou. Devemos documentar nossa luta e transmutá-la em uma força política. A destruição de nossos tesouros culturais é talvez uma tragédia maior que a tragédia do nosso sangue".[3]

Após essa reunião, o apoio local para o ainda não autorizado museu cresceu rapidamente. Seu quadro de voluntários passou de seis em meados de julho para doze em meados de agosto, e para 29 no início de setembro. A operação de resgate virou um movimento.[4] Atendendo ao apelo de Sutzkever, sobreviventes passaram a vasculhar as ruínas de suas casas e escolas de antes da guerra, assim como seus endereços e locais de trabalho no gueto – descobrindo fotos velhas, cadernos escolares, exemplares do jornal

Notícias do Gueto, cartões de racionamento de pão e muitos outros itens. Eles doaram os "vestígios de suas vidas assassinadas" ao Museu Judaico.[5]

Páginas de livros judaicos vinham à tona em lugares inesperados: num dos mercados a céu aberto da cidade, as vendedoras embrulhavam peixe e outros produtos em páginas da edição de Vilna do Talmude. Quando um *partisan* judeu ultrajado reclamou aos gritos com as mulheres do mercado por sua falta de senso, elas retrucaram que não sabiam que as páginas eram do livro santo dos *zhids*. O *partisan* contou o episódio a Shmerke, e o poeta, com sua cultura de rua, foi até o mercado resolver o problema. Brandindo o punho para as mulheres do mercado, ameaçou bater nelas e informar a polícia soviética que elas haviam saqueado propriedade judaica sob os alemães, caso não entregassem as páginas dos livros judaicos imediatamente. Vendo que Shmerke não estava brincando, as mulheres do mercado cederam.[6]

Um dia, uma polonesa entrou no apartamento deles e entregou uma carta manuscrita com o título "Um pedido aos nossos irmãos e irmãs judeus". Foi como uma bomba. A carta havia sido escrita por duas mulheres, que a atiraram de um veículo que as levava para Ponar. Era datada de 26 de junho de 1944, apenas duas semanas antes da libertação de Vilna, e contava como elas haviam se escondido dos alemães por nove meses após a liquidação do gueto, em um grupo de 112 pessoas, incluindo trinta crianças. Apenas uma mulher polonesa sabia do esconderijo deles e lhes fornecia comida. Em troca, havia extorquido deles peles, sedas e dez mil marcos alemães. Quando o grupo não foi mais capaz de atender às crescentes demandas da mulher (que pediu cinco quilos de ouro), ela denunciou o grupo aos alemães.

A carta descrevia como haviam sido torturados durante quatro dias pelos alemães e pela polícia lituana. Relatava que meninas de 8 anos de idade haviam sido estupradas na presença das mães e que homens adultos haviam sido sexualmente mutilados com alfinetes e agulhas. A carta concluía exigindo vingança:

> Se os judeus matarem pelo menos um deles, como retaliação pelo que fizeram a 112 de nós, já terão prestado um grande serviço a seu povo. Com lágrimas nos olhos, imploramos: Vingança! Vingança! Escrevo em polonês porque se alguém encontrar uma carta em iídiche, irá

queimá-la, mas uma pessoa boa e honesta poderá ler uma carta em polonês e entregá-la à polícia judaica. E que a polícia faça alguma coisa com essa mulher bestial, responsável por tanto sangue. Nossas trinta crianças morreram; que os três filhos dela – dois meninos e uma menina – morram junto com ela.

A carta dava o nome e o endereço da extorsionária e informante: Marisia, a viúva, Rua Wielka Pohulanka, nº 34, do lado esquerdo do pátio. E concluía: "Estamos dando adeus a você e ao mundo. Exigimos vingança!".[7]

Assim que a carta caiu nas mãos do Museu Judaico, Aba Kovner e seus companheiros *partisans* começaram a investigar. Localizaram Marisia, a extorsionária e informante. Vivia agora como amante de um oficial de alto escalão da polícia de segurança soviética. Considerando o alto cargo do oficial, não havia possibilidade de prender a mulher e levá-la a julgamento. Os *partisans* judeus decidiram então fazer justiça com as próprias mãos. Emboscaram a mulher nas ruas de Vilna e deram cabo dela.[8]

Para Shmerke, Sutzkever e Kovner, recuperar artefatos culturais judaicos era uma necessidade óbvia e evidente por si, uma pré-condição para a retomada da vida judaica, onde quer e como quer que ela acontecesse. Eram movidos por um sentimento elementar de que um povo com amor próprio não pode abandonar seu legado impresso e documental, não mais do que poderia abandonar seus filhos sobreviventes em casas de poloneses ou lituanos. Mas outros ativistas do museu estavam interessados apenas nos documentos sobre os crimes dos alemães e em usá-los com propósitos políticos, judiciais e educacionais. Um membro do Bund, Grigorii Yashunsky, argumentou numa reunião geral da equipe: "Não estamos coletando pelo simples fato de coletar. Esses materiais são argumentos históricos que têm uma importância política atual". Mas outros voluntários concordavam; o principal objetivo do museu deveria ser o de desmascarar a brutalidade dos alemães e exigir justiça em nome do povo judaico.[9]

A tensão entre resgatar herança cultural e desencavar documentação sobre o Holocausto tinha poucas consequências práticas. Os dois tipos de material estavam enterrados nos mesmos esconderijos, e não era possível fazer distinções nos processos de resgate. Mas isso evidenciava que, para os ativistas do museu, os eventos recentes ofuscavam os 450 anos anteriores de vida judaica em Vilna, mesmo seu volume de livros e papéis antes da guerra sendo infinitamente maior.

Para compensar a escassez de documentos sobre o Holocausto, o museu começou quase imediatamente a registrar o testemunho de sobreviventes. O apartamento de Sutzkever e Shmerke fervia de atividade, com membros voluntários da equipe sentados em mesas e entrevistando antigos internos de Vilna, Kovna e Shavel.[10] Um dos membros da equipe, o doutor Shmuel Amarant, que havia sido o diretor do Seminário de Professores de Hebraico de Vilna antes da guerra, montou um questionário abrangente, com vinte seções, que serviu como base para as entrevistas com sobreviventes.[11]

O museu coletou ainda ensaios em primeira pessoa sobre a vida cotidiana durante a ocupação nazista. Tinham títulos como "Canções e músicas no gueto", "A escola secundária do gueto", "Como criei uma imprensa clandestina", "O bordel oficial alemão na Rua Subocz", "A história dos esportes no gueto" e "O departamento funerário do gueto".[12]

Conforme o trabalho de resgate se intensificava, o problema mais premente do museu passou a ser encontrar instalações adequadas, isto é, um edifício-sede. O acervo havia superado a capacidade do apartamento de Shmerke e Sutzkever. De início, o grupo-iniciativa pensou em instalar o museu na Sinagoga Coral, que sobrevivera intacta. A Sinagoga Coral, que não deve ser confundida com a Grande Sinagoga, havia sido o local de reunião da alta burguesia de Vilna. Ficava na Rua Zawalna (hoje Rua Pylimo), fora do gueto imposto pelos nazistas, perto da estação de trem, e os alemães vinham usando-a como armazém. Mas Shmerke e Sutzkever descartaram essa ideia quando souberam que os judeus religiosos de Vilna queriam voltar a usar o edifício como sinagoga.

O grupo-iniciativa então voltou-se para o edifício do Ramayles Yeshiva, a maior academia talmúdica de Vilna, na Rua Novigorod. Também ficava numa grande avenida da cidade, fora do gueto, e havia sido usado pelos alemães para guardar cereais. Mas o edifício Yeshiva já estava sendo usado pelo Escritório Para o Comércio Estatal de Cereais, que se recusou a cedê-lo.[13]

Em 11 de agosto, os fundadores decidiram aceitar uma oferta da municipalidade de Vilna para relocar o museu nos edifícios vagos da Rua Strashun, nº 6, dentro do gueto incendiado e abandonado. Foi uma decisão difícil.

Para os antigos internos, o nº 6 da Rua Strashun era um endereço com grande carga emocional, que evocava todo um arco-íris de associações e memórias. Havia abrigado os escritórios do primeiro Judenrat, cujos membros, em sua maioria, haviam sido assassinados pelos alemães quando não conseguiram entregar mais do que 3,5 milhões de marcos de uma contribuição exigida de 5 milhões de marcos. Além disso, a Rua Strashun, nº 6, era o local da biblioteca do gueto, o coração da sua vida cultural e intelectual. Em frente ao edifício da biblioteca, havia um campo de esportes, que fora usado para ginástica e esportes de equipe.[14] E ao lado ficava a casa de banhos do gueto, que os internos tinham a obrigação de visitar a cada duas semanas, por decreto dos alemães, para remoção de piolhos e desinfecção. No subsolo da casa de banhos, havia adegas bem profundas, usadas como refúgio seguro pela FPO, para armazenar armas, treinar *partisans* e realizar reuniões secretas (o administrador da casa de banhos era ninguém menos do que Itzik Vitenberg, o comandante da FPO.)

Ao lado do campo de esportes, o edifício adjacente de um andar que levava à Rua Lidzki era a prisão do gueto, que mantinha pessoas detidas por vários delitos: violar o toque de recolher, contrabandear comida, cometer furtos ou "espalhar boatos". Os alemães levaram muitos desses prisioneiros para executar em Ponar. Os presos sabiam muito bem o que os aguardava e cobriam as paredes das celas com grafites de despedida: "Amanhã seremos levados a Ponar"; "Vinguem o sangue inocente"; "A verdade irá prevalecer"; e "Abaixo os alemães!".[15]

A história toda do gueto de Vilna estava encapsulada nesse único endereço, Rua Strashun, nº 6: a intensa vida cultural, o empenho por normalidade, a degradação forçada, a heroica resistência armada, e a inevitável conclusão, a deportação para Ponar para execução.

Alguns ativistas do museu fizeram objeção ao local, argumentando que "não devemos voltar ao gueto". Diziam que a nova vida judaica não poderia ser construída nas mesmas ruas que exalavam o cheiro da morte. Alguns sobreviventes tinham aversão visceral àquelas ruas e evitavam-nas quando iam para o trabalho ou a algum compromisso. Mas Shmerke argumentou em favor da Rua Strashun, nº 6. O próprio local era um pedaço de história, que precisaria ser preservado para a memória futura. Caso contrário, viraria outro genérico escritório soviético, como o edifício do Ramayles Yeshiva.

Shmerke venceu, e a Rua Strashun, nº 6, tornou-se a base de operações do museu. Os edifícios estavam muito danificados, alguns em ruínas, outros cheios de montanhas de entulho e lixo. Os únicos quartos que estavam em condições de uso eram as celas da prisão, cujas pequenas janelas eram providas de grades. Os membros da equipe do museu trabalhavam em celas de prisioneiros. Enquanto identificavam e selecionavam os tesouros judaicos remanescentes de Vilna, os grafites manuscritos nas paredes olhavam para eles como sinistras lembranças do trágico desfecho da comunidade.

Uma piada referia-se à instituição como o Museu da Prisão do Gueto.[16]

Com o problema de espaço oficialmente resolvido (embora os reparos e a reconstrução ainda fossem levar anos), o principal problema do museu era seu ambíguo status legal. A Administração das Artes voltou atrás e retirou seu patrocínio. Em vez de um museu judaico, Juozas Banaitis, o chefe da Administração das Artes, propôs que a instituição se tornasse o departamento judaico do Museu Nacional Lituano. Mas Sutzkever, Shmerke e Kovner fizeram objeções vigorosas. Queriam ter uma instituição diferenciada e independente. Sutzkever foi atrás de um órgão governamental que se dispusesse a dar seu patrocínio. Ele conseguiu que a Academia de Ciências da Lituânia colocasse a instituição sob suas asas, como sua Divisão Judaica. Mas a academia retirou seu apoio depois de duas semanas e meia, com a alegação de que nenhum dos membros da equipe era erudito ou tinha credenciais acadêmicas.[17] O museu ficou num limbo legal, sem patrocínio.

No final de agosto, os três fundadores estavam frustrados e com raiva. Kovner registrou no seu diário:

> Sutzkever tem andado por aí há seis semanas e não conseguiu aprovação legal para o museu judaico ou para o instituto científico. Por toda a cidade, preciosos impressos venezianos, manuscritos e peças únicas estão sendo feitos em pedacinhos, pisoteados e usado para aquecer fogões, e não nos é dada a oportunidade de salvar esses tesouros. Por dois anos, arriscamos nossa vida para escondê-los dos alemães, e agora, na União Soviética, estão sendo destruídos. Ninguém tem interesse em nos ajudar. Sutzkever e eu tivemos dezenas de reuniões com ministros, com o comitê central do Partido Comunista, e com outras pessoas importantes. Todos prometem, mas ninguém ajuda.[18]

Bem nessa hora de desespero enfurecido, Banaitis voltou a entrar em cena com uma solução criativa: a instituição seria chamada "Comissão para Coleta e Processamento de Documentos da Cultura Judaica". Na condição de comissão, não exigiria uma dotação orçamentária ou a aprovação de altas autoridades, e poderia começar a funcionar imediatamente. A comissão de onze membros foi formada em 26 de agosto de 1944, por ordem do comissário de educação, Juozas Ziugzda, tendo Sutzkever como presidente.[19]

Essa era a boa notícia. A má notícia era que a comissão não tinha uma dotação orçamentária. Ziugzda pagava salários de modo irregular, com quantias variáveis, vindas de fonte desconhecida. Não havia verba para transporte, suprimentos ou para reparos nos edifícios do museu (todos ainda o chamavam de museu, mesmo depois que se tornou uma comissão). A maior parte dos membros da comissão trabalhava como voluntário.

Sem desanimar, a comissão começou a reformar suas instalações. Shmerke registrou os auxílios que começavam a chegar numa entrada em seu diário, de 28 de agosto: "O diretor de uma fábrica local doou mesas e cadeiras; outros trouxeram papel, tinta e lâmpadas". O próprio Shmerke descobriu uma fonte para canetas e clipes de papel. Quando alguém doava pastas de arquivo, envelopes, um apagador e pregos, Shmerke ficava eufórico. Numa das entradas escreveu: "Estamos ficando mais ricos".

Uma das necessidades mais prementes era a de veículos de transporte para levar os tesouros culturais que iam sendo descobertos por toda a cidade até o nº 6 da Rua Strashun. Alguém que trabalhava numa empresa de caminhões ocasionalmente "emprestava" um dos veículos para o museu – sem que o patrão soubesse. Mas na maioria das vezes os ativistas recorriam a carrinhos de mão de madeira.[20]

No início de setembro, uma montanha enorme de materiais foi encontrada no pátio da Administração de Lixo de Vilnius (*Soyuzutil*). Os alemães haviam descartado várias toneladas de material judaico como lixo, para despachar às fábricas de papel. Mas várias dessas toneladas nunca saíram daquela administração. Isaac Kovalsky, que descobriu o tesouro – o maior depois do resgate do material no bunker da Rua Shavel, nº 6 –, levou ao museu um pacote com uma amostra do material. Quando Shmerke o abriu, o primeiro item que encontrou foi um manuscrito de um autor do Iluminismo Hebraico do início do século XIX, Joseph Perl. Embaixo deste, havia jornais, material pedagógico e pequenas esculturas. O transporte e processamento do tesouro da Administração do Lixo ocupou a equipe do museu por mais de um semestre.[21]

Notícias sobre a operação de resgate cultural em Vilna chegaram a Moscou, e a reação entre os intelectuais judeus soviéticos foi de grande entusiasmo e admiração. O principal romancista iídiche, Dovid Bergelson, escreveu para Sutzkever: "Recentemente saiu um artigo no *Unidade* [principal jornal soviético em iídiche] sobre a grande obra que vocês estão realizando em Vilna. De fato, é um trabalho magnífico. Não sei se há alguém fazendo algo mais importante para a nossa cultura". Shakhna Epshtein, o secretário executivo do Comitê Antifascista Judaico, escreveu a Sutzkever em termos similares: "Estamos acompanhando sua atividade com grande interesse. Suas realizações são verdadeiramente históricas. Que as suas mãos sejam fortalecidas!"[22]

UMA JOIA RESGATADA

As cartas de Sholem Aleichem

Sholem Aleichem (1859-1916), cuja obra *Tevye the Dairyman* serviu como base para o espetáculo de grande sucesso da Broadway *Um violinista no telhado*, foi o mais popular e fértil de todos os escritores iídiches. Suas obras eram lidas em voz alta pelas famílias depois da refeição de sexta-feira à noite, antes do Sabbath. A edição padrão da coletânea de suas obras tem 28 volumes, e está longe de ser completa.

Além das obras publicadas, Sholem Aleichem era também um fértil e talentoso correspondente. Em seus anos de juventude, numerou suas cartas sequencialmente, e só no ano de 1889 escreveu mais de mil cartas.[1] Houve várias razões para essa abundância de correspondência: Ele morava em Kiev, enquanto a maioria de seus colegas estava em Odessa e Varsóvia. Depois de imigrar para Nova York, continuou a publicar suas obras no Leste Europeu. Passou muitos meses por ano em estações de tratamento na Itália e na Suíça, distante da família e dos amigos, cuidando da sua frágil saúde. Portanto, precisava escrever cartas para ficar em contato. Mas a principal razão é que adorava escrever cartas, assim como compor romances epistolares.

Shmerke e Sutzkever resgataram 53 cartas do grande escritor e humorista iídiche; dentre elas, quase duas mil estavam no arquivo do YIVO.[2] A joia resgatada mais antiga havia sido escrita em Kiev em 1888 e dirigida a dois colegas em Varsóvia, pedindo que colaborassem para o almanaque literário iídiche *Biblioteca do povo judaico* (*Yidishe folks-bibliotek*). O almanaque, editado e financiado por Sholem Aleichem, foi um evento literário que marcou época e reuniu os maiores talentos daqueles tempos, como S. J. Abramowicz e I. L. Peretz, o avô e o pai da moderna literatura iídiche.

A última carta de Sholem Aleichem no pacote de Sutzkever-Kaczerginski era uma carta datilografada, de 15 de agosto de 1915, enviada de sua casa na Lenox Avenue, 110, em Manhattan, para um jovem tradutor inglês. Dizia respeito à tradução de seu romance *A maldita piada* – tragicomédia na qual dois estudantes universitários, um russo e o outro judeu, decidem intercambiar suas identidades e cada um passa a viver sob o nome do outro. Ivanov torna-se Rabinovitch e aprende, na própria pele, que "não é fácil ser judeu" – nome que Sholem Aleichem deu à popular versão para teatro de sua novela. A tradução inglesa buscava atrair a atenção para o drama dos judeus russos por meio de literatura humorística.

Sholem Aleichem tinha muito interesse em firmar seu nome na América, por meio de traduções para o inglês de suas obras – impressas, no teatro, em filmes mudos. Durante sua vida, todas as suas tentativas de se se introduzir no público americano fracassaram. Apenas cinquenta anos mais tarde, com o sucesso de *Um violinista*, é que Sholem Aleichem se tornou um nome familiar.

Aqui está uma das cartas mais reveladoras dos seus sonhos entre as que foram resgatadas do local de trabalho do ERR pela dupla de poetas. Foi escrita em 1906, quando Sholem Aleichem estava em Lemberg, no Império dos Habsburgo (hoje Lviv, Ucrânia), a caminho da América. Ele fugia da Rússia czarista após a onda de sangrentos pogroms do outono de 1905, entre eles o pogrom de Kiev, do qual ele escapou por pouco escondendo-se num hotel. A carta, endereçada a um amigo e admirador não nomeado, lidava com o tema de sua própria mortalidade.

Caro amigo,

Como pode ver, minha Porção da Torá "Saiam desta terra"* está longe de terminar. Ainda estou na primeira parte. Até que consiga chegar à feliz e abençoada América, ainda há um lo-o-o-o-ngo caminho.

Você escreve dizendo que se dispõe a atravessar fogo e água por mim. É muita bondade e gentileza de sua parte. Se quiser me fazer um grande favor, um ato de verdadeira bondade, vou lhe dizer o que deve fazer: quando meus 120 anos nesta terra chegarem ao fim (talvez você imagine que seja um pouco mais cedo do que isso), e eu me mudar para o lugar de onde não podemos mandar telegramas ou escrever cartas, acho que o povo de Israel irá finalmente querer fazer algo pelo seu escritor, agora que ele está no mundo por vir. Provavelmente vão querer colocar uma lápide adequada em seu túmulo. Gostaria que inscrevessem na pedra o seguinte epitáfio, que compus recentemente durante um banquete em minha homenagem. Os outros bebiam vinho, celebravam, cantavam canções e ofereciam brindes. Essa pessoa aqui sentou e escreveu o seguinte epitáfio.

Desculpe, senhor, por que a pressa?
Precisamos do senhor, meu caro.
Sholem Aleichem, estou certo de que o conhece,
está enterrado bem aqui.
Era um judeu simples,
Escreveu em iídiche-alemão para as mulheres,
E os judeus comuns diriam dele –

---

* Alusão a Gênesis 12:1, quando o Senhor diz a Abraão "Sai-te da tua terra [...] para a terra que eu te mostrarei".

Aqui jaz um "jargonista"*, um escritor.
Ele zombou de tudo na vida,
E riu de todos os demais.
Seus leitores sempre deixavam escapar muitos risinhos,
E ele? Muita tristeza!
E justamente quando o público
Ria e aplaudia celebrando,
Ele chorava – como só Deus sabe,
Em segredo, ninguém deveria ver.

Se você não gosta do termo "jargonista" dou-lhe permissão para trocá-lo por "humorista". O principal é – preste atenção à ortografia, porque devemos sempre escrever corretamente, mesmo numa lápide. Além disso, que você tenha muita saúde, seja feliz, escreva muitas cartas e mande minhas mais afetuosas saudações a todos.

Sholem Aleichem
Fevereiro de 1906, Galícia[3]

A carta contém a mais antiga versão esboçada do epitáfio de Sholem Aleichem. Ele mais tarde fez algumas pequenas alterações, suprimindo a primeira estrofe e substituindo "jargonista" por "humorista". A versão final está inscrita na lápide tumular de Sholem Aleichem no Cemitério Mount Carmel, em Queens, Nova York.

---

* Detratores do iídiche referem-se à língua como "jargão".

CAPÍTULO 18

As difíceis batalhas sob os soviéticos

Conforme refugiados judeus começavam a afluir para Vilna de todas as direções, começou a emergir uma espécie de comunidade judaica. Uma congregação religiosa foi estabelecida em meados de agosto, chefiada pelo rabino Yisroel Gustman, o único membro sobrevivente do rabinato de Vilna. A congregação empregava um encarregado de sacrifícios rituais, dois coveiros, um administrador religioso e um secretário. Também assumiu a responsabilidade de postar e responder cartas voltadas à localização de parentes.[1]

Em 18 e 19 de setembro de 1944, as cerimônias do Rosh Hashanah tiveram lugar no edifício parcialmente em ruínas da Grande Sinagoga. Restava apenas metade da estrutura do teto, e uma chuva fina caía sobre as cabeças dos fiéis. Apenas quatro pessoas usavam *taleysim* (o xale de oração).[2] No Yom Kippur, as cerimônias passaram para a Sinagoga Coral, cuja estrutura protegia da intempérie. Tornou-se a sede permanente da comunidade religiosa judaica.

Foi formada uma comissão para cuidar das crianças órfãs judaicas, que vagavam pela cidade sem condições adequadas de moradia, comida, cuidados médicos ou educação. O chefe da comissão era Tzivia Vildshtein, um educador formado pela Faculdade de Pedagogia da Universidade de Wilno. Shmerke, Sutzkever e Aba Kovner também eram membros.

No final de setembro, as autoridades deram permissão à comissão para fundar uma escola judaica, um jardim da infância e um orfanato, todos no mesmo edifício, que passou a ser chamado de "Conjunto das Crianças Judaicas". A escola seguia um currículo soviético, tendo o iídiche como língua de ensino. Não havia matérias ou observâncias religiosas, mas ensinava-se literatura iídiche. O museu doou exemplares de manuais e de literatura infantil para o "Conjunto das Crianças".[3]

No outono de 1944, os dois mil judeus de Vilna tinham uma modesta infraestrutura institucional: uma sinagoga, uma escola secular e um museu. Mas não havia comissão judaica municipal, como Shmerke e Sutzkever haviam vislumbrado. As autoridades vetaram essa ideia.

As três instituições enfrentavam restrições, assédio e hostilidade aberta das autoridades locais, muitas das quais ocupavam seus cargos desde a administração anterior, sob os alemães. A sinagoga foi proibida de receber uma remessa de roupas enviada para ela da América. E não podia sediar refeições no Sabbath, ou oferecer aulas de religião. Na URSS, locais de culto podiam se envolver *somente* em cultos, não em filantropia, reuniões sociais ou ensino religioso. E como o sábado era um dia de trabalho, pouca gente comparecia às missas do Sabbath. O Conjunto das Crianças Judaicas foi obrigado a mudar de endereço duas vezes no primeiro ano, já que as autoridades em várias oportunidades designaram suas instalações a outras escolas. O Comissariado de Educação chegou a fechar a escola durante um semestre, mas voltou atrás da decisão depois de receber um telegrama de protesto da Comissão Antifascista Judaica de Moscou.

E o museu foi seguindo aos trancos e barrancos como uma comissão sem dotação orçamentária.[4]

Com tudo isso, a vida judaica ficou comprometida. Shmerke e Sutzkever apelaram às autoridades para que permitissem a publicação de um jornal semanal em iídiche. De início, o primeiro secretário do Partido Comunista da Lituânia, Antanas Snieckus, respondeu por meio de Henrik Ziman (o único judeu na liderança do partido) que era prematuro falar em um jornal, mas que haveria apoio para um almanaque literário. Mas Snieckus mudou de ideia – dizendo que publicar um almanaque "não era oportuno". Enquanto isso, começavam a aparecer jornais e periódicos não só em lituano e russo, as línguas de Estado, mas também em polonês, a língua de outra minoria étnica. Por que a população polonesa podia ter um jornal e os judeus não? A questão ficou no ar.[5]

Não houve sequer um pedido às autoridades para patrocinarem um teatro iídiche permanente ou um clube de trabalhadores, o equivalente soviético a um centro comunitário.

Shmerke, o veterano ativista e eterno otimista, descobriu algumas brechas no sistema. Dava palestras semanais aos pais na escola judaica; convenceu a liderança da União Lituana de Escritores a criar uma seção iídiche de escritores e se tornou seu presidente; organizou concertos em iídiche (de recitações, canções e música) no teatro municipal de Vilnius, o "Lutnia", sob os auspícios da seção iídiche da União dos Escritores.[6] Mas, mesmo com essas iniciativas, a vida judaica na Vilnius soviética liberada estava claramente lutando contra um estrangulamento burocrático.

Os judeus da cidade se juntavam em círculos de amigos, que se reuniam em casas particulares à noite. Ninguém podia proibir isso. Shmerke tinha o seu círculo – uma turma variada de antigos internos do gueto que haviam sobrevivido em esconderijos, nas florestas ou, milagrosamente, em campos da Estônia, e mais alguns soldados dispensados do Exército Vermelho e refugiados que voltavam da Ásia Central. Como Shmerke, estavam todos beirando os 40 anos. Casais começaram a se formar, namorar, casar, e, nos jantares para celebrar essas ocasiões, Shmerke era o primeiro a propor uma canção e batucar seu ritmo na mesa. Mas todos traziam um medo abrasador logo abaixo da superfície – eram todos jovens viúvos e viúvas, e muitos haviam perdido filhos.

Shmerke ainda preservava sua alegria e energia quando em companhia desses amigos, mas no fundo sentia-se sozinho. Sutzkever partiu para Moscou no início de setembro, e agora ninguém no círculo de Shmerke fazia parte de seu bando de antes da guerra. Não estava mais no Vilna Jovem. As mulheres não eram como Barbara (sua esposa assassinada) ou Rachela Krinsky (que, pelo que ouvira dizer, ainda padecia num campo de trabalhos alemão).

Em seu tempo ocioso, Shmerke recolheu e escreveu as canções que os internos cantavam no gueto de Vilna. Compilou um manuscrito provisório com 49 canções, algumas do teatro do gueto e outras escritas por poetas martirizados. Num breve ensaio introdutório, argumentou que as vítimas deviam ser lembradas em suas próprias palavras – as palavras das canções nas quais elas expressaram sua determinação e seus medos, esperanças e desespero.[7] Essas canções agora faziam parte de seu repertório. Mas mesmo as que eram desafiadoras e otimistas, como o seu próprio "Hino da juventude" e sua marcha "Partisan judaico", tinham agora um sabor agridoce.[8]

A Comissão para Coleta e Processamento de Documentos da Cultura Judaica sofreu um novo abalo quando Sutzkever decidiu ir para Moscou, pouco antes das Festas Sagradas, em 10 de setembro. O poeta estava ansioso para reencontrar a esposa grávida e retomar seus projetos literários, agora que a operação de resgate funcionava a pleno vapor e que o museu (ou comissão) dispunha de um edifício.[9] Sutzkever pediu que Kovner assumisse seu lugar na presidência da comissão, tendo Shmerke como vice. Todos achavam que Sutzkever voltaria em um mês ou dois, mas ele acabou ficando em Moscou quase um ano.[10]

Antes de ir, Sutzkever redigiu o esboço de um livreto promocional sobre o trabalho da comissão, listando alguns dos tesouros recuperados: cartas do (e para o) místico rabino do início do século XIX Eliyahu Gutmakher ("o único mestre hassídico na Alemanha"); manuscritos das primeiras peças de teatro em iídiche do pai do teatro iídiche, Abraham Goldfaden; escritos de S. J. Abramowicz, o avô da literatura iídiche; dez *pinkasim* (livros de registro), entre eles o livro de registro da sinagoga do *Gaon* de Vilna; livros hebraicos raros do século XVI publicados em Veneza, Cremona, Cracóvia e Lublin; esculturas de Mark Antokolsky; e o arquivo do gueto de Vilna, com os registros da administração do gueto, cartazes, diários e fotos.[11]

Uma das mais importantes descobertas da comissão não foi mencionada no esboço do livreto: o diário manuscrito de Theodor Herzl, da década de 1880. Na União Soviética, a posse de um documento do fundador do sionismo político não era algo que pudesse ser publicado em tom de ostentação. Lenin havia difamado o sionismo, e o movimento era proibido na URSS desde a década de 1920.[12]

Mas a ausência do diário de Herzl no livreto acabou não fazendo muita diferença. O livreto nunca foi publicado. O Escritório de Censura encaminhou o texto ao Comitê Central do Partido Comunista, que se recusou a dar aval à sua publicação.

Assim que Sutzkever partiu, Shmerke e Kovner começaram a se hostilizar. Shmerke ressentia-se do fato de Kovner ser o titular da comissão e ele, a pessoa que arriscara a vida contrabandeando os tesouros, e que havia sido o primeiro a resgatá-los, ser seu subordinado. Shmerke também se indignava com as longas ausências de Kovner do museu para se dedicar a outras atividades – a reconstrução do movimento Shomer Ha-Tza'ir, a organização de atos de vingança contra conhecidos colaboradores dos nazistas e o planejamento de imigração ilegal para a Palestina. Que tipo de diretor de museu era esse?

Fatores ideológicos também alimentavam as tensões: Shmerke era um comunista que, no outono de 1944, ainda punha fé no sistema soviético. Kovner era um socialista sionista que rejeitava a perspectiva de reconstruir a vida judaica em Vilna, na URSS, ou em qualquer outro lugar da Europa. E Shmerke ficava enciumado com o ar de serena autoridade de Kovner, e... com seu sucesso com as mulheres.[13]

Mas o trabalho de resgate continuava como antes, e em outubro Shmerke fez uma descoberta monumental: encontrou o diário do gueto de Herman Kruk no bunker da Rua Shavel (Sutzkever havia descoberto algumas poucas páginas antes, em agosto, e levou-as com ele para Moscou, mas Shmerke encontrou várias centenas mais). Kruk, o bibliotecário, havia escondido três cópias de sua grande crônica em diferentes partes da cidade, mas apenas a cópia enterrada no bunker da Rua Shavel sobreviveu à violência da guerra.

O texto datilografado estava totalmente desarrumado. Kruk o escondera numa caixa metálica selada, mas as pessoas que foram viver no bunker depois da liquidação do gueto abriram a caixa procurando objetos de valor. As páginas do diário estavam espalhadas pelo bunker, amassadas e rasgadas, em meio a papéis de todo tipo. Levou semanas para juntar todas elas e remontar o diário.[14]

Mais miraculosa ainda foi a descoberta dos cadernos de notas de Kruk no campo de Klooga, na Estônia. Kruk havia enterrado esse material numa pequena vala em Lagedi, na presença de seis testemunhas, um dia antes de ser executado junto com quatrocentos outros internos. Uma dessas seis testemunhas, Nisan Anolik, sobreviveu. Ele voltou para Lagedi após a libertação, recuperou os cadernos e entregou-os ao Museu Judaico.

O sonho de Kruk, de que seus escritos iriam sobreviver para as futuras gerações, tornava-se realidade.[15]

O diário acabou chegando ao YIVO em Nova York, que publicou o texto original em iídiche, com uma abundância de notas e índices, e uma longa introdução biográfica escrita pelo irmão sobrevivente de Kruk, Pinkhas. Quando o diário de Kruk saiu em tradução inglesa, foi saudado pelos historiadores como "uma das maiores memórias de tempos de guerra do mundo" e "um arquivo pessoal do tipo Ringelblum,* sobre o gueto de Vilna, que ao mesmo tempo é uma obra-prima literária". O decano dos historiadores do Holocausto, Yehuda Bauer, da Universidade Hebraica de Jerusalém, chamou-o de "um dos documentos essenciais daquela trágica era". Shmerke e Sutzkever conseguiram assegurar a sobrevivência das palavras do chefe assassinado da "brigada do papel".[16]

No mesmo momento em que Shmerke saboreava sua descoberta do diário de Kruk, uma crise existencial eclodia. No final de outubro de 1944, uma instituição de Moscou conhecida como Comissão da Política de Pessoal rejeitou a solicitação de patrocínio estatal feita pela "Comissão para Coleta e Processamento de Documentos da Cultura Judaica"; ordenou que a comissão fosse dissolvida. As consequências fizeram-se sentir quase imediatamente. Os privilégios da equipe – rações de comida e isenção de alistamento militar – foram revogados e suas carteiras de identidade, invalidadas.

Kovner e Shmerke juntaram forças, apesar da hostilidade mútua, para salvar a comissão (ou, como eles ainda a chamavam, o museu) da destruição. Kovner foi direto até Juozas Ziugzda, o comissário da educação, e não poupou palavras: a decisão de Moscou era resultado direto da falta de apoio das autoridades lituanas ao Museu Judaico. Ele advertiu Ziugzda que assim que a notícia da decisão fosse divulgada fora da URSS, iria ser interpretada como um ato antissemita do governo lituano.

---

* Emanuel Ringelblum (Buchach, 1900 – Varsóvia, 1944), historiador, pedagogo e escritor polonês, viveu segregado no gueto de Varsóvia com a família e montou ali um extenso arquivo, com depoimentos, pôsteres, diários, jornais clandestinos, testemunhos e outros materiais. O arquivo foi escondido em três latas de leite e em caixas de metal, e enterrado. Duas caixas foram descobertas, e o conteúdo foi publicado em livro pela primeira vez em 1958, como *Crônicas do Gueto de Varsóvia*, e constitui um importante documento histórico. [N.T.]

Kovner enviou uma carta a Sutzkever com instruções urgentes: peça ao Comitê Antifascista Judaico para intervir; Ilya Ehrenburg precisa ajudar; e reúna-se com a alta liderança lituana (Snieckus, Justas Paleckis e outros), que ao que parece estavam em Moscou. "Você deve exigir que eles preservem essa instituição cultural judaica em vez de contribuírem com a destruição daquilo que os alemães não conseguiram destruir!".[17]

Ao mesmo tempo, Kovner decidiu aumentar a aposta. Num memorando às autoridades, pediu que a comissão fosse reconstituída como Instituto de Cultura Judaica, da Academia Lituana de Ciências. Havia um instituto assim na Kiev soviética, e antes da guerra existira um em Minsk, então, por que não também em Vilnius? Kovner pediu o registro de uma equipe de vinte funcionários.[18]

Kovner encontrou-se com Ziugzda três vezes, mas a posição do ministro ia ficando mais inflexível a cada encontro. Ele se opunha firmemente a reviver o museu, quer como comissão, quer como museu ou instituto. Os documentos sob sua guarda poderiam ser entregues aos arquivos lituanos; os livros, à biblioteca estatal; as obras de arte, ao museu nacional; e o material acadêmico, à Academia de Ciências. Kovner caracterizou a posição de Ziugzda em termos evocativos, especialmente para um sobrevivente do gueto: "Ele quer nos reduzir a cinzas".[19]

Kovner e Shmerke viam as autoridades lituanas como responsáveis pela dissolução da comissão, assim como pela proibição da publicação em iídiche e pela pressão sobre a escola judaica. O que não sabiam era que a liderança lituana estava sob forte pressão de Moscou para tomar essas medidas e outras mais. O homem responsável pela pressão era o enviado especial de Stalin a Vilnius, Mikhail Andreievich Suslov, o chefe do Escritório Lituano do Comitê Central do Partido Comunista da URSS.

Suslov, um oficial soviético frio e brutal como costumavam ser todos, opôs-se fortemente à existência de instituições culturais judaicas na Lituânia, ou em qualquer parte europeia da URSS. Insistia que os judeus deviam ou aceitar ser assimilados ou migrar para Birobidzhan, a minúscula Região Autônoma Judaica no extremo leste da Rússia, perto da fronteira com a China. Em Birobidzhan, que abrigava dez mil dos 2,2 milhões de judeus da União Soviética, o iídiche era a língua oficial. Em outras partes, sustentava Suslov, a atividade cultural judaica devia ser considerada "nacionalismo", um palavrão no vocabulário soviético.

Quando um representante da escola judaica de Vilnius encontrou-se com ele para pedir recursos do Estado em nome da escola, o homem de Moscou expulsou o representante do seu escritório e o acusou de ser um agente do nacionalismo judaico.[20]

Inspirados pela posição de Mikhail Andreievich, funcionários do Comitê Central do Partido Comunista em Moscou escreveram um memorando formal ao seu mais alto chefe, Georgy Malenkov, culpando os comunistas lituanos por sua "inadequada abordagem da questão judaica". Eles atacaram as lideranças lituanas por "cederem às exigências da comunidade judaica" e aprovarem a criação de uma escola judaica e um museu separados. Os autores do memorando queixavam-se de os comunistas judaicos em Vilnius "não estarem explicando à população judaica a falsidade e o caráter prejudicial de criar organizações judaicas especiais. Estão na realidade defendendo ativamente essas instituições e são essencialmente seus organizadores". Isso era um ataque direto a Shmerke e a outros como ele.[21]

Suslov e seus seguidores assumiram a posição extrema de que as instituições culturais judaicas deveriam ser proibidas na Lituânia, numa época em que havia várias dessas instituições em Moscou: o Comitê Antifascista Judaico, a editora iídiche A Verdade (Der Emes), o Teatro Estatal Iídiche de Moscou, o jornal *Unidade* (*Eynikayt*), a revista literária *Homeland* (*Heymland*), o departamento iídiche da Rádio Moscou, e assim por diante.

A liderança do partido em Vilnius, diante das duras críticas de Moscou, retirou seu apoio inicial ao Museu Judaico.

Kovner advertiu os lituanos que a liquidação do museu teria repercussões políticas. Isso "irá despertar uma desagradável sensação ao redor do mundo e provavelmente será mal interpretado".[22] Tradução: iria reforçar a visão de que a Lituânia estava totalmente infestada de antissemitismo, mesmo sob o domínio soviético. Essa era uma imagem que Snieckus, Paleckis e outros queriam evitar.

Mas quando a tempestade amainou, e Suslov voltou-se para outros assuntos mais prementes, as autoridades lituanas encontraram uma maneira inteligente de fazer o museu driblar a eminência parda enviada por Moscou. Em 9 de novembro, o Conselho dos Comissários do Povo da República Socialista Soviética da Lituânia expediu a ordem de abrir 34 museus. Enfiado na lista como o número dezoito estava o Museu Judaico de Vilnius.[23] Na realidade, os 33 outros museus foram inaugurados apenas no papel. Não tinham equipe, não tinham instalações, nem atividades. O memorando era uma declaração de intenções e um estratagema para dar ao Museu Judaico um caráter legal.[24]

Shmerke e Kovner comemoraram. Shmerke, membro do partido, foi nomeado diretor e escreveu a Sutzkever em Moscou dizendo que manteria o assento de diretor quente para ele, até que voltasse. Os outros cargos da equipe foram: dois restauradores (Avraham Ajzen e Shmuel Amarant), um artista gráfico (Kovner), uma secretária (Noime Markeles), um guarda-livros chamado Rubinshtein, e dois funcionários da manutenção (Kaplan e Vitka Kempner).[25]

Da perspectiva de Shmerke, o título Museu Judaico era apenas um nome. A intenção não era que a instituição fosse seguir as normas e práticas da profissão museológica. Apenas pequena parte de seu acervo consistia de arte e artefatos, e não havia planos de montar exposições. Amarant e Ajzen não estavam de fato trabalhando como curadores, e Kovner não era um artista gráfico. O Museu Judaico era uma biblioteca e um arquivo, e, talvez no futuro, fosse um instituto de pesquisa. Acima de tudo, era um monumento à memória da antiga Jerusalém da Lituânia, agora perdida.

Shmerke ainda esperava que o museu, com sua equipe registrada de oito membros, pudesse ser um estágio provisório, até as autoridades aprovarem a criação de um instituto de cultura judaica. "Tenho certeza de que seremos equiparados a outros", escreveu ele a Sutzkever. Esse foi mais um sonho de Shmerke que não se concretizou.[26]

Mesmo com o novo status oficial, o trabalho do dia a dia era difícil e frustrante. Não havia recursos para transporte, nem para a reforma do edifício. Shmerke escreveu a Sutzkever: "Você deve compreender, meu caro Abrasha. A fim de conseguir três metros de vidro [para vedar as janelas], eu tenho que ir requisitar isso vinte vezes. E isso se *eu* for pessoalmente. Se outra pessoa for, não conseguirá nada".[27]

Os meses entre julho e novembro de 1944 foram uma guerra de nervos entre a teimosa determinação típica de Vilna ("é só querer e você se tornará um *Gaon*") e o obstrucionismo e a inércia da burocracia soviética. Mas em novembro de 1944 Vilna venceu. O Museu Judaico era uma realidade oficial.

CAPÍTULO 19

Lágrimas em Nova York

Max Weinreich teve a boa sorte e o pesado fardo de ser o único membro da liderança do YIVO de Vilna poupado das devastações da guerra. Estava a caminho da Dinamarca em 1º de setembro de 1939 para uma conferência de Linguística, e continuou encalhado em Copenhague nas semanas seguintes. Quando seu amigo próximo e colega do YIVO, Zalmen Rejzen, foi detido pelos soviéticos em 18 de setembro, Weinreich decidiu não voltar para casa. Nunca mais se soube de Rejzen. Morreu na detenção soviética.

Com a eclosão da guerra na Europa, a filial americana do YIVO tornou-se a sede provisória do instituto, e seu primeiro ato foi providenciar a imigração de Weinreich para os Estados Unidos. Ele chegou a Nova York em 18 de março de 1940, assumiu como diretor e começou a reconstrução.

De modo quase surreal, Weinreich montou tudo da maneira como era em Vilna: dividiu o trabalho acadêmico do instituto nas mesmas quatro seções (histórica, filológica, psicopedagógica e econômico-estatística); restabeleceu o programa *aspirantur* de treinamento de alunos graduados; e editou a revista do instituto, a *YIVO bleter*. O volume 14 foi publicado em Vilna em 1939 e o volume 15, em Nova York, em 1940. Uma continuidade sem rupturas.[1]

Enquanto Weinreich cuidou de solidificar o instituto em solo americano, a catástrofe que se desenrolava na Europa nunca saiu de sua mente. A palestra no YIVO em janeiro de 1942, na sua conferência anual, tinha por título "Como os judeus poloneses vivem no gueto?". Foi proferida por Shloime Mendelsohn, um educador membro do Bund e da diretoria do YIVO, que fugira da Polônia para Vilna em 1940.[2]

Em 14 de fevereiro de 1943, o YIVO celebrou a grande inauguração de seu edifício na West 123rd Street, 535, um prédio moderno de três andares, perto da Universidade Columbia, logo atrás do Seminário Teológico Judaico da América. A inauguração marcou a entrada do YIVO na corrente principal da vida acadêmica americana. A 123rd Street iria substituir a Rua Wiwulskiego, pelo menos por ora, e talvez para sempre.

A inauguração destacou uma exposição de documentos que pertenciam ao acervo do YIVO antes da guerra e que haviam sido transportados às pressas da Europa, antes que os alemães pudessem pôr as mãos neles. Entre os seus 195 itens expostos estavam um decreto de 1634 sobre o status legal dos judeus na Polônia; cadernos com escritos do rebbe "intermediário" da ramificação hassídica Lubavitch, Dovber Shneuri (1773-1827); uma advertência dos rabinos de Gênova, de 1852; testemunhos de sobreviventes do pogrom de 1919 em Proskurov, Ucrânia; e cartas do escritor russo Vladimir Korolenko. Constava do catálogo uma resolução solene: "Esta exposição é mais do que um 'lembrete da destruição'. É também um chamado à continuidade, na esperança de que tudo o que o YIVO possuía irá voltar a ele no devido tempo".[3]

Como muitas famílias, o YIVO foi separado pela guerra, com o lado americano mantendo a expectativa, apesar de todas as adversidades, de que poderia um dia se reunir aos seus parentes europeus.

Tais expectativas, no entanto, eram precárias. O discurso-chave de Weinreich na conferência de 1943 do instituto tinha por título "O YIVO num ano de extermínio". Antes da guerra, ele lutara para manter o YIVO apolítico e ridicularizava aqueles que exigiam a emissão de resoluções de protesto. Agora, organizava uma petição ao presidente Roosevelt em relação ao drama dos judeus europeus e recolhia assinaturas de 283 professores de 107 faculdades, universidades e instituições de pesquisa americanas. "Apelamos para que o senhor tome as medidas que ainda não tiverem sido empreendidas para resgatar os milhões de judeus europeus que foram sentenciados à morte pelos inimigos da civilização."[4]

A equipe do YIVO repartiu suas energias entre atividades acadêmicas, construção da instituição e uma amarga vigília da morte, conforme novos relatos iam chegando. O instituto criou um programa em memória de Simon Dubnow, o decano dos historiadores judaicos e membro do conselho acadêmico do YIVO, em 17 de outubro de 1943, logo após chegar ao Ocidente a notícia de que havia sido assassinado no gueto de Riga. A maior preocupação de todos era com Zelig Kalmanovitch.[5]

Weinreich ficou de coração apertado ao receber uma carta em código de Emanuel Ringelblum, eminente historiador e líder comunitário, escrita de um esconderijo no lado ariano de Varsóvia e contrabandeado pela clandestinidade polonesa. Era datado de 1º de março de 1944, quando o gueto de Varsóvia não mais existia, e mencionava de passagem: "Em 1941 e 1942, estávamos em contato com Zelig Kalmanovitch em Vilna, que sob a supervisão dos alemães organizava o material do YIVO e escondia grande parte dele. Hoje, não há mais judeus em Vilna. O grande centro atual de cultura e conhecimento iídiche está totalmente destruído". Foi a última carta de Ringelblum. Seu esconderijo foi descoberto pela Gestapo cinco dias mais tarde.[6]

Assim que Vilna foi libertada pelo Exército Vermelho, em 13 de julho de 1944, Weinreich partiu para a ação. Escreveu ao Departamento de Estado e pediu uma avaliação por meio de canais diplomáticos das condições do edifício do YIVO em Vilna e da localização de sua biblioteca e arquivo. A Divisão de Problemas Especiais da Guerra respondeu eximindo-se de maneira polida. "Como a área em questão ainda é uma zona militarizada, o departamento não está em condições de empreender a inquirição desejada." Sugeriram que o YIVO entrasse em contato com a Embaixada Soviética em Washington, já que a URSS controlava Vilna, mas Weinreich não achou que isso fosse uma boa ideia. Serviria apenas para chamar a atenção dos soviéticos para a importância das coleções do instituto e levá-los a reivindicar o material como "propriedade soviética".

Ele encontrou uma acolhida mais favorável na Comissão Americana para a Proteção e Resgate de Monumentos Artísticos e Históricos em Áreas de Guerra, conhecida abreviadamente como Comissão Roberts. Seu consultor especial, John Walker, pediu paciência. "Há difíceis questões legais e diplomáticas envolvidas." Mas paciência não era algo de que Weinreich dispusesse em grandes doses. O YIVO era seu filho, e ele era o único pai sobrevivente.[7]

Com pouca informação concreta sobre as condições do YIVO de Vilna e seu acervo, as esperanças de Weinreich se reacenderam quando recebeu um envelope de surpresa de Abraham Sutzkever.

Sutzkever havia levado para Moscou fardos de documentos do bunker da Rua Shavel. Estava tão envolvido emocionalmente com a operação de resgate que precisou manter com ele algumas das joias resgatadas. Shmerke e Aba Kovner pediram que as mandasse de volta, ou que pelo menos enviasse cópias, mas ele nunca o fez.[8]

De maneira totalmente inesperada, Sutzkever teve a oportunidade de mandar documentos para Weinreich em Nova York. Em dezembro de 1944, foi entrevistado em Moscou por uma jornalista, Ella Winter, para o *New York Post*. Na entrevista, contou a Winter sobre o YIVO, o *Einsatzstab Reichsleiter Rosenberg*, o trabalho heroico da brigada do papel, e as recentes descobertas em Vilna. Ao perceber sua reação intensa, Sutzkever pediu a Ella Winter, que estava prestes a ir para Nova York, que levasse um envelope com material para Max Weinreich – que era, conforme ele explicou, o único diretor sobrevivente do YIVO e que havia reconstruído o instituto nos Estados Unidos. Winter concordou.

Sutzkever colocou no envelope um documento do arquivo de Simon Dubnow, um exemplar do *Notícias do Gueto* (*Geto yediyes*), o boletim oficial da administração do gueto de Vilna, e alguns outros itens. Como não sabia o endereço de Weinreich nem seu número de telefone, deu à jornalista as seguintes instruções: "Leve o pacote até a Rua East Broadway, 183, à redação do jornal iídiche *O Dia* (*Der Tog*), e alguém ali irá lhe fornecer o número de telefone de Max Weinreich. Ligue para ele e aguarde. Não dê o pacote a ninguém mais, nem mencione sua existência. Só ligue e aguarde, e que Deus a abençoe".[9]

Winter seguiu as instruções de Sutzkever, e Weinreich reagiu como ele esperava. Disse a ela para ficar exatamente onde estava; ele iria na mesma hora. Weinreich recolheu o envelope e, com ele, um bilhete de Sutzkever: "Mando-lhe saudações, desde a nossa destruição. A mãe da sua esposa viveu no gueto durante quase os dois anos em que ele existiu. Em agosto de 1943, morreu na própria cama, a maior felicidade para uma pessoa do gueto [...] Eu resgatei uma parte do seu arquivo e biblioteca. Nem tudo foi preservado no local. É difícil escrever a respeito. Meu coração está prestes a explodir".[10]

A carta restabeleceu o vínculo entre os dois homens, que haviam sido professor e aluno. Weinreich liderara o movimento iídiche de escotismo *Di Bin* (O Besouro), do qual Sutzkever havia sido membro, e alguns anos mais tarde Weinreich ensinou-lhe o iídiche antigo, para que ele pudesse escrever poemas em iídiche "shakespeariano". Agora, um Holocausto depois, o aluno relatava ao seu professor que conseguira esconder sua biblioteca e papéis particulares no gueto, e cuidado de sua sogra, Stefania Shabad. Mas Sutzkever omitiu seu verdadeiro destino, provavelmente movido pela compaixão por seu mestre. Stefania Shabad não morreu em sua cama no gueto. Foi deportada para o campo de extermínio de Maidanek.[11]

Weinreich soube pela imprensa que partes do acervo do YIVO haviam sido resgatadas em Vilna. Mas agora, em janeiro de 1945, tinha alguns fragmentos de seu arquivo nas próprias mãos. Ao voltar para o edifício do YIVO na West 123rd Street, convidou três membros da liderança à sua sala: o bibliotecário chefe Mendl Elkin, o historiador Jacob Shatzky e o presidente do conselho acadêmico do YIVO, o educador Leybush Lehrer, todos imigrantes do Leste Europeu. Ele abriu o pacote, e os quatro homens manusearam as páginas, que eram, nas palavras de Sutzkever, "um reflexo ensanguentado de suas almas". Eles abaixaram a cabeça e choraram.

Weinreich não respondeu o bilhete de Sutzkever. Sabia que escrever para ele em Moscou apenas iria alertar os serviços de segurança soviéticos para o fato de que o célebre poeta de Vilna mantinha contato com americanos. Isso poderia causar sérios problemas para Sutzkever. Então Weinreich fez a coisa mais difícil de todas, naquelas circunstâncias. Ficou em silêncio e aguardou.

Conforme a névoa começou a se dissipar, notícias devastadoras começaram a chegar ao YIVO, enviadas por sobreviventes do gueto de Vilna. A equipe inteira do instituto havia sido assassinada. Ninguém, literalmente ninguém que havia trabalhado para o YIVO e que estava em Vilna quando os alemães invadiram permanecia vivo. Weinreich era o único remanescente. Uma constatação assustadora.

Weinreich dedicou a primeira edição pós-guerra do *YIVO bleter* à memória dos acadêmicos do YIVO assassinados, aos membros da equipe, aos *zamlers* (coletores), aos alunos graduados, e aos membros da diretoria. Uma seção memorial, de dezesseis páginas, ganhou o título de "Yizkor", nome da oração memorial hebraica para os mortos. "Em meio à destruição do nosso povo, o YIVO lamenta sua própria calamidade. A comunidade de judeus do Leste Europeu, cujas necessidades deram origem ao YIVO, praticamente não existe mais. Mortos estão todos os milhares de correspondentes do YIVO de centenas de cidades e lugarejos, que serviram com o alicerce da estrutura do YIVO. Mortas estão quase todas as pessoas que construíram o YIVO por meio de seus esforços diários e o imbuíram de seu corpo e de sua alma." A seção "Yizkor" fez um retrato biográfico de 37 indivíduos com profundo amor e profunda dor.

Zelig Kalmanovitch: "Esse nome precisa ficar no topo da lista dos mártires do YIVO que faleceram nas mãos dos alemães. Desde 1929, quando voltou a Vilna após uma ausência de quinze anos, foi membro do Comitê Executivo do YIVO. Em 1931, quando a *YIVO bleter* começou a ser publicada, foi seu editor-chefe. Mas nenhuma enumeração de seus cargos institucionais dá o retrato de sua radiante personalidade. Vocês precisariam ter conhecido esse homem, que aos 60 anos de idade manteve a paixão e a modéstia de sua juventude. Sua erudição sobre o passado e o presente judaicos, sobre o hebraico e o iídiche, era tão vasta quanto seu conhecimento geral [...] Se ele gostasse de sua pessoa, você poderia reclinar-se nele como se ele fosse um velho carvalho. E gostava de todos em quem visse sinceridade e honestidade. Eram essas as características que levava em conta [...] Tinha um amor infinito não só pelo povo judeu, mas pelos judeus individualmente. Mostrou isso no último estágio de sua vida, no campo de extermínio da Estônia, de onde ele e sua esposa, Riva, não voltaram. Ali, cuidou com devoção amorosa de uma pessoa doente que o perseguira apenas alguns anos antes. O mundo existe por mérito de pessoas como Zelig Kalmanovitch".

Mark Idelson: "Engenheiro por profissão e um instrutor no ORT, Instituto Politécnico de Vilna, dedicava seu tempo livre ao YIVO. Desde o início de nosso instituto até o fim de nossa Vilna, trabalhou nos arquivos, sem receber um tostão por seu trabalho".

Uma (Fruma) Olkenicka: "Ela provinha de uma família abastada, onde se falava mais o russo que o iídiche. Mas foi ela que montou o museu do teatro iídiche do YIVO. Pintora, não conseguiu realizar seus sonhos de juventude. Mas investiu seu refinado gosto artístico no arranjo de pinturas e fotos nas paredes, concebendo as placas e sinais do edifício do YIVO e desenhando as capas das publicações do YIVO".

Meir Bernshtein: "Era o contador do YIVO. Mas, além disso, era um apoiador e um admirador de todas as instituições iídiche da cidade. Reb Meir, como era chamado, era o primeiro a doar para uma causa comunitária, embora levasse uma vida com recursos muito escassos".

Chana Grichanski: "Era uma bibliotecária silenciosa. Quando a sala de leitura do YIVO foi aberta, trabalhou no balcão de empréstimos. Mas interagir com as pessoas que vinham pedir livros era demais para ela. Ficava mais à vontade elaborando fichas de catálogo".

Ber Shlosberg: "O YIVO era toda a sua vida. Para ele, carregar caixas era um trabalho tão sagrado quanto ler uma prova de página ou fazer uma tradução. Quando lhe era pedido para escrever algo, entregava-se à tarefa como se fosse um escriba da Torá que tivesse, antes de mais nada, que imergir num banho ritual. Ser meticuloso era seu traço mais impressionante. Sua inclinação acadêmica estava apenas começando a florescer. Foi assassinado pelos alemães junto à esposa e a um bebê".[12]

E a lista seguia adiante.

Para agravar a sensação de devastação havia a notícia de que o edifício do YIVO na Rua Wiwulskiego, nº 18, o santuário da moderna cultura iídiche, era agora um monte de entulho. Um ardoroso defensor de Vilna que sobreviveu à guerra, Leyzer Ran, enviou um envelope a Nova York com um pequeno monte de cinzas das suas ruínas. A carta que anexou começava assim: "Em 20 de novembro de 1945, sentei *shivá** no que havia sido o Instituto Científico Iídiche de Vilna". As cinzas foram colocadas à mostra numa vitrine perto da entrada do edifício da 123rd Street.[13]

Saber que o YIVO de Vilna não mais existia apenas acentuou a urgência de Weinreich em resgatar o que tivesse restado de suas coleções, onde quer que pudessem ser encontradas.

---

* No judaísmo, "sentar *shivá*" é manter um período de luto de sete dias pela morte de algum ente querido.

Além dessa dor profunda e da resoluta determinação, Weinreich sentia algo mais: ardia dentro dele uma raiva pela Alemanha, país onde havia morado e estudado de 1919 a 1923, e pela cultura que havia admirado. Para ele, a *Wissenschaft* (ciência) alemã havia sido um modelo, e ele nutrira a expectativa de instilar seus métodos na comunidade judaica por meio do YIVO, uma academia de fala iídiche. Mas sentia-se traído pela *Wissenschaft*. Ela traíra seus valores humanos básicos e se transformara numa arma criminosa. Centenas de professores haviam colocado seu conhecimento a serviço do nazismo, e a comunidade acadêmica alemã participara ativamente das difamações e da desumanização dos judeus. Isso despertou nele profundas questões existenciais. Como era possível que isso tivesse acontecido? Teria ele colocado fé excessiva no valor da ciência para a sociedade?

Para responder a essas questões, Weinreich fez a única coisa que sabia fazer. Decidiu estudar o tema. Deixou de lado sua pesquisa linguística sobre a história do iídiche e, durante um ano, dedicou-se a ler os trabalhos acadêmicos alemães antissemitas. O resultado foi uma denúncia com a extensão de um livro, *Os professores de Hitler: o papel da academia nos crimes da Alemanha contra o povo judeu*. Weinreich tornou-se o mais destacado especialista mundial em *Judenforschung* (estudos judaicos sobre o antissemitismo) e sabia tudo o que alguém poderia saber a respeito do Instituto para Investigação da Questão Judaica, de Frankfurt. Leu seus boletins e estudos; pesquisou as biografias de sua equipe. E quanto mais lia, mais suspeitava que as coleções saqueadas do YIVO estavam ali.

Weinreich nunca desistiu de encarar o conhecimento acadêmico como uma força que poderia – e deveria – enobrecer a humanidade. Mas desistiu da Alemanha, de maneira total e absoluta. Evitou contato com acadêmicos alemães, pelo menos até que lhe dessem relato completo de suas atividades durante a guerra. Rejeitou convites para palestras em universidades alemãs. Como linguista, expressou sua silenciosa fúria de modo mais profundo na esfera da linguagem: pelo resto da vida, Weinreich, um falante de alemão nativo com doutorado em Marburg, recusou-se, com raras exceções, a falar ou escrever em alemão.[14]

CAPÍTULO 20

A decisão de ir embora

Assim que o Museu Judaico de Vilna conseguiu assegurar seu status legal, ele começou a ruir, à medida que os membros de sua equipe corriam para sair do país.

A primeira a ir embora foi Ruzhka Korczak, a mais próxima companheira de partido de Aba Kovner e membro da brigada do papel. Em outubro de 1944, Kovner enviou-a em missão especial para localizar uma brecha na fronteira soviética, fosse na Polônia, fosse na Romênia, para a emigração ilegal para a Palestina. Ruzhka descobriu que todos os cruzamentos de fronteira estavam rigidamente controlados, e quando ela finalmente conseguiu chegar ao outro lado constatou que seria perigoso demais voltar. Seguiu então em frente e chegou ao porto de Haifa em dezembro – como um dos primeiros sobreviventes da Europa ocupada pelos nazistas a alcançar a Terra de Israel. Dali, escreveu cartas animadas a seus amigos e companheiros em Vilna.[1]

Seguindo as orientações e precauções de Ruzhka, outros membros da equipe do museu e voluntários do círculo da Jovem Guarda ("Shomer Ha-Tzair") saíram de Vilna rumo à fronteira – entre eles o doutor Shmuel Amarant e Zelda Treger.

Em novembro, a febre de emigrar ganhou grande impulso entre os judeus de Vilna. O elemento catalisador foi o assassinato da última família judaica sobrevivente na cidade de Ejshishok. Esse evento foi seguido por uma enxurrada de assassinatos de judeus, que haviam voltado às suas cidades natais atrás de seus parentes e propriedades. Quando os cadáveres das vítimas foram trazidos a Vilna para serem enterrados, as pessoas encontraram bilhetes nos bolsos deles com as palavras "Todos vocês terão destino similar".

Os órgãos de segurança reagiram com indiferença. O comissário para a segurança do Estado encontrou-se com uma delegação judaica e de maneira desdenhosa descartou seu pedido de proteção: "O que vocês querem que eu faça, que coloque um policial na frente de cada uma das casas?". O medo e a preocupação se espalharam entre a população judaica.[2]

Quase na mesma época, surgiram avisos oficiais nas ruas anunciando que indivíduos que tivessem sido cidadãos da República Polonesa antes de 1939 podiam candidatar-se à "repatriação" para a Polônia. Embora o acordo soviético-polonês fosse dirigido principalmente a poloneses étnicos, também se aplicava aos judeus. Isso significava que os judeus de Vilna nativos, que tivessem sido cidadãos poloneses antes da guerra, poderiam legalmente "voltar para a Polônia" e ir para Varsóvia ou Lodz. Sabendo que a União Soviética não permitia emigração livre, centenas de judeus sobreviventes de Vilna foram correndo agarrar essa rara oportunidade, incluindo a maioria dos membros da equipe do museu e de seus voluntários. Em pouco tempo foram embora Avraham Ajzen, Leon Bernstein, Grigorii Yashunsky e o doutor Alexander Liro. A instituição entrou numa espiral descendente.

Tudo isso foi coroado pela partida de surpresa do próprio Kovner, no meio da madrugada. Desde a crise de outubro, quando a Comissão para Coleta e Processamento de Documentos da Cultura Judaica foi dissolvida e parecia que o museu poderia de fato ser fechado, Kovner vinha removendo material das instalações a fim de transferi-lo para a *Eretz Israel*. Levou embora um grande lote de documentos da FPO, incluindo o apelo mais famoso da organização "Não podemos ir como carneiros para o abate". Levou também um trecho do diário de Herman Kruk e exemplares do *Notícias do Gueto*, e voltou sua atenção para o item mais precioso de todos – o diário de Herzl –, mas não foi capaz de tirá-lo de lá. Shmerke o trancara em sua sala.

Kovner fez toda essa subtração pelas costas de Shmerke. Os dois homens, que não podiam mais ver a cara um do outro, haviam feito um acordo em agosto para não remover material do museu. Mas Kovner mudara de ideia quando a crise eclodiu. Como sionista fervoroso, acreditava que a cultura judaica tinha futuro apenas na Terra de Israel. Do seu ponto de vista, recolher tesouros culturais exilados era um ato importante para a construção da nação. Shmerke, por sua vez, estava comprometido em construir a cultura judaica na Vilnius soviética.

Uma noite, no final de dezembro, Kovner recebeu informação confiável de um antigo *partisan* judeu, que trabalhava na polícia de Vilnius, de que seria preso no dia seguinte. Alguém do museu – ao que parece, Shmerke – o denunciara por roubo da propriedade da instituição. Kovner abandonou a Lituânia soviética imediatamente. Disfarçado de polonês alistado no Primeiro Exército Polonês, embarcou num trem militar com destino a Bialystok.[3]

Shmerke deu vazão à sua raiva de Kovner numa carta a Sutzkever, que estava em Moscou: "Antes de partir, Aba e Amarant levaram (leia-se: 'roubaram') alguns itens sem o meu conhecimento. Ao fazer isso, Aba quebrou a promessa que havia feito a mim e a você".[4] Como diretor, Shmerke tinha boas razões não só para ficar com raiva, mas também para ficar preocupado com a própria pele. Ele é que seria responsabilizado. E, de fato, algumas semanas depois, um agente da NKVD visitou o museu e repreendeu severamente Shmerke pelo fato de um dos membros de sua equipe, o doutor Amarant, ter sido detido na Fronteira Soviético-Romena com documentos do museu na bagagem. O agente advertiu Shmerke que se episódios desse tipo se repetissem ele iria pagar por sua falta de "vigilância soviética".[5] Se foi Shmerke quem denunciou Kovner às autoridades, como parece provável, deve ter feito isso para proteger a si mesmo e também o museu.

Ao chegar do outro lado da fronteira, Kovner tentou minimizar a gravidade do assunto. Da Polônia, escreveu a Sutzkever em Moscou: "Abrasha, escreva a Shmerke em meu nome e diga-lhe para não levar a sério os pequenos desentendimentos que surgiram entre nós no trabalho, e para se lembrar do grande feito que nós três juntos realizamos".[6]

Após a fuga de Kovner, houve outra perda inesperada: Noime Markeles – a secretária do museu, que além de membro da brigada do papel era uma das fundadoras do museu. Sua partida foi um sinal da mudança de clima. No gueto, Markeles era uma comunista fervorosa, mas após muita reflexão decidiu partir para a Palestina. No seu caso, a decisão não foi ideológica. Ela precisava construir uma nova vida, e todos os amigos dela estavam indo para a Palestina. Seus pais estavam mortos, e ela queria estar entre amigos. Muitos dos homens do museu sentiam-se atraídos por aquela morena de cabelos cacheados e olhos castanhos escuros e ficaram tristes com a sua partida.[7]

Shmerke estava comprometido em ficar e continuar a construir o que começara. E encontrou um novo recruta valioso para o museu: Shloime Beilis, um dos fundadores originais do grupo literário Vilna Jovem. Na década de 1930, Beilis era um jornalista iídiche muito considerado. Sob o domínio soviético de 1940-1941, foi editor executivo do *Verdade de Vilna* (*Vilner Emes*), o único jornal local em iídiche. Assim que os alemães atacaram, alistou-se no Exército Vermelho.

Beilis tinha mais experiência administrativa e mais anos de filiação ao Partido Comunista do que Shmerke, e menosprezava o impulsivo e emocional poeta que era agora seu "chefe" no museu.[8] Beilis tampouco demonstrava muita consideração pelos antigos internos do gueto de Vilna, que a seus olhos haviam fracassado no supremo teste de montar um levante total do gueto, como eles haviam feito em Varsóvia. Ele combatera o inimigo, enquanto poetas como Shmerke escreviam canções que não resultavam em nada. Shmerke e Beilis não gostavam um do outro, mas compartilhavam um forte compromisso com o resgate dos tesouros remanescentes e colocavam essa causa acima de suas animosidades. Os dois homens também estavam ligados por suas memórias de antes da guerra no Vilna Jovem e por uma dor muito pessoal em comum: ambos tinham uma esposa que jazia em algum lugar dos cemitérios coletivos em Ponar.[9]

Mas Beilis dificilmente seria capaz de compensar a redução da equipe, já que as montanhas de material no pátio da Rua Strashun, nº 6, continuavam crescendo. Os sacos da batata cheios de livros e papéis no pátio estavam expostos a ratos e a degradação por água. O telhado de uma das alas do museu tinha buracos tão grandes que era possível contar as estrelas à noite de dentro do edifício. A maioria das janelas ainda não tinha vidraças.[10] Mas os burocratas lituano-soviéticos simplesmente deixavam os tesouros culturais apodrecerem. As montanhas aumentavam, e também a frustração de Shmerke. As autoridades haviam proibido um jornal, proibido livros e teatro em iídiche, e perseguiam a única escola judaica. Ele estava no limite da paciência.

Num ato de desespero, Shmerke decidiu ir a Moscou em março de 1945. Se as autoridades enviassem instruções claras a Vilnius para que parasse com aquele obstrucionismo, ele teria que cessar. Shmerke passou três semanas na capital soviética, em sua primeira e única visita. Em outras circunstâncias, teria percorrido a cidadela do comunismo como um animado peregrino. Em vez disso, sentia raiva e frustração. Passou muitas horas com Sutzkever, esboçando vários planos de ação. E graças aos esforços do famoso jornalista Ilya Ehrenburg, conseguiu uma audiência com um oficial do Comitê Central do Partido Comunista da URSS – a chefe do Departamento de Assuntos Culturais das Minorias Nacionais, camarada Arfo Arfetisovna Petrosian.

Petrosian foi receptiva. E conforme ouvia a ladainha de queixas de Shmerke, ela mesma foi ficando indignada. "Isso é absolutamente inaceitável! O que o camarada Suslov disse a esse respeito? Nós o enviamos à Lituânia para dirigir o trabalho ali. Vou escrever a Suslov dizendo que essa é uma questão política importante e que ele tem que recebê-lo. Acho que tudo vai se acertar, a não ser que..." Ela fez uma pausa, ficou pensativa, e então acrescentou hesitante, "a não ser que os judeus da Lituânia precisem fazer um sacrifício para o bem de nossa causa mais ampla".[11]

Shmerke ficou chocado com as últimas palavras da camarada Petrosian: talvez os judeus da Lituânia precisem fazer um sacrifício para o bem de nossa causa mais ampla. Mas ainda se agarrou a um fio de esperança de que o Comitê Central pudesse instruir Mikhail Andreievich Suslov a bancar o museu e apoiar a cultura judaica.

Assim que desceu do trem, foi direto para o museu, mas ao chegar lá encontrou a equipe totalmente perturbada. A Administração do Lixo decidira que não podia esperar mais o museu resgatar as toneladas de papel restantes que estavam empilhadas em seu pátio (o museu não tinha mais espaço em seu próprio pátio e não dispunha de transporte para tirar aquelas toneladas de papéis dali). Na ausência de Shmerke, a Administração do Lixo havia limpado o pátio e enviado as montanhas de material – cerca de trinta toneladas – até o depósito da ferrovia, para serem despachadas a uma fábrica de papel no Oblast de Ivanovo, na Rússia. Os vagões do trem para Ivanovo seriam carregados a qualquer momento.

Shmerke correu até a plataforma da estação e encontrou o material empacotado em grandes bolas, do tamanho de fardos de feno, pronto para despacho. Ele começou a arrancar itens das bolas – um texto de uma peça em iídiche, um livro da biblioteca de Chaikl Lunski e uma autobiografia de um concurso de autobiografias do YIVO para jovens. Correu então de um escritório a outro tentando deter o despacho. Apelou ao diretor da estação de trem para que não enviasse os papéis, mas este respondeu que Shmerke não estava em posição de pedir isso. Aqueles "restos de papel" não eram dele; pertenciam à Administração do Lixo. Como o tempo era fator essencial, Shmerke foi procurar o mais alto oficial que ele conhecia, Henrik Ziman, embora este sempre tivesse se mostrado indiferente às preocupações dos judeus. Ziman fez o mínimo possível: despachou um inspetor até o depósito da ferrovia, que fez um relatório. Mas o inspetor não mandou deter o despacho. Shmerke ligou para Ziman de novo na manhã seguinte, mas o membro do Comitê Central lituano disse-lhe aos gritos que parasse de tomar o tempo dele e bateu o telefone na cara dele. Quando Shmerke voltou ao depósito mais tarde naquela manhã, as bolas de papel já tinham sido levadas embora.

Shmerke escreveu na mesma hora três cartas a Moscou, para o Comitê Antifascista Judaico, para Ilya Ehrenburg e para Sutzkever, pedindo para vetar o transporte. "Intervenham na fábrica de papel em Aleksandrov, Oblast de Ivanovo, ou no Escritório Central da Administração do Lixo em Moscou, na Alameda Bolshaia Cherskaskaia, nº 6, Moscou, diretor: Vayner. Tenho certeza de que sua intervenção imediata irá poupar esses tesouros da destruição", escreveu para o Comitê Antifascista. Foi mais franco com Ehrenburg. A história desse transporte era uma evidência da atitude das autoridades lituanas em relação ao museu: "Ainda não recebi nenhum apoio moral ou material para o museu por parte do Comissariado da Educação, e é por essas razões morais e materiais que muitos tesouros culturais judaicos estão sendo destruídos, aniquilados e perdidos".[12]

Enquanto aguardava notícias de Moscou, Shmerke foi chamado pelo Escritório de Censura lituano, que o repreendeu por insubordinação. Quando surgisse um problema, o camarada Kaczerginski deveria contatar o Escritório de Censura, que tinha ampla autoridade sobre material impresso, disse-lhe o chefe. Em vez disso, ele havia passado por cima dele e apelado diretamente a Moscou. Quando Shmerke pediu então que o chefe do Escritório de

Censura telegrafasse a seus superiores para interromper o despacho, o chefe comunicou que era tarde demais. Não restava mais nada dos papéis.

Ao ouvir essas palavras, Shmerke sentou e colocou as mãos na cabeça. Ficou sem fala. Pensou consigo mesmo: "Tudo destruído, como se tivesse sido mandado para o crematório".[13]

Ver o Estado soviético mandar toneladas de tesouros culturais judaicos para a destruição foi um golpe devastador para Shmerke. Foi quando teve uma percepção clara: os soviéticos estavam dando continuidade ao trabalho dos alemães. Mikhail Suslov não era melhor do que Johannes Pohl.

E as notícias eram igualmente desanimadoras em relação a outros aspectos da vida comunitária judaica. Os concertos em iídiche no teatro "Lutnia", que Shmerke havia inaugurado, estavam agora suspensos por ordem administrativa. A escola judaica foi informada pelo Comissariado de Educação que não teria permissão de ir além da quarta série. Depois disso, os alunos teriam que frequentar escolas russas ou lituanas.[14]

A fé de Shmerke na União Soviética, e na perspectiva de construir a cultura judaica ali, foi por água abaixo. Cinco a seis meses após a partida de Ruzhka, Amarant e Kovner, todos eles sionistas, ele, o comunista, começou a pensar seriamente em partir.[15]

A gota d'água foi quando agentes da NKVD foram até o museu. Além de requisitarem materiais relevantes à sua investigação de crimes de guerra, também lembraram a Shmerke que nenhum dos livros do museu deveria ficar disponível ao público leitor em geral sem prévia apreciação do Escritório de Censura. Quando ele perguntou se o Escritório de Censura lituano tinha censores para livros em iídiche e hebraico, eles responderam que não. Um dos agentes da NKVD pediu a Shmerke para emprestar-lhes exemplares de jornais alemães, lituanos e poloneses que tivessem sido publicados durante a ocupação alemã. Shmerke atendeu ao pedido e nunca mais viu os jornais.

Shmerke descreveu seu momento de epifania nas memórias que escreveu poucos anos depois: "Nós, o grupo de ativistas do museu, tivemos uma percepção bizarra. Tínhamos que salvar os tesouros *de novo* e tirá-los dali. Senão iriam desaparecer e perecer. Na melhor das hipóteses, não veriam a luz do dia no mundo judaico".[16]

A brigada do papel havia poupado os tesouros culturais do extermínio sob os alemães, mas na Vilna "libertada" esses tesouros viviam trancados num campo prisional soviético. Apenas um semestre antes, ele se queixara de Kovner, e provavelmente o delatara, por roubar material do museu. Agora, após uma série de decepções, estava considerando fazer a mesma coisa.

Para Shmerke, a decisão de remover material do museu e contrabandeá-lo para o exterior foi fruto de uma luta interna tremenda. Ele teria que tomar três decisões dolorosas: desistir da União Soviética – que havia sido sua esperança política e sua inspiração desde a adolescência; desistir de Vilna, sua cidade natal, que ele amava profundamente; e desistir do Museu Judaico, a instituição que ele construíra com sua força de vontade e perseverança.

Sutzkever chegou à mesma conclusão que Shmerke – os tesouros tinham que ser removidos –, mas sem sofrer tanto com isso. Nunca fora um comunista e, como amante da palavra iídiche, era claro para ele que a casa legítima dos tesouros era o Instituto Científico Iídiche, o YIVO, agora em Nova York. Shmerke e Sutzkever sabiam o que precisavam fazer. Mas contrabandear os materiais para fora da Vilnius soviética não era menos perigoso nem uma ameaça menor à vida do que havia sido contrabandeá-los para fora do local de trabalho do ERR. A operação exigiria grande cuidado e precaução. Precisavam de tempo para planejá-la e levá-la adiante.

CAPÍTULO 21

A arte de contrabandear livros – de novo

Shmerke Kaczerginski dava início ao difícil processo emocional de "desapegar-se". Seus sonhos não iriam se realizar; tinha que começar a pensar diferente. O Museu Judaico era uma armadilha mortal para os livros e documentos judaicos. Precisava resgatar o que pudesse.

Shmerke só contou seus planos de partir para a Polônia aos amigos mais próximos. No final de abril de 1945, escreveu para Sutzkever em código: "Vou viajar para ver tia Lola em cinco ou seis semanas". Tia Lola era o codinome de Lodz, o principal destino dos repatriados judeus na Polônia.[1] Mas esse prazo era totalmente irreal. Como primeiro passo, mesmo antes de solicitar sua saída, ele apresentou sua demissão como diretor do Museu Judaico, com o pretexto de querer se dedicar inteiramente a seus projetos literários (enquanto fosse diretor de um museu estatal, não teria permissão de emigrar). Mas o comissário de Educação, Juozas Ziugzda, disse que só aceitaria sua demissão depois que ele encontrasse um substituto adequado. Shmerke pediu aos escritores iídiches Hirsh Osherovitsh e Yankl Yosada que assumissem o cargo, mas ambos declinaram.[2] Em junho de 1945, ele por fim encontrou o homem certo: Yankl Gutkowicz.

Gutkowicz era amigo de infância de Shmerke desde a escola Talmude Torá de Vilna, e mais tarde foram companheiros no Partido Comunista, na clandestinidade. Passou a guerra toda, de junho de 1941 até maio de 1945, nas fileiras do exército soviético e voltou para Vilna assim que foi dispensado. Quando Shmerke deu de cara com ele na rua, os dois se abraçaram e Shmerke disse: "Que bom você estar por aqui. Você vai assumir o museu". Gutkowicz começou imediatamente a trabalhar no museu, e a transferência formal da liderança teve lugar em 1º de agosto de 1945.[3]

Shmerke continuou na equipe do museu depois de 1º de agosto, mas não mais como diretor. Sutzkever também tinha um cargo oficial e trabalhava ali em suas visitas periódicas a Vilna. Mas sem o conhecimento de Gutkowicz e de Shloime Beilis, os dois fiéis comunistas, antigos membros da brigada do papel, começaram a trabalhar não tanto *para* o museu, mas *contra* ele. Secretamente, passaram a retirar itens das instalações e deixá-las em esconderijos, tanto no próprio museu como no apartamento deles na Rua Gedimino.

O primeiro passo de Shmerke foi retirar de lá as centenas de rolos da Torá que ele e o grupo de voluntários do museu haviam encontrado pela cidade. Ele se lembrou do quanto Zelig Kalmanovitch ficou triste e sentido ao ver os rolos desamparados e jogados pelo edifício do YIVO controlado pelo ERR. Lembrou que Johannes Pohl havia destruído muitos deles, mandando-os para uma fábrica de artigos de couro. Shmerke não poderia deixá-los no museu, um museu estatal soviético, onde poderiam ser confiscados ou despachados como lixo. Mereciam destino melhor. Mas tampouco poderia levar os rolos para fora do país – eram muito grandes e volumosos, e simplesmente eram numerosos demais. Shmerke decidiu transferi-los de maneira gradual e discreta para a sinagoga. Gutkowicz e Beilis não colocaram nenhuma objeção e fizeram vista grossa ao seu gradual desaparecimento.

Os rolos foram acolhidos com entusiasmo pela comunidade religiosa judaica, então chefiada pelo rabino Isaac Ausband, um ex-aluno das yeshivas lituanas, que substituiu o rabino Gustman depois que este partiu para a Polônia. Ao examinar os rolos, Ausband viu que a maioria deles estava danificada e imprópria para os rituais. Muitos eram meros fragmentos e trechos da Torá. Decidiu então organizar um funeral público dos rolos e fragmentos de pergaminho, de acordo com a tradição religiosa judaica.

Era, na realidade, um funeral para prantear o falecimento da Jerusalém da Lituânia, a cidade judaica do livro.

A cerimônia foi realizada em 13 de maio de 1945, primeiro dia do mês judaico do Sivan, poucos dias após o *V-E day*, o Dia da Vitória na Europa, quando a Alemanha nazista se rendeu. Foi a mais intensa comemoração realizada em Vilna por seus sobreviventes do Holocausto.

Um caixão funerário preto foi colocado na *bimah* da Sinagoga Coral, preenchido com fragmentos de pergaminho da Torá. O caixão foi coberto com um xale de oração rasgado, com manchas de sangue secas. O *cantor* recitou a oração memorial "El Male Rahamim" ("Deus que é cheio de misericórdia"), dirigida aos judeus martirizados de Vilna e arredores, e o rabino Ausband fez o discurso fúnebre. A Torá foi lida em homenagem ao Rosh Hodesh (o primeiro dia do mês hebraico), e toda a congregação proferiu a bênção "Ha-gomel", tradicionalmente recitada quando alguém sobrevive a algum perigo ou ameaça, em gratidão por sua sobrevivência do extermínio nazista.

Após a leitura da Torá, fragmentos de pergaminho foram distribuídos a todos os presentes, que fizeram fila para lançá-los no caixão aberto. Os líderes da comunidade religiosa carregaram o caixão nos ombros e o levaram para fora da sinagoga e pelas ruas de Vilna.

Uma procissão de centenas de pessoas marchou até o gueto, parando um instante no local do antigo portão, onde muitos haviam perdido a vida por contrabando, e depois junto ao antigo edifício da Judenrat, presidido na época do gueto por Jacob Gens. Os pedestres não judeus ficaram profundamente impressionados com a cena e afastaram-se em silêncio para a calçada estreita. A procissão deteve-se no *shulhoyf*, diante da danificada Grande Sinagoga e das ruínas do *kloyz* do *Gaon* de Vilna. Ali, esperando por eles, estavam vários veículos com os rolos de Torá profanados, e o caixão preto foi colocado num deles. Em pé sobre o entulho do *kloyz* do *Gaon* de Vilna, um sobrevivente do gueto de Vilna recitava a bênção proferida pelos participantes de funerais: "Abençoado és Tu, Senhor nosso Deus, rei do universo, nosso verdadeiro juiz". Um sobrevivente da vizinha cidade de Niemiencin fez o ritual da laceração de suas vestes, e o educador Michael Rajak tomou a palavra. "O quanto são afortunados os rolos de Torá de Vilna em comparação com seus judeus. Os rolos terão o privilégio de receber um enterro apropriado. Irão erguer-se diante do trono de glória de Deus e depor como testemunhas. Eles viram tudo o que os maus nos fizeram."

Os caminhões com os rolos, seguidos pela procissão, deslocaram-se lentamente em direção ao cemitério Zarecha, o segundo cemitério judaico mais antigo de Vilna. Ali, cada participante pegou um rolo ou fragmento de um dos veículos e o colocou dentro do túmulo aberto. Quando a cerimônia se aproximava do final, um homem veio correndo com algo embrulhado num xale de oração. Era o corpo de sua filha, que havia sido assassinada pelos alemães. Ele mantivera o cadáver dela no esconderijo do subsolo onde havia sobrevivido, e decidira agora enterrar a filha com os rolos da Torá. A assembleia toda recitou o *kaddish*.

Um jornalista que acompanhava o funeral observou: "Todos os presentes irromperam em soluços e lágrimas, e o som de seu choro podia ser ouvido a grande distância do cemitério. Aquele som irá permanecer para sempre nos corações despedaçados daqueles que estavam ali naquele dia".[4]

Com o funeral, os sobreviventes da Vilna judaica deram adeus às suas Torás violadas. Esse "enterro apropriado" foi possível graças a Shmerke, o membro do Partido Comunista. Mas para evitar chamar a atenção sobre si e para o seu ato "ilegal" na transferência das Torás, Shmerke se ausentou do evento.

Remover outros objetos do museu fora das vistas de Gutkowicz, seu amigo de infância e sucessor, era difícil não só em termos de logística, mas também emocionalmente. Gutkowicz suspeitava de alguma coisa, mas não se sentia capaz de confrontar Shmerke. A situação tensa foi descrita pelo escritor do Vilna Jovem, Chaim Grade, que a ouviu do próprio Shmerke:

> Todo dia, Gutkowicz entrava no escritório de Shmerke e se queixava de que, de acordo com a lista que o próprio Shmerke, como antigo diretor, havia elaborado, faltavam importantes manuscritos e livros raros. Shmerke dava de ombros e mandava procurá-los nas montanhas do pátio. Gutkowicz fazia isso e voltava no dia seguinte com a mesma queixa, dizendo que não conseguira encontrar nada.
>
> "Eu continuo trabalhando aqui, portanto ainda preciso estar de posse do meu escritório", dizia Shmerke, que não deixava a chave da sua sala com ninguém. Além disso, preferia trabalhar no museu nas horas em

que o novo diretor estava em outro lugar – em algum escritório do governo ou em casa na hora do almoço...

Um dia Gutkowicz entrou no escritório de Shmerke, mas sem a lista dos tesouros ausentes, para evitar dar a impressão de que suspeitava de algo. Então comentou num tom intencionalmente indiferente: vasculhara montanhas de livros e documentos e mesmo assim não conseguira encontrar as cartas de Abraham Mapu, o diário do doutor Herzl e os manuscritos do doutor Ettinger. Será que Shmerke não lembrava onde os teria guardado? [...] Dessa vez Shmerke enervou-se e disse ao amigo: "Não se preocupe com isso. Que diferença faz um livro a mais, um livro a menos? Por que você se importa com isso, afinal? Você não arriscou o pescoço para poupá-los dos alemães"...

Gutkowicz não queria perder aquela sua amizade, tão bem testada pelo tempo. Portanto, sequer replicou que o Comitê Estatal Soviético poderia exigir que Shmerke prestasse contas pelos manuscritos faltantes. Após um longo silêncio, Gutkowicz respondeu: "Não estou me referindo a nada em particular. Só perguntei se você por acaso teria visto os materiais". E saiu da sala de Shmerke sem dizer mais nada.[5]

Durante esse tempo todo, Shmerke não comentou com ninguém, exceto os amigos mais próximos, que planejava ir para a Polônia. Manteve uma fachada pública de comunista leal e patriota soviético. Em junho, compôs uma peça de fim de ano para as crianças da escola judaica, que começava com o hino soviético e terminava com expressões de gratidão ao camarada Stalin. Em agosto, assinou um contrato com a editora "Emes" em Moscou para publicar sua coleção de canções do gueto. Já bem mais tarde, em meados de outubro, o poeta iídiche de Moscou Itzik Feffer escreveu a ele: "Quero sair um pouco daqui e vou fazer-lhe uma visita".[6]

Como Shmerke acumulara uma arca do tesouro de livros e manuscritos em seu apartamento, começou a entregar pequenos pacotes a pessoas que haviam decidido "repatriar-se" para a Polônia, pedindo que os levassem para o lado de lá da fronteira em sua bagagem. Elas aceitavam de bom grado a tarefa. Sentiam que ao darem adeus à cidade levavam consigo um pequeno pedaço da Jerusalém da Lituânia. Shmerke pedia que guardassem bem os pacotes na Polônia, até que ele chegasse ou enviasse outras instruções.[7]

Em julho de 1945, Shmerke mandou um pacote de materiais, por meio de amigos emigrantes, para Rachela Krinsky, sua antiga colega e amante da brigada do papel, que sobrevivera aos campos de concentração e morava agora em Lodz. O pacote continha o diário de Theodor Herzl e outras raridades. Na carta que anexou, deu a Rachela ordens bem estritas: ela não devia contar a ninguém a respeito do pacote, nem entregar seu conteúdo a ninguém, a não ser que a pessoa lhe mostrasse um bilhete dele com a frase em código "Shweik pediu" (Shweik era um acrônimo de Shmerke Kaczerginski).[8]

Shmerke saiu de Vilnius às pressas, no final de novembro de 1945, sem sequer despedir-se de Gutkowicz. Segundo o relato de Chaim Grade, foi um dos membros da equipe, Shloime Beilis, que deu a dica a Shmerke de que deveria sair do país imediatamente ou seria preso. Entrou na sala de Shmerke, apertou sua mão e disse: "Tenha uma boa viagem. Você está indo embora hoje, não é?". Quando Shmerke respondeu que não era esse seu plano, Beilis comentou que Gutkowicz acabara de ser intimado a ir até o Ministério da Cultura para fazer um relato detalhado dos manuscritos e livros raros do museu. Acrescentou então de modo sugestivo: "E estou certo de que o camarada Ziman do Comitê Central está equivocado em sua avaliação de que você é um inimigo da União Soviética". Shmerke captou a mensagem: as autoridades haviam decidido prendê-lo. Ele partiu de Vilna no mesmo dia para outra parte do país, a fim de se livrar de qualquer um que o estivesse seguindo. Alguns dias depois, cruzou a fronteira e entrou na Polônia.[9]

Shmerke, como Aba Kovner um ano antes, fora obrigado a sair às pressas para evitar ser preso. Não pôde levar com ele a maior parte dos tesouros culturais que havia escondido. Caberia a Sutzkever recolhê-los e tirá-los de lá.

Sutzkever visitou Vilna duas vezes em 1946, depois que Shmerke partiu.[10] Nessas visitas, sua missão era dupla: recuperar materiais *em nome* do Museu Judaico e tirar materiais *do* museu. Shmerke enviou-lhe uma carta por meio de mensageiro da Polônia, com instruções específicas sobre a localização de certos itens: "No pátio do Museu Judaico, debaixo do poço da escada onde estão empilhados os livros religiosos, enterrei o diário de Kruk. Não deixe de levá-lo".[11]

Sutzkever partiu para a Polônia em maio de 1946. Não se sabe ao certo como foi que contrabandeou materiais pela fronteira soviético-polonesa.

Em cartas a Max Weinreich, ele relatou apenas que a operação envolvera "inúmeras dificuldades e riscos de morte". Shmerke foi igualmente cauteloso e não revelou detalhes, provavelmente para proteger as pessoas que ainda estavam na Vilnius soviética. Em suas memórias sobre suas experiências soviéticas, Shmerke escreveu de modo lacônico que "haverá um momento em que esse capítulo do heroísmo e do autossacrifício judaico precisará ser descrito em detalhes".[12] Mas esse momento nunca chegou. Portanto, só nos resta especular.

É provável que a Bericha, uma organização sionista clandestina dedicada a contrabandear judeus da Europa para a Palestina, tenha ajudado a atravessar livros e documentos pela fronteira até a Polônia. Os materiais eram simplesmente volumosos demais para serem carregados em uma ou duas malas.[13] A Bericha controlava uma ferrovia clandestina por toda a Europa, levando judeus de um país a outro e colocando-os em navios não registrados rumo à Palestina. Na União Soviética, as mobilizações da organização tinham sua base em Vilna e eram comandadas por dois membros da Shomer Ha-tsa'ir, Shmuel Jaffe e Yaakov Yanai. Os dois homens conseguiram tirar 450 cidadãos soviéticos da URSS ilegalmente no primeiro semestre de 1946. Contavam com a ajuda de um antigo oficial *partisan* bielorrusso, que trabalhava como representante soviético da comissão de repatriação em Baranovici, perto da fronteira soviético-polonesa. É provável que as malas de Sutzkever com livros e documentos tenham cruzado a fronteira por esse posto de controle de Baranovici.[14]

CAPÍTULO 22

A escolha de Rachela

A história vivida por Rachela Krinsky após a dissolução da brigada do papel foi uma sequência de pesadelos. Na época da liquidação final do gueto, em setembro de 1943, a professora secundária foi deportada para o campo de Kaiserwald, perto de Riga, onde teve a cabeça raspada, o corpo desinfetado com spray, e recebeu um uniforme de campo de concentração. Trabalhava empilhando madeira e cavando valas no frio congelante. Quem fizesse corpo mole era executado na periferia do campo, mas Rachela trabalhou duro e sobreviveu.

De Kaiserwald, os alemães a mandaram para o campo de Stutthof, perto de Danzig, onde ficou internada mais de um ano. Rachela foi um dos felizardos internos de Stutthof que não morreram de tifo e não foram para a câmara de gás do campo. Embora fosse originalmente um campo de trabalhos forçados, Stutthof começou a atuar como campo de extermínio em 1944, quando Auschwitz operava em sua capacidade máxima. Os alemães enviaram o excedente de judeus húngaros para Stutthof, onde iam diretamente para a câmara de gás. Toda noite, Rachela via a fumaça subir do crematório do campo e perguntava a si mesma quando seria a vez dela. Quando o Exército Vermelho começou a se aproximar das vizinhanças, os nazistas desmantelaram o campo de Stutthof e levaram os internos remanescentes numa "marcha da morte" pela costa do Báltico, no frio congelante do inverno. Os doentes e aqueles que ficavam para trás eram executados a tiros, sem aviso. Mas Rachela sobreviveu. Foi libertada pelos soviéticos em 13 de março de 1945.

Depois de recuperar as forças, partiu em direção ao leste, indo da Alemanha para a Polônia, até Lodz, o principal ponto de reunião de judeus poloneses sobreviventes.[1]

Uma vez ali, Rachela refez o contato com sua antiga babá Wikcia Rodziewicz, na Vilnius soviética, e soube que sua filha Sarah, que ela deixara aos cuidados de Wikcia três anos e meio antes, estava viva e bem. O lado mãe em Rachela ficou feliz, mas ela sentia-se muito culpada por ter abandonado a filha. Compartilhou sua dor privada em cartas a Shmerke e Sutzkever: Wikcia havia sido uma mãe maravilhosa para Sarah durante os anos de guerra, e "não há muita justiça no fato de eu ter sobrevivido". Estava exaurida, deprimida e confusa. Sua vida nos campos de concentração, escreveu ela, tinha sido um inferno infindável. "Experimentei minha morte centenas de vezes, e continuei viva – para aguardar coisas ainda piores."

Rachela escreveu que, após a libertação, não conseguia mais redescobrir a alegria. "Simplesmente não consigo acompanhar o ritmo dessa nova vida. Imaginei que seria diferente, que o milagre teria um sentido moral" (frase do poema do gueto de Sutzkever "Uma oração para o milagre"). "Sinto muita falta da beleza. Sofri uma tremenda escassez dela nos últimos dois anos." Ela se lembrava com carinho, até com nostalgia, de Sutzkever recitando poesia em iídiche no edifício do YIVO controlado pelo ERR. Na realidade, o único prazer que conseguia encontrar na nova vida era na leitura de poesia.[2]

Rachela não tinha ideia do que seria de seu futuro. Confusa e deprimida, passou vários meses após sua libertação sem sequer se dar ao trabalho de escrever a seus irmãos e irmã na América. Não achava que fosse importante. Foi Sutzkever que informou a família americana de Rachela da sua sobrevivência.[3]

Mas uma coisa Rachela fez: pediu que Wikcia viesse "repatriada" para a Polônia com Sarah, ou Irena, como todos as chamavam agora. Queria reencontrar a filha, uma criança de 22 meses de idade quando ela a deixou, que tinha agora 6 anos e sequer se lembrava dela. Rachela confidenciou a

Sutzkever: "Talvez reencontrar minha filha me ajude. Não que eu possa ajudá-la, mas ela, sim, pode me ajudar". Sutzkever respondeu de Moscou:

> Rachela. Posso sentir (costumava achar que não seria capaz de sentir nada) o quanto seu coração está contorcido de dor. Mas não acredito que a vida mereça ser levada tão a sério [...] Devemos aceitar a realidade como ela é. Devemos aprender a descobrir a fórmula química para transformar dor em alegria. Senão, é impossível viver [...] Eu resisto a me resignar. O avião que veio me resgatar da floresta, para me levar pelo *front* até Moscou, incendiou-se no céu até virar cinza diante dos meus olhos. Eu esperei e esperei, até que chegou um segundo avião. E se você perdeu a fé na humanidade, então o mundo *além* da humanidade ainda é muito bonito! Ninguém na face da terra pode tirar de mim essa eterna beleza.[4]

Shmerke também insistiu para que Rachela afastasse seus pensamentos de dor. Escreveu para ela de Vilnius em julho de 1945: "Quero muito vê-la se afastar do passado e esquecê-lo o quanto possível. Quero pelo menos que você seja do jeito que era em sua pequena sala no YIVO: alguém que compreende tudo sem precisar perguntar, uma pessoa afetuosa, e uma verdadeira amiga. Todas essas coisas juntas são mais do que cada uma delas separadamente. Você vai ver como tudo vai ficar muito melhor do que você pensa".

Então Shmerke sugeriu timidamente que ele e Rachela podiam pensar em se casar. Pediu que ela lhe enviasse uma carta oficial de convite para que ele imigrasse para a Polônia, em que ela o nomeasse como marido. Isso facilitaria sua saída. Se a palavra "marido" seria uma ficção legal ou uma realidade, ele deixou que ela tomasse a decisão. Shmerke não escondeu que tinha uma namorada em Vilna, mas disse em carta que não a amava e que iria romper com ela. Queria ficar com Rachela. "Acredito que, se ficarmos juntos, você irá se sentir muito melhor."

Nesse ponto, a carta ganhava um tom romântico: "Quero vê-la, conversar com você, ficar em silêncio do seu lado, ficar junto de você. Fico com vergonha de conversar demais e dizer coisas demais, e até de escrever demais a você – porque sinto que você me olha, e isso me faz baixar o olhar. Gostaria que esperasse por mim, e que por enquanto não se mudasse para nenhum outro lugar. Mas se tiver que fazê-lo, então estará perdido. Vai me restar a esperança de segui-la em seus pensamentos".[5]

Rachela não mandou um convite chamando Shmerke de marido. Não fez promessas e tampouco assumiu compromissos. Como escreveu numa de suas cartas a Sutzkever, não conseguia se imaginar casada de novo. "Acho cômico quando vejo as pessoas falando de amor. Eu realmente não consigo sentir nada."

Quando Shmerke chegou a Lodz, a primeira coisa que fez foi procurar Rachela. Encontrou-a morando num apartamento com a filha, a babá, a cunhada e uma amiga próxima. Estava envolvida na tarefa difícil de reconstruir a própria vida e a relação com uma filha que chamava a babá de "mamãe" e se referia a ela como "a senhora".

O romance entre Shmerke e Rachela reacendeu-se imediatamente. Para Rachela, o reencontro com Shmerke era sua primeira experiência de simples alegria, já que seu reencontro com a filha estava imerso em culpa e frustração. Tanto Rachela quanto Shmerke tinham outros parceiros românticos em Lodz, pois suas energias eróticas haviam voltado à vida com muita intensidade (um sobrevivente comentou que Shmerke "ia de uma mulher a outra, como uma abelha de flor em flor"). Mas o amor e a compreensão entre os dois eram profundos. Para os sobreviventes em Lodz, a conclusão inevitável era que "o bardo vai se casar com a professora".

Mas o romance criou um novo desafio para Rachela. Era difícil para ela encontrar um ponto de equilíbrio entre satisfazer seu desejo recém-despertado e ao mesmo tempo atender às necessidades da filha. Ela escreveu a um de seus admiradores: "Aqui estou eu, sentada no sofá, com Shmerke cobrindo meus olhos de beijos, com a pequena Sarah olhando a cena, e eu me vendo pensando em você". Amigos próximos advertiram-na que, se continuasse com as demonstrações de amor apaixonado na frente da criança, iria perdê-la.

Havia também tensões entre Rachela e Wikcia, a babá, que sentia ter uma noção melhor do que a criança precisava e achava difícil abrir mão de seu papel maternal.[6]

E para arrematar tudo isso, Rachela ainda precisava lidar com seus surtos depressivos. Ela escreveu a Sutzkever em Moscou:

> Eu finjo estar viva. Vou ao cinema, ao teatro ou a um café. Mas a toda hora olho para mim mesma de fora e vejo a prisioneira número 95246, o registro de Stutthof. O registro que também fazia constar quantos

dentes de ouro cada um de nós tinha, para que pudessem saber de que cadáveres extrair os dentes. Estou ouvindo música, meu "namorado" me conta alguma coisa, e eu sequer ouço o que ele diz, porque estou vendo outras imagens. Minha única vontade é de gritar [...] De manhã, tenho preguiça demais para acordar e começar a viver. Mas mantenho as aparências, e provavelmente ninguém acreditaria se eu dissesse que estou apenas fingindo estar viva.[7]

Rachela estava certa numa coisa. A relação com a filha a ajudava, à medida que as duas iam aos poucos criando vínculos. Após alguns meses de convivência, ela escreveu a Sutzkever: "A pequena e eu já somos muito boas amigas. Sou a mãe dela de novo".[8] Mas havia um problema: a pequena Sarah, de 6 anos de idade, não gostava de Shmerke, o "homem baixinho e vesgo" que visitava a casa delas com frequência. Reclamava com a mãe dizendo que "ele canta canções para você, não para mim. E daqui a um ano já vou ser mais alta do que ele".

Sarah tinha uma clara preferência por brincar com outro homem que visitava a mãe dela de vez em quando, Abraham Melezin. Ex-professor de Geografia da Universidade de Wilno, Melezin perdera a mulher e um filho novo em Majdanek, e, como Rachela, era sobrevivente do campo de Stutthof. Sentia-se ligado à pequena Sarah, em parte porque a menina preenchia o vazio deixado pelo filho assassinado, e ela, por sua vez, o adorava. Sarah foi direta ao dizer à mãe: "Senhora, por que vocês dois não se casam? Eu quero que ele seja meu pai!".

Conforme passaram os meses, Rachela compreendeu que Shmerke nunca seria o pai de que Sarah precisava tão desesperadamente. Ele era despreocupado demais, muito egocêntrico, e muito ocupado. Com apoio da família na América, ela decidiu se juntar a eles, sozinha, sem se casar com Shmerke.

Vikcza também ficou na Polônia.

Rachela e a filha saíram da Polônia em abril de 1946, primeiro para a Suécia, onde ela aguardou o visto americano providenciado pelo irmão Chaim, em Nova York. Antes de partir, Shmerke escreveu para ela um poema de despedida:

> Você me brindou a primavera
> Quando tudo ao redor era outono,

No escuro que essa noite encerra
Acolheu meu uivo e acalmou-o.

Uivo, qual o de um lobo na selva,
Que seu alento ninou para acalmar,
Minha solidão fundiu-se às trevas,
Com você de alegria a me ornar.

Solidão em minh'alma hoje vive
E seus braços reclamo num uivo
Meu sonho paira, adeja em seu ninho
...E me vejo de novo sozinho.[9]

Pouco depois da partida de Rachela, Shmerke casou com sua namorada de Vilna, Maria, que se repatriara para a Polônia.

Rachela Krinsky instalou-se em Nova York, no apartamento do irmão. Meses mais tarde, o homem que havia brincado com tanta delicadeza com sua filha, Abraham Melezin, chegou também a Nova York. Sem casa nem parentes, ficou com Rachela no apartamento da irmã dela. Ao vê-lo, a pequena Sarah deu pulos de alegria. Rachela mostrou-se mais reservada e em conflito, mas após algumas semanas de hesitação decidiu casar-se com Melezin. Escolheu o homem que seria um bom pai para a filha recém-reconquistada, em lugar do maior amor da sua vida. Sacrificou-se por Sarah.

O romance da brigada do papel chegava ao fim.[10]

CAPÍTULO 23

A descoberta alemã

À medida que a guerra na Europa se encaminhava para o seu fim, Max Weinreich decidiu renovar seus esforços para recuperar os remanescentes das coleções do instituto. Em 4 de abril de 1945, enviou uma carta ao assistente do secretário de Estado Archibald MacLeish, pedindo auxílio do governo. Segundo informações à disposição do YIVO, escreveu ele, seus livros e arquivos estavam retidos no Instituto para a Investigação da Questão Judaica, um órgão nazista sediado em Frankfurt. Weinreich pediu que as forças dos EUA procurassem e localizassem os tesouros do YIVO, que poderiam estar enterrados sob as ruínas da cidade alemã arrasada pelos bombardeios.[1]

Um mês depois, em 7 de maio, Weinreich e Sol Liptzin, o secretário do conselho acadêmico do YIVO, junto com o professor de Alemão do City College, reuniram-se com oficiais do Departamento de Estado em Washington. Estes ouviram com atenção sua petição e, surpreendentemente, encaminharam o caso para o Departamento do Comércio. Como o YIVO era uma instituição americana, sediada no Estado de Nova York, esse era um caso de resgate de propriedade americana saqueada pelos alemães. Assim, Weinreich e Liptzin pegaram um táxi e foram até o chefe da Divisão de

Segurança Econômica no Comércio, Seymour J. Rubin. Rubin ficou tão impressionado com a solicitação do YIVO que telegrafou na mesma hora para o Quartel-General das Forças Armadas na Alemanha (SHAEF) e pediu que "descobrissem o que havia sido salvo das coleções do Instituto Rosenberg, e se a propriedade do YIVO estava entre as coisas descobertas".

Após as reuniões em Washington, o YIVO mandou a Rubin e ao Departamento de Estado um memorando adicional com uma nova informação: o endereço do Instituto para Investigação da Questão Judaica, Bockenheimer Landstrasse, nº 68, Frankfurt. O material do YIVO poderia estar ali.

Uma cópia desse memorando do YIVO chegou ao escritório de Berlim do general Lucius Clay, vice-supremo comandante Aliado na Europa. O general Clay ordenou que um destacamento militar vistoriasse o edifício do nº 68 da Bockenheimer Landstrasse, e levou junto um funcionário da Seção de Monumentos, Belas-Artes e Arquivos, um "Homem da Monumentos".[2]

Encontraram bem mais do que esperavam. Debaixo de um edifício que havia sido muito danificado pelo bombardeio Aliado, havia porões com caixas contendo cem mil livros. O destacamento não foi capaz de identificá-los, por estarem em alfabeto hebraico. O quartel-general militar em Frankfurt despachou o cabo Abraham Aaroni para o local, por tratar-se de alguém com conhecimento de hebraico. Aaroni visitou o edifício em 19 e 20 de junho de 1945 e informou que os livros incluíam partes de três bibliotecas judaicas bem conhecidas: a do YIVO de Vilna, a da École Rabinonique de Paris e a do Seminário Rabínico de Amsterdã.[3]

O YIVO soube da descoberta com a rapidez de um raio, não por meio do governo dos EUA, mas por Aaroni, que era amigo de um membro da equipe do YIVO em Nova York, Shlomo Noble. No dia em que examinou os caixotes de livros no porão, Aaroni mandou uma carta à sua esposa Celia no Brooklyn com a notícia:

> Querida,
>
> Você deve ligar para o Noble e dizer a ele que descobri parte da biblioteca do YIVO. Não são duzentas caixas de livros do mundo todo que eu descobri, mas cerca de mil. O que significa mais ou menos uns cem mil volumes [...] Vai exigir uma equipe de cerca de vinte pessoas trabalhando por um ano para

selecionar tudo isso [...] Minha tarefa principal hoje é convencer as autoridades do Governo Militar [da] importância de remover todos esses tesouros valiosíssimos para um local mais apropriado. Estou prevendo que será uma luta.

Tenha uma bela manhã. Do seu, A.[4]

A mulher de Aaroni ligou para Noble, que informou Weinreich. Tudo correu de modo muito direto e fácil. Bastou dar-lhes o endereço para descobrirem os livros. Weinreich soube da descoberta antes mesmo do Departamento de Estado.

Ele escreveu então para o Escritório de Controles de Segurança Econômica do Estado e solicitou que o governo movesse os tesouros culturais judaicos, incluindo a propriedade do YIVO, do edifício em ruínas do instituto nazista para um local seguro. Weinreich citou uma carta que havia recebido de um soldado locado na Alemanha: "Está havendo uma grande redistribuição de propriedade por aqui, e muitos itens que deveriam estar sendo encaminhados a museus ou arquivos estão virando suvenires".

Weinreich pediu também ao Departamento de Estado que ajudasse o YIVO a enviar um representante a Frankfurt "para concluir a identificação da propriedade do YIVO e providenciar seu envio para os Estados Unidos". Ele se ofereceu para viajar ele mesmo a Frankfurt. Mas o Departamento de Estado garantiu-lhe que não havia necessidade de um representante. Os livros e papéis estavam sendo protegidos, e levaria tempo para decidir a questão de seu destino final.[5]

A descoberta nos porões da Bockenheimer Landstrasse, nº 68, foi só o começo. Havia relatos de que muitos outros livros judaicos estavam armazenados em Hungen, cidade cinquenta quilômetros ao norte de Frankfurt. O exército americano despachou um Homem da Monumentos para investigar, e ele descobriu um tesouro dez vezes maior que o de Frankfurt. O esconderijo havia sido criado nessa inexpressiva cidade provincial porque os chefes do Instituto para Investigação da Questão Judaica decidiram transferir para lá a maior parte dos acervos saqueados, no início de 1944, quando os Aliados começaram a bombardear a cidade e atingir seus edifícios. Os alemães, que haviam investido muita mão de obra e recursos para reunir o maior acervo de Judaica do mundo, tinham a intenção de ficar com ele, mesmo em face do bombardeio Aliado. Isso foi uma prioridade, apesar de eles estarem a caminho da derrota.

Em Hungen, os livros e arquivos saqueados foram mantidos em vários locais espalhados: uma caverna, um castelo, uma escola, um celeiro e em porões e escritórios de empresas comerciais. O número total de livros foi estimado em um milhão. O Homem da Monumentos reportou a seu superior: "[Eles] contêm material histórico de grande importância, como o material judaico retirado pelos alemães de seus territórios ocupados, incluindo o do Instituto Científico Iídiche de Vilno".[6]

As forças dos EUA transferiram os livros dos porões da Bockenheimer Landstrasse e de Hungen para o edifício da Biblioteca Rothschild, em Frankfurt. Essas instalações haviam abrigado a extraordinária biblioteca da família Rothschild, especializada em literatura, arte e música (foi aberta ao público em 1895 e passou ao controle municipal em 1928. As autoridades nazistas retiraram o nome Rothschild e removeram os itens judaicos do acervo na década de 1930). Mas a Biblioteca Rothschild revelou-se pequena, especialmente depois da descoberta de outros depósitos de livros em outros locais da zona americana da Alemanha ocupada.[7]

Os livros e papéis de Vilna estavam misturados aos de outros acervos. As autoridades dos EUA precisavam selecionar os livros, colocá-los em ordem e resolver a questão de quem era o detentor de sua posse.

Mas as ações tomadas pelo governo militar dos EUA depois que assumiu o controle dos livros não foram animadoras. Eles contrataram vinte bibliotecários alemães para catalogar e organizar os livros. Embora os bibliotecários tivessem sido "cuidadosamente avaliados" para excluir membros do Partido Nazista, nenhum deles conhecia hebraico ou iídiche, e trabalhavam sem supervisão ou orientação. Não era de admirar que não fizessem praticamente nenhum progresso.

E quanto à restituição, as coisas pareciam piores ainda. Em resposta a uma carta do rabino Judah Nadich – o consultor do general Eisenhower para questões judaicas na Europa, que sugeriu o retorno do acervo do YIVO para sua sede em Nova York –, a Divisão de Assuntos Civis do Departamento da Guerra escreveu que não podiam assumir nenhum compromisso. A política padrão de restituição exigia que a propriedade saqueada fosse devolvida ao seu país de origem. "Como a biblioteca foi removida de Vilna, e como essa cidade está na URSS, é de se questionar se a nossa política em relação à restituição de saques nazista irá permitir sua transferência para Nova York." O assunto precisaria ser revisto pelo Departamento de Estado.[8] A notícia de que os Estados Unidos poderiam "restituir" as coleções do YIVO à União Soviética fez ferver o sangue de Weinreich. Então é para isso que Zelig Kalmanovitch e Herman Kruk haviam morrido? Ele interrompeu suas atividades acadêmicas e pelo ano seguinte elegeu como alta prioridade recuperar as coleções do YIVO.

Embora o YIVO não pudesse assumir o controle de seus livros, o Comitê Conjunto Americano-Judaico de Distribuição (JDC) quis repartir alguns deles entre os sobreviventes, que precisavam desesperadamente de algum material de leitura. Havia centenas de milhares de judeus "deslocados de guerra" (*displaced persons,* ou DPs) vivendo em campos provisórios na Alemanha, que queriam retomar as atividades normais da vida, de leitura e estudo. O "Comitê Conjunto" (JDC) conduzia um programa educacional em larga escala nos campos. Em vez de despachar livros pelo oceano, o que consumiria muito tempo e dinheiro, a organização pediu às forças armadas dos EUA permissão para pegar emprestados 25 mil volumes do acervo de Frankfurt. Sabendo que alguns dos melhores livros de iídiche pertenciam ao YIVO, o JDC procurou o YIVO e solicitou o empréstimo de vários milhares de volumes do YIVO mantidos em Frankfurt, para distribuir nos campos de deslocados de guerra – basicamente manuais para uso nas escolas dirigidas pelo JDC.

Weinreich ficou arrasado. Ele, o único diretor sobrevivente do instituto, não podia examinar sua própria biblioteca resgatada. O Departamento de Guerra recusara sua solicitação de ir até Frankfurt para revisar o acervo. E agora outra organização queria selecionar os itens do que restara da biblioteca do YIVO, sem qualquer garantia de que seriam devolvidos sem danos.

Por outro lado, a quem se destinavam esses livros resgatados se não aos judeus vivos? Como poderia o YIVO virar as costas para os leitores de iídiche sobreviventes e colocar seus interesses institucionais à frente das terríveis necessidades humanas das vítimas do nazismo?

Weinreich mandou um telegrama de volta para o JDC em 4 de dezembro de 1945:

EM VISTA DA EXTREMA IMPORTÂNCIA DE SEU PROGRAMA EDUCACIONAL, DECIDIMOS COLOCAR DE LADO TANTO O ASPECTO ACADÊMICO QUANTO

CONSIDERAÇÕES DE ORDEM EMOCIONAL QUE NOS IMPELIRIAM A PRESERVAR INTACTA ESSA PARTE DA NOSSA BIBLIOTECA RESGATADA DOS NAZISTAS PT. AUTORIZAMOS A INSPEÇÃO DE NOSSA BIBLIOTECA AGORA EM FRANKFURT E A UTILIZAÇÃO DE SEUS MANUAIS.

Weinreich, é claro, colocou algumas condições: o JDC devia selecionar, prioritariamente, manuais publicados nos Estados Unidos, na Europa Ocidental e Central. "Nenhum livro publicado na União Soviética PT." Esses eram raridades bibliográficas. O JDC deveria manter uma lista completa dos livros emprestados e enviar uma cópia ao YIVO. Deveria também orientar os indivíduos e organizações que recebessem os livros a tratá-los com o máximo cuidado. Mas, em última análise, Weinreich agiu com base em confiança e por um sentimento de amor pelos remanescentes do judaísmo do Leste Europeu.[9]

Em fevereiro de 1946, as autoridades dos EUA decidiram que o ponto de coleta do acervo de livros seria transferido da superlotada Biblioteca Rothschild para um depósito em Offenbach, do outro lado do rio. O local era a sede e o armazém confiscados da I. G. Farben, o grande conglomerado químico alemão. Havia muita ironia nisso. A Farben era a fabricante do Zyklon-B, o gás venenoso usado para assassinar mais de um milhão de pessoas em Auschwitz e outros campos de extermínio. O espaçoso edifício de cinco andares da companhia tornou-se o Depósito de Arquivos de Offenbach, chamado em memorandos internos de "o maior acervo de material judaico do mundo". O depósito guardava 1,5 milhão de livros judaicos saqueados, e igual número de outros livros, que os alemães haviam roubado de grandes bibliotecas por toda a Europa.

O homem responsável pelo depósito de Offenbach era um jovem tenente de Chicago chamado Seymour Pomrenze, que havia sido arquivista antes de entrar para o exército. Pomrenze era um homem baixo, inteligente, com enorme força de vontade e uma língua afiada. Pegou o ponto de coleta de Offenbach, inerte e moribundo, montou uma equipe de seis alemães e transformou-o em uma grande e eficiente operação, com 176 funcionários. Como judeu tradicional, com conhecimento de hebraico e iídiche, ele cuidou do destino dos livros mais do que faria crer a sua rígida postura militar. A decisão mais importante de Pomrenze foi a de *não* catalogar os livros, e em vez disso selecioná-los por país, com base em seus *ex libris* e marcas, pensando já em sua devolução aos proprietários e países de origem. Em lugar de fichas de catalogação, o depósito de Offenbach lidava com pilhas de livros.

A identificação era fácil quando se tratava de livros pertencentes a bibliotecas gerais e a acervos de Judaica da França, Holanda e Alemanha. Seus selos e *ex libris* vinham em caracteres latinos. Mas os livros judaicos da Europa do Leste tinham selos e marcas em hebraico e iídiche, e as bibliotecas gerais da União Soviética traziam selos em russo e ucraniano. Ninguém na equipe era capaz de ler nessas línguas. E as forças armadas dos EUA não se dispunham a transferir para Offenbach dezenas de soldados com domínio de línguas especializado para uma missão bibliográfica.

Então Pomrenze concebeu um sistema engenhoso: uma esteira rolante humana para o exame visual dos selos. Ele fotografou as imagens de todos os selos encontrados dentro dos livros em hebraico e cirílico, e contratou vários alemães para realizarem a triagem. Cada empregado alemão era responsável por identificar a forma e o aspecto exatos de um número limitado de selos, em geral de dez a vinte. Cada alemão examinava o livro e, caso ele tivesse um selo que correspondesse a uma de suas imagens fotográficas, separava-o e o colocava na caixa numerada correspondente. Se não reconhecesse o selo, passava o livro ao funcionário de triagem seguinte, e ao próximo, até que alguém encontrasse a devida correspondência.

Em abril de 1946, Pomrenze tinha 176 funcionários no depósito de Offenbach, todos alemães, e 63 deles trabalhavam no departamento de triagem. Por meio desse sistema, Pomrenze foi capaz de identificar os donos de mais da metade do 1,5 milhão de livros em hebraico e iídiche, mesmo sem contar com um único funcionário capaz de ler o alfabeto hebraico.[10]

O depósito logo começou a despachar coleções a serem restituídas para a Holanda e a França. Entre elas, a Biblioteca Rosenthaliana de Amsterdã, um dos maiores acervos do mundo de manuscritos e impressos hebraicos raros, e o arquivo da Alliance Israelite Universelle, sediada em Paris, a primeira organização judaica mundial de assistência. Coleções de bibliotecas gerais, de livros não judaicos, foram devolvidas a dez diferentes países. As mais importantes foram para a Holanda (328.007 itens restituídos em 1946), França (328.181 itens) e Itália (224.620 itens).[11]

Os livros do YIVO foram identificados, separados e embalados em caixas com a marcação "JIVO". Pomrenze não precisou que ninguém lhe informasse o que YIVO significava. Seu irmão mais velho, Chaim, era membro do conselho de administração do YIVO. Weinreich achou ótimo que o oficial militar responsável pela guarda dos livros do YIVO fosse um amigo do instituto. Weinreich escrevia suas cartas a Pomrenze em iídiche.

Quanto à questão do destino final dos livros, o grande receio de Weinreich era que "intencionalmente ou por equívoco, a biblioteca do YIVO fosse parar na Rússia, pois nesse caso provavelmente nunca mais seria recuperada ou voltaria ao YIVO, seu dono por direito. Essa perda seria terrível e irreparável, não só para o próprio YIVO, mas também para os judeus interessados em pesquisar os problemas e aspectos da vida da comunidade judaica em todo o mundo". Weinreich avaliava cada fragmento de informação que provinha de Offenbach a partir desse ponto de vista, para evitar que esse cenário de pesadelo pudesse se tornar real. Quando o depósito listou a biblioteca do YIVO em seu primeiro relatório mensal e indicou seu país de origem como "Vilna, URSS", Weinreich subiu pelas paredes. Relatórios posteriores, porém, já listaram os livros do YIVO sem menção ao país de origem.[12]

Weinreich explorou todos os seus contatos políticos para apresentar sua reivindicação dos livros e papéis do YIVO. O vice-presidente executivo do Comitê Judaico Americano, John Slawson, escreveu ao secretário de Estado James Burnes; o rabino Judah Nadich escreveu diretamente ao general Eisenhower; e o Conselho do Bem-Estar Judaico, que dirigia a capelania militar judaica e tinha boas relações com o Departamento da Guerra, também se envolveu na questão. Mas o Comitê Judaico Americano era o canal de comunicação mais ativo e frutífero.

Weinreich não só pressionava pela devolução dos livros que contivessem o selo do YIVO, mas também afirmava que havia coleções sem as marcas do YIVO que pertenciam ao instituto. O grande historiador judaico Simon Dubnow havia doado em vida uma parte de sua biblioteca ao YIVO, e legado o resto ao YIVO em seu testamento. Mas os únicos selos em seus livros eram "Simonas Dubnovi, Riga", o que significava que a equipe de Offenbach iria colocá-los na pilha marcada como "Riga, Letônia". Weinreich compilou uma lista de doze dessas "bibliotecas associadas ao YIVO", que ele reivindicava como propriedade do instituto. As principais eram a Biblioteca Strashun e o Museu An-ski, que, segundo ele argumentava, haviam se fundido ao YIVO em outubro de 1939, na expectativa de poder transferir seus acervos à segurança dos Estados Unidos. Isso significava que o YIVO reclamava direitos sobre milhares de outros livros, documentos e manuscritos.

A afirmação de Weinreich de que a Biblioteca Strashun e o Museu An-ski haviam se fundido ao YIVO às vésperas da ocupação alemã era bastante dúbia. Não havia evidência documental para apoiá-la, e quase todos os membros do conselho de administração da Biblioteca Strashun e do Museu An-ski haviam morrido durante a guerra, não restando, portanto, ninguém vivo para confirmar essa versão dos fatos (o único membro capaz de corroborar a história de Weinreich, o rabino-chefe Isaac Rubinshtein, que fugira de Vilna em 1940, morreu em Nova York em 1945, antes da descoberta dos esconderijos de livros). Weinreich talvez tenha inventado isso a fim de conseguir mais livros. Ele definitivamente acreditava que o YIVO tinha direito moral a esses acervos, já que era a única instituição judaica sobrevivente de Vilna. Pomrenze aceitou a versão dos fatos de Weinreich e embalou as "coleções associadas" nas caixas do YIVO ou, no caso da Biblioteca Strashun, em caixas separadas que eram foram colocadas junto às do YIVO.[13]

Mas mesmo com o apoio de Pomrenze, a questão do destino final ficou empacada num entrave burocrático. O Departamento de Estado era a favor de devolver os livros e papéis a Nova York, mas o Escritório do Governo Militar dos Estados Unidos (OMGUS) na Alemanha, órgão do Departamento da Guerra, se opunha, ou pelo menos mostrava-se hesitante. Robert D. Murphy, o chefe político do OMGUS, explicou suas reservas num telegrama ao Departamento de Estado de 12 de abril de 1946:

> Ação proposta [despacho para Nova York] vai contra diretivas de restituição e decisões quadripartites, que estipulam que a restituição seja feita aos governos dos países de onde a propriedade foi removida. Em nenhuma hipótese a restituição é feita a indivíduos, estabelecimentos comerciais ou outras organizações [...] Sinto que precedente difícil se cria se a restituição é feita a instituição e não a governo. Se Departamento acha que circunstâncias em torno do caso justificam restituição aos Estados Unidos e não à Polônia, sugerimos a possibilidade de designar a Missão da Biblioteca do Congresso agora na Alemanha como mantenedora provisória [...] Desejável esclarecer com o Governo Polonês antes de tomar ação proposta.
>
> Murphy.[14]

Até essa altura, Weinreich temia que os livros fossem enviados à União Soviética. Agora, um alto oficial do governo militar dos EUA na Alemanha declarava que, como Vilna pertencera à Polônia antes da guerra, a restituição à Polônia deveria ser considerada. Pelo menos, recomendava que os Estados Unidos esclarecessem a questão com o governo polonês.

Weinreich recebeu a desanimadora notícia do major L. B. LaFarge, chefe da Seção de Monumentos, Belas Artes e Arquivos, que acrescentou de maneira bem direta que se tratava de assunto governamental, e não de uma questão do YIVO. "Queremos pedir sua atenção à nossa política básica de restituição, que declara que esse quartel-general irá lidar apenas com nações, por meio de seus representantes credenciados, e não diretamente com indivíduos ou instituições dessas nações."

LaFarge acrescentou: "tendo em conta que a restituição do material do YIVO agora sob nossa guarda coloca um problema extremamente complicado do ponto de vista internacional, decidimos remetê-lo a uma instância superior para esclarecimentos e instruções".[15]

O "problema complicado" era que o caso do YIVO não se encaixava facilmente na lei e na prática internacional estabelecida. O YIVO era uma instituição de refugiados que haviam escapado da Europa e transferido sua sede para Nova York em 1940. Embora a sede tivesse mudado de local, a biblioteca e o arquivo haviam ficado no ramo de Vilna do instituto e sido subsequentemente pilhados pelos alemães. A política estabelecida exigia que os livros fossem devolvidos ao seu país de origem – a União Soviética ou a Polônia. Mas isso significava que o YIVO, o proprietário refugiado, cuja equipe toda havia sido assassinada pelos alemães, seria roubado de sua propriedade mais uma vez. E que a parte responsável por esse segundo roubo seria simplesmente o governo dos EUA.

CAPÍTULO 24

Dividindo obrigações

Quando Shmerke Kaczerginski saiu de Vilnius às pressas e de surpresa para evitar ser preso, deixou um grande volume de tesouros valiosos. Ficou a cargo de Abraham Sutzkever recolher e tirar do país o máximo que fosse possível, quaisquer que fossem os meios à sua disposição. O prazo final de Sutzkever para a emigração era o final de junho de 1946, quando o tratado de repatriação entre a URSS e a Polônia iria expirar. Como antigo cidadão polonês, ele tinha permissão de sair até aquela data. Sutzkever providenciou seus documentos pessoais, com todos os selos e autorizações necessários, mas recebeu um convite inesperado que mudou seus planos. Autoridades soviéticas pediram que se apresentasse como testemunha no tribunal de Nuremberg que iria julgar os grandes criminosos de guerra nazistas. Os promotores o designaram como testemunha para falar do sofrimento dos judeus. Sutzkever desistiu de tudo e voou para Nuremberg para cumprir seu dever.

Ele deu seu testemunho em 27 de fevereiro de 1946. Falou das capturas, dos massacres e deportações para execução em Ponar; falou de sua descoberta de um dos sapatos de sua mãe numa carroça carregando sapatos de Ponar; e contou mais uma vez o assassinato de seu filho recém-nascido no hospital do gueto. Seu testemunho durou 38 minutos. Ao contrário de outras testemunhas, recusou-se a sentar no banco das testemunhas. Deu seu testemunho todo em pé, como se o ato fosse solene demais, sagrado demais, para ser desempenhado sentado.[1]

As anotações de Sutzkever ao se preparar para o seu depoimento mostram que ele pretendia estender-se a respeito do saque e da destruição de tesouros culturais perpetrado pelo *Einsatzstab Reichsleiter Rosenberg* (ERR). Planejava citar atos específicos: Johannes Pohl vendera as chapas de chumbo de linotipo da edição do Talmude da Editora Romm de Vilna a uma fábrica que as derreteu; Albert Sporket vendeu quinhentos rolos de Torá a uma fábrica de artigos de couro para convertê-los em palmilhas; e Pohl destruiu pessoalmente esculturas de Mark Antokolsky e pinturas de Il'ia Repin, gritando que eram "horríveis".[2] Mas o promotor soviético, Lev Smirnov, levou seu questionamento para outra direção e concluiu seu exame da testemunha antes que Sutzkever pudesse mencionar o assunto.

Sutzkever conseguiu aludir à sua recente recuperação de documentos num encerramento de surpresa de seu testemunho. Quando Smirnov concluiu sua inquirição, e a testemunha recebeu instrução de abandonar o banco, Sutzkever dirigiu-se ao juiz Geoffrey Lawrence, presidente do tribunal, dizendo estar de posse de documento que havia descoberto após a libertação e que acreditava que poderia ser do interesse da corte. Smirnov estava despreparado para essa oferta espontânea da testemunha e interveio dizendo não ter conhecimento do documento. Lawrence ficou intrigado e pediu que Sutzkever o lesse. Resumia-se a uma sentença em alemão: "Ao *Gebietskommissar* de Vilna. Atendendo a suas ordens, nossa instituição está agora desinfetando as roupas judaicas velhas de Ponar e irá entregá-las à administração de Vilna".

A sala estremeceu com a imagem. Os alemães tinham um sistema para desinfetar e redistribuir as roupas das pessoas que assassinavam. O juiz Laurence perguntou a Sutzkever exatamente onde e quando havia encontrado o documento. Sutzkever respondeu que o encontrara nos antigos escritórios do *Gebietskommissar* alemão em Vilna. Lawrence pediu que Sutzkever lesse o documento de novo, e a peça foi aceita como documento URSS-444.[3] Era a primeira vez que uma vítima da perseguição nazista apresentava uma prova documental em Nuremberg.

Sutzkever saboreou o momento. Havia usado um dos frutos de suas buscas e investigações para ajudar a levar os principais responsáveis pelo assassínio em massa a julgamento. Esse havia sido um dos objetivos originais do Museu Judaico – usar os documentos em tribunais de justiça. Ele conseguira isso, e não numa corte qualquer, mas em Nuremberg. A dramática apresentação do documento por Sutzkever foi relatada pelo *Pravda* em seu despacho do tribunal.[4]

Sutzkever também usou sua visita à Alemanha para mandar outro envelope de material resgatado. Dessa vez, encontrou um mensageiro que era conhecido de Weinreich: Benjamin Wald, um tradutor que fazia parte da delegação americana. Sutzkever deu-lhe três cartas de Sholem Aleichem, mais uma nota de um programa escolar no gueto de Vilna e alguns outros itens. Anexou uma carta curta. "Carreguei essas cartas pelo gueto, por fogo e pântanos, por debaixo da terra e pelo ar. O programa escolar do gueto foi descoberto em Ponar. Por favor guarde isso em casa, até que eu possa pegar pessoalmente [...] Minhas calorosas saudações a toda a equipe do YIVO."[5]

Ao voltar a Moscou, Sutzkever fez uma palestra pública sobre sua viagem a Nuremberg, promovida pelo Comitê Antifascista Judaico. Havia tanta gente na sala, no hall de entrada e nas ruas em volta que o palestrante teve dificuldades para chegar ao local.

Solomon Mikhoels, presidente do Comitê Antifascista, apresentou Sutzkever ressaltando que seu testemunho fora o maior ato de vingança contra os assassinos do povo judaico. Sutzkever falou em seguida apaixonadamente e sem anotações, por duas horas. Ao procurar uma maneira de encerrar sua fala, viu-se concluindo, para sua própria surpresa, com as seguintes palavras: "O camarada Mikhoels disse que meu testemunho foi um grande ato de vingança. Mas que prazer poderia eu extrair de tal vingança, quando minha mãe está incinerada em Ponar e a Jerusalém da Lituânia está hoje sem judeus? É por isso que eu acredito que a maior vingança contra os assassinos de nosso povo será quando conseguirmos garantir nossa própria Jerusalém livre. Era o sonho dos mártires reconstruir a vida judaica na Terra de Israel".

Houve um momento de silêncio perplexo na sala eletrizada. Sutzkever acabara de romper com um dos maiores tabus políticos da União Soviética – afirmara publicamente sua conexão com Jerusalém e a Terra de Israel. O sionismo estava proibido na URSS havia vinte anos, e a associação ao movimento, que foi rotulado de ferramenta do imperialismo britânico, era punível com um bilhete só de ida para o gulag. No entanto, Sutzkever postou-se diante de uma sala lotada e disse bem alto que "era o sonho dos mártires reconstruir a vida judaica na Terra de Israel". Mikhoels, confuso e alarmado, levantou-se para interrompê-lo e anunciou que a programação estava encerrada. Mas mesmo antes que pudesse dizer essas poucas palavras a plateia já havia explodido numa tempestuosa ovação que abafou a voz do presidente e durou um bom tempo.

Mais tarde, o professor Yakov Etinger, um destacado cientista médico de Moscou, abordou Sutzkever e lhe agradeceu. "Por trinta anos, a palavra Jerusalém ficou escondida em nossos corações, como uma pérola no fundo do mar. Com a sua menção ao nome da cidade, você despertou essa pérola com uma invocação mágica, e ela se derramou de nossos olhos."[6]

Sutzkever fez uma última visita a Vilna em abril de 1946, antes de partir para a URSS. Além de acertar com a Bericha o contrabando de malas de material pela fronteira, passou um tempo procurando novos tesouros de livros e documentos escondidos, com base numa carta que acabara de receber de Paris. Era da antiga bibliotecária da Universidade de Vilnius, Ona Šimaite.

Šimaite, uma lituana étnica, havia sido o anjo da guarda de várias dezenas de internos do gueto. Ela convencia os alemães a darem-lhe permissão para entrar no gueto a pretexto de recolher dos internos alguns livros da biblioteca com devolução em atraso. Sob essa alegação, trazia comida, material para escrever e notícias do mundo exterior. Incentivava e apoiava escritores e artistas que ela conhecia desde antes da guerra, quando eram frequentadores da biblioteca da universidade. Como suas visitas ao gueto eram breves e tensas, Šimaite tornou-se uma confidente epistolar dos internos. Eles escreviam cartas a ela, e ela as recolhia em suas visitas, redigia a resposta ao voltar para casa e levava na sua visita seguinte ao gueto.

Mas tão importante quanto o que Šimaite trazia para *dentro* do gueto era o que ela *tirava* de lá: Shmerke, Sutzkever e outros davam-lhe manuscritos, livros raros e documentos, que ela fazia passar pelo portão do gueto. Eram esses os seus "livros da biblioteca com prazo vencido". Ela escondia o material em casa, no trabalho e em outros locais.

Pouco antes da liquidação do gueto de Vilna, em setembro de 1943, Šimaite entrou no gueto uma última vez e tirou de lá uma garota judia de 16 anos, Sala Vaksman, meio escondida debaixo do sobretudo dela. Manteve Sala em sua casa por três semanas e depois num quartinho na Biblioteca da Universidade de Vilnius (a garota sobreviveu à guerra e se instalou na Palestina).

Em 28 de abril de 1944, a Gestapo prendeu Ŝimaite, a partir da denúncia de um vizinho. Ela foi torturada, mas não revelou nenhuma informação. A Gestapo deportou-a para o campo de concentração de Dachau e, de lá, para um campo perto da fronteira germânico-francesa. Após a libertação pelos americanos, Ŝimaite decidiu ficar na França em vez de voltar para a Lituânia soviética. Era uma veterana socialista com uma repulsa visceral pelo comunismo.[7]

Em fevereiro de 1946, Ŝimaite escreveu uma detalhada "Declaração sobre os documentos do gueto de Vilna", que enviou a Sutzkever em Moscou, com cópias para outros líderes judaicos ao redor do mundo. Nela, expressou sua esperança de que "os documentos sejam encontrados e colocados à disposição de todos os judeus interessados em documentação histórica, independentemente de suas visões políticas".[8]

Primeiro, Ŝimaite listou os materiais que os alemães haviam levado do apartamento dela na época de sua prisão. Ela incluiu duas malas de material do YIVO. Acreditava que estivessem na prisão da Rua Rosa, onde os alemães mantinham propriedade confiscada. Outros itens tirados da casa dela poderiam estar no arquivo da Gestapo da Rua Ofiarna Vasario, nº 16, sugeriu.

Então Ŝimaite enumerou os materiais que havia escondido em outros locais. O local mais importante era o sótão do Seminário de Estudos Lituanos da Universidade de Vilnius. Foi onde ela escondeu o diário do gueto de Vilna escrito por Grigorii Shur, um jornalista com um estilo incisivo e um olhar para detalhes reveladores. Ao contrário de outros diários, o de Shur cobria o período após a liquidação do gueto, quando ele e umas poucas centenas de outros judeus viveram no bloco de trabalho Kailis da cidade. Foi um dos últimos judeus sobreviventes na Vilna ocupada pelos alemães.[9]

As instruções de Ŝimaite sobre como encontrar o manuscrito de Shur pareciam um mapa para descobrir ouro enterrado na Ilha do Tesouro:

> Entre pelo portão da casa nº 11 da Rua Zamkowa. Atravesse o pátio inteiro, entre na última porta à esquerda e suba a escada um andar. Ali, vai encontrar portas à esquerda e à direta. Abra a porta à esquerda

e irá encontrar um pequeno corredor. Siga pelo corredor e verá outra porta, que leva até mais escadas. Então vai chegar a um pequeno patamar e a uns poucos degraus, que levam até outro corredor pequeno que vira à esquerda, e no final dele você sobe outro lance de escadas e chega ao sótão.

No final dessa escada há três portas: uma porta grande no centro e portas de ambos os lados. Abra a porta da esquerda e entre no sótão. Do lado direito do telhado, onde ele desce, debaixo das telhas, há cinco pacotes a distâncias variadas um do outro – uma caixa grande e quatro pacotes. Para achá-los, você precisa ficar em pé em cima de uma cadeira e usar uma lanterna.

A "Declaração" prosseguia descrevendo cinco outros esconderijos com material do gueto: duzentas cartas dirigidas a ela pelos internos, transcrições estenográficas de discursos do representante do gueto, Jacob Gens, e o diário de uma mulher judia que havia trabalhado no escritório de Martin Weiss, o comandante alemão responsável por Ponar.[10]

Para sua grande frustração, Sutzkever não conseguiu encontrar os materiais no sótão do Seminário de Estudos Lituanos. Šimaite tinha certeza de que ele não havia seguido direito suas instruções. "Quanto mais eu penso no sótão, mais concluo que tudo está lá onde coloquei. A pessoa que fez a busca deve ter cometido algum erro."[11] Mas ele acabou encontrando os textos dos discursos de Gens e outros materiais.

A partir de então, durante muitos anos Šimaite continuou obcecada com os tesouros culturais que havia escondido. Em 1957, ela ainda escrevia a amigos na Lituânia soviética e insistia para que procurassem os materiais no sótão do Seminário de Estudos Lituanos.[12]

Sutzkever deu adeus à sua amada cidade, depois de recolher ainda alguns últimos documentos e entregar várias malas à Bericha. A tristeza de se despedir deve ter se misturado à satisfação por ter cumprido suas últimas obrigações para com a Jerusalém da Lituânia: ajudara a levar os assassinos a julgamento e resgatara tesouros culturais para a posteridade.

Sutzkever nunca mais veria Vilna, exceto em seus sonhos e em sua poesia.

UMA JOIA RESGATADA

O busto de Tolstói e outros russos

"A vivacidade e expressividade emocional das melhores obras de Ilya Gintsburg na década de 1890 constituem um novo estágio no desenvolvimento do retrato escultórico na Rússia", escreve I. M. Schmidt, o destacado historiador da escultura russa. Várias obras artísticas de Gintsburg estavam antes da guerra sob a guarda do Museu An-ski em Vilna e foram resgatadas por Kruk, Shmerke e Sutzkever.[1]

Ilya Gintsburg (1859-1939) era o filho pobre e órfão de um rabino e talmudista, e gostava de esculpir formas de animais em pedras de amolar caseiras. O talento incomum do garoto chamou a atenção do mestre russo-judeu Mark Antokolsky, que convidou o menino de 11 anos de idade a viver e aprender com ele em São Petersburgo. O jovem Ilya desafiou as objeções de sua piedosa mãe e de seu avô, um juiz rabínico, e saiu de casa para a capital da Rússia para se tornar artista. Quando embarcou nessa nova vida, em 1870, Gintsburg ainda não recebera nenhuma instrução secular e não falava nem entendia russo.

Em São Petersburgo, Gintsburg enfrentou outros obstáculos. Matriculou-se numa escola particular, onde os colegas de classe zombavam de seu sotaque judaico, obrigavam-no a beijar um crucifixo e batiam nele por ter "matado Cristo". Quando a vida na escola particular ficou insuportável, transferiu-se para uma escola do estado, onde os professores e alunos eram frios com ele, mas sem abusá-lo – exceção feita ao seu professor de Geografia, que insistia em chamá-lo de "garotinho judeu".

Gintsburg entrou na Academia Imperial de Artes em 1878 e formou-se com medalha de ouro (o equivalente a *cum laude*). Suas primeiras estatuetas retratam cenas do cotidiano que ele extraía de sua infância: uma mulher batendo manteiga, uma mãe contando uma história ao filho e um garoto mergulhando num rio. Mas logo mudou seu foco para o retrato.[2]

O ponto de ruptura na carreira artística de Gintsburg ocorreu em 1891, quando seu patrono, o crítico russo Vladimir Stasov, arranjou para ele esculpir uma figura de Leon Tolstói, tendo o autor como modelo vivo. Gintsburg viajou até a propriedade de 16 mil quilômetros quadrados de Tolstói em Yasnaya Polyana, onde passou vários dias na companhia do grande escritor e produziu uma estatueta dele envolvido na escrita. O reverenciado autor clássico russo e o jovem artista judeu iniciaram uma amizade que durou até a morte de Tolstói em 1910. Durante esse tempo, Gintsburg produziu numerosas estatuetas, bustos, baixos-relevos e monumentos de Tolstói de corpo inteiro, em pé, andando, sentado e escrevendo. Um deles foi exposto em Viena em 1897 e outro colocado na Exposição Mundial de 1900, onde conquistou um prêmio.[3]

Na virada para o século XX, Gintsburg esculpiu figuras posadas de várias personalidades culturais russas: os compositores Piotr Tchaikovsky e Nikolai Rimsky-Korsakov, o cantor de ópera Fyodor Chaliapin, o filósofo Vladimir Soloviev, o pintor de paisagens Ivan Shishkin, o cientista Dmitri Mendeleiev e o historiador Pavel Milyukov. Ele alternava gesso e bronze. Também se voltou para a escultura de indivíduos do passado, como Ivã, o Terrível, e Pushkin. Um de seus aspectos característicos era moldar estátuas dinâmicas de corpo inteiro, que capturavam o modo de andar e os gestos de seu objeto.[4]

Conforme a fama de Gintsburg crescia, suas obras foram sendo compradas pelo Hermitage, a Galeria Tretyakov e o Museu Estatal Russo, onde estão até hoje.

Gintsburg foi um dos fundadores da Sociedade Judaica para a Promoção das Artes, em 1915. Após a Revolução Bolchevique de 1917, tornou-se professor da academia de artes de São Petersburgo (rebatizada como Estúdios de Arte Livres de Petrogrado) e foi o decano da sua Faculdade de Escultura – cargos que ele nunca teria obtido sob o regime czarista, que proibia judeus de serem professores universitários.

Kruk, Shmerke e Sutzkever resgataram cinco estátuas de Gintsburg, entre elas retratos de Tolstói, Soloviev, Antokolsky e Ivã, o Terrível. Mas, muito antes de essas obras serem tiradas das mãos dos nazistas na Segunda Guerra Mundial, elas tiveram que sobreviver à Primeira Guerra.

As esculturas foram originalmente adquiridas pela Sociedade dos Amantes das Antiguidades Judaicas de Vilna, pouco depois de sua fundação em 1913. A sociedade planejava montar um grande museu nacional judaico e inaugurou uma exposição no interior do edifício da comunidade judaica de Vilna em 1914. Mas então veio a Primeira Guerra Mundial. O conselho da sociedade desmontou a exposição e mandou algumas das peças para Moscou, longe do *front*. Ela manteve outros itens – incluindo as esculturas de Gintsburg – em casas particulares durante o tempo de duração da guerra, enquanto a Alemanha imperial ocupava a cidade.[5]

Logo depois que os alemães se retiraram e entregaram Vilna à recém-formada Lituânia independente, a organização se reconstituiu como Sociedade Histórico-Etnográfica Judaica. Em fevereiro de 1919, ela anunciou a criação de um grande museu judaico na

Jerusalém da Lituânia, que mais tarde ganhou o nome do escritor S. An-ski. Mal sabiam seus líderes que o ano seguinte seria um dos mais sangrentos, com Lituânia, Polônia e a Rússia Soviética lutando entre si pelo controle da cidade. Vilna mudou de mãos cinco vezes num único ano. Apesar de tudo, o acervo do museu, incluindo as esculturas de Gintsburg, foi preservado intacto.[6]

Entre as duas guerras mundiais, o Museu An-ski expôs as esculturas de Gintsburg junto a obras de Isaak Levitan e Marc Chagall. Hoje, vários dos retratos resgatados estão no Museu Estatal Judaico do *Gaon* de Vilna, em Vilnius, Lituânia. Não se sabe onde foi parar o busto resgatado de Tolstói. Parece ter sido levado para a Rússia sob o domínio dos soviéticos e é provável que esteja aos cuidados do Museu Leon Tolstói em Moscou.[7]

CAPÍTULO 25

Perambulações: Polônia e Praga

Assim que Sutzkever chegou a Lodz, Polônia, em 23 de maio de 1946, enviou uma carta a Max Weinreich em Nova York, para checar se havia recebido os envelopes que ele lhe mandara de Moscou e Nuremberg ("Não recebi nenhuma resposta das minhas cartas, talvez você não tenha escrito nada intencionalmente"). Sutzkever também lançou a bomba: tinha com ele malas cheias de materiais adicionais, com milhares de itens. Ele e Shmerke haviam se consultado e concordavam em enviar os materiais para o YIVO em Nova York.

Mas, na carta, Sutzkever pediu algo em troca. Pediu a Weinreich que providenciasse a ida dele e de Shmerke para Nova York junto com os materiais, para se instalarem ali. "Sei que não seremos facilmente aceitos na América. Mas seria uma grande coisa para o YIVO (e, é claro, para nós dois também) se você nos levasse para lá [...] Sem nós, os materiais – especialmente os do gueto – não serão decifráveis de forma alguma. O diário de Kalmanovitch precisa vir acompanhado de notas explicativas. O mesmo vale para o arquivo *partisan*."[1]

Desde o início, Shmerke e Sutzkever sabiam que a Polônia seria uma parada provisória. Por um lado, a vida judaica ali era muito mais livre do que na Lituânia soviética: havia jornais, livros e teatro em iídiche; todos os movimentos políticos judaicos operavam abertamente (sionistas de todas as cores, o Bund e os comunistas); e uma organização abrangente chamada União Central dos Judeus na Polônia representava a comunidade junto a organismos nacionais e do exterior. Mas o sentimento e as agressões antissemitas eram disseminados, como haviam sido nos anos anteriores à guerra. O duo de poetas queria começar uma vida nova. Estavam interessados em se radicar nos Estados Unidos ou na Terra de Israel. No mesmo dia em que Sutzkever escreveu a Weinreich, ele mandou uma carta ao seu irmão Moshe em Tel Aviv pedindo que tentasse arrumar um certificado de imigração para a Palestina controlada pelos britânicos.[2]

Na Polônia, Shmerke abraçou o sionismo socialista como seu novo credo político, rompendo de modo aberto e ressentido com o comunismo. Armou uma briga numa reunião da Associação dos Escritores Iídiches da Polônia ao declarar que a cultura iídiche estava sendo sistematicamente perseguida e liquidada na União Soviética e que não tinha futuro ali. Membros comunistas da associação ficaram furiosos e exigiram sua dispensa do conselho diretor (não conseguiram). O festivo poeta tornou-se o editor do jornal socialista-sionista *Nossa Palavra* (*Undzer Vort*).

Para Shmerke, a luta por um Estado judaico na Palestina constituía uma questão de sobrevivência e dignidade. Era a continuação da batalha travada pelos *partisans* judeus nas florestas, e ele quis se juntar a ela.[3] Com o fervor de um novo convertido político, escreveu um hino para os pioneiros sionistas, que se tornou uma canção de sucesso entre os sobreviventes:

> Dos guetos e Auschwitz, Ponar e Majdanek,
> Por *fronts*, matas, frio e calor superados,
> Nosso fuzil ereto no ombro segue,
> Os corações vibram, fervendo e ousados.
>
> Superando as barreiras nessa lida,
> Pondo em risco de novo a nossa vida.
> Vamos, *halutzim, halutzim**, os céus abrir
> Nossa luta mal começa a se cumprir.

---

* Em hebraico, "sionistas pioneiros".

> Nascidos para a vida plena desfrutar,
> À beira de um abismo ainda estamos.
> Nós, *halutzim*, aos mártires juramos,
> Liberdade e terra ao nosso povo dar.
>
> *Shalom*, judeus amigos de qualquer lugar,
> *Shalom*, judeus carentes e ansiosos.
> *Halutzim* vos conclamam: vinde ao nosso lar.
> Vamos erguer Israel vitoriosos!⁴

Mas compor e cantar canções sobre pioneiros era muito mais fácil do que chegar de fato à Palestina. A migração legal era severamente restringida pelos britânicos e a migração ilegal não se mostrava menos difícil, com as autoridades interditando muitos dos navios enviados pela Bericha e mandando seus passageiros ou de volta para a Europa ou para campos de internamento no Chipre. Com esse clima de incerteza pairando sobre a Palestina e a Polônia, Sutzkever e Shmerke consideraram Nova York uma opção atraente, pelo menos a curto prazo.

Sutzkever acreditava ter boas chances de obter o visto americano. Um tio recém-falecido em Boston havia deixado uma herança para a mãe de Sutzkever. Ele tinha documentos de tribunal de Vilnius certificando que era filho de sua mãe e que ela morrera no gueto de Vilna. Dispunha até de uma tradução para o inglês dos documentos do tribunal, reconhecida pela Embaixada Americana em Moscou. Sutzkever esperava que seu direito legal a uma herança de um tio americano facilitasse a obtenção do visto dos EUA.⁵

Mas Sutzkever pediu que Weinreich interviesse não só em seu favor, mas também em favor de Shmerke. "Ele tem parte igual no resgate desses tesouros."

Weinreich respondeu por telegrama: "Recebi suas duas cartas. Também recebi os envios anteriores. Vou fazer o que estiver ao meu alcance para ajudá-lo. Calorosos cumprimentos aos três [isto é, Sutzkever, sua esposa e sua filha de 1 ano de idade] e aos Kaczerginskis".⁶

As cartas seguintes de Weinreich expressavam profunda gratidão por seu antigo aluno e escoteiro, temperadas pela típica contenção emocional dos litvaks, ou judeus lituanos: "Sua última carta me fez sentir a mesma dolorosa alegria de todas as suas cartas anteriores", escreveu a Sutzkever em julho de 1946. "Nós dois trabalhamos com palavras, cada um a seu modo, mas não precisamos de palavras para expressar o que sentimos um pelo outro. E quando nos encontrarmos face a face (e tenho certeza que iremos, cedo ou tarde), também precisaremos discutir assuntos mais pesados do que sentimentos."[7] Havia mais do que um toque de formalidade nas cartas de Weinreich. Ele começava as cartas a Sutzkever com "Meu querido amigo", mas se dirigia a ele com o pronome formal "ir" em vez do informal "du".

Quanto à questão dos vistos de imigração, o otimismo inicial de Weinreich foi aos poucos diminuindo. Por volta de agosto, ele pedia paciência e realismo. "Eu faria sabe-se lá o que para ajudá-lo, mas o meu 'sabe-se lá o que' não é sabe-se lá o que." Numa carta endereçada aos três escritores de Vilna então na Polônia – Sutzkever, Shmerke e Chaim Grade –, escreveu que Grade contava com as melhores chances de ser aceito nos Estados Unidos, pois tinha meios-irmãos que eram cidadãos americanos e estavam patrocinando sua imigração.[8] A herança do tio de Sutzkever infelizmente não seria de muita ajuda. O melhor amigo de Sutzkever na América, o poeta Aaron Glants-Leyeles, era mais otimista e continuava dando-lhe esperanças de que a obtenção do visto era apenas questão de tempo.[9]

Enquanto isso, Sutzkever continuava mandando documentos para Nova York, em amostras pequenas, usando vários portadores, entre eles alguns membros da equipe do Comitê Conjunto de Distribuição de Varsóvia e de uma delegação de rabinos americanos em visita.

Mas então ocorreu um angustiante pogrom na cidade de Kielce, em 4 de julho de 1946, e a vida de Sutzkever e Shmerke virou de cabeça para baixo. Quarenta e sete judeus foram mortos e cinquenta ficaram feridos no ataque, que ocorreu num ano em que mais de 350 judeus poloneses foram mortos em violência antissemita. Depois de Kielce, os judeus poloneses foram tomados por medo e pânico, e por uma premente urgência de sair do país.

Shmerke foi o primeiro jornalista a chegar a Kielce após o pogrom e publicou devastadores artigos de primeira página no *Nossa Palavra* e no órgão da União Central dos Judeus da Polônia, o *Vida Nova* (*Dos Naye Lebn*). Ele reportou que quase nenhuma das vítimas do pogrom havia sido morta a tiros; foram linchadas. Seus corpos sofreram espancamento com barras de ferro ou foram decepados por machadinhas. Não havia sinais de que os habitantes poloneses da cidade estivessem tristes com o ocorrido. Na realidade, muitos poloneses presentes ao funeral das vítimas do pogrom estavam ali porque haviam recebido ordens para isso de seus sindicatos ou do seu local de trabalho, e ostentavam sorrisos de zombaria no rosto. Os judeus sobreviventes de Kielce foram recolhidos a um complexo dos órgãos de segurança do Estado, pois estavam correndo riscos. Shmerke concluiu: os assassinos selvagens queriam mais sangue, e a maior parte dos poloneses não se comoveu com os eventos. Havia um claro sentido implícito em seus artigos: não era seguro para os judeus permanecer na Polônia.[10] Shmerke e Sutzkever também haviam chegado a essa conclusão.

À parte o pogrom e os ataques, a dupla de poetas também estava ciente de que os comunistas estavam assumindo o controle do país. Os partidos políticos não comunistas vinham sendo marginalizados, passo a passo, e isso não era um bom presságio para o futuro da vida judaica, ou para os documentos contrabandeados que eles tinham em seu poder. Shmerke e Sutzkever haviam fugido da União Soviética, mas agora os soviéticos os alcançavam, já que a Polônia tornava-se um feudo soviético.

Sem tempo a perder, e na ausência dos vistos para os EUA ou de certificados para a Palestina, Shmerke, Sutzkever e Grade escolheram a segunda melhor opção – garantiram vistos franceses com auxílio de Weinreich. Em nível pessoal, essa era uma boa notícia: eles sairiam da Polônia. Mas também significava que Shmerke e Sutzkever teriam que contrabandear as malas com os tesouros culturais judaicos por mais uma fronteira. Os agentes alfandegários poloneses dificilmente permitiriam a saída do país de malas com livros e documentos, alguns deles com o selo do Museu Judaico de Vilnius.

Sutzkever procurou de novo a ajuda da Bericha. Seus escritórios centrais ficavam em Varsóvia e Lodz, e eram chefiados pelo amigo de Sutzkever, Yitzhak (Antek) Zuckerman, um dos líderes do levante do gueto de Varsóvia. Antek entregou a tarefa de contrabandear parte do "Arquivo Vilna" a David Plonsky ("Jurek"), um companheiro combatente do gueto de Varsóvia. Os superiores de Plonsky disseram-lhe que o arquivo continha valiosos documentos do gueto e da aniquilação, que acabariam sendo enviados à Eretz Israel.

Cruzar a fronteira polonesa-tcheca era a parte fácil da operação de Plonsky. Ele sabia onde ficavam as brechas nas patrulhas de fronteira. Tinha também documentos de identificação falsos da Tchecoslováquia. Mas, uma vez no outro lado, o domínio precário que Plonsky tinha da língua e o seu sotaque o delatavam como estrangeiro, num país onde ele não sabia se movimentar muito bem e onde o regime comunista estava intensificando seu controle e sua vigilância doméstica. Segundo o plano combinado, Sutzkever pegaria o trem Varsóvia-Paris numa data acertada, e então Plonsky o encontraria na estação de Praga durante a breve parada do trem. Plonsky iria então entregar-lhe duas malas pela janela do vagão. A operação tinha que ser realizada com precisão e rapidez.

Plonsky cruzou a fronteira com as malas, pernoitou em Bratislava, recebeu dinheiro de um comandante local da Bericha e seguiu de trem até Praga. Tomou várias precauções: desceu do trem na periferia da cidade, e não na estação central, e deu ao motorista do táxi um endereço que não era seu real destino. E, de fato, poucos minutos depois de ter descarregado e se escondido no telhado do endereço em que fora deixado, viu o motorista do táxi voltar – acompanhado por dois policiais.

Depois de passar a noite no telhado, Plonsky foi para a seção de Praga da Jovem Guarda (Shomer Ha-Tza'ir), cujos líderes sugeriram que escondesse as malas por alguns dias numa sinagoga perto da estação de trem. Quando chegou a data combinada, a estação estava lotada de passageiros – e de policiais. Assim que o trem de Varsóvia para Paris entrou na plataforma, Plonsky viu a cabeça de Sutzkever para fora de uma das janelas. Aproximou-se do vagão com as malas na mão, pronto para atirá-las pela janela, mas um policial percebeu sua atitude suspeita. Um braço agarrou Plonsky pelas roupas no instante em que ele acabava de jogar as malas dentro do vagão por cima dos ombros. Plonsky desvencilhou-se do policial e saltou também no trem pela mesma janela. Trocou rápidas palavras com Sutzkever e pulou fora do trem pela janela oposta do vagão. Enfiou-se então num túnel de passagem e desapareceu na multidão que aguardava em pé em outra plataforma. O policial levantou do chão assustado, mas não teve tempo de reagir. O trem para Paris já saía apitando da estação e o suspeito sumira. A operação tinha sido um sucesso.

Naquela noite, quando Plonsky voltou ao esconderijo da Bericha local, companheiros do movimento perguntaram-lhe o que estava fazendo em Praga. Ele sorriu e disse: "Vim contribuir com a minha parte para a história judaica".[11]

CAPÍTULO 26

Paris

Shmerke e Sutzkever ficaram encantados com o ar de liberdade que respiravam em Paris. Ao contrário das cidades polonesas bombardeadas de Lodz e Varsóvia, Paris tinha muitas maravilhas de arte e arquitetura a oferecer aos seus olhos sensíveis. Havia também uma dinâmica cena política e cultural judaica, e uma ativa associação de judeus de Vilna, que se ofereceu para bancar a publicação de seus livros. Sob os auspícios da associação, Sutzkever publicou suas memórias do gueto de Vilna (que haviam aparecido um ano antes em Moscou) e Shmerke publicou sua coleção de canções do gueto. Houve uma melhora na condição de vida e no guarda-roupa dos poetas, graças à assistência do Comitê Conjunto de Distribuição e aos pacotes do YIVO. Mas para eles Paris era outro ponto de parada provisório. Para onde iriam em seguida estava em aberto e não era claro.

Ao chegar a Paris no final de novembro de 1946, Sutzkever escreveu a Max Weinreich e reiterou seu desejo de se instalar em Nova York. "Acho que é importante para o YIVO, que se tornou, como você vê, parte de minha vida." Weinreich pediu paciência e colocou Sutzkever em contato com o representante oficial do YIVO em Paris, Gershon Epshtein. Após seu primeiro encontro, Epshtein relatou: "Ele me mostrou alguns materiais que resgatou – cartas de grandes personalidades, muitos tesouros do YIVO de Vilna e a Biblioteca Strashun, livros religiosos antigos... Ele resgatou diários e muito mais coisas. Os materiais poderiam encher caixas e caixas".[1]

Embora mantivesse correspondência com Weinreich, Sutzkever também considerava a possibilidade de mandar o material resgatado para a biblioteca da Universidade Hebraica de Jerusalém. Ele compartilhou essa dúvida com seu amigo mais próximo na América, o poeta Aaron Glants-Leyeles, que o desestimulou a enviar o material para Jerusalém. Leyeles acrescentou que as principais figuras da literatura iídiche americana, H. Leivick e Joseph Opatoshu, eram da mesma opinião. "Aqui os tesouros culturais estarão localizados entre judeus vivos e terão um valor vivo. Na universidade de Jerusalém, nas atuais circunstâncias, serão relíquias, e a atitude em relação a elas dificilmente será fraterna e calorosa."[2] Sutzkever levou a advertência a sério.

Como vinha fazendo, Sutzkever continuou enviando pequenos pacotes a Weinreich por meio de vários viajantes. O tráfego entre Paris e Nova York era bem mais intenso, e era mais fácil encontrar portadores – a ponto de Weinreich ter dificuldade para acompanhar quem estava trazendo o quê. Sutzkever nem sempre fornecia os nomes exatos; um dos viajantes não retirou o material reservado para ele nos escritórios de Paris do Comitê Conjunto de Distribuição (JDC), e houve outro que não fez contato com Weinreich ao chegar a Nova York. Era preciso mudar o sistema de despacho do material.[3] No final de janeiro de 1947, Weinreich escreveu queixando-se a Sutzkever: "Líderes comunitários e jornalistas são os piores portadores que se possa imaginar, quanto a confiabilidade e segurança. Agora que você está num país com um sistema postal normal, o correio seria a melhor maneira. Tenha isso em mente".[4]

Mas melhor ainda que o correio, segundo decidiu Weinreich, era despachar material por meio de Gershon Epshtein, o representante do YIVO em Paris, que mantinha uma lista meticulosa de sua correspondência. Weinreich pediu que Sutzkever trabalhasse em estreito contato com o homem. "Epshtein é exatamente como o YIVO: não fica mal com ninguém, mas também evita criar dependências." Entre meados de dezembro de 1946 e 19 de março de 1947, o YIVO recebeu 360 documentos (incluindo livros) de Sutzkever por meio de Epshtein.[5] Depois que o canal de Epshtein passou a funcionar, raramente foram usados portadores e, nessas poucas ocasiões, somente com seu conhecimento e aprovação: o nativo de Vilna Leyzer Ran levou uma mala a Nova York em janeiro de 1947, e outra mala foi levada em junho pelo membro da equipe do YIVO Moshe Kligsberg, que visitava Paris.[6]

Shmerke e Sutzkever tinham cada um seu estoque de material, e iam liberando-o para Epshtein em diferentes lugares. Nenhum dos dois poetas sabia exatamente que material estava em posse do outro e não coordenavam suas ações. Ambos detinham partes do diário do gueto de Zelig Kalmanovitch. Shmerke entregou sua parte do diário em fevereiro de 1947, mas Sutzkever ficou com a parte dele até julho. Quando Sutzkever finalmente a entregou a Epshtein, assinou uma dedicatória na primeira página: "Querido Max Weinreich, estou enviando a você o mais precioso de todos os materiais do gueto – o diário de Kalmanovitch. É muito difícil para mim me separar dele, mas pertence ao YIVO, ao povo".[7]

Sutzkever foi igualmente relutante em se separar de seu livro de registro do *kloyz* do *Gaon* de Vilna. Ele o prometeu a Gershon Epshtein logo que chegou a Paris, mas seis meses depois o livro ainda estava com ele. O livro de registro, datado de meados do século XVIII, era a última grande relíquia da antiga Jerusalém da Lituânia. O edifício do *kloyz* do *Gaon* havia sido seriamente danificado na batalha de Vilnius em julho de 1944. O livro de registro restara intacto. Sutzkever finalmente se separou do volume em fólio em agosto, depois de vários lembretes de Weinreich. Antes de abrir mão dele, fez algo que viola todas as regras da preservação de manuscritos: anotou sua própria inscrição na página de abertura, antes da primeira entrada: "Escondido no bunker da Rua Strashun, nº 8, às vésperas da liquidação do gueto de Vilna – agosto de 1943, desencavado – julho de 1944. Sutzkever, Paris, julho de 1947". Havia assinado seu nome na primeira página da relíquia mais reverenciada de Vilna, como se fosse propriedade particular sua.[8]

Weinreich instruiu seu representante de Paris: "Mande o livro de registro pelo correio aéreo, registrado. E embale bem, com papelão. Não importa se a postagem custar duzentos dólares. O livro de registro é um símbolo de Vilna. Sei que precisamos ser frugais, mas ele deve ser enviado por postagem aérea".[9]

Além do envio dos tesouros culturais resgatados, havia outro assunto não resolvido que surgiu inesperadamente: levar ao tribunal Herbert Gotthard, um dos saqueadores do *Einsatzstab Reichsleiter Rosenberg*.

Nos anos do gueto, Shmerke e Sutzkever nunca consideraram a possibilidade de que os saqueadores do ERR viessem algum dia a pagar por seus crimes. Mas surgiu uma oportunidade no verão de 1946, quando Sutzkever, então ainda na Polônia, soube que Gotthard, o "especialista" nazista em *Judenforschung* da equipe do ERR, havia sido localizado. Estava morando num campo de DPs ("deslocados de guerra") em Lubeck, Alemanha, disfarçado de judeu e trabalhando num comitê judaico do campo! Gotthard inventara uma nova biografia para si mesmo, alegando ser um judeu de fala alemã de Mitau, Letônia, que havia sido interno do gueto de Riga.[10]

O disfarce de Gotthard foi descoberto graças a uma simples coincidência. Um residente do campo de deslocados de Lubeck havia lido o livro de Sutzkever sobre o gueto de Vilna e deparado com o nome Herbert Gotthard, o mesmo daquele personagem meio dúbio do campo. O leitor mandou uma carta a Sutzkever em Lodz, com uma descrição física que correspondia com a daquele homem baixinho, atarracado, que Shmerke apelidara de "Porquinho".[11]

Sutzkever levou o assunto à atenção da União Central dos Judeus na Polônia, que, por sua vez, levou o depoimento de Sutzkever à Comissão de Crimes de Guerra da Suprema Corte Militar polonesa. O homem em questão, escreveu ele, foi responsável pela destruição de dezenas de milhares de tesouros culturais judaicos em Vilna e pelo assassinato de dois eminentes eruditos judeus, Nojekh Prylucki e Abraham E. Goldschmidt, em agosto de 1941. A Comissão de Crimes de Guerra polonesa entrou em contato com as autoridades britânicas – o campo de Lubeck estava na zona britânica da Alemanha ocupada – e pediu a prisão de Gotthard e sua extradição para a Polônia.

Sutzkever também escreveu a Weinreich em Nova York, que na mesma hora enviou uma carta às autoridades militares americanas, pedindo sua intervenção junto aos britânicos para prender o homem que ele chamou de "o liquidador do YIVO de Vilna".

Como resultado desses esforços, Gotthard foi preso em novembro de 1946. Ficou num campo de internamento britânico em Hamburgo por mais de seis meses e depois em outra instituição prisional. De início, alegou ser vítima de uma confusão de identidades e que os crimes deviam ter sido cometidos por outro Herbert Gotthard. Mais tarde, alterou sua história e admitiu ter trabalhado para o ERR em Riga e Vilna, mas que havia sido como trabalhador escravo judeu. Disse que sua tarefa consistia apenas em traduzir e fazer pesquisas sobre os caraítas, e que usou seu cargo para oferecer auxílio material aos outros eruditos judeus. Gotthard negou ter envolvimento nos saques ou ser responsável pelo assassinato de Nojekh Prylucki.

Os britânicos enviaram uma foto de Gotthard a Sutzkever, que nesse meio-tempo havia se mudado para Paris, e ele confirmou a identidade do homem: era de fato o "Porquinho", o liquidador do YIVO de Vilna.[12]

Shmerke escreveu dizendo-se feliz com a detenção e prisão de Gotthard. Fantasiou que ele e outros membros sobreviventes da brigada do papel logo iriam confrontá-lo num tribunal militar de Varsóvia como testemunhas. Gotthard ficaria de queixo caído ao ver que vários membros da brigada de trabalho judaica haviam sobrevivido e eram agora seus acusadores. Shmerke ansiava pela doce vingança da extradição e entrega do homem à justiça. Enquanto isso, as rodas da burocracia giravam lentamente, e Gotthard aguardava na cela de uma prisão britânica.

Agora que Sutzkever e Shmerke estavam a salvo em Paris, longe da URSS e do bloco soviético, surgiu uma nova questão: de que maneira a YIVO deveria informar o público sobre o resgate e a recuperação dos tesouros de Vilna? Um evento dramático dessa magnitude merecia ganhar publicidade; e seus heróis tinham que ser celebrados. Mas, como Weinreich escreveu aos dois, "há razões de peso para não falar desse assunto de maneira totalmente aberta [...] É importante que o assunto seja enfocado de maneira discreta, camuflada".[13]

Não é difícil imaginar quais eram as preocupações de Weinreich: se a história toda fosse divulgada, o governo soviético poderia lançar uma campanha para o retorno do material a Vilnius, alegando que se tratava de propriedade roubada de um museu soviético. E os comunistas judeus iriam difamar os "parceiros no crime", Shmerke e Sutzkever, como ladrões de livros e documentos, e também o YIVO, a instituição que estava agora em poder dos bens roubados.

Comunistas judeus já começavam a desferir ataques pessoais a Sutzkever, retratando-o como um ladrão, e não como um salvador.

Logo que chegou a Paris, ele soube que havia gente fazendo comentários indignados sobre suas ações na Polônia. Um antigo colega da brigada do papel, Akiva Gershater, escreveu-lhe de Lodz: "Em alguns círculos, incluindo os literários, houve uma total reversão da atitude em relação a você. Estão dizendo: 'Sutzkever empobreceu Vilna', 'levou embora nossos mais preciosos tesouros', 'nós sabemos da história toda', 'temos que fazer alguma coisa'". Gershater advertiu Sutzkever que as pessoas que vinham fazendo essas acusações sem dúvida haviam compartilhado isso com seus camaradas ideológicos em Paris. Ele até o aconselhou a não manter nenhum material de museu em seu apartamento em Paris, porque os comunistas poderiam organizar uma invasão.[14]

Também havia comentários raivosos na Vilnius soviética: o membro da equipe do museu Shloime Beilis enviou cartas para a Associação dos Vilnenses de Paris, denunciando Shmerke e Sutzkever como ladrões.[15]

Shmerke nunca fora de fugir da briga e adorava uma batalha verbal com os comunistas. Em Paris, tachou-os de defensores de um regime assassino, e eles o rotularam de traidor e agente de Wall Street.[16] Mas Shmerke não estava inclinado a travar uma polêmica pública a respeito da decisão que havia tomado, como diretor do Museu Judaico de Vilnius, de tirar de lá seus tesouros e contrabandeá-los para fora da URSS. A revelação pública disso levaria a uma repressão ao museu e à prisão de seu amigo de infância, Yankl Gutkowicz. No mínimo, tornaria impossível retirar mais material de lá.

Portanto, Shmerke manteve silêncio por vários anos. Quando finalmente se referiu à sua atividade de contrabando em suas memórias publicadas em 1949, comunistas judeus soltaram toda a sua fúria. "Ele saqueou o museu estatal onde era o responsável pela guarda das peças. Embora a URSS lhe pagasse um salário para guardar os materiais do museu, ele sorrateiramente passou a 'resgatá-los', sem o menor senso de honestidade, ética e lealdade. Justificou seus atos estabelecendo uma sacrílega identificação entre sovietismo e nazismo [...] Desnecessário dizer, a desonestidade dos Kaczerginskis levou os órgãos de Estado a encarar com suspeita os potenciais Shmerkes que poderiam ter restado no país, e isso causou graves danos aos judeus soviéticos."[17]

Todas essas considerações estavam por trás do mútuo acordo no sentido de que o YIVO não tornasse público o fato de ter recebido materiais de Shmerke e Sutzkever.[18] Na primeira metade de 1947, o *YIVO News* mencionou apenas em termos genéricos que o instituto estava de posse de materiais do YIVO de Vilna pré-guerra, que haviam sido resgatados. Não explicou quem havia feito o resgate e como o material chegara a Nova York. Muitos documentos de Vilna fizeram parte da exposição do YIVO "Os judeus na Europa 1939-1946", montada em Nova York em março-abril de 1947, mas, de novo, sem uma explicação de como haviam sido obtidos.[19] Weinreich era especialmente sensível em relação aos documentos do gueto. Sabia que o YIVO não tinha direito legal legítimo sobre eles, pois o YIVO de Vilna já não existia mais nos anos do gueto. O único proprietário por direito dos materiais do gueto era o Museu Judaico de Vilnius, uma instituição estatal soviética.

Em agosto de 1947, o YIVO já havia recebido a maior parte do material que Shmerke e Sutzkever haviam contrabandeado pela Europa, e a alta administração do YIVO reviu a questão de emitir uma nota à imprensa sobre sua atividade de resgate.[20] Decidiu agir com cautela e procurou o consentimento de Sutzkever para contar parte da história – numa única sentença.

O artigo principal da edição de setembro de 1947 do *YIVO News* informou os leitores que o instituto havia adquirido três diários extraordinários: o diário de Theodor Herzl da década de 1880 e os diários de Zelig Kalmanovitch e de Herman Kruk, do gueto de Vilna. O artigo observava: "Como eles chegaram ao YIVO – essa é outra dramática história, que iremos relatar com detalhes em outra ocasião". Mas numa página interna do mesmo número da revista, distante do artigo principal, a *YIVO News* publicou uma foto de Sutzkever e Shmerke no gueto de Vilna com uma legenda em corpo 8: "Os dois poetas iídiches, e um grupo de ativistas culturais que trabalharam no YIVO de Vilna sob o regime alemão, esconderam no gueto tesouros culturais judaicos, incluindo tesouros do YIVO, com grande risco para as próprias vidas. Após a guerra, eles os desencavaram".[21]

O leitor que soubesse ler nas entrelinhas (que juntasse o artigo da página 1 e a legenda da página 7) provavelmente entendeu que os diários haviam sido resgatados por Sutzkever e Shmerke.

A legenda não mencionava a existência do Museu Judaico, nem o fato de Sutzkever e Shmerke terem sido seus diretores, nem que haviam contrabandeado peças do museu (incluindo os três extraordinários diários) para fora da URSS.

A questão era tão delicada que gerou discussões a respeito de que nome dar à coleção de documentos. Chamá-la de Coleção Sutzkever-Kaczerginski seria uma evidência de que eles é que haviam contrabandeado os materiais para fora da URSS. Mas não dar à coleção o nome dos responsáveis por seu resgate seria negar-lhes a forma mais básica de reconhecimento. Shmerke insistiu: "Acredito que a formulação de Weinreich, 'o Arquivo Sutzkever-Kaczerginski no YIVO' é o mínimo que nos deve ser concedido. Não podemos ficar aterrorizados por pessoas como Beilise".[22] No final, a coleção ganhou o nome de "Sutzkever-Kaczerginski", mas sem alarde público.[23]

Enquanto a maior parte do material estava em Nova York, Shmerke e Sutzkever ainda permaneciam em Paris aguardando os vistos de imigração americanos. Conforme os meses transcorriam sem nenhum progresso concreto, Sutzkever passou a duvidar que o cobiçado visto fosse algum dia emitido. Tanto Weinreich como Glants-Leyeles guardavam silêncio a respeito do assunto, sem nada a relatar, e o pensamento de Sutzkever começou a se voltar cada vez mais para a Palestina. A ideia de se instalar ali ocupava sua mente havia algum tempo.[24]

Depois de participar do Congresso Sionista Mundial na Basileia em meados de dezembro de 1946 como convidado, Sutzkever começou a mencionar em suas cartas a Nova York seu interesse em visitar a Palestina antes de se instalar em Nova York. Queria ver seu irmão e a *yishuv*, a comunidade judaica de lá.[25] Em junho, escreveu sobre sua decisão de se instalar na Palestina. Conseguira um certificado, com a ajuda dos líderes sionistas que conhecera no congresso. Expôs a decisão ao poeta iídiche H. Leivick como a única solução para a sua crise pessoal e criativa: "Encontro-me numa condição da qual só a morte será capaz de me resgatar. Em poucas palavras, perdi o chão sob os meus pés. Nunca me senti tão sozinho. Pior ainda, todos os meus sentidos pararam de funcionar, até mesmo o sentido da dor. Você consegue imaginar uma pessoa em tal estado, ainda mais um poeta? Portanto é muito possível que eu saia de Paris, e talvez para a Terra de Israel. É onde tenho um irmão, e a vida ali está pegando fogo. Talvez ali eu encontre minha sombra".

Ele deu uma explicação mais prosaica a Weinreich: estava cansado de esperar.[26]

Sutzkever partiu da França de navio em 2 de setembro de 1947. Ao chegar ao porto de Haifa, enviou uma de suas primeiras cartas a Weinreich: "Estou cansado, mas muito feliz com minha viagem. Espero ser capaz de trabalhar e estudar aqui [...] Vi muito pouco do país e das pessoas. Quero passar um mês recolhido comigo mesmo e organizar meus pensamentos". Então acrescentou: "Pode ter certeza, meu caro amigo, que irei ajudar o YIVO mesmo estando aqui, de todas as formas que for capaz. Também irei lhe enviar os materiais restantes". Sim, Sutzkever ainda tinha uma grande quantidade de material com ele, incluindo partes do diário de Herman Kruk.[27]

Shmerke permaneceu em Paris e pesou suas opções. Estava praticamente desempregado, vivendo de adiantamentos das vendas de seus livros e de um giro de palestras nos campos de pessoas deslocadas. Ele acabou percebendo que como ex-comunista suas chances de obter um visto americano eram muito pequenas. Estava interessado em se instalar na Palestina, mas havia uma longa fila para obter os certificados, e os líderes sionistas não se inclinavam muito a dar preferência a um recém-convertido à sua causa que durante muitos anos havia sido comunista.

Shmerke também tinha receio de que a atitude negativa em relação ao iídiche dentro da *yishuv* de fala hebraica o fizesse sentir-se desnecessário ali. Escreveu a Sutzkever meses depois da chegada deste último à Terra de Israel para pedir apoio e ajuda. "Se *você* achar que conseguirei viver, arrumar trabalho e ser considerado um igual, e se for realmente capaz de fazer alguma coisa a esse respeito, então não só lhe serei profundamente grato – eu irei para a Eretz Israel."[28] Sutzkever respondeu incentivando-o, mas não fez promessas concretas.

Por volta do final de 1947, os membros sobreviventes da brigada do papel estavam dispersos. Shmerke permaneceu em Paris; Sutzkever, em Tel Aviv e Rachela Krinsky, em Nova York. Outros membros sobreviventes instalaram-se em Israel, Canadá e Austrália.

CAPÍTULO 27

*O retorno de Offenbach, ou a
profecia de Kalmanovitch*

Max Weinreich tinha um lugar especial no coração para os materiais que Shmerke Kaczerginski e Abraham Sutzkever haviam resgatado arriscando suas vidas – e duas vezes. Mas sabia que o maior prêmio era o tesouro de livros e documentos guardado na Alemanha, cinquenta vezes maior. E era muito difícil para ele suportar a ideia de que esses materiais estivessem na Alemanha, a terra dos assassinos e saqueadores.

Mas transferir para o YIVO a propriedade do que estava sob controle do governo americano mostrava-se frustrante, num nível enfurecedor. O cabo de guerra burocrático entre o Departamento de Estado e o Departamento da Guerra parecia não ter fim. Em 7 de maio de 1946, o Departamento de Estado notificou o Comitê Judaico Americano que havia decidido restituir o acervo do YIVO a Nova York. E Weinreich comemorou – prematuramente, como se viu logo depois. Duas semanas e meia mais tarde, em 24 de maio, o Departamento da Guerra escreveu para anular a decisão. "A conveniência de abrir uma exceção à prática geral para o caso desse acervo vem sendo questionada [...] A política tem sido devolver propriedade saqueada de qualquer tipo ao país de onde ela se originou."[1]

Ao mesmo tempo, o governo dos EUA começou a discutir a questão mais ampla dos 1,5 milhão de livros judaicos mantidos em Offenbach, com um órgão recém-criado chamado Comissão para a Reconstrução Cultural Judaica na Europa, presidida pelos professores da Universidade Columbia Salo Baron e Jerome Michael. O acervo do YIVO passou a fazer parte de uma questão maior.

Os problemas dessas negociações mais amplas eram complexos: havia livros identificáveis, cujos proprietários podiam ser determinados por *ex libris* e marcas, e livros não identificáveis, cujos proprietários eram desconhecidos. Havia livros cujas organizações proprietárias haviam retomado sua operação após a guerra e organizações proprietárias que não existiam mais nem tinham herdeiros. Havia países com os quais os Estados Unidos tinham acordos de restituição legalmente válidos e outros com os quais não tinha.

Mas à parte as especificidades, havia uma questão subjacente: a quem pertenciam os livros judaicos? A seus países de origem, ou ao povo judeu? Se fosse ao povo judeu, quem o representava? Não havia Estado judaico em 1946. A Comissão para a Reconstrução Cultural Judaica na Europa – um consórcio que incluía o Congresso Judaico Mundial, o Comitê Judaico Americano, a Universidade Hebraica e muitos outros grandes grupos – reivindicava esse papel de representante. Ela pediu ao governo dos EUA para ser reconhecida como fiel depositária, em nome do povo judeu, de todos os livros judaicos descobertos na zona americana da Alemanha ocupada. As negociações entre o Departamento de Estado, o Departamento da Guerra e a comissão arrastaram-se pelo que parecia uma eternidade (houve por fim um acordo em 1949).[2]

O YIVO queria que o seu caso fosse tratado separadamente da questão geral do 1,5 milhão de livros judaicos de Offenbach, que fosse feita de modo discreto e direto a devolução de propriedade a seu dono. Mas os formalistas no Departamento da Guerra não permitiriam que o caso do YIVO avançasse antes que a questão mais ampla tivesse sido resolvida.

Num aspecto, a Comissão para a Reconstrução Cultural Judaica na Europa acabou sendo extremamente útil ao YIVO. A comissão opunha-se firmemente a devolver os tesouros culturais judaicos à Polônia. Argumentava que era inadequado enviar os livros, manuscritos e objetos rituais judaicos a um país no qual noventa por cento da população judaica havia sido dizimada durante a guerra, e de onde os judeus sobreviventes estavam saindo em grandes levas. O núcleo judeu-polonês chegava ao fim, havia sido liquidado, varrido. Os tesouros culturais precisavam ser enviados aos grandes centros da vida judaica pós-guerra: Estados Unidos e Palestina.[3]

O Departamento de Estado levou a sério a posição antipolonesa da comissão, especialmente porque o próprio governo polonês não expressou nenhum interesse particular em reivindicar o material judaico. Assim, a sugestão de restituir à Polônia as coleções do YIVO foi excluída das negociações.

Mas a URSS permaneceu como uma opção viável, já que Vilnius era a capital da República Socialista Soviética da Lituânia e havia sido uma cidade soviética no ano imediatamente anterior à invasão alemã. O depósito de Offenbach cooperou com todos os países cujos livros haviam sido saqueados, incluindo a União Soviética, e restituiu centenas de milhares de livros à URSS. Em junho de 1946, um oficial soviético da restituição visitou as instalações, e os americanos o autorizaram a levar embora 760 caixas – com 232.100 livros ao todo –, que voltaram ao seu país de origem. Nelas havia livros de acervos de bibliotecas judaicas em Kiev e Odessa, saqueados por Johannes Pohl e pelo ERR. As visitas subsequentes dos oficiais soviéticos de restituição a Offenbach tiraram o sono de Weinreich por muitas noites.

Felizmente para Weinreich e para o YIVO, os Estados Unidos adotaram por um tempo uma política de não reconhecer a incorporação da Lituânia e de outros Estados bálticos à União Soviética e, consequentemente, de não restituir à URSS material de propriedade dos países bálticos. Mas era uma política temporária. O tópico ainda estava em exame pelos Chefes de Equipe Conjuntos.[4] Enquanto isso, o depósito de Offenbach mantinha seus livros lituanos, tanto judaicos como não judaicos, e não os restituía a ninguém.

O que já se esperava ocorreu no início de agosto de 1946. Os soviéticos informaram as autoridades americanas que estavam reivindicando a propriedade do material judaico de Vilnius. Weinreich soube disso por meio de canais não oficiais, numa mensagem do rabino Judah Nadich, conselheiro de assuntos judaicos do general Eisenhower (Nadich ligou para a esposa em Nova York e ditou a carta ao YIVO). Nadich adotou uma postura tranquilizante. Havia conversado sobre o assunto com o general Lucius Clay, vice-governador militar dos EUA, e Clay decidira dar apoio total à reivindicação do YIVO por seus livros e papéis. Tencionava levar a questão à diretoria da seção de Reparação, Liberação e Restituição do Conselho de Controle Aliado, o organismo que governava a Alemanha em nome das quatro potências que ocupavam o país. O general Clay prometeu que se o Conselho de Controle Aliado não concordasse em devolver as coleções ao YIVO em Nova York, os Estados Unidos fariam isso unilateralmente.[5]

Weinreich ficou alarmado e sentiu que levar a questão do YIVO ao conselho era algo cheio de perigos. Os soviéticos iriam se opor ao envio para Nova York, e no mínimo o caso seria adiado ainda mais pelas negociações que se seguiriam. Sempre prevendo o pior cenário, receava que quando o tópico fosse tema de negociações, os Estados Unidos poderiam decidir usar a biblioteca do YIVO como "moeda de troca" com os soviéticos, visando outros interesses. Weinreich pediu a John Slawson do Comitê Judaico Americano que convencesse o governo dos EUA a agir unilateralmente, em vez de levar a questão ao conselho.[6]

Enquanto isso, em Vilnius, o diretor do Museu Judaico, Yankl Gutkowicz, insistia com os oficiais soviéticos para que solicitassem a volta dos livros para a sua instituição. "Temos razões para suspeitar que alguns grupos estão de olho nessa propriedade soviética, e o primeiro deles é o YIVO na América [...] Pedimos que tomem todas as medidas necessárias para que a propriedade soviética seja devolvida a seus verdadeiros donos."[7]

Felizmente para o YIVO, o advento da Guerra Fria veio em seu auxílio. Não demoraram a surgir graves tensões no Conselho de Controle Aliado entre os representantes da União Soviética e os das demais potências da ocupação, e no final de agosto de 1946 o conselho estava num impasse. A diretoria da seção de Reparação, Liberação e Restituição fez mais de sessenta reuniões e não conseguiu chegar a um acordo sequer sobre a definição do termo *restituição*, quanto mais sobre os procedimentos para processar as solicitações. Por volta dos últimos meses de 1946, ficou claro que cada potência da ocupação seguiria a própria política de restituição na parte da Alemanha por ela controlada. O plano do general Clay de levar ao conselho a questão da restituição ao YIVO perdera sentido.[8]

Acompanhando a deterioração nas relações entre Estados Unidos e União Soviética, a decisão provisória dos americanos de não restituir à URSS livros e outras propriedades da Lituânia tornou-se uma política estabelecida. Os Estados Unidos não reconheciam nem iriam reconhecer os países bálticos como parte legítima da URSS. "Nenhum envio de propriedade para a Letônia, Lituânia e Estônia deve ocorrer", escreveu o governo militar dos EUA na Alemanha em seu relatório anual, em 31 de dezembro de 1946.

A situação do YIVO era ideal do ponto de vista político, mas totalmente frustrante na prática. O governo dos EUA havia excluído as demais alternativas de restituição – Polônia e URSS. Todos concordavam que o YIVO devia receber sua propriedade. Mas ninguém se dispunha a empreender ações até que o acordo geral entre os Estados Unidos e a Reconstrução Cultural Judaica fosse finalizado. Quanto tempo isso levaria, ninguém sabia dizer.

Em janeiro de 1947, o YIVO decidiu voltar a fazer pressão. Weinreich e o secretário executivo do YIVO Mark Uveeler reuniram-se de novo com oficiais do Departamento de Estado em Washington, mais de dezoito meses após o primeiro encontro. Dessa vez, tinham ajuda de dentro. Seymour Pomrenze deixara seu cargo no Depósito de Arquivos de Offenbach e trabalhava agora nos Arquivos Nacionais, em Washington. Ele conhecia a burocracia governamental dos EUA sobre restituição cultural de cima a baixo. Aconselhou Weinreich reservadamente a respeito de quem ele deveria procurar e o que deveria dizer. E eis que as engrenagens da burocracia finalmente começaram a se mexer.

Em 11 de março de 1947, o Departamento da Guerra autorizou o Escritório do Governo Militar dos Estados Unidos (OMGUS) na Alemanha a liberar o acervo do YIVO para transferência aos Estados Unidos. A ordem estipulava que os livros deveriam ser entregues à Missão na Alemanha da Biblioteca do Congresso, que por sua vez iria providenciar sua transferência ao YIVO. Isso para respeitar a política de restituição cultural, que contemplava Estados e indivíduos ou organizações. A Biblioteca do Congresso, por sua vez, aceitou a solicitação do YIVO e nomeou Pomrenze como membro de sua missão, para supervisionar a transferência.[9]

Além de ter um conselheiro nos bastidores em Washington, o YIVO tinha também um "informante" dentro do depósito de Offenbach: Lucy Schildkret, que mais tarde ficou conhecida como a historiadora e ensaísta Lucy Dawidowicz. Como funcionária do Departamento de Educação do Comitê Conjunto de Distribuição na Alemanha, Schildkret foi enviada a Offenbach em fevereiro de 1947 para selecionar cinco mil livros em iídiche e hebraico para uso nos campos de pessoas deslocadas. Ela tinha fortes laços com Weinreich e o YIVO, pois em 1938-1939 havia sido acadêmica visitante do programa de treinamento para formados do YIVO em Vilna, e saíra da Europa dias antes da eclosão da guerra. Enquanto esteve em Vilna, seus pais substitutos foram Zelig e Riva Kalmanovitch. Ao voltar a Nova York, ela foi secretária pessoal de Max Weinreich de 1943 a 1945. Em Offenbach, mantinha Weinreich totalmente informado sobre o que acontecia por ali.

À medida que Lucy Schildkret pesquisava as montanhas de "livros não identificáveis" (livros cujos antigos donos não era possível identificar), a fim de selecionar itens para os campos de pessoas deslocadas, ela descobriu que muitos dos "não identificáveis" na verdade podiam ser identificados – e pertenciam ao YIVO. Alguns tinham inseridos dentro deles formulários bibliográficos em iídiche, que ela conhecia de Vilna. Outros tinham números de acesso em etiquetas com dupla perfuração, que ela reconhecia. E outros ainda tinham marcas manuscritas em iídiche feitas por Max Weinreich e outros eruditos do YIVO no frontispício (mas sem selos ou *ex libris* que pudessem ter sido detectados pelos alemães encarregados da triagem). Schildkret começou a separar esses livros. E escreveu a Weinreich imediatamente.

Quando vieram as ordens do Departamento da Guerra para preparar a transferência dos livros do YIVO para os Estados Unidos, o depósito de Offenbach e o Comitê Conjunto de Distribuição aceitaram que Schildkret mudasse de função e dedicasse oficialmente seu tempo a descobrir livros do YIVO entre os "não identificáveis". Joseph Horne, novo diretor do depósito, estava interessado em resolver de vez a questão do YIVO. Ao final de maio, Schildkret havia descoberto milhares de itens.[10]

Na preparação para a transferência, o depósito de Offenbach fez a contagem dos pertences do YIVO:

- 47 caixas de livros. 5.457 livros (contagem total)
- 47 caixas de cadernos e revistas (não contados, provavelmente cerca de quinze mil)
- 80 caixas de material de arquivo (não contado)
- 8 caixas de material de música (em folhas e encadernado)
- 15 caixas de jornais

- Biblioteca Mathew Strashun, ainda não encaixotada. 23.604 livros, talvez duzentas caixas
- Total: 397 caixas.[11]

Mas graças ao trabalho de Schildkret de identificar livros do YIVO entre os "não identificáveis", o acervo do YIVO cresceu em 420 caixas.

A Missão da Biblioteca do Congresso, com o coronel Pomrenze à frente, chegou a Offenbach em meados de junho de 1947. Mestre da burocracia americana, ele chegou bem preparado e promoveu a transferência gigantesca em menos de 48 horas. Schildkret descreveu o evento histórico em termos expressivos, numa carta a Weinreich:

> O grande dia chegou. Tudo funcionou às mil maravilhas [...] Sem dúvida é difícil gostar de Pomrenze, mas você não poderia ter escolhido pessoa melhor para o cargo. Ele é tão alucinado por papelada e domina tão bem qualquer tipo de solicitação e coisas desse tipo que pode se virar em qualquer parte. Sábado de manhã, Horne me disse: "Não vou deixar o Pomrenze criando confusão pelo depósito". Na segunda de manhã, disse a ele que podia ficar por ali para me ajudar e fazer o que quisesse.
> Ele foi simplesmente fantástico na questão do transporte. Afinal, chegou ao depósito na segunda de manhã, 16 de junho, e hoje, 17 de junho, às cinco da tarde, os vagões de carga estavam todos carregados, [e] todos os arranjos concluídos para que sejam engatados ao trem postal em Frankfurt amanhã de manhã. Esse é o trem mais rápido para Bremen. Guardas americanos da polícia militar foram providenciados. O navio que vai levar os livros chega a Bremerhaven [o porto] amanhã, portanto vão poder carregá-lo assim que chegarem. Hoje foram assinados os recibos. A loja de bebidas estava fechada hoje, portanto amanhã ou pouco depois vamos beber para celebrar tudo isso.
> Perguntei [a Pomrenze] onde diabos você vai colocar os livros quando chegarem. Mas P. parece que já resolveu o problema com a fábrica Matzo... Você pode ficar muito feliz.[12]

As 420 caixas saíram de Bremen em 21 de junho num navio chamado *Pioneer Cove* e chegaram ao porto de Nova York em 1º de julho. Pomrenze "matou" o problema do armazenamento com a ajuda de seu irmão mais velho, Chaim, que era executivo da Manishewitz Matzo Company. As 420 caixas foram armazenadas no depósito Manishewitz em Jersey City, sem nenhum custo para o YIVO.[13]

No dia seguinte à chegada das caixas, cinco membros da liderança do YIVO foram até Jersey City examiná-las. Quando abriram a primeira caixa e viram peças sobreviventes do YIVO de Vilna, as mãos deles tremiam.

Não houve celebrações públicas – sangue demais, perdas demais. Weinreich alegrou-se em silêncio em seu íntimo, mas foi tudo suave e contido. Ele sabia que tinha realizado uma grande coisa para a memória e o conhecimento acadêmico judaicos. Havia cumprido o último desejo de seu querido amigo e colega, Zelig Kalmanovitch. Relembrou então as palavras dele, quando trabalhava no edifício do YIVO como escravo para o ERR: "Os alemães não serão capazes de destruir tudo. E o que quer que levem embora será encontrado ao final da guerra e tirado deles". Nesse instante, Weinreich soube que Zelig Kalmanovitch era de fato o profeta do gueto.

PARTE QUATRO

Da liquidação à redenção

CAPÍTULO 28

O caminho para a liquidação

A maior parte dos tesouros resgatados pela brigada do papel nunca saiu de Vilnius. Não havia como Shmerke e Sutzkever levarem tudo embora com eles. O arquivo do gueto era simplesmente volumoso demais, assim como partes do arquivo do YIVO, que não foram enviadas a Frankfurt. A maioria dos trinta mil livros ficou no Museu Judaico.

O museu foi revitalizado nos anos que se seguiram à partida da dupla de poetas, sob seu novo diretor Yankl Gutkowicz. Seus edifícios foram reparados por uma brigada de prisioneiros de guerra alemães, num perfeito caso de justiça poética. A equipe catalogou as coleções, e uma sala de leitura foi aberta ao público. O museu montou uma grande exposição permanente sobre o Holocausto na Lituânia chamada "O Fascismo está Morto" e realizou exposições menores de curta duração sobre Sholem Aleichem e outros temas. Havia palestras e programações com personalidades da cultura, entre elas Ilya Ehrenburg e Solomon Mikhoels, o presidente do Comitê Antifascista Judaico.[1]

Tudo isso se deveu não tanto ao talento administrativo de Gutkowicz, mas à saída de Mikhail Andreievich Suslov da Lituânia. Em março de 1946, a eminência parda de Stalin deixou Vilnius para um cargo mais alto em Moscou. Assim que o arqui-inimigo da cultura judaica foi embora, muitos obstáculos desapareceram.

Outro fator que contribuiu para o sucesso do museu foi o seu patriotismo soviético de fachada. Gutkowicz montou exposições em homenagem às eleições para o Soviete Supremo e o terceiro aniversário da libertação de Vilnius. Explicou o sentido da exposição sobre o Holocausto em termos patrióticos: "Conforme vamos de sala em sala [...] somos tomados por um sentimento de amor e profunda gratidão pelo Exército Vermelho e pelo poder soviético, que nos salvou da destruição e agora nos conduz a uma vida renovada". A exposição sobre Sholem Aleichem marcando o trigésimo aniversário de sua morte culminou com um grande retrato de ninguém menos que... Josef Stalin, "o homem que tornou possível a reconstrução de um Museu Judaico em Vilnius".[2] Gutkowicz transformou o Museu Judaico numa instituição verdadeiramente soviética.

O feliz casamento da identidade judaica com o patriotismo soviético culminou com a votação nas Nações Unidas da divisão da Palestina, numa sexta-feira, 29 de novembro de 1947. A União Soviética e seus aliados votaram "sim". Poucos meses antes, o delegado soviético nas Nações Unidas, Andrei Gromyko, expressara o apoio de seu país à fundação de um Estado judaico, citando o inexprimível sofrimento do povo judeu durante a guerra (seu principal objetivo era tirar os britânicos de lá).

Um membro da equipe do museu, Alexander Rindziunsky, comunista e ex-combatente da FPO, juntou-se a um grupo de amigos em volta de um rádio para ouvir a votação nominal da Assembleia Geral. Quando a resolução foi aprovada, todos ficaram muito contentes – e orgulhosos da URSS, por ter sido uma das primeiras nações a declarar seu apoio ao Estado judeu. Os judeus de Vilnius celebraram a declaração de independência de Israel em 14 de maio de 1948 com festas, brindes e desejos: "Que possamos alcançar muitas *nakhes* (alegrias) com o Estado que acaba de nascer". Mas também foram cautelosos e mantiveram sua alegria longe dos olhos do público. Quando o correspondente de Vilnius do jornal iídiche de Moscou *Unidade* (*Eynikayt*) pediu que as pessoas comentassem a fundação do Estado judeu, ninguém se dispôs a dizer nada que ficasse registrado na publicação. Excesso de animação poderia ser visto como uma expressão de "nacionalismo" judaico, um palavrão no vocabulário soviético.[3]

O Museu Judaico e a sinagoga eram os únicos locais públicos onde os judeus podiam se reunir para discutir a notícia histórica. E foi lá que se reuniram. O museu ficou inundado de visitantes, alguns dos quais disseram esperar que a URSS formasse uma legião para combater por Israel, do mesmo modo que havia enviado voluntários à Espanha durante a Guerra Civil Espanhola. Um grupo de estudantes em visita, provenientes de Poltava, Ucrânia, disse a Rindziunsky, o membro da equipe, que estavam prontos a ir para Israel a qualquer momento, a pé se preciso fosse.[4] A primeira metade de 1948 foi um ponto alto emocional para os judeus da Vilnius soviética.

Mas em seguida tudo mudou. Josef Stalin ficou furioso com a efusiva identificação dos judeus com o novo Estado, como ocorreu quando uma multidão se formou para receber a primeira embaixatriz israelense, Golda Meir, diante da sinagoga de Moscou. O que ele queria era tirar os britânicos da Palestina. Mas o fato de os judeus soviéticos declararem seu amor a um Estado estrangeiro, ainda mais um Estado cada vez mais amigo dos Estados Unidos, era a seus olhos uma traição. Então lançou uma forte campanha antissemita a partir dos últimos meses de 1948.

Em 20 de novembro, a liderança soviética ordenou a dissolução do Comitê Antifascista Judaico, tachando-o de "centro de propaganda antissoviética que regularmente fornece informações antissoviéticas a órgãos estrangeiros de espionagem". O jornal iídiche *Unidade* (*Eynikayt*) foi fechado e a editora A Verdade (Der Emes) foi liquidada cinco dias mais tarde. A ordem de 20 de novembro afirmava de modo ameaçador: "Por enquanto, ninguém deverá ser preso".[5]

Esse "por enquanto" durou um mês. As prisões em larga escala de escritores iídiches soviéticos começaram no final de dezembro de 1948. Itzik Feffer, poeta que fora o porta-voz mais leal da política soviética, foi capturado em sua casa em 24 de dezembro. O mesmo destino teve Benjamin Zuskin, o destacado ator do Teatro Estatal Iídiche de Moscou, que também se tornou seu diretor depois da morte de Solomon Mikhoels mais cedo naquele ano, em circunstâncias misteriosas. Os escritores Peretz Markish e Dovid Bergelson, amigos próximos de Sutzkever em Moscou, foram presos nos últimos dias de janeiro de 1949. Em fevereiro de 1949, todas as instituições de literatura iídiche haviam sido fechadas e quase todos os escritores iídiches estavam na prisão. Os mais importantes acabariam sendo executados em 12 de agosto de 1952.[6]

De acordo com a nova política, toda a cultura judaica foi rotulada de "nacionalista" e "sionista". O sionismo, por sua vez, foi condenado como um agente da espionagem americana e um inimigo da URSS. Era a política de Suslov elevada ao cubo.

Apesar de as prisões não terem sido divulgadas ou anunciadas pela imprensa, os leitores e escritores ao redor do mundo ficaram alarmados com a repentina cessação da publicação de livros e jornais em iídiche, e com o desaparecimento de Markish, Bergelson e muitos outros escritores. Shmerke, em Paris, e Sutzkever, em Tel Aviv, temiam o pior para seus amigos em Moscou e perceberam o quanto haviam tido sorte, saindo de lá na hora certa. Ainda não sabiam disso, mas a bala não os acertara por um triz.

Não demorou muito para que o ataque à cultura judaica se espalhasse de Moscou para Vilnius. O trabalho inicial foi feito pelo ministro lituano da segurança do Estado, major-general Piotr Kapralov, que apresentou um memorando altamente secreto ao primeiro secretário do Partido Comunista, Antanas Snieckus, em 29 de janeiro de 1949, sobre os perigos do sionismo e do nacionalismo judaico à República Socialista Soviética da Lituânia.

Kapralov advertiu que um movimento sionista clandestino estava divulgando propaganda antissoviética na Lituânia. O movimento era intimamente ligado à espionagem americana e secretamente financiado por meio de entidades como o Comitê Conjunto de Distribuição. O memorando de Kapralov chegava a acusar, de maneira ultrajante, os sionistas de Vilnius de cooperarem com a guerrilha nacionalista lituana (na realidade, muitos dos guerrilheiros nacionalistas lituanos eram radicalmente antissemitas. Havia nas suas fileiras um bom número de ex-colaboradores dos nazistas).[7]

O memorando era essencialmente um discurso paranoico sobre uma conspiração judaica que estaria trabalhando em nome dos principais inimigos do poder soviético, tanto do exterior quanto domésticos.

Kapralov advertiu que os sionistas estavam usando instituições legais para espalhar o nacionalismo judaico. A principal delas seria o Museu Judaico. Ele acusou sua exposição permanente "O Fascismo está Morto" de apresentar um quadro unilateral, como se os judeus fossem o único povo a lutar contra os nazistas. A exposição destacava a participação de nacionalistas lituanos nas atrocidades contra os judeus, mas não mencionava a resistência dos comunistas lituanos. As acusações de Kapralov eram claramente falsas, mas não era esse o ponto. A sorte estava lançada.[8]

Em 27 de abril de 1949, três meses depois do memorando de Kapralov, o órgão estatal encarregado dos museus solicitou formalmente que o Conselho de Ministros da República Socialista Soviética da Lituânia "reorganizasse" o Museu Judaico de Vilnius e o transformasse no Museu de Estudos Locais de Vilnius. A solicitação, em termos educados, evitou usar a palavra "liquidação", mas a intenção era inequívoca: o Museu Judaico deveria cessar de existir. O Conselho de Ministros adotou a resolução e fechou o museu em 10 de junho de 1949.

A ordem incluía instruções detalhadas sobre como dispor dos ativos do museu: seu edifício na Rua Strashun, nº 6, deveria voltar ao órgão estatal encarregado dos museus, e seus sete cargos de equipe deveriam ser realocados ao recém-criado Museu de Estudos Locais. As coleções deveriam ser repartidas entre os repositórios lituanos: todo o material relacionado à história local deveria ser mantido na localização atual, à disposição do Museu de Estudos Locais a ser instalado. Itens de significado histórico mais amplo deveriam ser transferidos ao Museu Histórico-Revolucionário do Estado. Obras de arte deveriam ser enviadas à Administração das Artes, e os livros da biblioteca deveriam ser repassados à Câmara do Livro da República Socialista Soviética da Lituânia. Todos os demais itens do inventário (mobília, equipamento e suprimentos) e a ala do museu que levava até a Rua Lida (a antiga prisão do gueto) deveriam ser cedidos ao Colégio de Biblioteconomia de Vilnius.[9]

O fechamento físico do museu foi ordeiro e silencioso. Representantes da NKVD e do órgão da censura entraram no edifício, afixaram a resolução governamental e escoltaram a equipe para fora das instalações. Os oficiais começaram a lacrar as salas com cadeados e correntes. A liquidação não foi uma surpresa para Gutkowicz e sua equipe. Já esperavam por isso, depois da eliminação do Comitê Antifascista Judaico e da prisão da elite cultural judaica em toda a URSS. Mesmo assim, os olhos de Gutkowicz se encheram de lágrimas ao ver a chegada dos veículos da NKVD.[10]

A Câmara do Livro da Lituânia foi o maior "herdeiro" isolado das coleções do museu liquidado: recebeu 38.560 volumes.[11]

Uma carta anônima de Vilnius informou o ex-voluntário do museu Leyzer Ran sobre o ocorrido: "Os 'convidados' entraram de novo no gueto. Dessa vez, vieram em caminhões novos soviéticos. Carregaram todo o material do museu – artefatos, livros, arquivos – nos caminhões e levaram para a Rua Szniadecki, para a Igreja de São Jorge, que é agora a Câmara do Livro. Todo o material é mantido ali em excelentes condições, exceto o material judaico, que foi descarregado no porão".[12]

"Os 'convidados' entraram de novo no gueto." A frase lembra a expressão "Temos convidados", um código usado pelos internos do gueto quando os alemães entravam em seu território. Pois em 1949 o museu localizado no antigo gueto foi mais uma vez invadido e atacado de surpresa pelos "convidados". Era uma "*Aktion*" contra a cultura judaica, dessa vez protagonizada pelos soviéticos.

Fato extraordinário é que nenhum dos membros da equipe do museu foi preso. Gutkowicz encontrou trabalho como "fiscal da norma de cortes de cabelo", que inspecionava as barbearias locais para checar se haviam cumprido sua cota semanal de cortes de cabelo, da maneira estipulada pelo plano econômico. Era um trabalho humilhante para um antigo diretor de museu, mas pelo menos ele não fora preso. Os demais membros da equipe arrumaram empregos melhores, como escritores e editores.[13]

A escola e o orfanato judaicos logo tiveram o mesmo destino do museu.[14] A sinagoga continuou a funcionar, mas o comparecimento caiu drasticamente – as pessoas tinham medo de ir até lá.

Os membros sobreviventes da brigada do papel receberam a notícia da liquidação do museu com raiva e tristeza, mas não se surpreenderam. Shmerke havia previsto isso muito tempo antes. Observou com pesar que haviam sido derrotados pela geopolítica, ele e seus colegas da brigada do papel. Quem poderia imaginar que a União Soviética de Stalin no final não se mostraria melhor do que a Alemanha de Hitler no que se refere ao tratamento dos tesouros culturais judaicos? Ele e Sutzkever encontravam conforto no fato de terem contrabandeado uma parte do material para fora do país, antes que fosse tarde demais.

Com as últimas instituições culturais judaicas fechadas, e com as coleções de livros e documentos judaicos sequestradas, tudo o que restava da Jerusalém da Lituânia eram seus monumentos arquitetônicos: o velho cemitério e a Grande Sinagoga. Ambos também seriam suprimidos nos anos seguintes.

O cemitério foi demolido a partir de 1950, para dar lugar a um estádio esportivo. Antes do início da demolição, a comunidade religiosa judaica conseguiu transferir os restos mortais do *Gaon* de Vilna e de outras personalidades históricas para o novo cemitério judaico na periferia da cidade. A demolição prosseguiu de maneira intermitente ao longo de vários anos, e as autoridades municipais decidiram usar algumas das lápides para fazer calçadas e escadarias nas ruas de Vilnius. Suas letras judaicas entalhadas podiam ser vistas pelos pedestres que se dessem ao trabalho de prestar atenção na Rua Vokečiu (antiga Niemiecka), onde os judeus se instalaram pela primeira vez no século XVI, e nos degraus que levavam à Casa dos Sindicatos.[15]

A Grande Sinagoga foi o último remanescente físico da Vilna judaica a desaparecer. Durante anos após a guerra, a estrutura vazia de seu edifício erguia-se como uma presença sombria, lembrando aos passantes que Vilnius havia sido a Jerusalém da Lituânia. O telhado da *shtot-shulwas* não existia mais, suas janelas eram buracos vazados e seu interior estava coberto por montes de entulho. As paredes restaram intactas.

A comissão municipal de arquitetura de Vilnius decidiu em 22 de setembro de 1953 adotar um projeto de reconstrução para a parte do Centro Histórico que abrangia a sinagoga. Especificava que a sinagoga deveria ser demolida e substituída por conjuntos residenciais. O plano não foi ordenado por Moscou. Foi uma decisão local, tomada cinco meses após a morte de Stalin e quatro meses após o Kremlin ter desautorizado a última grande campanha antissemita de Stalin. A sinagoga era um lembrete incômodo do passado judaico de Vilnius. Apenas um dos dez membros da comissão, Z. S. Budreika, contestou o plano e propôs "que a sinagoga existente fosse deixada como um monumento arquitetônico".

A demolição teve lugar ao longo do ano seguinte. As paredes de pedra do edifício eram tão grossas que exigiram várias dinamitações. Era como se o edifício da sinagoga oferecesse resistência.[16] Mas no final o último bastião da Jerusalém da Lituânia caiu e deixou de existir.

A Grande Sinagoga evitara sua destruição durante vários séculos: resistiu à devastação infligida à cidade pela invasão russa de 1665; sobreviveu aos canhonaços da Guerra Napoleônica de 1812 e às bombas da Primeira Guerra Mundial. Por várias gerações, os nativos de Vilna acreditaram que o *shtot-shul* estivesse protegido pelo Todo-Poderoso contra qualquer dano. Deus o havia abençoado e prometido que iria resistir até a chegada do Messias, quando então, nas palavras do Talmude, seria reconsagrado na Terra de Israel. Os sobreviventes do gueto de Vilna viram com espanto que mesmo os nazistas, que haviam exterminado os judeus de Vilna, não haviam sido capazes de destruir a Grande Sinagoga. Coube às autoridades soviéticas lituanas dinamitar a sinagoga e destruir sua lenda.

CAPÍTULO 29

A vida segue

Os anos de guerra foram o momento definidor na vida tanto dos saqueadores do ERR quanto dos membros da brigada do papel dedicados ao resgate, mas tanto os vilões quanto os heróis ainda viveram décadas, alguns na fama, outros na obscuridade. Os homens da *Einsatzstab Reichsleiter Rosenberg* que pilharam e destruíram a Jerusalém da Lituânia nunca foram julgados ou punidos por seus crimes.

O doutor Johannes Pohl foi feito prisioneiro pelo exército americano em 31 de maio de 1945, em Possneck, Alemanha Oriental, na condição de membro da equipe da revista de propaganda nazista *Welt Dienst*, publicada pelo Instituto para Investigação da Questão Judaica. Ele admitiu ter trabalhado para o instituto e para a ERR, mas mesmo assim os americanos o libertaram dezessete meses mais tarde, após a conclusão do tribunal de Nuremberg.

Pohl era um homem de muita sorte. Em Nuremberg, o ERR foi rotulado como organização criminosa. Três dos memorandos de Pohl a Alfred Rosenberg, que relatavam a "atividade de aquisições" do ERR, foram usados como prova no julgamento. Rosenberg foi executado, mas Pohl, o principal saqueador de Judaica e Hebraica do órgão, foi libertado e nunca foi a julgamento. Os Aliados não desceram ao nível da equipe e deixaram de processar os saqueadores subalternos.

Depois disso, Pohl manteve um perfil discreto e não pleiteou cargos acadêmicos ou em bibliotecas, que teriam exigido um levantamento de sua atividade nos tempos de guerra. Ele passou vários anos em sua cidade natal, Colônia, onde atuou na paróquia da Igreja Católica e morou por um tempo num complexo da igreja nos arredores da cidade.

Pohl publicou artigos no *Palestina Jahrbuch* da Sociedade Alemã da Terra Santa, à qual era associado desde seus anos de jovem padre e vigário. Os artigos não tinham o virulento antissemitismo de seus escritos anteriores, mas às vezes seu ânimo antijudeu aflorava. Num artigo sobre a guerra do Oriente Médio de 1948-1949, advertia os leitores de que o mundo árabe agora enfrentava um "perigo judeu-russo". Ele repetidas vezes colocava o nome do novo Estado de Israel entre aspas, para indicar que não se tratava de uma entidade política legítima.

Pohl mudou-se para Wiesbaden em 1953 e trabalhou ali na direção da editora Steiner. Foi o editor de fato do Duden, manual de estilo alemão, uma obra de referência. Mas nunca mais voltou às cidades de seus dias de glória, Berlim e Frankfurt, nem restabeleceu contato com seus antigos colegas do ERR. Ao restringir a exposição e a vida social, evitou a prisão. Pohl morreu em 1960.[1]

O especialista do ERR em *"Judenforschung"*, Herbert Gotthard, o homem que Shmerke apelidou de "Porquinho", teve mais sorte ainda. Foi preso pelos britânicos graças ao testemunho de Sutzkever, com apoio de Max Weinreich, mas acabou sendo libertado depois de dezoito meses de detenção, no final de janeiro de 1948. A Divisão Legal do Ministério do Exterior Britânico decidiu que "não era caso de extradição" para a Polônia, e observou que a Missão Militar Polonesa na Alemanha "não se interessou muito por ele". A solicitação de extradição tinha dez linhas de extensão, sem provas ou testemunhos para acompanhá-la. Gotthard, por sua vez, apresentou numerosos testemunhos e longas declarações em sua própria defesa.

O advento da Guerra Fria também teve seu papel na libertação de Gotthard. Em janeiro de 1948, os britânicos extraditavam pouquíssimos criminosos de guerra para a Polônia comunista. Gotthard soube ganhar tempo e driblar o sistema. Shmerke, Sutzkever e Weinreich nunca foram informados da sua soltura.[2]

Gotthard conseguiu fazer carreira com base na nova biografia fictícia que criou para si. Suprimiu qualquer menção a seu trabalho para o ERR e alegou ter passado os anos da guerra no corpo docente da Universidade de Berlim. Isso tecnicamente era verdade, já que ele oficialmente esteve de licença da universidade nos dois anos em que saqueou e destruiu tesouros culturais para o ERR. Gotthard também falsificou suas credenciais acadêmicas e afirmou ter obtido uma licenciatura em outubro de 1946, exatamente na época em que assumia o disfarce de judeu no campo de pessoas deslocadas de Lubeck. Em 1951, foi nomeado instrutor de Estudos Orientais na Universidade de Kiel, norte de Hamburgo, cargo que ocupou por mais de vinte anos. Ele ensinou diversas línguas semíticas, entre elas o hebraico, e deu cursos sobre o Antigo Testamento. Gotthard morreu em 1983.[3]

Cada um dos membros da brigada do papel teve um destino particular, com triunfos e tragédias.

Abraham Sutzkever construiu uma carreira literária longa e de destaque. Depois de lutar na Guerra de Independência de Israel, fundou uma revista literária, *The Golden Chain*, com patrocínio do Partido Trabalhista de Israel, e a publicação logo se tornou o órgão de maior prestígio da escrita iídiche em todo o mundo. Embora apaixonado pela Terra de Israel, continuou fiel à língua da diáspora. "Esse país é a face do Deus Judaico... Eu muitas vezes acho que será um poeta iídiche quem irá realmente serenar a Terra de Israel. Porque a velha-nova língua iídiche é mais bíblica que o hebraico moderno dos dias atuais."[4]

Sutzkever cumpriu a própria previsão ao celebrar em versos iídiches a beleza do Deserto do Sinai, do Monte Hermon e da Galileia. Mas o tempo inteiro os fantasmas de Vilna continuaram como uma presença poderosamente inquietante em seus escritos.

Sutzkever publicou mais de trinta volumes de poesia e prosa, e tinha entre seus ávidos leitores o presidente israelita Zalman Shazar e a primeira-ministra Golda Meir. Foi contemplado com o Prêmio Israel, a maior honraria do país, em 1985.

Embora vivesse em Tel Aviv, havia uma parte de Sutzkever em Nova York, na forma do YIVO e das coleções que ele havia resgatado. Ele manteve uma amizade muito próxima com o diretor Max Weinreich, e depois de anos de intensa correspondência os dois homens se encontraram cara a cara em 1959, passando dois dias em reclusão nas Montanhas Laurentianas, no Canadá.⁵ Sutzkever nunca revelou a Weinreich que havia ficado com centenas de documentos do arquivo do gueto de Vilna, que levou para Israel e manteve em sua casa. O poeta não se separou desses documentos por décadas. Em 1984, doou sua parte do arquivo do gueto de Vilna à biblioteca da Universidade Hebraica – opção que ele havia rejeitado em 1946.

Rachela Krinsky instalou-se com o marido Abraham Melezin e a filha Sarah em Neshanic, Nova Jersey, onde o casal montou uma granja de frangos. O ambiente tranquilo, rústico, foi um bálsamo curativo para ela, após os horrores que enfrentara no campo de concentração de Stutthof. Embora a maior alegria de Rachela fosse criar Sarah, ela ainda abrigava um amor especial em seu coração por Shmerke e escrevia a ele com frequência. Quando Shmerke visitou os Estados Unidos como turista no final de 1948, para o encontro de fundação do Congresso para a Cultura Judaica, ela largou tudo – incluindo o marido – para passar uns poucos dias com ele.

Por vários anos, Rachela teve uma pousada na sua granja, que atraía escritores e intelectuais iídiches. Nas noites tranquilas, os visitantes recitavam sua poesia para uma extasiada plateia de duas pessoas: Rachela e Abraham Melezin. Ela celebrou o casamento da filha em 1961 e o nascimento de sua neta Alexandra em 1969. Rachela foi aos poucos se transformando, de uma mulher fechada e deprimida numa pessoa calorosa e generosa, ativa em ajudar imigrantes da União Soviética a se adaptarem à vida na América.⁶

Rachela nunca perdeu o contato com a sua babá, a salvadora de Sarah, Wikcia Rodziewicz, enviando-lhe uma infindável enxurrada de cartas, fotos e dinheiro. Sarah visitou a Polônia logo após seu casamento e descobriu que Wikcia mantinha um "santuário" com fotos dela que abrangiam toda a sua vida (a filha adotiva de Wikcia disse a Sarah, baixinho: "Eu sempre odiei você"). Rachela trouxe Wikcia para visitar os Estados Unidos em 1970, na única vez em que as duas mulheres voltaram a se encontrar pessoalmente.⁷

Com o passar do tempo, Rachela resgatou algo que nunca imaginou que fosse recuperar: a alegria de viver, cercada pelo marido, a filha e a neta, assim como pela irmã e o irmão, que haviam migrado para os Estados Unidos antes da guerra. Seu círculo social se ampliou depois que ela e o marido se mudaram para Teaneck, Nova Jersey, em 1970. Na velhice, escreveu a Sutzkever: "Nunca devemos esquecer que somos os poucos felizardos. Quem poderia ter imaginado cinquenta anos atrás que iríamos sobreviver e acabar tendo uma vida maravilhosa?".⁸

Shmerke Kaczerginski nunca conseguiu o visto de imigração americano que tanto desejou, devido ao seu histórico de comunista. Instalou-se na Argentina em maio de 1950, com a esposa Maria e a filha Liba, de 3 anos, como diretor da filial sul-americana do Congresso para a Cultura Judaica. Na coletiva de imprensa após sua chegada a Buenos Aires, declarou que sua experiência ao contrabandear livros dos nazistas havia instilado nele uma dedicação profundamente arraigada à cultura. Ele ofereceu uma bênção ao seu recém-descoberto lar: "Possam vocês, da comunidade judaica de Buenos Aires, brilhar com a luz da sagrada devoção à cultura judaica, como fizemos nós da brigada de quarenta escritores, educadores e ativistas culturais no gueto de Vilna".[9]

Shmerke preservou seu charme, seu humor e seu talento em fazer amigos. Ainda adorava entoar canções em festas e reuniões. Ele logo se tornou uma das figuras mais populares do judaísmo latino-americano e publicou três livros de memórias e ensaios – antes de sua morte prematura.

Em abril de 1954, Shmerke foi para Mendoza, nos Andes, para conduzir uma celebração pública da Páscoa em nome do Fundo Judaico Nacional. Após o Seder de Páscoa, a comunidade local pediu que ele ficasse mais um dia, para dar uma palestra de improviso sobre os seus anos sob os soviéticos. Shmerke aceitou, dizendo: "Mesmo que seja para apenas dez ou vinte pessoas, valerá a pena. Quero que saibam das experiências que me partiram o coração e estraçalharam meus sonhos de juventude".

Ansioso para voltar para casa após a fala, Shmerke pegou um avião de Mendoza a Buenos Aires, embora tivesse vindo a Mendoza de trem. Estava com pressa. O voo noturno de 23 de abril de 1954 espatifou-se contra o pico de uma montanha andina e incendiou-se. Não houve sobreviventes.[10]

A morte de Shmerke, aos 46 anos, repercutiu em todo o mundo judaico e foi primeira página no *Yiddish Daily Forward*, de Nova York. As autoridades demoraram uma semana para localizar os restos das vítimas. O fato de terem sido encontradas apenas partes carbonizadas de seu corpo evocou a memória de Klooga, onde os alemães ateavam fogo ao corpo de suas vítimas. Shmerke morreu do mesmo modo que Herman Kruk e Zelig Kalmanovitch – em chamas. Quando o funeral finalmente foi realizado em 4 de maio, o contrabandista de livros, combatente do gueto e *partisan* foi enterrado junto ao recém-erguido memorial do Holocausto, dentro do cemitério judaico de Buenos Aires.

Weinreich expressou o transtorno e a raiva sentidos por muitos: "Que absurdo! Sobreviver a tudo e depois morrer naquelas montanhas esquecidas por Deus". Sutzkever enviou suas condolências à família e à comunidade: "Desde que minha mãe faleceu eu não chorava tanto. Minha alma está coberta de cinzas. Shmerke, eu beijo seus restos e purifico seu corpo com minhas lágrimas". Rachela mergulhou em profunda depressão por um ano e precisou recorrer a tratamento psiquiátrico.[11]

Chaim Grade, amigo e colega de Shmerke da "Vilna Jovem", escreveu um elogio a ele num funeral em Nova York, ao qual compareceram mais de quinhentas pessoas.

> Ele viveu sua vida, curta demais, com canções e amizades. Construiu, criou e lutou. O amor de Shmerke por seus amigos não conhecia limites e não admitia ciúmes. Quando confrontado com um perigo mortal, entregou sua única pistola a Abraham Sutzkever.
>
> Um órfão, literalmente abandonado na rua, Shmerke teria caído no abandono e na negligência, como tantas outras crianças nessa condição, se não fosse pela "escola" da moderna cultura judaica, que o tirou das ruas, lavou-o e fez dele uma pessoa independente. E foi por isso que Shmerke não hesitou em resgatar a cultura judaica quando ela correu perigo.
>
> Shmerke permaneceu jovem no gueto, jovem na floresta e jovem diante de perigos que o ameaçaram de morte e de uma profunda desilusão. E quando ele, a personificação da juventude, nos deixou, as últimas centelhas de nossa juventude se extinguiram. Nós, os seus amigos, agora somos todos velhos.[12]

CAPÍTULO 30

Quarenta anos no deserto

Quem poderia imaginar que os livros e documentos judaicos que permaneceram em Vilnius iriam passar os quarenta anos seguintes na Igreja de São Jorge, um santuário barroco do século XVIII, com as cartas hebraicas sob o olhar fixo de afrescos e retratos de santos? De 1949 a 1989, os tesouros não tiveram leitores, mas tiveram sorte: sobreviveram intactos, escapando da reciclagem em fábricas de papel e de incineradores durante o auge das campanhas antissemitas de Stalin.

Os livros e papéis sobreviveram graças a um "justo gentio" – Antanas Ulpis, diretor da Câmara do Livro da República Socialista Soviética da Lituânia. A Câmara do Livro ficava num antigo mosteiro carmelita ao lado da Igreja de São Jorge e usava a igreja como instalação para armazenagem.

Ulpis era um verdadeiro amante dos livros, um apreciador da palavra impressa, não importava a língua ou a etnia do autor. Sua instituição, a Câmara do Livro, tinha a função de preservar um exemplar não circulante de tudo o que fosse impresso na Lituânia. Atento ao fato de que a guerra havia destruído centenas de milhares de volumes, ele organizou excursões pelo país logo após o fim das hostilidades, para recolher material impresso não reclamado. Ulpis visitou fábricas de papel e depósitos de lixo e vasculhou pilhas de papel à procura de livros.[1] Ele e o pessoal da brigada do papel eram almas gêmeas.

Esse lituano alto, encorpado, de olhos azuis, sentia uma afinidade incomum pelos judeus. Trabalhara com eles antes da guerra na sociedade de educação cultural de sua cidade natal, Ŝiauliai, e lutara ao lado deles na XVI Divisão de Fuzileiros Lituanos do movimento *partisan* soviético, na qual 29 por cento dos combatentes eram judeus. E depois de assumir o cargo de diretor da Câmara do Livro, nomeou judeus para altos cargos administrativos, algo incomum nas instituições estatais soviéticas. Três de seus bibliógrafos eram fluentes em hebraico e iídiche.[2]

Então, em junho de 1949, o Museu Judaico foi liquidado e Ulpis herdou sua biblioteca. Ele se comprometeu a preservar os livros, sabendo muito bem que se tratava de uma empreitada arriscada, até perigosa. A mídia e o aparato do Estado anunciaram em termos inequívocos que todas as formas de cultura judaica eram antissoviéticas. Foram enviadas cartas às bibliotecas estatais soviéticas ordenando a retirada de circulação de livros em iídiche – tanto no original quanto em traduções. A campanha soviética contra os judeus, tratando-os como "cosmopolitas sem raízes", "lacaios do Ocidente" e espiões americanos intensificou-se entre 1949 e 1953, e a maioria dos indivíduos que tinha livros iídiches decidiu queimar suas coleções privadas, temendo que a simples posse deles fosse usada como evidência incriminatória.

No meio dessa crescente histeria, as instituições decidiram livrar-se de suas coleções judaicas. A Biblioteca da Universidade de Vilnius despachou seus dez mil volumes em hebraico e iídiche para a administração do lixo. Mas Ulpis interveio, conversou com a administração de bibliotecas e convenceu-os a transferir os volumes à Câmara do Livro. Colocou-os na igreja, que já estava lotada de enormes montanhas de material impresso após suas excursões para resgatar livros. Em algumas partes do santuário, a montanha chegava perto do teto, de quatro metros e meio de altura.

Seguindo os passos da Universidade de Vilnius, o Museu Histórico Revolucionário e o Instituto para a História do Partido Comunista, que haviam herdado partes do arquivo do Museu Judaico, decidiram se desfazer dos documentos judaicos como lixo. Afinal, por que correr o risco de ser acusado de cúmplice da traição e da espionagem? Ulpis não tinha direito de reivindicar os documentos de arquivo, pois sua instituição lidava apenas com material impresso e livros. Mas conseguiu persuadir os diretores do museu e do instituto a entregarem seus documentos. Deu a eles uma explicação criativa da razão de seu interesse: a Câmara do Livro planejava publicar uma grande bibliografia retrospectiva de todos os livros já publicados na Lituânia desde o século XVI. Os documentos judaicos continham referências bibliográficas que seriam valiosas para a grande bibliografia lituana.

Mas assim como Shmerke e Sutzkever em 1942 e 1943, Ulpis em 1952 e 1953 precisava de um esconderijo para os papéis. Não tinha autorização para guardar arquivos, mesmo os lituanos, menos ainda judaicos. Decidiu enterrar os documentos debaixo das montanhas de livros na Igreja de São Jorge, perdidos naquele santuário lotado. Ninguém iria vê-los ou seria capaz de localizá-los ali. E disse a um dos membros de sua equipe de lituanos: "Devemos manter isso vivo, mas sem contar nada a ninguém".[3]

Ulpis esperou a morte de Stalin em março de 1953 para fazer algo com o material judaico. A atmosfera na URSS foi aos poucos ficando mais relaxada, conforme Nikita Khrushchev iniciava o "degelo", que incluiu uma simbólica restauração da cultura judaica. Escritores iídiches foram libertados do gulag (entre eles o poeta de Vilnius, Hirsh Osherovitsh) e começaram a surgir companhias de teatro amador iídiche em Vilnius e outras cidades. Com pôsteres para o teatro aparecendo de surpresa pelas ruas, Ulpis decidiu que era seguro começar a catalogar os livros em iídiche e hebraico que estavam em seu poder.[4]

Ele formou um grupo de judeus, membros de sua equipe, entre eles o bibliógrafo-chefe Solomon Kurliandchik, e instruiu-os a passar algumas horas por semana selecionando os livros judaicos de acordo com a língua (iídiche ou hebraico), o tipo de publicação (livro ou periódico) e o lugar de publicação (dentro ou fora da Lituânia). Depois contratou um grupo de judeus aposentados para trabalhar como catalogadores voluntários. Os cidadãos idosos gostaram do trabalho; dava-lhes uma oportunidade de ler livros que não estavam disponíveis em nenhum lugar da União Soviética. Ulpis permitia que levassem alguns livros para ler em casa, como uma forma de pagamento. Essa seria a sua recompensa. Devagar, mas de modo persistente, milhares de volumes deixaram os montes da Igreja de São Jorge e foram para as estantes da Câmara do Livro.

Entre 1956 e 1965, foram catalogados mais de vinte mil livros. Às vezes, um escritor ou um diretor de grupo de teatro ia até lá consultar alguns volumes. Mas o público em geral não tinha acesso.

Em algum momento, por volta de 1960, enquanto trabalhava na seleção de material impresso, o assistente de Ulpis e bibliógrafo-chefe Kurliandchik deparou com caixas de documentos judaicos enterradas no pé de uma das montanhas de livros. Ulpis nunca lhe falara a respeito. O bibliógrafo ficou perplexo ao descobrir páginas do folclore iídiche, descrições de pogroms na Ucrânia em 1919, os registros do Seminário rabínico estadual de Vilna do século XIX, estudos sobre a história dos caraítas, e... relatórios do *Einsatzstab Reichsleiter Rosenberg*. Ele abordou Ulpis, que lhe revelou o segredo: era o arquivo do YIVO que ele havia discretamente adquirido e escondido durante os últimos anos do governo de Stalin.

Kurliandchik ofereceu-se para passar algumas noites da semana, depois do expediente de trabalho, arrumando e catalogando os documentos. Ulpis concordou. Na realidade, operava um silencioso departamento de Judaica na Câmara do Livro no início da década de 1960. Ulpis chegou a brincar com os membros judeus de sua equipe dizendo que "algum dia irão erguer um monumento a mim em Israel, por ter resgatado esses remanescentes da cultura judaica".

Mas esse material ainda estava na URSS e sujeito às idas e vindas do antissemitismo de Estado. Quando o Comitê Central do Partido Comunista da Lituânia aprovou a publicação do primeiro volume da grande bibliografia retrospectiva de Ulpis, abrangendo todos os livros impressos na Lituânia até 1863, excluiu duas línguas: hebraico e iídiche. Ulpis não teve escolha a não ser interromper a catalogação do material judaico. A decisão do Comitê Central havia minado sua justificativa oficial para o trabalho. A mais importante autoridade política da República Socialista Soviética da Lituânia falara mais alto.

Um exemplo de quão sensível era a questão pôde ser visto de novo em 1967, quando dois professores americanos visitaram Vilnius e pediram ao Ministério da Cultura para ver a coleção de Judaica da Câmara do Livro. Queriam consultar o material sobre os caraítas e os pogroms, tópicos a respeito dos quais, segundo rumores que haviam chegado até eles, a Câmara do Livro teria vários documentos. Os professores não sabiam disso, mas a KGB vinha seguindo-os desde sua entrada na União Soviética em

Moscou e sabia do seu interesse. A KGB entrou em contato com o ministro lituano da Cultura e deu-lhe instruções de não compartilhar nada com os americanos. O ministro, por sua vez, chamou o diretor interino da Câmara do Livro, Kurliandchik (Ulpis estava fora, de licença) e mandou-o encontrar-se com os professores no ministério e comunicar que a Câmara do Livro estava fechada para reforma. Os professores americanos voltaram para casa de mãos vazias.[5]

Após a Guerra dos Seis Dias em 1967, surgiu um movimento nacional judaico na URSS que reclamava para os judeus o direito de ir para Israel. À medida que os ativistas do movimento realizavam protestos, publicavam literatura clandestina e estudavam hebraico ilegalmente, a retórica soviética oficial antissionista intensificava-se. A cultura judaica voltava a ser suspeita. Ulpis suspendeu toda atividade relacionada a livros e papéis judaicos. Estes continuaram empilhados na Câmara do Livro ou encostados na Igreja de São Jorge, intocados, abandonados e esquecidos.

Ulpis morreu em 1981. Embora o lituano jamais tivesse conhecido Shmerke ou Sutzkever, foi o último membro da brigada do papel.

CAPÍTULO 31

Grãos de trigo

Em novembro de 1988, a octogenária bibliotecária do YIVO, Dina Abramowicz, irrompeu na sala do diretor. Baixinha, de óculos, corpo rígido, emoções contidas e postura séria, Dina era uma sobrevivente do gueto de Vilna. Trabalhara sob as ordens de Herman Kruk na biblioteca do gueto antes de fugir com os combatentes da FPO do gueto para a floresta. Dina era o último elo vivo entre o YIVO de Nova York, agora sediado na Quinta Avenida, 1048, perto do Metropolitan Museum of Art, e o YIVO de Vilna, na Rua Wiwulskiego. Max Weinreich, que a contratara em 1946, havia falecido em 1969. Dina era tratada com reverência pela equipe do YIVO e por visitantes, por sua erudição, competência e idade, mas acima de tudo pelo que representava – a continuidade com um mundo perdido. O novo diretor do YIVO, Samuel Norich, que tinha uns quarenta anos menos que ela, levantava-se para cumprimentá-la sempre que ela entrava na sala.

Dina estava agitada por causa de algo que acabara de ler. A revista soviética em iídiche *Sovetish Heymland* publicara um artigo sobre o destino das bibliotecas judaicas de Vilnius, mencionando que 20.705 livros em hebraico e iídiche estavam naquele momento na Câmara do Livro da

República Socialista Soviética da Lituânia. Era a primeira vez que essa informação vinha a público. Ao ler aquelas palavras, Dina ficou de queixo caído e sentiu a cabeça rodar. Era a primeira confirmação de que tesouros resgatados pela brigada do papel, e alojados no Museu Judaico, haviam sobrevivido intactos em Vilnius. Como amiga de Abraham Sutzkever e ávida leitora de sua poesia, ela sussurrou para si mesma as palavras do poema de Sutzkever "Grãos de Trigo". Os grãos haviam sido desenterrados – depois de 45 anos.[1]

O autor do revelador artigo era um estudante de literatura da Universidade de Vilnius chamado Emanuel Zingeris. Norich, o novo diretor do YIVO, o conhecera numa conferência em Varsóvia meses antes, quando Zingeris revelou ter descoberto alguns livros judaicos em Vilnius. O jovem acrescentou de maneira enigmática: "Imagino que o senhor terá a ocasião de visitar nossa cidade". Mas 20.705 volumes era bem mais do que "alguns livros".

Norich entrou em contato com Zingeris, que o convidou a vir a Vilnius para a conferência inaugural da Sociedade de Cultura Judaica da Lituânia, realizada em março de 1989. Sob a política liberalizante da glasnost de Mikhail Gorbachev, os judeus tiveram permissão de fundar sociedades e organizações representativas de suas origens, após quarenta anos de proibição de vida pública judaica. Zingeris abandonou seus estudos na universidade para se tornar o primeiro presidente da Sociedade de Cultura Judaica, além de diretor de um recém-criado Museu Judaico – uma nova versão da instituição que havia sido liquidada em 1949.[2]

Na sessão inaugural da conferência da sociedade, o presidente anunciou que o diretor do YIVO, "localizado em Nova York desde a guerra", estava presente – uma maneira de sinalizar que o espírito da Vilna pré-guerra havia retornado. O YIVO estava em Vilna de novo. Um pesadelo de 45 anos chegava ao fim.

Paralelamente à conferência, Norich, acompanhado por seu arquivista-chefe, visitou a Câmara do Livro e conheceu seu diretor, Algimantas Lukosiunas, um discípulo de Antanas Ulpis. Assim que os dois diretores terminaram de trocar amabilidades, um membro da equipe trouxe um carrinho de mão com cinco pacotes de papel marrom amarrados com barbante. O membro da equipe desembrulhou-os e tirou de dentro documentos escritos em letras hebraicas. Norich e seu arquivista ficaram sem palavras. Pertenciam ao arquivo do YIVO anterior à guerra. Muitos deles ainda ostentavam selos do YIVO.

Norich estava ao mesmo tempo empolgado e profundamente emocionado. O artigo de Zingeris falava em livros, não em documentos. Conforme o membro da equipe foi desembrulhando os pacotes, Norich experimentou uma espécie de viagem no tempo, à velocidade de uma dobra espacial. Em um segundo, foi parar com os documentos em 1933, quando o YIVO inaugurou o seu edifício na Rua Wiwulskiego; um instante depois, estava com eles em 1943 enquanto eram selecionados sob o olhar vigilante dos alemães; depois, estava com eles enquanto eram desenterrados após a libertação; e por fim viu-os sendo removidos do Museu Judaico pelos serviços de segurança. Pensou no falecido Max Weinreich, em Dina Abramowicz lá em Nova York, e em Abraham Sutzkever em Tel Aviv.

Depois que saiu da Câmara do Livro, Norich foi até o nº 18 da Rua Wiwulskiego prestar homenagem a Weinreich e à brigada do papel. Ao voltar a Nova York, a notícia da descoberta havia se espalhado como incêndio na mata. O *New York Times* foi otimista: "Essa é a história de uma coleção literária dispersa que finalmente está a caminho de uma reunificação que até recentemente parecia impossível".[3]

Na segunda viagem de Norich a Vilnius, Lukosiunas levou-o a um passeio pela Câmara do Livro, incluindo a Igreja de São Jorge, e o diretor do YIVO viu a extensão inteira da tragédia com os próprios olhos: rolos de Torá abandonados descobertos, montanhas de volumes degradados impressos em papel ácido, e pilhas de jornais iídiche espalhados. A cena era uma representação vívida do destino da vida judaica sob os nazistas e soviéticos. Lukosiunas tentou aliviar a tristeza daquela cena sinistra e informou Norich que ele havia criado um Departamento de Judaica para catalogar o material em iídiche e hebraico. Ostentava o nome de Matityahu Strashun.

Mas quem faria a catalogação? O trabalho exigia pessoas instruídas, com conhecimento da história e da literatura judaicas, num país onde todas as formas de estudos judaicas vinham sendo proibidas havia quarenta anos. Então Lukosiunas contratou uma aposentada de 65 anos de idade para chefiar o departamento: a senhora Esfir Bramson, que se formara pela escola secundária iídiche Sholem Aleichem em Kaunas, na Lituânia, em 20 de junho de 1941 – dois dias antes da invasão alemã. Ela acabara de sair de seu emprego como assistente jurídica no Ministério da Administração

Florestal e estava ansiosa para se reconectar à literatura que havia lido e apreciado quando jovem. Com seu temperamento rigoroso e sério, Bramson parecia-se bastante com Dina Abramowicz, exceto pelo fato de ter uma saúde mais precária e os nervos mais desgastados. Diferente de Dina, passara toda a vida adulta como judia na União Soviética.[4]

Bramson contratou uma equipe de catalogadores, todos eles aposentados. Não se tratava de um caso de discriminação etária reversa. As únicas pessoas com conhecimento das línguas, da história e da literatura judaicas eram cidadãos idosos. Duas delas haviam estudado com Bramson na escola Sholem Aleichem, uma era nativa de Vilna, e o quarto membro da equipe havia concluído o colegial em uma escola de língua hebraica. Conforme foram separando e catalogando os documentos, memórias do mundo judaico de suas infâncias, que haviam sido tão brutalmente destruídas, brotaram de novo em suas mentes. Havia a alegria do reconhecimento, a satisfação de ajudar a resgatar a cultura judaica, e a dor de relembrar os amigos assassinados, a família e toda a cultura arrasadas. Nunca antes o trabalho de catalogação de bibliotecárias e arquivistas foi acompanhado por tantos sorrisos e lágrimas.

Norich começou a negociar o retorno dos documentos do YIVO para Nova York. Mas as autoridades soviéticas lituanas mostraram-se evasivas. Para elas, parecia inconcebível que a liderança política de Vilnius, e menos ainda a de Moscou, aprovassem o envio de propriedade cultural para uma organização privada estrangeira. E suspeitavam que se aqueles judeus americanos queriam tão intensamente aqueles livros e papéis, eles deveriam ter um tremendo valor de mercado. Uma autoridade sugeriu que se o YIVO encontrasse "um Rothschild" para financiar a construção de um novo edifício para a Câmara do Livro, eles talvez conseguissem entrar em algum acordo.

O maior golpe nas esperanças de Norich foi quando Zingeris, o homem que descobrira o material, declarou que os livros e documentos judaicos deviam permanecer em Vilnius, pois eram um patrimônio cultural lituano. Isso denotava em parte patriotismo e em parte interesse próprio. Ele queria que o material fosse transferido para o Museu Judaico que ele dirigia. Não só isso: Zingeris também tinha ambições políticas e se tornou ativo no movimento pela independência lituana conhecido como Sajudis. Foi eleito na lista do Sajudis não só para o Congresso Soviético dos Deputados do Povo como para o Supremo Conselho Lituano. Alguns o chamavam de "judeu da corte"* do movimento nacionalista lituano. Depois que, como político em ascensão, ele proclamou que o material era um patrimônio cultural lituano, as autoridades começaram a repetir a frase.

Norich ficou exasperado. Se o material era patrimônio lituano, por que os lituanos o haviam abandonado numa igreja? Se era patrimônio lituano, por que não havia sobrado praticamente ninguém na Lituânia capaz de lê-lo ou estudá-lo? E quanto à questão da propriedade? Os documentos claramente pertenciam ao YIVO.

"Ouça", argumentou ele numa reunião,

> Eu nasci num campo de pessoas deslocadas na Alemanha. Tenho amigos um pouco mais velhos do que eu que eram crianças durante a guerra, e que foram escondidos e resgatados por lituanos. Quando a guerra acabou, os salvadores devolveram as crianças a algum dos pais ou parente sobreviventes, e quando não havia parentes, eles os devolveram à comunidade judaica. Esses documentos são nossos filhos. Nós somos profundamente gratos à Câmara do Livro por tê-los preservado, e estamos dispostos a expressar nossa gratidão de diversas maneiras. Mas os livros e papéis que trazem os selos do YIVO são nossa carne e nosso sangue. Pedimos, por favor, que nos sejam devolvidos.[5]

A Lituânia declarou unilateralmente sua independência da União Soviética em março de 1990, num gesto que tencionou as relações com Moscou quase ao ponto de ruptura. Mikhail Gorbachev se recusou a reconhecer a declaração e enviou reforços militares soviéticos para a república rebelde. Devido a essa incerteza política, Norich compreendeu que a questão dos livros e papéis do YIVO só poderia ser resolvida de cima, pelo novo chefe de Estado lituano Vytautas Landsbergis. Ele esperava ter uma recepção favorável: durante a guerra, os pais de Landsbergis haviam escondido uma menina judia, resgatado-a dos alemães.

Seu primeiro encontro não transcorreu como planejado. Norich esperou na antessala do escritório de Landsbergis durante uma hora, devido a uma reunião de emergência do gabinete. Assim que entrou no escritório, o chefe de Estado contou-lhe com um sorriso amargo no rosto

---

* Termo usado no início do período moderno para denominar um banqueiro judeu que emprestava dinheiro à nobreza e à realeza europeias. [N.E.]

que ele recebera "boas notícias": helicópteros soviéticos estavam a ponto de aterrissar em Vilnius. Um estado de emergência seria anunciado logo. Landsbergis pediu desculpas e disse que a questão dos livros e papéis judaicos teria que ficar para outro dia.[6]

Foram necessários vários anos mais de negociações. Durante o tempo em que a União Soviética foi desmontada, vários governos lituanos se sucederam, acordos entre o YIVO e instituições estatais foram assinados – e em seguida anulados pelos lituanos – e o YIVO mudou duas vezes de diretor. Em meio a todo esse tumulto, a Câmara do Livro realizou uma limpeza da Igreja de São Jorge que levou à descoberta de outra remessa de material judaico.

Coube ao diretor de pesquisa do YIVO, Alan Nadler, finalizar um acordo em dezembro de 1994. Ele pediu o envio dos documentos para Nova York, onde seriam restaurados, catalogados, copiados e depois enviados de volta a Vilnius. Essa era uma grande vitória para a memória histórica e o conhecimento acadêmico – os documentos veriam a luz do dia. Mas emocionalmente, era difícil aceitar que membros da brigada do papel tivessem arriscado o pescoço, e alguns até pago com a própria vida, para que o YIVO pudesse receber apenas fotocópias de seus próprios documentos. Nadler deixou aberta a possibilidade de uma renegociação.

O grande dia chegou: 35 caixas, pesando 180 quilos, aterrissaram no Aeroporto Internacional de Newark em 22 de fevereiro de 1995, acompanhadas pelo chefe do Arquivo Central Estatal Lituano. Quando as caixas chegaram ao YIVO, foram abertas pela equipe com o entusiasmo de crianças desembrulhando um presente muito aguardado de Chanucá.

Encontraram dentro um arsenal de papéis: um convite para o casamento do rabino Menachem Mendl Schneerson, o rebbe Lubavitcher; um pôster anunciando uma apresentação de 1921 de "O Dybbuk", do grupo de teatro iídiche Vilna Troupe; um cartão para entrada nas altas cerimônias sagradas da Grande Sinagoga de Vilna; um caderno de geometria de uma criança com anotações em iídiche; e um folheto de 1937 com congratulações à região autônoma judaica de Birobidzhan, da União Soviética, pelo seu terceiro aniversário. Nadler, o diretor de pesquisa do YIVO, mal conseguia conter as lágrimas ao ir descobrindo fotos do pogrom de 1919 em Dubova. Oito membros da família de seu avô haviam sido mortos nesse pogrom. Dina Abramowicz descobriu uma carta de Max Weinreich, escrita de Copenhague em 1940 para a equipe do YIVO. Era como entrar numa máquina do tempo.[7]

Conforme mais caixas iam sendo abertas, arquivistas e administradores continuavam exclamando "Oh, meu Deus!". Nunca se ouviram tantos "Oh, meu Deus" nas paredes daquele secular instituto de pesquisa.[8]

Em meio à empolgação, havia um convidado especial. Rachela Krinsky-Melezin estava ali para examinar os papéis que ajudara a resgatar mais de cinquenta anos antes. "Foi uma emoção muito forte", disse ela ao falar de seu primeiro vislumbre dos documentos. "Lá no gueto, eu os via todos os dias." Depois, refletindo um pouco mais, acrescentou: "Kalmanovitch sempre dizia 'não se preocupe, depois da guerra você terá tudo de volta'".[9]

O YIVO organizou uma grande celebração pública para marcar a chegada de um segundo despacho de 28 caixas em janeiro de 1996. O instituto concedeu um prêmio a Abraham Sutzkever, então com 80 anos de idade, por seu resgate de tesouros culturais judaicos. Era o tributo público que ele e Shmerke Kaczerginski não haviam recebido lá atrás em 1947, devido a considerações relativas à Guerra Fria – uma festa que chegou com quase cinquenta anos de atraso. Sutzkever estava muito fragilizado para se deslocar até os Estados Unidos para o evento, então Rachela Krinsky recebeu o prêmio em nome dele.

Nadler, o diretor de pesquisa do YIVO e rabino ordenado, recitou a bênção *She-hechianu*: "Abençoado seja nosso Deus, Rei do universo, que nos manteve vivos, nos sustentou e nos trouxe até o dia de hoje". O ator iídiche veterano David Rogow, nativo de Vilna e que conheceu Shmerke e Sutzkever como adolescentes, recitou trechos de poemas de Sutzkever, entre eles o "Grãos de Trigo". Foi uma noite de alegria misturada com lágrimas. O presidente da Comunidade Judaica de Vilnius, escritor Grigorii Kanovich, disse que devido à história do povo judeu no século XX todas as celebrações verdadeiramente judaicas eram de alegria misturada com lágrimas.

Embora Sutzkever não estivesse presente, as palavras que ele havia oferecido anos antes, no sexagésimo aniversário do YIVO, ainda pairavam no ar. Foram sua última declaração a respeito de seu trabalho com a brigada do papel:

Quando recebi o convite do diretor Samuel Norich para comparecer ao sexagésimo aniversário do YIVO, pensei comigo, deve ser algum engano. O YIVO está dentro de mim, então para onde eu deveria me dirigir?

Em seguida, porém, reli a carta-convite com um ânimo diferente e as linhas a seguir começaram a fazer sentido para mim: "A coisa mais importante que podemos transmitir aos judeus americanos é o tesouro de nossa herança do Leste Europeu. Nossa existência se baseia no nosso esforço constante de proteger essa nossa continuidade cultural. Ninguém vivo fez mais para proteger essa continuidade do que você". Ninguém vivo. Confesso que a frase me fez sentir um terremoto dentro de mim – se for verdade que o homem foi criado a partir da terra. E então enviei uma segunda carta ao diretor do YIVO: estou indo.

Quando aquelas pessoas más decidiram transformar a Wiwulskiego, nº 18, num Ponar da cultura judaica, e mandaram umas dezenas de judeus do gueto de Vilna cavarem as covas de suas almas, tive a sorte, no meio de nosso grande infortúnio, de ser ungido pelo destino com uma Estrela Amarela de Davi e ser um entre aquelas dezenas de judeus. Só então e ali, ao testemunhar como o templo do YIVO foi abalado, consegui avaliar direito seu arquiteto, Max Weinreich.

Espero que Weinreich possa me perdoar pelo fato de eu, ao me debater com o redemoinho de papéis no edifício do YIVO, ter lido vários documentos de seu arquivo pessoal, que haviam sido transferidos para lá. Mas ao lê-los senti-me encorajado a resgatar algumas coisas mais. E resgatar significou principalmente contrabandeá-las de volta para o gueto e enterrá-las. Essas extensões fugitivas do YIVO estavam mais seguras e mais em casa no meio dos judeus, no solo do gueto da Jerusalém da Lituânia. Elas esperaram pelo Messias no bunker da Shavel, nº 6.

O resgate dos tesouros do YIVO foi feito com um profundo sentido herdado de compromisso, de estar desempenhando um *mitzvah*, como se estivéssemos salvando bebês.

Compus muitos de meus poemas assinalados como do "gueto de Vilna" no templo náufrago de Weinreich. Talvez até em sua própria sala. A divina presença do iídiche não me abandonou. Ao contrário, serviu para me proteger e inspirar.

Com o que poderia eu ser comparado naquele momento?

Os nativos de Vilna se lembram do louco da cidade, Isserson. Uma vez as pessoas viram a seguinte cena: um pintor estava no alto de uma escada numa sinagoga no *shulhoyf* e mergulhava seu pincel num balde de cal dependurado num peitoril, pintando o teto, para lá e para cá. De repente, Isserson chegou e gritou para o pintor: "Segure-se no pincel porque estou levando a escada embora".

Eu poderia ser comparado a esse pintor da sinagoga – na realidade me transformei nele. A escada onde estava apoiado de fato foi levada embora, mas continuei segurando o pincel, sem ter sequer um peitoril. E vejam só: eu não caí. O balde ficou lá, entre o céu e a terra.[10]

Rachela Krinsky-Melezin foi convidada a dizer algumas palavras ao receber o prêmio em nome de Sutzkever, mas estava à beira do choro e comovida demais para poder ler o pequeno discurso que preparara. Só conseguia pensar em Shmerke, o contrabandista de livros por excelência que passou escondidos tantos livros e papéis pelo portão do gueto; Shmerke, o eterno otimista e a vida de todas as festas e reuniões; e Shmerke, o amor que ela sacrificara pela filha. Ah, se Shmerke tivesse vivido para ver esse dia, teria entoado uma de suas animadas canções, talvez o hino que escrevera para o clube de jovens do gueto: "Quem quiser sentir-se jovem venha cá..."

Quando o evento terminou, uma jovem jornalista fez uma pergunta a Rachela. Por que ela arriscara a cabeça para resgatar livros e manuscritos? Sem pestanejar, ela respondeu: "Eu não acreditava na época que minha cabeça me pertencesse. Achávamos que podíamos fazer algo pelo futuro".[11]

AGRADECIMENTOS

Ao final de sete anos de intensiva pesquisa e escrita, é um prazer agradecer às pessoas que me ajudaram nessa incrível jornada.

Scott Mendel, da Mendel Media, acreditou na importância dessa história desde o momento em que lhe enviei um e-mail curto, pedindo sua opinião. Scott insistiu para que eu contasse as histórias humanas dos salvadores de livros, e não só as histórias dos livros, e graças a ele o projeto ganhou um formato e uma direção diferentes. Steve Hull, da ForeEdge, pegou o projeto no ponto em que Scott o deixou e me ajudou a entender que uma narrativa histórica difere de uma prosa acadêmica. Foi um prazer trabalhar com ele.

Tenho uma grande dívida de gratidão para com o Instituto YIVO de Pesquisa Judaica, que desempenhou uma grande parte não só na história do livro, mas também na minha escrita. Tive a sorte de contar com uma sala tranquila no YIVO e de escrever este livro numa atmosfera onde a memória de Max Weinreich e Abraham Sutzkever é palpável. Fiz muito trabalho intensivo durante o semestre em que fui Professor Visitante do Programa Jacob Kronhill do YIVO. Quero estender agradecimentos especiais à equipe da biblioteca e do arquivo, que acolheram todas as minhas requisições e caprichos, mesmo quando envolviam viagens ao armazém do YIVO em Nova Jersey: Lyudmila Sholokhova, Fruma Mohrer, Gunnar Berg, Vital Zajka e o rabino Shmuel Klein.

O diretor executivo do YIVO, Jonathan Brent, não só me incentivou; ele tem se dedicado a garantir que o legado da brigada do papel perdure – lançando um monumental Projeto das Coleções de Vilna para digitalizar os livros e documentos em Vilnius e Nova York, que são o tema do meu livro.

Pude beneficiar-me da assistência de instituições, pesquisadores, bibliotecários e arquivistas de seis países.

No início desse projeto, passei um semestre muito frutífero como acadêmico visitante do Centro de Pesquisa Leonid Nevzlin de Judaísmo Russo e do Leste Europeu, na Universidade Hebraica de Jerusalém. Os arquivos israelenses foram não só uma mina de ouro como um ambiente de trabalho muito agradável. Meus agradecimentos especiais a Rachel Misrat, à equipe do departamento de arquivos da Biblioteca Nacional de Israel e a Daniela Ozacki do Arquivo Moreshet, da organização Givat Haviva. Quando não estive presente em Jerusalém, pude sempre contar com Eliezer Niborski, editor do Índice de Periódicos Iídiches da Universidade Hebraica, para rastrear artigos em jornais iídiches raros. Apesar de incomodá-lo muitas vezes, Eliezer nunca perdeu sua boa disposição e seu agudo senso de humor.

Um grupo notável de pessoas me apoiou e deu assistência a meu trabalho na Lituânia. Minha amizade com a falecida Esfir Bramson, chefe da seção de Judaica da Biblioteca Nacional da Lituânia, inspirou-me a escrever este livro. Como responsável pela custódia da parte sobrevivente dos livros e documentos em Vilnius, ela foi uma verdadeira herdeira da tradição de Chaikl Lunski e da brigada do papel. Lamento que não tenha vivido para ver a publicação deste livro. Sua sucessora, a doutora Larisa Lempert, é uma querida amiga que não poupou esforços para responder a perguntas e solicitações. Ruta Puisyte, diretora assistente do Instituto Iídiche de Vilnius, foi minha dedicada e sábia assistente de pesquisa, e Neringa Latvyte, do Museu Judaico Estatal do *Gaon* de Vilna, forneceu-me valiosas informações.

Vadim Altskan, diretor-geral de projetos de arquivo no Centro Mandel do Museu Memorial do Holocausto dos Estados Unidos, é uma dádiva dos céus para o conhecimento acadêmico. Partes da história dos salvadores de livros teriam ficado fora do meu conhecimento se não fosse por sua orientação e aconselhamento a respeito de como localizar recursos de arquivo.

Entre as pessoas que me deram um retorno substancial e me pouparam de cometer erros embaraçosos, quero destacar Avraham Novershtern, professor de iídiche na Universidade Hebraica, que leu e criticou um esboço preliminar do manuscrito do livro. Greg Bradsher, da Administração Nacional de Arquivos e Registros [National Archives and Records Administration], em College Park, Maryland, ajudou-me a navegar as águas desse repositório gigantesco. Bret Werb e Justin Cammy graciosamente compartilharam comigo seu trabalho e expertise sobre Shmerke Kaczerginski. Kalman Weiser compartilhou documentos dos arquivos alemães e poloneses sobre o saqueador do *Einsatzstab Reichsleiter Rosenberg* e *Judenforscher* (especialista em judeus) Herbert Gotthard.

Muitos acadêmicos e colegas contribuíram para este livro com seus comentários e insights: Mordechai Altshuler, Valery Dymshits, Immanuel Etkes, Zvi Gitelman, Samuel Kassow, Dov-Ber Kerler, David G. Roskies, Ismar Schorsch, Nancy Sinkoff, Darius Staliunas, Jeffrey Veidlinger e Arkadii Zeltser.

Sou privilegiado por ter conhecido alguns dos heróis que participaram dessa história e alguns membros de suas famílias. Michael Menkin, de Fort Lee, Nova Jersey, o último membro sobrevivente da brigada do papel, é meu querido amigo e um modelo de benevolência, generosidade de espírito e humildade. Ele também me expôs a coisas que eu nunca teria conhecido em nenhuma fonte escrita. Tive conversas iluminadoras sobre o gueto de Vilna com Abraham Sutzkever em Tel Aviv em 1999. Ele permanece como um gigante da literatura e da cultura. Por último, mas não menos importante, Alexandra Wall confiou-me suas notas, impressões e memórias a respeito de sua avó, Rachela Krinsky-Melezin. Alix é uma dedicada e orgulhosa cultora da memória de sua "babushka" e de sua mãe, Sarah Wall.

Tenho a sorte de trabalhar numa instituição que valoriza o que faço. O Seminário Teológico Judaico da América tem sido meu lar acadêmico e ajudou na minha formação como acadêmico e como pessoa. O reitor Arnold Eisen e o superintendente Alan Cooper apoiaram a mim e ao meu projeto desde o início.

Agradeço de coração à Biblioteca di Economia e Commercio, da Universidade de Modena, Itália, por me receber nos verões e me prover um espaço tranquilo e agradável para escrever.

Sou abençoado por ter uma família amorosa, que me ajuda a acreditar em mim: minha mãe, Gella Fishman, é aos 91 anos de idade uma usina de energia e de insight; meus irmãos Avi e Monele com delicadeza me lembram da importância dos compromissos familiares; e meus filhos adultos, Ahron, Nesanel, Tzivia e Jacob dão-me muito orgulho e *naches*.

Devo meu interesse pela Vilna judaica, e, portanto, a escrita deste livro a duas pessoas que não estão mais entre nós. Primeiro, ao meu pai, Joshua A. (Shikl) Fishman, que foi aluno de Max Weinreich e colaborou com ele em muitos projetos. "Pa" foi a primeira pessoa que me falou, quando eu era garoto, a respeito de um lugar mágico chamado Vilna e que instilou em mim um amor pelo iídiche. Lamento seu falecimento e o amo a distância. E, em segundo lugar, ao grande romancista iídiche Chaim Grade, com quem estabeleci uma amizade próxima durante os anos finais de sua vida. Graças aos escritos de Grade e às suas conversas comigo, a Vilna do pré-guerra está viva e intensa hoje como estava em 1930.

Faltam-me palavras para tentar expressar o que devo à minha esposa Elissa Bemporad. Ela tem sido minha primeira e última leitora, minha culta crítica e conselheira. Mas, além disso, trouxe beleza, amor e poesia à minha vida. Com ela e nossos filhos Elia e Sonia, a vida tem sido uma aventura emocionante e feliz.

NOTAS

INTRODUÇÃO

[1] Shmerke Kaczerginski, *Ikh bin geven a partisan* (Buenos Aires: Fraynd funem mekhaber, 1952), p. 53-58; Rachela Krinsky-Melezin, "Mit shmerken in vilner geto" in *Shmerke kaczerginski ondenk-bukh* (Buenos Aires: A komitet 1955), 131.

CAPÍTULO 1

[1] Existem dois excelentes tratados em língua inglesa sobre Kaczerginski. Justin Cammy, *Young Vilna: Yiddish Culture of the Last Generation* (Bloomington: Indiana University Press, forthcoming), cap. 2; e Bret Werb, *Shmerke Kaczerginski: The* Partisan *Troubadour"*, Polin 20 (2007): p. 392-412.

[2] Yom Tov Levinsky, "Nokh der mite fun mayn talmid" in *Shmerke kaczerginski ondenk*-bukh, 96; Yankl Gutkowicz "Shmerke" Di Goldene keyt 101 (1980): 105.

[3] Mark Dworzecki, "Der kemfer, der zinger, der zamler", in *Shmerke kaczerginski ondenk-bukh*, 57.

[4] B. Terkel, "Der 'fliendiker vilner'", in *Shmerke kaczerginski ondenk-bukh*, 79-80; o texto da primeira canção de sucesso de Shmerk é reproduzido em *Shmerke kaczerginski ondenk-bukh*, 229-230.

[5] Chaim Grade, "Froyen fun geto", *Tog-morgen zhurnal* (Nova York), 30 jun. 1961, 7.

[6] Gutkowicz, *Shmerke* 108-9.

[7] Grade, *Froyen fun geto*, 30 jun. 1961.

[8] Elias Schulman, *Yung vilne* (Nova York: Getseltn, 1946), p. 18.

[9] Daniel Charney, "Ver zenen di yung vilnianer?" in *Literarishe bleter* (Varsóvia) 14 fev. 26, 1937, p. 135; Schulman, *Yung vilne*, p. 22.

[10] Shmerke Kaczerginski, "Amnestye", *Yung-vilne* (Vilna) 1 (1934), p. 25-28.

[11] Shmerke Kaczerginski, "Mayn khaver sutzkever (tsu zayn 40stn geboyrntog)" in *Shmerke kaczerginski ondenk-bukh*, p. 311-312.

¹² Ver Cammy, *Young vilna*, cap. 2; e Krinsky-Melezin, "Mit shmerken", p. 131.
¹³ Shmerke Kaczerginski, "Naye mentshn", in *Vilner emes* (Vilnius), 30 dez. 1940, 3; Shmerke Kaczerginski, "Dos vos iz geven mit bialistok vet zayn mit vilne", in *Vilner emes* (Vilnius), 31 dez. 1940, 3. Sobre seu casamento com Barbara Kaufman, ver Chaim Grade, *Froyen fun geto*, 30 jun. 1961; e Shmerke Kaczerginski, *Khurbn vilne* (Nova York: CYCO, 1947) p. 256.
¹⁴ Dov Levin, *Tekufah Be-Sograyim, 1939-1941* (Jerusalém: Instituto para o Judaísmo e Kibutz Ha-Meuhad Contemporâneo da Universidade Hebraica, 1989), p. 139-41.

CAPÍTULO 2

¹ Schulman, *Yung vilne*, p. 17; Lucy Dawidowicz, *From That Time and Place: A Memoir, 1938-1947* (Nova York: Norton, 1989), p. 121-22; Krinsky-Melezin, "Mit shmerken", p. 135.
² A. I. Grodzenski, "Farvos vilne ruft zikh yerushalayim de-lita" in *Vilner almanakh*, ed. A. I. Grodzenski, p. 5-10 (Vilna: Ovnt kurier, 1939; 2 ed., Nova York: Moriah Offset, 1992).
³ Yitzhak Broides, *Agadot Yerushalayim De-Lita* (Tel Aviv: Igud yeotsei vilna ve-ha-sevivah be-yisrael, 1950), p. 17-22; ver também Shloime Bastomski, "Legendes vegnvilne" in Grodzenski, *Vilner almanakh*, p. 148-50.
⁴ Zalmen Szyk, *Toyznt yor vilne* (Vilna: Gezelshaft far landkentenish, 1939), p. 178-85.
⁵ Ver Israel Cohen, *Vilna* (Philadelphia: The Jewish Publication Society of America, 1 ed.: 1943, 2 ed.: 1992).
⁶ Abraham Nisan Ioffe, *Wilna und Wilnauer Klausen*, op. 1, arquivo 16, Einsatzstab Reichsleiter osenberg, F. R-633, Arquivo Central Estatal Lituano, Vilnius; Samuel Joseph Fuenn, *Kiryah ne'emanah: korot 'adat yisrael ba-'ir vilna* (Vilna: Funk, 1915), p. 162-63; Szyk, *Toyznt yor vilne*, p; 215-17.
⁷ Chaikl Lunski, "Vilner kloyzn un der shulhoyf" in *Vilner zamlbukh*, ed. Zemach Shabad, vol. 2 (Vilna: N. Rozental, 1918), p. 100; Szyk, *Toyznt yor vilne*, p. 217.
⁸ Shmerke Kaczerginski, "Shtoyb vos frisht: 45 yor in lebn fun a bibliotek" in *Undzer tog* (Vilna), 4 jun. 1937, 5.
⁹ Ver Fridah Shor, *Mi-likutei shoshanim 'ad brigadat ha-nyar: sipuro she beit eked ha-sefarim al shem shtrashun ve-vilna* (Ariel, West Bank: Ha-merkaz ha-universitai ariel be-shomron, 2012), e a literatura citada na obra. Ver também Hirsz Abramowicz, "Khaykl lunski un di strashun bibliotek" in *Farshvundene geshtaltn*, p. 93-99 (Buenos Aires: Tsentral farband fun poylishe yidn in argentine, 1958).
¹⁰ Daniel Charney, *A litvak in poyln* (Nova York: Congresso para a Cultura Judaica, 1945), 28-29; Dawidowicz, *From That Time*, p. 121-22; Jonas Turkow, *Farloshene shtern* (Buenos Aires: Tsentral-farband fun poylishe yidn in argentine, 1953), p. 192-93.
¹¹ Ver os artigos em *Literarishe bleter* (Warsaw) 13, n. 40 (27 nov. 1936).
¹² Ver Cecile Kuznitz, *YIVO and the Making of Modern Jewish Culture: Scholarship for the Yiddish Nation* (Cambridge: Cambridge University Press, 2014); *YIVO bleter* 46 (1980); e David E. Fishman, *The Rise of Modern Yiddish Culture* (Pittsburgh: University of Pittsburgh Press, 2005), p. 93-96, p. 126-37.
¹³ Chaikl Lunski, "Der 'seyfer ha-zohov' in der shtrashun-bibliotek" in Grodzenski, *Vilner almanakh*, 43.

CAPÍTULO 3

¹ Ver Kalman Weiser, *Jewish People, Yiddish Nation: Noah Prylucki and the Folkists in Poland* (Toronto: University of Toronto Press, 2011), p. 244-259; Mendl Balberyszski, *Shtarker fun*

ayzn (Tel Aviv: Ha-menorah, 1967), p. 77, p. 91-93, p. 104-6, p. 110; D[ovid] U[mru], "Tsu der derefenung fun der yidishistisher katedre baym vilner universitet" in *Vilner emes* (Vilnius), 2 nov. 1940, 1; Kaczerginski, *Khurbn vilne*, p. 226.

[2] Elhanan Magid, in Tsvika Dror, ed., *Kevutsat ha-ma'avak ha-sheniyah* (Kibutz Lohamei Ha-getaot, Israel: Ghetto Fighters' House, 1987), p. 142; Balberyszski, *Shtarker fun ayzn*, p. 110, p. 112; carta anônima a M. W. Beckelman, o representante da JDC em Vilna, 20 mar. 1940, arquivo 611.1, Coleção Sutzkever-Kaczerginski, RG 223, arquivos do YIVO Institute for Jewish Research, New York (daqui em diante citados como arquivos YIVO).

[3] Balberyszski, *Shtarker fun ayzn*, p. 112.

[4] Ibid., p. 112, p. 118-119.

[5] Alan E. Steinweis, *Studying the Jew: Scholarly Anti-Semitism in Nazi Germany* (Cambridge, MA: Harvard University Press, 2006).

[6] Maria Kuhn-Ludewig, *Johannes Pohl (1904-1960): Judaist und Bibliothekar im Dienste Rosenbergs. Eine biographische Dokumentation* (Hanover, Germany: Laurentius, 2000). Sobre seus anos em Jerusalém, ver p. 48-56. Patricia von Papen-Bodek, "Anti-Jewish Research of the Institut zur Erforschung der Judenfrage in Frankfurt am Main between 1939 and 1945" in *Lessons and Legacies VI: New Currents in Holocaust Research*, ed. Jeffry M. Diefendorf, 155-189 (Evanston, IL: Northwestern University Press, 2004).

[7] Kuhn-Ludewig, *Johannes Pohl*, 160-161, debate se foi Pohl ou Gotthard que visitou Vilna em julho de 1941. Os muitos relatos de Sutzkever mencionam ambos os nomes. Kaczerginski e Balberyszski mencionam Pohl.

[8] Balberyszski, *Shtarker fun ayzn*, p. 143-147. Balberyszski foi um amigo próximo e parceiro de Prylucki que visitou a ele e à esposa durante o período em questão. Ver também Shmerke Kaczerginski, *Partizaner geyen*, 2a ed. (Buenos Aires: Tsentral farband fun poylishe yidn in argentine, 1947), p. 65-66; Shmerke Kaczerginski, *Ikh bin geven a partisan* (Buenos Aires: Fraynd funem mekhaber, 1952), p. 40-41; e Abraham Sutzkever, *Vilner geto* (Paris: Fareyn fun di vilner in frankraykh, 1946), p. 108.

[9] Shmerke Kaczerginski, "Der haknkrayts iber yerushalayim de-lite" in *Di Tsukunft*, (Nova York, set. 1946), p. 639.

[10] Balberyszski, *Shtarker fun ayzn*, p. 180-81.

[11] Sutzkever, *Vilner geto*, p; 108 (Sutzkever reporta que o alemão responsável pela prisão não foi Pohl, mas seu tenente, Gothard); Herman Kruk, *Togbukh fun vilner geto*, ed. Mordecai W. Bernstein (New York: YIVO, 1961), p. 73.

[12] Manuscrito de Shmerke Kaczerginski, "Vos di daytshn hobn aroysgefirt un farnikhtet", arquivo 678.2, coleção Sutzkever-Kaczerginski, RG 223, arquivos YIVO; Kruk, *Togbukh fun vilner geto*, 180.

[13] Raphael Mahler, "Emanuel Ringelblum's briv fun varshever geto" in *Di Goldene keyt* (Tel Aviv) 46 (1963): 25.

[14] Coleção ERR, op. 1, d. 136, p. 386, 396, F. 3676, Einsatzsztab Reichsleiter Rosenberg, Arquivo Estatal Central de Órgaõs de Força Maior (TsDAVO), Kyiv (daqui em diante citado como TsDAVO).

CAPÍTULO 4

[1] Rokhl Mendelsohn, carta a Pinkhas Schwartz 1959, p. 7, arquivo 770, Coleção Sutzkever-Kaczerginski, RG 223, Instituto YIVO de Pesquisa Judaica, Nova York; Rachel Margolis,

entrevista do autor, Yeruham, Israel, 6 mai. 2011. Ver a biografia feita pelo seu irmão Pinkhas Schwartz, in Kruk, *Togbukh fun vilner geto*, xi-xlv.

[2] Kruk, *Togbukh fun vilner geto*, xxxii-xxxiv.

[3] Ver Samuel Kassow, "Vilna and Warsaw, Two Ghetto Diaries: Herman Kruk and Emanuel Ringelblum" in *Holocaust Chronicles: Individualizing the Holocaust through Diaries and Other Contemporaneous Personal Accounts*, ed. Robert Moses Shapiro, p. 171-215 (Hoboken, NJ: Ktav, 1999); e Kruk, *Togbukh fun vilner geto*, p. 294 (28 jun. 1942).

[4] Kruk, *Togbukh fun vilner geto*, p. 54-55; Herman Kruk, *The Last Days of the Jerusalem of Lithuania*, trad. Barbara Harshav, ed. Benjamin Harshav (New Haven, CT: Yale University Press e YIVO, 2002), p. 92.

[5] Kruk, *Togbukh fun vilner geto*, p. 54-55; Kruk, *Last Days*, p. 92-93.

[6] Kruk, *Togbukh fun vilner geto*, p. 60-63; Kruk, *Last Days*, p. 97-100.

[7] Kruk, *Togbukh fun vilner geto*, p. 67-69, 77, 80.

[8] Kruk, *Togbukh fun vilner geto*, xxxv-xxxvi, 72.

[9] Relatório retrospectivo de Kruk, "A yor arbet in vilner get-bibliotek", out. 1942, arquivo 370, p. 21-22, Coleção Sutzkever-Kaczerginski, RG 223, arquivos YIVO.

[10] Kruk, *Togbukh fun vilner geto*, xxxxix, p. 81-82, 123-24; Balberyszski, *Shtarker fun ayzn*, p. 443.

[11] Grade, "Froyen fun geto", 30 jun. 1961; Chaim Grade, "Fun unter dererd" in *Forverts*, 1 abr. 1979; Kaczerginski, *Khurbn vilne*, p. 5.

[12] Kaczerginski, *Ikh bin geven*, p. 19-21; Grade, *Froyen fun geto*, 30 jun. 1961; Grade, *Fun unter der erd* 1 abr. 1979.

[13] Kaczerginski, *Ikh bin geven*, p. 23-24.

[14] Kaczerginski dá datas conflitantes para seu tempo fora do gueto de Vilna. Em *Khurbn vilne*, o período mencionado é de setembro de 1941 a abril de 1952 (ver p. 141, 197 e 215); em *Ikh bin geven a partisan*, vai do inverno de 1942 à primavera de 1942. As últimas datas são corroboradas por Kruk, *Togbukh fun vilner geto*, p. 310

[15] Sutzkever, *Vilner geto*, p. 26-27, 55-58.

[16] Kruk, *Togbukh fun vilner geto*, p. 92.

CAPÍTULO 5

[1] Ver o relatório mensal da biblioteca para outubro de 1941 publicado em Balberyszski, *Shtarker fun ayzn*, p. 435-36.

[2] Balberyszski, *Shtarker fun ayzn*, p. 438-39.

[3] Inventários de objetos na biblioteca do gueto, arquivo 476, Coleção Sutzkever-Kaczerginski, RG 223, arquivos YIVO; sobre os mostruários na sala de leitura, ver Dina Abramowicz, "Vilner geto bibliotek" in *Lite*, ed. Mendel Sudarsky, UriahKatsenelboge, Y. Kisin, 1671-1678, vol. 1 (Nova York: Kultur gezelshaft fun litvisheyidn, 1951), 1675; e Ona Šimaite, "Mayne bagegenishn mit herman kruk" in *Undzer shtime* (Paris), 1-2 ago. 1947, 2.

[4] Kruk, *Togbukh fun vilner geto*, p. 138-140, 162.

[5] Abraham Sutzkever, "Tsum kind" in *Lider fun yam ha-moves* (Tel Aviv: BergenBelzen, 1968), p. 44-45; tradução para o inglês em David G. Roskies, ed. E comp., *The Literature of Destruction* (Philadelphia: Jewish Publication Society of America, 1989), p. 494-495.

[6] Sutzkever, *Vilner geto*, p. 72; Kruk, *Togbukh fun vilner geto*, p. 157.

[7] Herman Kruk, "Geto-bibliotekun geto-leyener, 15.ix.1941-15.ix. 1942", arquivo 370, Coleção Sutzkever-Kaczerginski, RG 223, arquivos YIVO; arquivo 295, p. 18, registros do Gueto de Vilna, RG 26.015M, arquivo do Museu Memorial do Holocausto dos Estados Unidos, Washington, D.C. (daqui em diante mencionado como USHMM).

⁸ Abramowicz, "Vilner geto bibliotek."
⁹ Kruk, "Geto-bibliotekun geto-leyener", p. 22.
¹⁰ Kruk, "Geto-bibliotekun geto-leyener", p.22-23; Shloime Beilis, "Kultur unterder hak" in *Portretn un problemen*, p. 313-416 (Varsóvia: Yidish bukh, 1964), p. 330-31.
¹¹ Zelig Kalmanovitch, "Togbukh fun vilner geto (fragment)", ed. Shalom Luria, com tradução para o iídiche por Avraham Nowersztern, *YIVO bleter* (New Series) 3 (1997): 82.
¹² Kruk, "Geto-bibliotekun geto-leyener", p. 23-25.
¹³ Kruk, "Geto-bibliotekun geto-leyener", p. 14, 17, 18, 27-28.
¹⁴ op. 1, d. 256, registros do gueto de Vilna, F. R-1421, Arquivo Central Estatal Lituano, Vilnius (daqui em diante mencionado como registros F. R-1421).
¹⁵ op. 1, d. 246, registros F. R-1421.
¹⁶ op. 1, d. 304, 340, 341, registros F. R-1421.
¹⁷ "Di sotsyal-psikhologisherol fun bukh in geto", op. 1, d. 230, registros F. R-1421.
¹⁸ Mark Dworzecki, *Yerushalayim de-litein kamf un umkum* (Paris: Yidish-natsionalerarbeter farband in amerike un yidisher folksfarband in frankraykh, 1948), p. 241; Kruk, "Getobibliotekun geto-leyener", p. 6; carta para todos os superintendentes de construção no gueto 1 (evidentemente do final de setembro ou de outubro de 1941), arquivo 450, Coleção Sutzkever-Kaczerginski, RG 223, arquivos YIVO.
¹⁹ Kruk, *Togbukh fun vilner geto*, p. 99; Kruk, *Last Days*, p. 140 (com modificações).
²⁰ Balberyszski, *Shtarker fun ayzn*, p. 439; arquivo 15, registros F. R-1421. A ordem foi datada de 27 de novembro de 1941.
²¹ Kruk, *Togbukh fun vilner geto*, p. 97, 116, 129 (4 e 7 jan. 1942).
²² Bebe Epshtein, "A bazukh in der groyser shul. Derinerung fun geto", arquivo 223, Coleção Sutzkever-Kaczerginski, RG 223, arquivos YIVO. Em uma visita clandestina subsequente, o Dr. Daniel Feinshtein descobriu a biblioteca particular do rabino Chaim Ozer Grodzensky em um canto da galeria das mulheres da Grande Sinagoga. Kruk, *Togbukh fun vilner geto*, p. 150 (27 jan. 1942), p. 152 (29 jan. 1942), p.161 (9 fev. 1942).
²³ Kruk, *Togbukh fun vilner geto*, p. 126-28 (7 jan. 1942).
²⁴ Aquisição de cartas do museu do gueto de Vilna, arquivo 283, p. 4-5, arquivo 366, nos. 1 e 67, registros F. R-1421.
²⁵ Sobre essas instituições, ver os relatórios da biblioteca para setembro e outubro de 1941, em Balberyszski, *Shtarker fun ayzn*, 435-38; e relatórios posteriores na Coleção Sutzkever-Kaczerginski, RG 223, arquivos 367 e 368, arquivos YIVO. Sobre o museu, ver arquivos 453 e 472 na mesma Coleção Sutzkever-Kaczerginski; e arquivos 265, 266, 349, 354, registros F. R-1421.
²⁶ Ver a foto no caderno de imagens.

Uma joia resgatada: O livro de registro da sinagoga do Gaon de Vilna

¹ Shelomo Zalman Havlin, "Pinkas kloyz ha-grabe-vilna" in *Yeshurun* 16 (2005): 748.
² Ibid., 750.
³ Fundo de doação estabelecido por Moshe Dinershtein, 5 de Sivan, 5673 (10 jun. 1913), arquivo 184.11, p. 56-58, Coleção Sutzkever-Kaczerginski, RG 223, parte 2, arquivos YIVO.
⁴ "Bet Midrash shel maran Ha-Grazatsal, Vilna, Yetso", datado de 1 de Tamuz, 5686 (2 jul. 1916), arquivo 184.11, Coleção Sutzkever-Kaczerginski, RG 223, parte 2, arquivos YIVO.
⁵ "Lezikaron olam", datado de Hodesh Menahem Av 5682 (ago. 1922), arquivo 184.11, Coleção Sutzkever-Kaczerginski, RG 223, parte 2, arquivos YIVO.

CAPÍTULO 6

[1] Kruk, *Togbukh fun vilner geto*, 163 (11 fev 1942); Kruk, *Last Days*, p. 198. Os nomes dos membros do ERR são baseados no manuscrito de Abraham Sutzkever, "Tsu der geshikhte fun rozenberg shtab" arquivo 678.1, e nos relatos anônimos sobre o ERR, arquivo 678, p. 1-2, Coleção Sutzkever-Kaczerginski, RG 223, arquivos YIVO.

[2] Kruk, *Togbukh fun vilner geto*, p. 178-79 (19 fev. 1942), Kruk, *Last Days*, p. 212 (com modificações).

[3] Kruk, *Togbukh fun vilner geto*, p. 180; Kruk, *Last Days*, p. 213.

[4] Kruk, *Togbukh fun vilner geto*, p. 183.

[5] Kruk, *Togbukh fun vilner geto*, p. 178-181.

[6] Šimaite, "Mayne bagegenishn", p. 3.

[7] Kruk, *Togbukh fun vilner geto*, p. 182-183, p. 188.

[8] Manuscrito de Herman Kruk, "Ikh gey iber kvorim", D. 2.32, Arquivo Moreshet, Givat Haviva, Israel. Ver também Kruk, *Togbukh fun vilner geto*, p. 190-191, e o relatório de atividades de Kruk de julho e agosto de 1942, d. 501, registros F. R-1421.

[9] Kruk, *Togbukh fun vilner geto*, p. 190; Kruk, *Last Days*, p. 222.

[10] O trabalho na 3 Uniwersytecka Street continuou esporadicamente até agosto de 1943. Ver Zelig Kalmanovitch, *Yoman be-getovilna u-ketavimmin ha-'izavon she-nimtsa'ba-harisot* (Tel Aviv: Moreshet-Sifriat Poalim, 1977), p. 101, 103.

[11] Kruk, *Togbukh fun vilner geto*, p. 200, 272; Sutzkever, "Tsu der geshikhte", p. 2-3; Kaczerginski, "Vos di daytshn", 1-2; Rachela Pupko-Krinsky, "Mayn arbet in YIVO unter di daytshn" in *YIVO bleter* 30 (1947): 214-223. Kaczerginski estimou que 24 mil livros foram destruídos pela unidade da Lufftwafe. Esses relatos são corroborados pelo relatório de Johannes Pohl para a ERR em Berlim datado de 28 de abril de 1942: Coleção ERR, op. 1, d. 128, p. 182-183, TsDAVO.

[12] Kruk, *Togbukh fun vilner geto*, p. 200.

CAPÍTULO 7

[1] Kruk, *Togbukh fun vilner geto*, p. 240 (23 abr. 1942); Kruk, *Last Days*, p. 268 (com modificações).

[2] Kuhn-Ludewig, *Johannes Pohl*, p. 189. Himpel afirmou, em um relato escrito em 1959, que persuadiu Pohl a catalogar os materiais localmente, usando trabalhadores forçados qualificados judeus.

[3] Os números da equipe foram retirados de Kaczerginski, *Partizaner geyen*, 66; Kalmanovitch, "Togbukh fun vilner geto", p. 87 (4 jun. 1942); e I. Kowalski, *A Secret Press in Nazi Europe: The Story of a Jewish United Partisan Organization* (Nova York: Central Guide Publishers, 1969), p. 99.

[4] Kruk, *Togbukh fun vilner geto*, p. 21 (20 mar. 1942).

[5] Sutzkever, "Tsu der geshikhte", p. 9-10; e Pohl, carta a Berlin, 2 abr. 1942, ERR collection, op. 1, d. 128, p. 163-64, TsDAVO.

[6] Coleção ERR, op. 1 d. 128, p. 193, 330-333, TsDAVO.

[7] Sutzkever, "Tsu der geshikhte", p. 9; Kaczerginski, "Vos di daytshn", p. 3. Kaczerginski afirma que a estimativa de Pohl foi de 250 mil dólares; relatório de Pohl de 28 de abril de 1942 a Berlim, coleção ERR, op. 1, d. 128, p. 187, TsDAVO.

[8] Pohl dividia seu tempo entre Berlim (o quartel-general do ERR), Frankfurt (o Instituto para Investigação da Questão Judaica) e o campo. Em maio de 1942, ele estava em Kovna

(47.778 volumes na biblioteca da sinagoga); em junho, estava em Kiev (noventa mil volumes); e no começo de novembro, estava em Kharkov, onde quarenta mil volumes de Hebraica e Judaica foram encontrados. Ele visitou Vilna a caminho da Ucrânica. Ver coleção ERR, op. 1, d. 50a, d. 119, p. 220-221, TsDAVO.

[9] Kaczerginski, *Ikh bin geven*, p. 17.

[10] Ibid., p. 100-101.

[11] A tradução para o inglês [na qual se baseou a tradução brasileira] se baseia em Roskies, *Literature of Destruction*, 479-482, com modificações do autor.

[12] Kaczerginski, *Khurbn vilne*, p. 179, 182-83, 197, 205, 239, 240, 244; Association of Jews from Vilna and Vicinity in Israel, acesso em 26 jan. 2017, <http://www.vilna.co.il/89223>. ווייטשנרב ; Instituto YIVO, "Yizker" in *YIVO-bleter* 26, n. 1 (jun-set. 1945): 5; K. S. Kazdan, ed., *Lerer yizker-bukh: di umgekumene lerer fun tsisho shuln in poyln* (Nova York: Komitet, 1954), p. 242; Kruk, *Togbukh fun vilner geto*, p. 211; Sutzkever, "Tsu der geshikhte", p. 2-3.

[13] Yehuda Tubin, ed., *Ruzhka: Lehimata, Haguta, Demuta* (Tel Aviv: Moreshet, 1988); Kaczerginski, *Khurbn vilne*, p. 307; "Biographies: Avram Zeleznikow (1924-)", Monash University, acesso em 5 jan. 2017, <http://future.arts.monash.edu/yiddish-melbourne/biographies-avram-zeleznikow>.

[14] Esse retrato é baseado nas respostas manuscritas de Rachela Krinsky, submetidas por sua neta Alexandra Wall e escritas em 1997, "Answers to the Questionnaire", e nas memórias do marido pós-guerra de Rachela, Abraham Melezin, especialmente o capítulo 37, "Rachela", nas caixas 1 e 6 da Coleção Abraham Melezin, RG 1872, arquivos YIVO. Informações adicionais foram fornecidas pela neta de Rachela Alexandra Wall.

CAPÍTULO 8

[1] Dworzecki, *Yerushalayim de-lite*, p. 167; Reizl (Ruzhka) Korczak, *Lehavot ba-efer*, 3a ed. (Merhavia, Israel: Sifriyat Po'alim, 1965), p. 76; Kruk, *Togbukh fun vilner geto*, p. 238 (20 abr. 1942).

[2] Kruk, *Togbukh fun vilner geto*, p. 242-243 (25 abr. 1942).

[3] Sobre Sporket, ver seu arquivo pessoal do ERR, op. 1, d. 223, p. 233, TsDAVO; Kruk, *Togbukh fun vilner geto*, p. 267 (15 mai. 1942); Kalmanovitch, "Togbukh fun vilnergeto", p. 81 (17 e 19 mai. 1942); Kalmanovitch, *Yoman be-getovilna*, p. 93 (1 dez. 1942); Sutzkever, "Tsu der geshikhte", p. 3-4; e Kaczerginski, *Ikh bingeven*, p. 41. Sobre Gotthard, ver Coleção ERR, op. 1, d. 128, p. 138, d. 145, p. 167, TsDAVO.

[4] Pupko-Krinsky, "Mayn arbet", p. 216; Kalmanovitch, "Togbukh fun vilnergeto", p. 92 (12 jun. 1942).

[5] Sutzkever, "Tsu der geshikhte", p. 3, 8, 9; Sutzkever, carta a Ilya Ehrenburg, julho de 1944, em "Ehrenburg", Coleção Abraham Sutzkever, Arc 4º 1565, Biblioteca Nacional de Israel, Departamento de Arquivos, Jerusalém (daqui em diante citada como Coleção Sutzkever); Sutzkever, *Vilner geto*, 110.

[6] "Aufgabenstellung des Einsatzstabes Reichsleiter Rosenberg", citado em Kuhn-Ludewig, *Johannes Pohl*, p. 184.

[7] Memorando de Dr. Wunder sobre "Generisches Schrifttum", Riga, 27 mai. 1942, op.1, d. 233, p. 276-78, TsDAVO.

[8] Kruk, *Togbukh fun vilner geto*, p. 282 (5 jun. 1942); Kaczerginski, "Vos didaytshn", p. 4, 6; Kalmanovitch, *Yoman be-getovilna*, p. 76 (10 ago. 1942), p. 78 (21 ago. 1942).

[9] Kaczerginski, *Partizaner geyen*, p. 68.

10. Kalmanovitch, "Togbukh fun vilner geto", p. 88.
11. Kruk, *Togbukh fun vilner geto*, p. 282 (5 jun. 1942), p. 300 (9 jun. 1942).
12. Coleção ERR, op. 1, d. 128, p. 330-331, TsDAVO.
13. Kaczerginski, "Vos di daytshn", p. 4; "Nirenberger protses", arquivo 124, "Tezntsu mayn eydes zogn", p. 5-7, Coleção Sutzkever. O descarte de rolos da Torá a uma fábrica de couro é corroborado pela correspondência de Sporket com seu superior em Berlim; Coleção ERR, op. 1, d. 119, p. 189 (26 set. 1942), p. 191 (16 sep. 1942), TsDAVO.
14. Kalmanovitch, "Togbukh fun vilner geto", p. 93.
15. Kalmanovitch, *Yoman be-getovilna*, p. 89 (15 nov. 1942).
16. Sutzkever, "Tsu der geshikhte", p. 4-5. Os relatórios de trabalho do Departamento Polonês do Destacamento de Rosenberg de 5-10 de julho e 12-17 de julho de 1943, assinados por Nadezhda (Dina) Jaffe, documentam a transferência da Zawadzki Publishing House, d. 507, registros F.R-1421.
17. Memorando datado de 21 de maio de 1942, op. 1, d. 119, p. 215, TsDAVO.
18. Kaczerginski, "Vos di daytshn", p. 5; A. Malatkov, "Geratevete kultur-oytsres", *Eynikayt* (Moscou), 17 ago. 1944.
19. Sutzkever, "Tsu der geshikhte", p. 7-8. A descrição de Pohl em seu relatório de 15 de outubro de 1942 delineia o uso dos quartos antes da chegada de coleções russas e polonesas. Coleção ERR, op. 1, d. 128, p. 330-31, TsDAVO.
20. Kalmanovitch, "Togbukh fun vilner geto", p. 88 (7 jun. 1942); Kalmanovitch, *Yoman be-getovilna*, 109 (5 jul. 1943).
21. Kruk, *Togbukh fun vilner geto*, p. 282 (5 jun. 1942); Kalmanovitch, "Togbukhfun vilner geto", p. 90 (8 jun. 1942), 91 (10 jun. 1942), p. 92 (12 e 15 jun. 1942), p. 95 (18 jun. 1942), p. 103 (19 jul. 1942).
22. Kalmanovitch, *Yoman be-getovilna*, p. 82 (11 out. 1942), p. 85 (25 out. 1942), p. 91 (16 nov. 1942); Kruk, *Togbukh fun vilner geto*, p. 457 (13 fev. 1943); arquivo 179, p. 1, coleção de documentos sobre o Gueto de Vilna, Arc 4º 1703, Biblioteca Nacional de Israel, Departamento de Arquivos, Jerusalém (daqui em diante mencionada como documentos sobre o Gueto de Vilna); Kaczerginski, "Vos di daytshn", p. 3.

CAPÍTULO 9

1. Kalmanovitch, "Togbukh fun vilner geto", p. 100; Kalmanovitch, *Yoman be-getovilna*, p. 87 (1 nov. 1942); arquivo 497, p. 1, arquivo 499, p. 4, 6, registros do Gueto de Vilna, USHMM.
2. Kaczerginski, *Ikh bin geven*, p. 41-42.
3. Pupko-Krinsky, "Mayn arbet", p. 215; Kruk, *Togbukh fun vilner geto*, p. 401-402 (10 nov. 1942); Kruk, *Last Days*, p. 408.
4. Pupko-Krinsky, "Mayn arbet", p. 215.
5. Diário de Kaczerginski, arquivo 615, p. 34-35, Coleção Sutzkever-Kaczerginski, RG 223, arquivos YIVO.
6. Ibid., p. 35.
7. Pupko-Krinsky, "Mayn arbet", p. 217.
8. Ibid. p. 216-19; Abraham Sutzkever, "A vort tsum zekhtsiktn yoiyl fun YIVO" in *Baym leyenen penimer* (Jerusalém: Magnes, 1993), p. 206-207; Kaczerginski, *Ikh bingeven*, p. 53.
9. Kaczerginski, *Ikh bin geven*, p. 43-44; Pupko-Krinsky, "Mayn arbet", p. 221.
10. Krinsky-Melezin, "Mit Shmerken", p. 129.

[11] Pupko-Krinsky, "Mayn arbet", p. 216.
[12] Alexandra Wall, notas da entrevista com seu avô, Abraham Melezin, novembro de 2007, em posse do autor.
[13] Szmerke Kaczerginski, "Dos elnte kind" in *Lider fun di getos un lagern*, ed.Szmerke Kaczerginski (Nova York: Tsiko bikher farlag, 1948), p. 90-91.
[14] Pupko-Krinsky, "Mayn arbet", p. 221; Ona Ŝimaite, carta a Abraham Sutzkever, 23 de Agosto de 1947, "Shimaite, Anna", arquivo 1, Coleção Sutzkever.
[15] Dworzecki, *Yerushalayim de-lite*, p.263.
[16] Korczak, *Lehavot ba-efer*, p. 115-116; Tubin, *Ruzhka*, p. 194.

CAPÍTULO 10

[1] Michael Menkin (Minkovitch), entrevista pelo autor, Fort Lee, Nova Jersey, 13 fev. 2014. Menkin trabalhou no YIVO na primavera e no verão de 1942. Atualmente vive em For Lee, Nova Jersey.
[2] Kruk, *Togbukh fun vilner geto*, p. 300-301; Kruk, *Last Days*, p. 322 (com modificações). Kruk deu uma lista parcial de documentos resgatados. "Documentos da República Popular da Ucrânia, do Ministério de Questões Judaicas da República Popular [de 1918-1919]; materiais dos arquivos de Nojekh Prylucki, Simon Dubnow, Ber Borokhov; um portfólio de materiais sobre Isaac Meir Dick, consistindo de uma bibliografia de suas publicações e de material para sua biografia; um portfólio de provérbios de vários países e lugares. E havia uma quantidade enorme de cartas: cartas de Sholem Aleichem e vários de seus manuscritos; manuscritos de David Einhorn, David Pinsky, e S. L. Citron; materiais do tesouro linguístico [iídiche] do Dr. Alfred Landau; fotografias de museu do teatro iídiche do YIVO; cartas de Moyshe Kulbak, Sh[muel] Niger, D[aniel] Charney, Chaim Zhitlowsky, Joseph Opatoshu, A. Leyeles, Zalmen Reisen, Leon Kobrin, Moyshe Nadir, Marc Chagall, H. Leivick, Dr. Nathan Birnbaum, Yaakov Fichman." Em 24 de setembro de 1942, Kruk acrescentou: "Recentemente os funcionários da Força de Trabalho Rosenberg trabalham com energia renovada. Grandes quantidades de livros e documentos são trazidas para o gueto todos os dias. O número de carregadores [ou seja, contrabandistas] do gueto cresceu múltiplas vezes". Kruk, *Togbukh fun vilner geto*, p. 351.
[3] Pupko-Krinsky, "Mayn arbet", p. 217. Para exemplos de denúncias da zeladora, ver Kalmanovitch, *Yoman be-getovilna*, p. 110 (9 de julho 1943), p. 112 (13 de julho 1943).
[4] Korczak, *Lehavot ba-efer*, p. 82-83.
[5] Pupko-Krinsky, "Mayn arbet", p. 217-19; Kaczerginski, *Ikh bin geven*, p. 53-57.
[6] Krinsky-Melezin, "Mit Shmerken", p. 130-31.
[7] Respostas a perguntas de sua neta Alexandra Wall, caixa 1, Coleção Abraham Melezin, RG 1872, arquivos YIVO.
[8] Sutzkever, *Vilner geto*, p. 111-12.
[9] Kalmanovitch, *Yoman be-getovilna*, p. 94 (9 de dezembro 1942), p. 110 (9 de julho de 1943), p.112 (13 de julho 1943).
[10] Pupko-Krinsky, "Mayn arbet", p. 217-18.
[11] Kalmanovitch, *Yoman be-getovilna*, p. 74 (2 de agosto 1942). Kaczerginski, *Khurbnvilne*, p. 209, afirma que Kalmanovitch se opôs a esconder livros dos alemães e acreditava que era preferível cooperar com o envio de livros para a Alemanha, porque muitos materiais seriam recuperados após a guerra. Essa é uma simplificação da visão de Kalmanovitch. Como o seu diário do gueto indica, Kalmanovitch apoiava tanto o contrabando de livros para o gueto quanto seu envio para a Alemanha, a fim de minimizar a terceira opção – sua destruição nas fábricas de papel.

¹² Kaczerginski, *Partizaner geyen*, p. 69; Kaczerginski, *Ikh bin geven*, p. 41-42; Avraham Zheleznikov, entrevista do autor, Melbourne, Austrália, 8 de julho 2012; Korczak, *Lehavot ba-efer*, p. 110.
¹³ Arquivo 330, p. 9, e arquivo 366, p. 68, 73, 115, registros do Gueto de Vilna, RG-26.015M, USHMM.
¹⁴ Nota de Sutzkever, "Gefunen dem togbukh fun dokter hertsl", arquivo 770 e parte 2, arquivo 84, Coleção Sutzkever-Kaczerginski, RG 223, arquivos YIVO.
¹⁵ Kazys Boruta, *Skambėkit vėtroje, beržai* (Vilnius: Vaga, 1975), p. 341-342.
¹⁶ Sutzkever, *Vilner geto*, p. 112.
¹⁷ Pupko-Krinsky, "Mayn arbet", p. 219-20.
¹⁸ Abraham Sutzkever, "Kerndlekh veyts" in *Yidishe gas*, p. 32-33 (Nova York: Matones, 1947); tradução para o inglês: Abraham Sutzkever, "Grains of Wheat" in *A. Sutzkever: Selected Poetry and Prose*, trad. e ed. Barbara Harshav e Benjamin Harshav, p. 156-158 (Berkeley: University of California Press, 1991).
¹⁹ Kruk, *Togbukh fun vilner geto*, 575-76 (18 jun. 1943); Kruk, *Last Days*, p. 567-568 (com modificações). Abraham Sutzkever, carta a Max Weinreich, Paris, 12 de janeiro de 1947, correspondência externa, 1947, administração do YIVO, RG 100, arquivos YIVO. Kalmanovitch escreveu sobre esse evento: "Dei graças a Deus por me garantir o privilégio de ouvir boas notícias [...] Contei as novidades a um número de pessoas que eram próximas do instituto. Todas se alegram. Não existem palavras para expressar as emoções que estão se agitando". Kalmanovitch, *Yoman be-getovilna*, p. 107.

Uma joia resgatada: O diário de Herzl

¹ Ilse Sternberger, *Princes without a Home: Modern Zionism and the Strange Fate of Theodor Herzl's Children, 1900-1945* (São Francisco: International Scholars Publications, 1994); "Hans Herzl, Son of Theodor Herzl, Commits Suicide after Funeral of Sister Paulina" in *Jewish Telegraphic Agency Bulletin*, 18 set. 1930; "Hans Herzl's Wish Comes True – 76 Years Later" in *Haaretz*, 19 set. 2006.
² Zalmen Rejzen, "Doktor Teodor Herzl's umbakanter togbukh" in *Morgen-zhurnal*, 10 abr. 1932; Max Weinreich, memorando a Abraham Cahan, 7 jun. 1933, "Teodor hertsl's togbukh fun di yorn 1882-1887", Coleção Bund, RG 1400, arquivos YIVO.
³ Weinreich, memorando a Cahan.

CAPÍTULO 11

¹ Korczak, *Lehavot ba-efer*, p. 54.
² Ibid., p. 95.
³ Ibid., p. 95-96.
⁴ Ibid., p. 90-92.
⁵ Korczak, *Lehavot ba-efer*; Dworzecki, *Yerushalayim de-lite*, p. 395; Michael Menkin (Minkovitch), entrevista do autor, Fort Lee, Nova Jersey, 19 ago. 2013.
⁶ Sutzkever, *Vilner geto*, p. 122-125, 229.
⁷ Aba Kovner, "Flekn af der moyer" in *Yidishe kultur* (Nova York, maio de 1947): 26; Rokhl Mendelsund-Kowarski, carta a Pinkhas Schwartz, sem data, arquivo 770, p. 1-2, 5, Coleção Sutzkever-Kaczerginski, RG 223, arquivos YIVO.
⁸ Shmerke Kaczerginski, "Mayn ershter pulemiot", *Epokhe* (Nova York), n. 31-32 (ago-out. de 1947): 52-56.

⁹ Korczak, *Lehavot ba-efer*, p. 96-97; Leon Bernstein, *Ha-derekhha-ahronah* (Tel Aviv: Va'ad Tsiburi, 1990), p. 184.

¹⁰ Korczak, *Lehavot ba-efer*, p. 96. Isaac Kowalski, que trabalhou no prédio do YIVO por três meses, também contrabandeou manuais de munição e armas para o gueto pela FPO; Kowalski, *Secret Press*, p. 96-101.

¹¹ Kowalski, *Secret Press*, p. 100.

¹² Abraham Sutzkever, "Di blayene platn fun roms drukeray" in *Lider funyam ha-moves*, p. 94; em inglês, Abraham Sutzkever, "The Lead Plates of the Rom Printers" in *A. Sutzkever*, p. 168-170.

¹³ Kaczerginski, "Mayn ershter pulemiot", p. 57-58.

¹⁴ Existem três versões desse incidente, com algumas variações: Sutzkever, *Vilner geto*, p. 220; Kaczerginski, *Ikh bin geven*, p. 45-52 (e em Kaczerginski, "Maynershter pulemiot", p. 57-59); e Pupko-Krinsky, "Mayn arbet", p. 220-221. Segui as versões de Pupko-Krinsky e de Kaczerginski, que são inteiramente compatíveis.

¹⁵ Kaczerginski, *Ikh bin geven*, p. 11.

CAPÍTULO 12

¹ Esse detalhe é mencionado no estudo de Ioffe, "Wilna und Wilnauer Klausen", p. 10, 14-15.

² Sutzkever, "Tsu der geshikhte", p. 13-15; Kaczerginski, *Partizaner geyen*, p. 69-71. Ver também Bernstein, *Ha-derekhha-ahronah*, p. 169. Sobre a questão caraíta, ver abaixo.

³ Kruk, *Togbukh fun vilner geto*, p. 327 (30 jul. 1942); Kruk, *Last Days*, p. 340 (com modificações); Kalmanovitch, *Yoman be-getovilna*, p. 73-75 (31 jul. 1942), p. 75-76 (13 ago.).

⁴ W.K., "Die Einstige des Judentums, eine wertvolle Sonderschau des 'EinsatzstabesRosenberg' in Wilna" in *Wilnaer Zeitung*, n. 194, 20 ago. 1942.

⁵ Kalmanovitch, *Yoman be-getovilna*, p. 75.

⁶ Sutzkever, "Tsu der geshikhte", p. 15; Sutzkever, *Vilner geto*, p. 178; Kaczerginski, *Partizaner geyen*, p. 69.

⁷ Kalmanovitch, "Togbukh fun vilner geto", p. 94.

⁸ Kiril Feferman, "Nazi Germany and the Karaites in 1938-1944: Between Racial Theory and Realpolitik", *Nationalities Papers* 39, n. 2 (2011): p. 277-294; Shmuel Spektor, "Ha-kara'imbe-eyropahshe-bi-shlitatha-natsimbe-re'imismakhimgermani'im" in *Pe'amim* 29 (1986): p. 90-108.

⁹ Feferman, "Nazi Germany"; Spektor, "Ha-kara'imbe-eyropah."

¹⁰ Gerhard Wunder em Berlim, carta ao ERR em Riga, a ser encaminhada para Vilna, 28 out. 1942, Coleção ERR, op. 1, d. 118, p. 146-147, TsDAVO.

¹¹ As traduções, bibliografias e ensaios são encontrados nos arquivos YIVO, Karaites, RG 40; e em op. 1, arquivos 18, 22, *Einsatzstab Reichsleiter Rosenberg*, F.R-633, Arquivo Central Estatal Lituano, Vilnius.

¹² Coleção ERR, op. 1, d. 233, p. 122; d. 118, p. 118, 146-47, TsDAVO; Kalmanovitch, *Yoman be-getovilna*, 82 (11 out. 1942); citação de Kalmanovitch, *Yoman be-getovilna*, p. 90 (15 nov. 1942). Sobre Szapszal, ver Mikhail Kizilov, *Sonsof Scripture: The Karaites in Poland and Lithuania in the Twentieth Century* (Berlim: DeGruyter, 2015), p. 216-283 e passim.

¹³ Sobre as visitas, ver Kalmanovitch *Yoman be-getovilna*, p. 105 (30 abr. 1943); e Akiva Gershater, "Af yener zayt geto" in *Bleter vegn vilne: zamlbukh*, p. 41-45 (Lodz, Poland: Farband fun vilner yidn in poyln, 1947), p. 44-45. Sobre os honorários de Szapszal e seus planos de disseminar seus estudos, ver Coleção ERR, op. 1, d. 170, p. 204-205, d. 118, p. 146-147,

TsDAVO; salário do trabalho escravo, Coleção ERR, op. 1, d. 147, p. 383, TsDAVO. Sobre o filão extra de pão de Kalmanovitch, ver Kalmanovitch, *Yomanbe-getovilna*, p 87.

[14] Sutzkever, "Tsu der geshikhte", p. 11; Gershater, "Af yener zayt geto", p. 44-45; e similarmente Dworzecki, *Yerushalayim de-lite*, p. 332.

[15] Dworzecki, *Yerushalayim de-lite*, p. 332. Esse relato é confirmado pela Coleção ERR, op. 1, d. 128, p. 309, 329, TsDAVO.

[16] Coleção ERR, op. 1, d. 233, p. 220-221, d. 118, pp. 341-342, TsDAVO; Kalmanovitch, *Yoman be-getovilna*, p. 76 (9 ago. 1942), p. 78 (21 ago. 1942).

[17] Os estudos são encontrados nos arquivos 9, 15-17, 26, *Einsatzstab Reichsleiter Rosenberg*, F. R-633, e arquivos 233, 494, 504, 505, registros do Gueto de Vilna, F. R-1421, ambos no Arquivo Central Estatal Lituano, Vilna. Ver meu artigo, "Slave Labor Jewish Scholarship in the Vilna Ghetto" in *There Is a Jewish Way of Saying Things: Studies in Jewish Literature in Honor of David G. Roskies* (Bloomington: Indiana University Press, a ser publicado).

[18] "Die Juden im historischen Littauen", arquivo 16, p. 10, *Einsatzstab Reichsleiter Rosenberg*, F. R-633, Arquivo Central Estatal Lituano, Vilna.

[19] Ibid., p. 12.

[20] "Friedhofe und Grabsteine der Juden in Wilna", arquivo 9, *Einsatzstab Reichsleiter Rosenberg*, F. R-633, Arquivo Central Estatal Lituano, Vilna.

[21] Coleção ERR, d. 118, p. 315, TsDAVO.

[22] Kalmanovitch, *Yoman be-getovilna*, 93 (7 dez. 1942), e 103 (25 abr. 1943); Coleção ERR, d. 118, p. 379, TsDAVO.

[23] Kruk, *Togbukh fun vilner geto*, 469 (8 mar. 1943); último relatório de Kruk para o ERR, cobrindo o período de 8 de fevereiro de 1942 a 10 de julho de 1942, 1943, op. 1, d. 5, p. 37-39, *Einsatzstab Reichsleiter Rosenberg*, F. R-633, Arquivo Central Estatal Lituano, Vilna.

CAPÍTULO 13

[1] Kaczerginski, *Lider fun di getos*, p. 341.

[2] Um trecho desse documento é apresentado em David E. Fishman, *Embers Plucked from the Fire: The Rescue of Jewish Cultural Treasures in Vilna*, 2a ed. expandida (Nova York: YIVO, 2009), p. 19-20.

[3] Kaczerginski, *Ikh bin geven*, p. 53-55.

[4] Pupko-Krinsky, "Mayn arbet", p. 221-22; Abraham Sutzkever, "A tfile tsumnes" in *Lider fun yam ha-moves*, p. 38. A tradução para o inglês é do autor.

[5] Mark Dworzecki, "Der novi fun geto (Zelig Hirsh Kalmanovitsh)," *Yidisherkemfer* (Nova York), 24 set. 1948, p. 4-5.

[6] Bernstein, *Ha-derekhha-ahronah*, p. 245; Kalmanovitch, *Yoman be-getovilna*, p. 119 (2-3 ago. 1943).

[7] Kruk, *Togbukh fun vilner geto*, xxxviii-xxxix; Dworzecki, *Yerushalayim de-lite*, p. 269; Kaczerginski, *Khurbn vilne,* '. 211.

[8] Kalmanovitch, *Yoman be-getovilna*, p. 126.

[9] Kaczerginski, *Ikh bin geven*, p. 87-87.

[10] Kaczerginski, *Ikh bin geven*, p. 90, 95; Korczak, *Lehavot ba-efer*, p. 180-90.

[11] Kaczerginski, *Ikh bin geven*, p. 99.

[12] Kaczerginski, *Ikh bin geven*, p. 113, 119-21.

[13] Kaczerginski, *Ikh bin geven*, p. 127-151.

[14] Kaczerginski, *Ikh bin geven*, p. 152-159.

[15] Moshe Grossman, "Shemaryahu Kaczerginski" in *Davar* (Tel Aviv), 14 mai. 1954, p. 4; Chaim Grade, "Eykh noflu giboyrim" in *Shmerke kaczerginski ondenk-bukh*, p. 44-45.

[16] Kaczerginski, *Ikh bin geven*, p. 172; Sutzkever, "Tsu der efenung fun deroysshtelung lekoved mayn vern a ben-shivim,"in *Baym leyenen penimer*, p. 213-214.

[17] Kaczerginski, *Ikh bin geven*, p. 194-196; Moshe Kalcheim, ed., *Mitn shtoltsn gang, 1939-1945: kapitlen geshikhte fun partizaner kamf in di narotsher velder* (Tel Aviv: Farbandfun partizan, untergrunt-kemfersun geto-ufshtendlersin yisroel, 1992), p. 149, 283.

[18] Kaczerginski, *Ikh bin geven*, p. 212-217.

[19] Kaczerginski, *Partizaner geyen*.

[20] Shmerke Kaczerginski, "Yid, du partizaner" in *Shmerke kaczerginski ondenk-bukh*, p. 253.

CAPÍTULO 14

[1] Sobre a decisão de Kalmanovitch, ver Kaczerginski, *Ikh bin geven*, p. 118-119; Kaczerginski, "Der haknkrayts", p. 641; sobre a decisão de Kruk, ver cartas de Liola Klitschko, 1946, e Rachel Mendelsund-Kovarski a Pinkhas Schwartz, 1959, no arquivo 770, Coleção Sutzkever-Kaczerginski, RG 223, arquivos YIVO.

[2] Kaczerginski, *Khurbn vilne*, p. 109; Mark Dworzecki, *Vayse nekht un shvartse teg:yidn-lager-nin estonye* (Tel Aviv: I. L. Peretz, 1970), p. 305.

[3] Ver Dov Levin, "Tsvishn hamer un serp: tsu der geshikhte fun yidishn visnshaftlekhninstitute in vilne unter der sovetisher memshole", *YIVO bleter* 46 (1980): 78-97.

[4] Abraham Sutzkever, "Vi Z. Kalmanovitch iz umgekumen", *Yidishe kultur* (NovaYork), n. 10 (out. 1945): 52.

[5] Yudl Mark, "Zelig Kalmanovitch" in *Di Goldene keyt* (Tel Aviv), 93 (1977): p. 143. Similarmente, ver Dworzecki, *Vayse nekht*. Para um relato detalhado da interna Aryeh Sheftel, ver Kalmanovitch, *Yoman be-getovilna*, p. 55-57.

[6] Kaczerginski, *Khurbn vilne*, p. 109-10; Kalmanovitch, *Yoman be-getovilna*, p. 58.

[7] Baseado em Maria Rolnikaite, "Ya dolzhna raskazat" in *I vse eto pravda*, p. 123-135 (São Petersburgo: Zoltoi Vek, 2002); Grigorii Shur, *Evrei v Vil'no: Khronika, 1941-1944 gg*. (São Petersburgo: Obrazovanie-Kul'tura, 2000), p. 181-187; Dworzecki, *Yerushalayimde-lite*, p. 481-484.

[8] Kaczerginski, *Khurbn vilne*, p. 291.

[9] Kaczerginski, *Khurbn vilne*, p. 75.

[10] Kruk, *Last Days*, p. 674-655; Dworzecki, *Vayse nekht*, p. 133-34, 141.

[11] Dworzecki, *Vayse nekht*, p.224, 308, 324.

[12] Borukh Merin, *Fun rakev biz klooga* (Nova York: CYCO, 1969), p. 136, 142.

[13] Kruk, *Last Days*, p. 685-586.

[14] Kruk, *Last Days*, p. 693-694.

[15] Ver Dworzecki, *Vayse nekht*, p. 138, 161-163, 189, 287, 302, 305, 377-379; Kruk, *Last Days*, p. 704.

[16] Kruk, *Last Days*, v.

CAPÍTULO 15

[1] "Undzer batsiung tsum ratnfarnand: aroyszogunugen fun yidishe shrayber" in *Dos naye lebn* (Lodz, Polônia), 6 nov. 1946, p. 3; Sutzkever, *Baym leyenen penimer*, p. 66.

[2] Ver o relato biográfico de Paleckis escrito por Sutzkever no arquivo 1008.2, Coleção Sutzkever.

[3] Ver Sutzkever, *Baym leyenen penimer*, 131; Boris Grin, "Mit sutzkevern in otriad 'nekome,'" *Oystralishe yidishe nayes* (Melbourne), 13 out. 1961, p. 7.

⁴ Sutzkever, *Baym leyenen penimer*, p. 67.
⁵ Abraham Sutzkever, "Rede fun sutzkever" in *Eynikayt* (Moscou), 6 abr. 1944; *Dos yidishe folk in kamf kegn fashizm* (Moscou: Ogiz, 1945); Sutzkever, *Baym leyenenpenimer*, p. 139-140.
⁶ Ilya Ehrenburg, "Torzhestvo cheloveka", *Pravda* (Moscou), 27 abr. 1944, p. 4.
⁷ Leon Leneman, "Ven boris pasternak shenkt avek zayn lid avrom sutskevern" in *Di tsionistishe shtime* (Paris), 31 jan. 1958.
⁸ Kaczerginski, *Ikh bin geven*, p. 282.
⁹ Ibid., p. 291-303.
¹⁰ Ibid., p. 312.
¹¹ Ibid., p. 346, 372, 380-383, citação da p. 383.

CAPÍTULO 16

¹ Segundo Kaczerginski, em "Vos di daytshn", os alemães detonaram o prédio antes de se retirarem de Vilna.
² Kaczerginski, *Ikh bin geven*, p. 386-387.
³ Ilya Ehrenburg, *Liudi, godi, zhizn: Vospominanie v triekh tomakh* (Moscou: Sovetskiipisatel, 1990), 2:339-340; Aba Kovner, "Reshita shel ha-berihake-tenuathamonim" in *Yalkut Moreshet* 37 (jun. 1984): p. 7-31.
⁴ Shmerke Kaczerginski, *Tsvishn hamer un serp: tsu der geshikhte fun der likvidatsyefun der yidisher kultur in sovetn-rusland*, 2a ed. expandida (Buenos Aires: Der Emes, 1950), p. 15-41.
⁵ Abraham Sutzkever, "Ilya Ehrenbnurg" in *Baym leyenen penimer*, p. 142-143; notas de Sutzkever (sem data), arquivo 219, documentos sobre o Gueto de Vilna.
⁶ Kaczerginski, "Vos di daytshn", p. 7.
⁷ Kaczerginski, *Khurbn vilne*, p. 179, 183, 205.
⁸ Ibid., p. 197, 239, 240.
⁹ Ibid., p. 218, 244.
¹⁰ Kaczerginski, *Ikh bin geven*, p. 184.
¹¹ Kaczerginski, *Khurbn vilne*, p. 307.
¹² Sutzkever, *Vilner geto*, p. 229.
¹³ Kaczerginski, *Tsvishn hamer un serp*, p. 41 (entrada de diário datada de 20 jul. 1944).
¹⁴ Arquivos Kaczerginski, n. 11, Coleção Sutzkever.
¹⁵ Arquivo 47, Coleção Shmerke Kaczerginski, RG P-18, Arquivos de Yad Vashem, Jerusalém, Israel.
¹⁶ "Ershte zitsung" in "Protokoln fun zitsungen fun der initsiativ grupe", arquivo 757, p. 1 (sem paginação), Coleção Sutzkever-Kaczerginski, RG 223, arquivos YIVO.
¹⁷ Kaczerginsky, *Tsvishn hamer un serp*, p. 43 (entrada datada de 5 ago. 1944); Abraham Sutzkever, "Vos mir hobn geratevet in vilne" in *Eynikayt* (Moscou), 12 out. 1944.
¹⁸ Sutzkever, "Vos mir hobn".
¹⁹ Kovner, "Flekn af der moyer" in *Yidishe kultur* (Nova York, abr. 1947): 18; sobre outros materiais da FPO descobertos por Kovner, ver "Flekn af der moyer" in *Yidishekultur* (Nova York, mai.1947): 27, (jun. 1947): 25, 27.
²⁰ Malatkov, "Geratevete kultur-oytsres".

CAPÍTULO 17

¹ Grade, "Fun unter der erd", 1 abr. 1979; ver Kaczerginski, "Vilner yidishergezelshaftlekher yizker-leksikon" in *Khurbn vilne*, p. 173-314.

[2] "Zitsung fun presidium fun yidishn muzey", 1 ago. 1944, in "Protokolnfun zitsungen fun der initsiativ grupe", arquivo 757, p. 3-7 (sem paginação), Coleção Sutzkever-Kaczerginski, RG 223, arquivos YIVO; Kaczerginski, *Tsvishn hamer unserp*; Sutzkever, "Vos mir hobn".

[3] "Protokol fun baratung fun partizaner aktivistn bam muzey fun yidisherkultur un kunst" in "Protokoln fun zitsungen fun der initsiativ grupe", arquivo 757, p. 9-11 (sem paginação), Coleção Sutzkever-Kaczerginski, RG 223, arquivos YIVO.

[4] Documento sem título, Kaczerginski, arquivo 11, Coleção Sutzkever; em tradução paa o inglês: Fishman, *Embers Plucked*, p. 20.

[5] Leyzer Engelshtern, *Mit di vegn fun der sheyris ha-pleyte* (Tel Aviv: Igud yeotseivilna ve-ha--sevivahbe-yisrael, 1976), p. 71-72, p. 83.

[6] Engelshtern, *Mit di vegn*, p. 101-102; Grade, "Fun unter der erd", 15 mar. 1979. Produtos ainda estavam sendo embrulhados nas páginas de livros hebraicos em 1945. Nesia Orlovitz-Reznik, *Ima, Ha-mutarkvar livkot?* (Tel Aviv: Moreshet, n.d.), p. 9.

[7] A carta original encontra-se no arquivo 743, Coleção Sutzkever-Kaczerginski, RG223, arquivos YIVO (uma fotografia do original encontra-se em D. 1.4.94, Arquivo Moreshet, Givat Haviva, Israel). O Museu Judaico fez uma tradução para o russo e a submeteu em fevereiro de 1946 para a Comissão de Estado Extraordinária para Investigação das Atrocidades dos Invasores Germano-Fascistas e seus Cúmplices, arquivo 726, Coleção Sutzkever-Kaczerginski, RG 223, arquivos YIVO. Kaczerginski publicou uma tradução em iídiche (com supressões) em *Khurbn vilne*, p. 55-57.

[8] Nota de Aba Kovner datada de 5 de julho de 1962, a "Um pedido aos nossos irmãos e irmãs judeus", D. 1.4.94, Arquivo Moreshet, Givat Haviva, Israel. Alexander Rindziunsky, um *partisan* que participou da libertação de Vilna, nota: "Apenas quando tínhamos certeza e testemunhávamos alguém entregar judeus para a Gestapo, agíamos de forma diferente: nós o liquidávamos sem esperar pelos procedimentos judiciais". *Hurban vilna* (Lohamei ha-geta'ot, Israel: Beit lohamei ha-geta'ot, 1987), p. 197.

[9] Minutas da reunião em 8 de agosto e 3 de setembro de 1944, in "Protokoln funzitsungen fun der initsiativ grupe", arquivo 757, Coleção Sutzkever-Kaczerginski, RG 223, arquivos YIVO.

[10] Kaczerginski, *Khurbn vilne*, p. 61. Uma grande porção do *Khurbn vilne* consiste de testemunhos coletados pelo museu nos meses imediatamente seguintes à libertação de Vilna. Sutzkever, "Vos mir hobn."

[11] Korczak, *Lehavot ba-efer*, p. 311-314.

[12] Por exemplo, ver arquivos 200, 223, 234, e 253, documentos sobre o Gueto de Vilna; e arquivo 712, Coleção Sutzkever-Kaczerginski, RG 223, arquivos YIVO.

[13] "Ershte zitsung" in "Protokoln fun zitsungen fun der initsiativ grupe", arquivo 757, p. 1 (sem paginação), Coleção Sutzkever-Kaczerginski, RG 223, arquivos YIVO; Kaczerginski, *Tvishn hamer un serp*, p. 44.

[14] Ver caderno de fotos.

[15] Kaczerginski, *Tsvishn hamer un serp*, p. 44-45; M. Gutkowicz, "Der yidishermuzey in vilne" in *Eynikayt* (Moscou), 28 mar. 1946; Beilis, "Kultur unter derhak" in *Portretn un problemen*, p. 315-318; Hirsh Osherovitsh, memórias não publicadas, n. 370, caixa 3608, p. 159-161, Coleção Hirsh Osherovitsh, RG 370, Genazim Institute, Tel Aviv. Todas as descrições do museu se referem a celas da prisão e suas inscrições.

[16] Leyzer Ran, *Ash fun yerushalayim de-lite* (Nova York: Vilner farlag, 1959), p. 166. Sobre o estado dos prédios, ver Osherovitsh, memórias não publicadas, n. 370, caixa 3608, p. 159-61, Coleção Hirsh Osherovitsh, RG 370, Genazim Institute, Tel Aviv.

[17] Kaczerginski, *Tsvishn hamer un serp*, p. 46; "Protkol fun der zitsung fun di mitarbeterfun der yidisher opteylung bay der visnshaft akademie in lite", 9 e 21 ago. 1944 in "Protokoln fun zitsungen fun der initsiativ grupe", arquivo 757, p. 12-19 (sem paginação), Coleção Sutzkever-Kaczerginski, RG 223, arquivos YIVO.
[18] Entrada datada de 25 de agosto 1944, caderno de Aba Kovner, D. 1.6028, Arquivo Moreshet, Givat Haviva, Israel.
[19] Kaczerginski, *Tsvishn hamer un serp*, 46; op. 6, d. 1, p. 27, Ministério da Educação do Povo da República Socialista Soviética Lituânia, F. R-762, Arquivo Central Estatal Lituano, Vilna; certificado do Comissariado do Povo pela Educação para Sutzkever, 26 ago 1944, Kaczerginski, arquivo 11; Coleção Sutzkever.
[20] Testemunho de Alexander Rindziunsky, A 1175, p. 9-11, Arquivo Moreshet, Givat Haviva, Israel; Kaczerginski, *Tsvishn hamer un serp*, p. 47-48.
[21] Kaczerginski, *Tsvishn hamer un serp*, p. 49-50.
[22] Dovid Bergelson, carta a Abraham Sutzkever, sem data, "Dovid Bergelson", Coleção Sutzkever; Shakhna Epshtein, carta a Abraham Sutzkever, 7 set. 1944, Shakhna Epshtein, Coleção Sutzkever.

Uma joia resgatada: As cartas de Sholem Aleichem

[1] Nakhmen Mayzel, "Sholem aleykhem's briv tsu yankev dinezon" in *YIVO bleter* 1 (1931): 387.
[2] Ver ibid., p. 385-388; and M. W., "Draysik nit publikirte briv fun sholem-aleykhemen" in *Filologishe shriftn fun yivo* 3 (1929): p. 153-172.
[3] Sholem Aleichem, carta a um amigo não nomeado, fev. 1906, arquivo 88.1, Coleção Sutzkever-Kaczerginski, RG 223, arquivos YIVO. Presume-se que a carta era endereçada ao escritor iídiche de Varsóvia Jacob Dinesohn, que era seu amigo próximo e confidente.

CAPÍTULO 18

[1] Kaczerginski, *Tsvishn hamer un serp*, p. 45-46; Leyzer Ran, ed. *Yerushalayim de-liteilustrirt un dokumentirt* (Nova York: Vilner albom komitet, 1974), 2:526.
[2] Kaczerginski, *Tsvishn hamer un serp*, p. 51, 53; Leah Tsari, *Mi-tofetel tofet: Sipurashel tzivia vildshtein* (Tel Aviv: Tarbut ve-hinukh,1971), p. 67; Rindziunsky, *Hurbanvilna*, p. 60.
[3] Kaczerginski, *Tsvishn hamer un serp*, p. 49, 58-60. Tsari, *Mi-tofetel tofet*, p. 65-77. Sobre a história da escola, ver Dov Levin, "Ha-perekha-aharonshel bate ha-seferha-yehudiim-ha-mamlakhtiimbe-vritha-moatsot" in *Yahadut Mizrah Eiropabein shoah le-tekumah*, ed. Benjamin Pinkus, p. 88-110 (Beersheba, Israel: Ben GurionUniversity Press, 1987).
[4] Sobre o banimento da filantropia, ver Engelshtern, *Mit di vegn*, p. 97-100; sobre as provações das escolas, ver Tsari, *Mi-tofetel tofet*, p. 73-76.
[5] Kaczerginski, *Tsvishn hamer un serp*, p. 51-52.
[6] Ibid., passim; Osherovitsh, memórias não publicadas, n. 370, caixa 3608, p. 152, Coleção Hirsh Osherovitsh, RG 370, Genazim Institute, Tel Aviv.
[7] O rascunho do manuscrito da coleção está armazenado em op. 1, arquivo 50, Museu Judaico, Vilnius, F. 1390, Arquivo Central Estatal Lituano, Vilnius. Kaczerginski firmou um contrato com a editora moscovita Der Emes em 1945 para publicar parte de sua coleção com o título *Songs of the Vilna Ghetto*, mas a edição de Moscou nunca apareceu. (Kaczerginski, *Tsvishn hamer un serp*, p. 68). Ele publicou o livro dois anos depois, em 1947, quando vivia em Paris. Seu *Dos gezangfun vilner* foi seguido por um trabalho mais completo, *Lider fun di getos un lagern*, publicado em Nova York em 1948.

[8] O relato é baseado na novela de Chaim Grade, *Froyen fun geto*.
[9] Freydke Sutzkever, carta a Abraham Sutzkever, 25 ago. 1944, arquivo 1286.2, "Freydke Sutzkever", Coleção Sutzkever.
[10] Shmerke Kaczerginski, carta a Rachela Krinsky, 4 jul. 1945, caixa 11, p. 2, cartas de escritores iídiche, RG 107, arquivos YIVO.
[11] Shmerke Kaczerginski, arquivo 11, Coleção Sutzkever; tradução para o inglês em Fishman, *Embers Plucked*, p. 20.
[12] Kaczerginski, *Tsvishn hamer un serp*, p. 45; "Gefunen dem togbukh fun dokterhertsl", arquivo 770, Coleção Sutzkever-Kaczerginski, RG 223, arquivos YIVO.
[13] Comentários negativos espontâneos uns sobre os outros emergem em cartas de Shmerke e Kovner para Sutzkever de setembro a novembro de 1944. Arquivos "Shmerke Kaczerginski" e "Aba Kovner", Coleção Sutzkever.
[14] Enquanto Sutzkever encontrou apenas partes do diário, Kaczerginski encontrou a maior parte dele. Shmerke Kaczerginski, carta a Abraham Sutzkever, sem data [mar.-abr. 1945], cartas de Kaczerginski, arquivo 9, Coleção Sutzkever; cf. Pinkhas Schwartz, "Bio-grafyefun herman kruk" in Kruk, *Togbukh fun vilner geto*, xiii-xlv. Ver também a carta de Sutzkever a Pinkhas Schwartz, 1 jun. 1960, arquivo 770, Coleção Sutzkever-Kaczerginski, RG 223, arquivos YIVO. A descoberta foi tornada pública em um relatório da Agência Telegráfica Judaica, publicado em *Forverts* and *Morgen-zhurnal*, 27 fev. 1945.
[15] Y. Mayers, "2,000 yidishe froyen bafrayt fun prison-lagerin poyln; 4,000 yidn itst do in Vilne" in *Forverts* (Nova York), 27 fev. 1945, p. 1.
[16] Ver Jan T. Gross, "Witness for the Prosecution" in *Los Angeles Times Book Review*, 22 set. 2002, p. 1; e Kruk, *Last Days*, <http://yalebooks.com/book/9780300044942/last-days-jerusalem-lithuania>.
[17] Aba Kovner, carta a Abraham Sutzkever, 27 out. 1944, arquivo 312, documentos sobre o Gueto de Vilna.
[18] O texto original em lituano do memorando de Kovner está em D. 1.433, no Arquivo Moreshet, Givat Haviva, Israel; e traduzido para o hebraico em Korczak, *Lehavot ba-efer*, p.387-389. Kovner estava desinformado ou foi dissimulado. Após a Guerra, a estrutura acadêmica Judaica em Kiev era um pequeno Gabinete para a Cultura Judaica, não um instituto.
[19] Aba Kovner, carta a Abraham Sutzkever, 8 nov. 1944, arquivo 312, documentos sobre o Gueto de Vilna.
[20] Dr. Benjamin Bliudz, entrevista por Dov Levin, Divisão de História Oral, Universidade Hebraica, 27 jan. 1972, entrevista n. 12 (234), p. 18.
[21] Gennady Kostyrchenko, ed., *Gosudarstvenyii antisemitizm v SSSR: Ot nachalado kulminatsii, 1938-1953* (Moscou: Mezhdunarodnyi Fond Demokratia, Makerik, 2005), p. 44-45.
[22] Korczak, *Lehavot ba-efer*, p. 387-389.
[23] Ordem renovando as atividades dos museus na RSS da Lituânia, op. 1, arquivo 7, p. 5, Comitê para as Instituições Educacionais Culturais do Conselho de Ministros da República Socialista Soviética da Lituânia, F. 476, Arquivos Lituanos de Literatura e Arte, Vilnius.
[24] Ekaterina Makhotina, *Erinnerung an den Krieg — Krieg der Erinnerungen: Litauenund der Zweite Weltkrieg* (Gottingen: Vanderhoeck and Ruprecht, 2016).
[25] Shmerke Kaczerginski, carta a Abraham Sutzkever, 17 nov. 1944, sem data, cartas de Kaczerginski, arquivo 9, Coleção Sutzkever.
[26] Shmerke Kaczerginski, carta a Abraham Sutzkever, 20 nov. 1944, arquivo 3, cartas de Kaczerginski, Coleção Sutzkever.
[27] Ibid.

CAPÍTULO 19

[1] Ver Instituto YIVO, *Yediyes fun amopteyl* 87-88, n. 1-2 (mar. a abr.1940).
[2] Shloime Mendelsohn, "Vi azoy lebn di poylishe yidn in di getos" in *YIVO bleter* 19, n. 1 (jan 1942): 1-28.
[3] Instituto YIVO, *Fun di arkhiv-unmuzey-obyektnvos der yivo hot geratevet fun eyrope* (Nova York: Author, 1943), p. 2.
[4] "Petitsye fun amerikaner gelernte tsu president ruzvelt vegn shkhites af yidnin eyrope" in *Yediyes fun YIVO*, n. 1 (set. 1943): 4, 5.
[5] "Azkore nokh sh. dubnov in yivo" in *YIVO bleter* 22, n. 1 (set. a out. 1943): 119.
[6] Emanuel Ringelblum, *Kapitlen geshikhte fun amolikn yidishn lebn in poyln*, ed. Jacob Shatzky (Buenos Aires: Tsentral fareyn fun poylishe yidn in argentine, 1953), p. 548-49.
[7] Albert Clattenburg Jr., assistente-chefe, Divisão de Problemas Especiais da Guerra, Departamento de Estado dos EUA, carta a Max Weinreich, 28 ago. 1944, e Max Weinreich, carta a Albert Clattenburg Jr., 29 set. 1944, caixa 1, "Restitution of YIVO Property, 1945-1949", arquivos YIVO; John Walker, carta a Max Weinreich, 14 set. 1944, e Max Weinreich, carta a John Walker, 29 set. 1944, p. 12, 19, correspondência da "Roberts Commission", RG 239, Arquivos Nacionais, College Park, MD.
[8] Aba Kovner, carta a Abraham Sutzkever, 25 set. 1944, arquivo 312, coleção de documentos sobre o Gueto de Vilna, Arc 4º 1703, Biblioteca Nacional de Israel, Departamento de Arquivos, Jerusalém. Sutzkever também pode ter usado os materiais para escrever seu artigo sobre a Lituânia para *The Black Book*, um grande compêndio sobre o Holocausto na URSS.
[9] Sutzkever, "A vort tsum", p. 208-209.
[10] Abraham Sutzkever, carta a Max Weinreich, 12 dez. 1944, arquivo 546, mantido em "Restitution of YIVO Property, 1945-1949", caixa 2, Coleção Max Weinreich, RG 584, arquivos YIVO.
[11] Ver a biografia de Stefania Shabad em Kazdan, *Lerer yizker-bukh*, p. 417-419.
[12] Instituto YIVO, "Yizker", seleções tiradas das páginas 4, 5, 6, 8, 19.
[13] Ran, *Ash fun yerushalayim*, 205-207.
[14] Ver as memórias de Gabriel Weinreich sobre seu pai: "Zikhroynes vegn d"r maksvaynraykh" in *YIVO bleter* (New Series) 3 (1997): 343-46; Max Weinreich, *Hitler's Professors: The Part of Scholarship in Germany's Crimes against the Jewish People* (Nova York: YIVO, 1946). A relação tensa de Weinreich com a linguística alemã após a guerra é o tema de um estudo subsequente do professor Kalman Weiser da Universidade de York.

CAPÍTULO 20

[1] Korczak, *Lehavot ba-efer*, 306-307; Shmerke Kaczerginski, carta a Abraham Sutzkever, cartas sem data de Kaczerginski, arquivo 9, p. 2-3, Coleção Sutzkever.
[2] Kovner, "Reshita shel ha-beriha", p. 27; Perets Alufi, ed., *Eyshishok: Korotehave-hurbana* (Jerusalém: Va'ad nitsole eyshishok be-yisrael, 1950), p. 84-86, p. 119-122; Tsari, *Mi-tofetel tofet*, p. 83.
[3] Aba Kovner, entrevista por Yehuda Bauer, 5 mar. 1962, A 350, p. 9, Arquivo Moreshet, Givat Haviva, Israel; Aba Kovner, Vitka Kempner Kovner, e Ruzhka Korczak, entrevista por Yehuda Bauer, 10 mai. 1964, A 350, p. 13, Arquivo Moreshet, Givat Haviva, Israel.
[4] Shmerke Kaczerginski, carta a Abraham Sutzkever, 12 jan. 1945, arquivo 9, p. 2, cartas sem data de Kaczerginski, Coleção Sutzkever.
[5] Kaczerginski, *Tsvishn hamer un serp*, 111-112.

⁶ Aba Kovner, carta a Abraham Sutzkever, 1 fev. 1945, arquivo 312, documentos sobre o Gueto de Vilna.

⁷ Ver suas memórias: Noemi Markele-Frumer, *Bein ha-kirotve-anahnutse'irim* (Lohameiha-geta'ot, Israel: Beit lohamei ha-geta'ot, 2005).

⁸ Shloime Beilis, *Leksikon fun der nayer yidisher literatur*, vol. 1, ed. Shmuel Niger e Jacob Shatzky (Nova York: Congresso para a Cultura Judaica, 1956), p. 289-290; Shloime Beilis, carta a Abraham Sutzkever, 24 fev. 1987, Beilis, arquivo 5, Coleção Sutzkever; Hirsh Osherovitsh, "Tsu zibetsik – nokh blond, bay di ful shaferishekoykhes un ... elnt" (manuscrito não publicado de Shloime Beilis), Hirsh Osherovitsh, arquivo 1, Coleção Sutzkever.

⁹ Kaczerginski, *Khurbn vilne*, p. 256, 277; Grade, *Froyen fun geto*, passim.

¹⁰ Ver Maria Rolnikaite, "Eto bylo potom", in *I vse eto pravda*, p. 312.

¹¹ Kaczerginski, *Tsvishn hamer un serp*, p. 94-96.

¹² Shmerke Kaczerginski, carta ao Comitê Antifascista Judaico, 22 abr. 1945, arquivo 47, p. 4, Coleção Shmerke Kaczerginski, RG P-18, Arquivos Yad Vashem, Jerusalém, Israel; Shmerke Kaczerginski, carta a Abraham Sutzkever, sem data, cartas de Kaczerginski, arquivo 9, Coleção Sutzkever; Shmerke Kaczerginski, carta a Ilya Ehrenburg, em Kaczerginski, *Tsvishn hamer un serp*, p. 99-101.

¹³ Kaczerginski, *Tsvishn hamer un serp*, p. 103-104.

¹⁴ Ibid., p. 57, 60-61, 108. Para números populacionais, ver Mayers, "2,000 yidishe", 1; "Number of Jews in Vilna Grows to 4,000" in *Jewish Telegraphic Agency Bulletin*, 12 abr. 1945

¹⁵ Kaczerginski, *Tsvishn hamer un serp*, p.105-108.

¹⁶ Ibid., p. 110-111.

CAPÍTULO 21

¹ Shmerke Kaczerginski, carta a Abraham Sutzkever, sem data (o contexto indica que seja do final de abril de 1945), cartas sem data de Kaczerginski, arquivo 9, Coleção Sutzkever. Similarmente, Aba Kovner, carta a Abraham Sutzkever, 25 set. 1944: "Abrasha, você deve ajudar Vitke a partir para Lola. Ela deveria viajar, mas há dificuldades". Aba Kovner, arquivo 2, Coleção Sutzkever.

² Osherovitsh, memórias não publicadas, caixa 3608, p. 161, Coleção Hirsh Osherovitsh, RG 370, Genazim Institute, Tel Aviv.

³ Yankl Gutkowicz, "Shmerke", p. 110; o documento transferindo a diretoria do Museu Judaico, datado de 31 de julho de 1945, pode ser encontrado no arquivo 47, p. 2, Coleção Shmerke Kaczerginski, RG P-18, Yad Vashem Archives, Jerusalem, Israel. Para mais sobre Gutkowicz, ver Shloime Beilis, "A vertfuler mentsh: Tsum toyt fun YanklGutkowicz", *Folks-shtime* (Varsóvia), 7 ago. 1982, p. 5-6.

⁴ Zvi Rajak, "Di groyse folks-levayefar di geshendte toyres fun di vilner shulnun botei-midroshim", *Der Tog* (Nova York), 6 abr. 1947, p. 6. O rabino Ausband deixou Vilna em fevereiro de1946; ver a entrevista com ele em "David P. Boder Interviews Isaac Ostland; 13 set. 1946; Henonville, France", Voices of the Holocaust, acesso em 10 jan. 2017, <http://voices.iit.edu/audio.php?doc=ostlandI>.

⁵ Chaim Grade, *Froyen fun geto*, 12 jan. 1962, 6. Na novela, os nomes dos personagens eram Gordon (Gutkowicz) e Merinsky (Shmerke).

⁶ O texto da peça escolar está no arquivo 45; o contrato literário, no arquivo 47; e a carta de Feffer, no arquivo 9, Coleção Shmerke Kaczerginski, RG P-18, Arquivos Yad Vashem, Jerusalém, Israel.

⁷ Grade, *Froyen fun geto*, 12 e 19 jan. 1962.

⁸ Shmerke Kaczerginski, carta a Rachela Krinsky, 4 jul. 1945, caixa 11, p. 9-11, cartas de escritores iídiche, RG 107, arquivos YIVO.
⁹ Grade, *Froyen fun geto*, 19 jan. 1962. Kaczerginski enviou sua primeira carta para Sutzkever da Polônia em 28 de novembro de 1945, arquivo 312, documentos sobre o Gueto de Vilna.
¹⁰ As visitas aconteceram em janeiro e abril de 1946. Para registros da visita de janeiro, ver o cartão de identificação que ele recebeu de Gutkowicz em 23 de janeiro de 1946, documentos em russo-lituano, arquivo 38, Coleção Sutzkever; e Abraham Sutzkever, "Mayn eydes zogn baym nirebererger tribunal", in *Baym leyenen penimer*, p.150. Na última visita, Sutzkever deu uma aula pública sobre suas impressões do julgamento de Nuremberg para uma audiência cheia no teatro de Vilnius, em 9 de abril de 1946. Uma cópia das cartas da aula pode ser encontrada em "Nirenberger Protses", arquivo 10, Coleção Sutzkever. Sutzkever menciona sua visita de abril em sua primeira carta para Weinreich da Polônia.
¹¹ Shmerke Kaczerginski, carta a Abraham Sutzkever, 28 nov. 1945, arquivo 312, documentos sobre o Gueto de Vilna.
¹² Kaczerginski, *Tsvishn hamer un serp*, 113.
¹³ Gershon Epshtein, representante do YIVO em Paris, escreveu para o YIVO em Nova York, em 26 de novembro de 1946: "Sutzkever deixou materiais muito importante em Varsóvia e Berlim, pesando 20-25 quilos". Caixa 46-3, arquivo "França", administração do YIVO, RG 100, arquivos YIVO.
¹⁴ Ya'akov Yanai, *Mulka* (Tel Aviv: 'Am oved, 1988); Sima Ycikas, "Zionist Activityin Post-WarLithuania" in *Jews in Eastern Europe* (Jerusalém) 3, n. 34 (Winter1997): 28-50.

CAPÍTULO 22

¹ Rachela Krinsky-Melezin, "Answers to the Questionnaire, the First and Rough Draft", caixa 3, p. 15-20, Coleção Abraham Melezin, RG 1872, arquivos YIVO.
² Rachela Krinsky, cartas a Abraham Sutzkever, 15 e 26 jun. 1945, arquivo 1, Rokhl Krinsky, Coleção Sutzkever.
³ Rachela Krinsky, carta a Abraham Sutzkever, de Lodz, Polônia, 12 jan. 1946, arquivo 1, Rokhl Krinsky, Coleção Sutzkever; Rachela Krinsky, carta à família na América, de Lodz, Polônia, out. 1945, caixa 1, Coleção Abraham Melezin, RG 1872, arquivos YIVO.
⁴ Abraham Sutzkever, carta a Rachela Krinsky, 8 ago. 1945, arquivo 10, Rokhl Krinsky, Coleção Sutzkever.
⁵ Shmerke Kaczerginski, carta a Rachela Krinsky, 4 jul. 1945, caixa 11, cartas de escritores iídiche, RG 107, arquivos YIVO.
⁶ Abraham Melezin, "My Memoirs", memorando 37, "Rachela", caixa 5, p. 23-24, 26, Coleção Abraham Melezin, RG 1872, arquivos YIVO.
⁷ Rachela Krinsky, carta a Abraham Sutzkever, 12 jan. 1946, arquivo 1728.2, Rokhl Krinsky, Coleção Sutzkever.
⁸ Rachela Krinsky, carta a Abraham Sutzkever, sem data (provavelmente dezembro de 1945), arquivo 1728.1, Rokhl Krinsky, Coleção Sutzkever.
⁹ O poema é datado de 27 de março 1946. Coleção Abraham and Rachela Melezin, RG 1995.A.0819, USHMM.
¹⁰ Abraham Melezin, "My Memoirs", memorando 37, "Rachela", caixa 5, esp. p.23-28, 41, Coleção Abraham Melezin, RG 1872, arquivos YIVO; Alexandra Wall, notas da entrevista de 2007 com Abraham Melezin; Krinsky-Melezin, "Answersto the Questionnaire", 21-26. Ver Moshe Grossman, "Shmerke!" in *Shmerkekaczerginski ondenk-bukh*, 48.

CAPÍTULO 23

[1] Max Weinreich, carta ao secretário-assistente Archibald MacLeish, 4 abr. 1945, caixa 1, "Restitution of YIVO Property, 1945-1949", arquivos YIVO.

[2] Max Weinreich, "Protokol fun der bagegenish in steyt-departamentunkomerts-departamentvegn yivo-farmegnin eyrope", memorando confidencial, 9 mai. 1945, "Restitution of YIVO Property, 1945-1949", arquivos YIVO; J. H. Hilldring, carta ao tenente-general Lucius Clay, 6 jun. 1945, M1949, p. 100, registros gerais do Governo Militar dos Estados Unidos na Aleamanha, RG 260, Arquivos Nacionais, College Park, MD.

[3] Relatório de J. H. Buchman a Mason Hammond, 23 jun. 1945, e memorando de Mason Hammond ao diretor da Divisão de Reparações, Entregas e Restituições, Grupo C do Exército dos Estados Unidos, 23 jun., 1945, M1949, p. 97-98, registros gerais do Governo Militar dos Estados Unidos na Alemanha, RG 260, Arquivos Nacionais, College Park, MD.

[4] Abraham Aaroni, carta a Celia Aaroni Hochst, 20 jun. 1945, "Restitution of YIVO Property, 1945-1949", arquivos YIVO.

[5] Max Weinreich, carta a George W. Baker, chefe-assistente da Divisão de Controles de Segurança Econômica, Departamento de Estado, 6 jul. 1945, caixa 2, "Restitution of YIVO Property, 1945-1949", arquivos YIVO.

[6] Glenn Goodman, "Rosenberg — Institut fur *Judenforschung*: Repositories in Hungen, Oberhessen", sem data, M1949, p. 81, registros gerais do Governo Militar dos Estados Unidos na Alemanha, RG 260, Arquivos Nacionais, College Park, MD.

[7] Abraham Aaroni, carta a Shlomo Noble, 9 ago. 1945, caixa 1, "Restitution of YIVO Property, 1945-1949", arquivos YIVO; Abraham Aaroni, memorando sobre "Jewish libraries", 10 out. 1945, M1949, p. 100, registros gerais do Governo Militar dos Estados Unidos na Alemanha, RG 260, Arquivos Nacionais, College Park, MD.

[8] J. H. Hilldring, diretor, Divisão de Assuntos Civis, Departamento de Guerra, carta ao rabino Judah Nadich, conselheiro do general Eisenhower sobre Questões Judaicas, 20 fev. 1946, caixa 1, "Restitution of YIVO Property, 1945-1949", arquivos YIVO.

[9] Cartas na caixa 1, "Restitution of YIVO Property, 1945-1949", arquivos YIVO.

[10] Relatório Offenbach Archival Depot (OAD), 3 mai. 1946, caixa 2, pasta 2, p. 5, Documentos de Seymour Pomrenze, RG P-933, Sociedade Histórica Judaica Americana, Nova York.

[11] Relatório OAD, 31 mar. 1946, p. 6, 30 abr. 1946, p. 6, 31 ago. 1946, p.9, 31 dez. 1946, p. 6, caixa 2, pasta 1, Documentos de Seymour Pomrenze, RG P-933, Sociedade Histórica Judaica Americana, Nova York.

[12] Professor Samuel C. Kohs, carta a Philip Schiff, representante de Washington do Conselho do Bem-Estar Judaico, 14 mar. 1946, "Restitution of YIVO Property,1945-1949", arquivos YIVO; Relatório do Offenbach Depot, 1 mar. 1946, caixa 2, pasta 1, Documento de Seymour Pomrenze, RG P-933, Sociedade Histórica Judaica Americana, Nova York.

[13] Max Weinreich, carta a Seymour Pomrenze, 19 mar. 1946, caixa 1, "Restitution of YIVO Property, 1945-1949", arquivos YIVO; sobre a coleção Dubnow, ver Max Weinreich, carta ao diretor do depósito Offenbach Joseph Horne, 11 jul. 1946, caixa 1, "Restitution of YIVO Property, 1945-1949", arquivos YIVO; sobre Strashun e outras "Bibliotecas associadas ao YIVO", ver memorando "YIVO's Associated Libraries", submetido a Seymour Pomrenze, 5 jun. 1947, caixa 1, "Restitution of YIVO Property, 1945-1949", arquivos YIVO, e em "YIVO OAD 18", p. 26-35, registros gerais do Governo Militar dos Estados Unidos na Alemanha, RG 260, Arquivos Nacionais, College Park, MD.

¹⁴ Telegrama de Robert Murphy, assessor político do Governo Militar dos Estados Unidos na Alemanha, ao secretário de Estado, 12 abr. 1946, Departamento de Estado, RG 59,800.414/4-1246, Arquivos Nacionais, College Park, MD.
¹⁵ L. B. LaFarge, carta a Max Weinreich, 23 abr. 1946, "Restitution of YIVO Property, 1945-1949", arquivos YIVO. "Distribuição da biblioteca do YIWO, tomados da Polônia, mas desejados nos EUA, aguardando decisão do Departamento de Estado", OMGUS, Divisão Econômica, Seção de Restituição, "Memorando sobre o status atual da atividade de arquivos e bibliotecas", 15 jul. 1946, caixa 5, arquivo 10, Documentos de Seymour Pomrenze, RG P-933, Sociedade Histórica Judaica Americana, Nova York.

CAPÍTULO 24

¹ Ver a transcrição esteongráfica publicada do testemunho de Sutzkever (em francês), "Nirenberger Protses", arquivo 4, Coleção Sutzkever.
² "Tezn fun mayn eydes-zognin nirnberg", arquivo 14, "Nirnberger protses", Coleção Abraham Sutzkever, Arc 4º 1565, Biblioteca Nacional de Israel, Departamento de Arquivos, Jerusalém.
³ Transcrição estenográfica francesa do depoimento, p. 309-310, "Nirenberger Protses", arquivo 4, Coleção Sutzkever.
⁴ Abraham Sutzkever, carta de Nuremberg a colegas em Moscou, arquivo 13, "Nirnberger protses", Coleção Abraham Sutzkever, Arc 4º 1565, Biblioteca Nacional de Israel, Departamento de Arquivos, Jerusalém; similarmente, ver Sutzkever, "Mayn eydes zogn", p. 163-64. O depoimento de Sutzkever foi coberto pelo *Pravda* em 28 de fevereiro de 1946, p. 4, e discutido em um artigo de B. Polevoi, "Ot imenichelovechestva", *Pravda*, 4 mar. 1946, p. 4.
⁵ Abraham Sutzkever a Max Weinreich, 17 fev. 1946, arquivo 19, Weinreichletters, Coleção Sutzkever.
⁶ Abraham Sutzkever, "Mit Shloyme Mikhoels" in *Baym leyenen penimer*, 108-111; Moshe Knapheis, "Di Sutzkever teg in buenos ayres" in *Di prese* (Buenos Aires), 10 jun. 1953, p. 5.
⁷ Ver seu artigo "Mayn korespondents mit mentshn fun vilner geto" in *Di Goldenekeyt* 8 (1951): 203-11; Philip Friedman, *Their Brothers' Keepers* (Nova York: Crown, 1957), p. 21-25; Julija Šukys, *Epistophilia: Writing the Life of Ona Šimate* (Lincoln: University of Nebraska Press, 2012); Julija Šukys, *And I Burned with Shame: The Testimonyof Ona Šimaite, Righteous among the Nations* (Jerusalém: Yad Vashem, 2007). Šimaite foi premiada com o título "Justo entre as nações" por Yad Vashem em 1966.
⁸ Ona Šimaite, "Declaration on Vilna Ghetto Documents", arquivo 334, p. 1, coleção de documentos sobre o Gueto de Vilna (Vilnius), Arc 4º 1703, Biblioteca Nacional de Israel, Departamento de Arquivos, Jerusalém.
⁹ O diário foi publicado pela primeira vez no original russo; Shur, *Evrei v Vilno*. Posteriormente, foi publicado em holandes, alemão, italiano, lituano e outras línguas.
¹⁰ Šimaite, "Declaration on Vilna Ghetto Documents", p. 3-6.
¹¹ Ona Šimaite, carta a Abraham Sutzkever, 10 jan. 1947, arquivo 1, cartas de Šimaite, Coleção Sutzkever.
¹² Šukys, *Epistophilia*, p. 24, 26.

Uma joia resgatada: O busto de Tolstói e de outros russos

¹ I. M. Schmidt, *Russkaia skulptura vtoroi poloviny XIX-nachala XX veka* (Moscou: Iskusstvo, 1989), p. 78.

² I. Ya. Ginzburg, "Kak ya stal skulptorom", in *Iz proshlogo: vospominania*, p. 9-86 (Leningrado: Gosudarstvennoe izdatelstvo, 1924). Seus primeiros trabalhos são discutidos e estão publicados em *Evreiskaia entsiklopedia* (São Petersburgo: Brokgaus and Efron, 1906-1913), 6:534-536.

³ Galina Eliasberg, Galina Evtushenko, e Anna Evtushenko, "Obraztol'stogo v skulpture i memuaristike I. Ya. Gintsburga (k problem khudozhestvennogovospriatie)", *Vestnik VGU, Seria Filologia, Zhurnalistika* 1 (2013): 124-131.

⁴ E. N. Maslova, ed., *Skul'ptor Ilia Gintsburg* (Leningrado: Khudozhnik RFSFR, 1964).

⁵ "Fun der vilner gezelshaft 'libhober fun yidishn altertum'", *Vilner vokhnblat* 44 (1 nov. 1913): 2; 47 (15 nov. 1913): 2; Chaikl Lunski, "Di yidishehistorish-etnografishegezelshaft" in *Pinkes far der geshikhte fun vilne in di yorn funmilkhome un okupatsye*, ed. Zalmen Rejzen, 855-864 (Vilna: Historish-etnografishegezelshaf a"n sh. an-ski,1922); E. I. Goldschmidt, "Di vilner historish-etnografishegezelshaft un ir muzey" in Grodzenski, *Vilner almanakh*, 189-194.

⁶ "Fun der yidisher historish etnografisher gezelshaft", *Undzer tog* (Vilna), 9 jan. 1920, p. 3; 4 fev. 1920, p. 5.

⁷ Informação fornecida por Neringa Latvyte, diretor do Departamento Histórico do Museu do *Gaon* de Vilna; ver "Priglashaem na vystavku skul'pturnikh portretov tol'stogo, raboty il'ii gintsburga", Tolstoy Museum, Moscou, acesso em 29 jan. 2017, <http://tolstoymuseum.ru/exhibitions/1705/?sphrase_id=2147>.

CAPÍTULO 25

¹ Abraham Sutzkever, carta a Max Weinreich, 23 mai. 1946, arquivo 546, Coleção Max Weinreich, RG 584, arquivos YIVO (cópia no arquivo 19, cartas de Weinreich, Coleção Sutzkever).

² Abraham Sutzkever, carta de Lodz a Moshe Savir (Sutzkever), 18 out. 1946, e novamente de Paris, 20 nov. 1946, arquivo 1266.3, "Moshe Savir", Coleção Sutzkever.

³ Grossman, "Shmerke!" p. 48-50. Shmerke expressou seu desejo de se mudar para a Palestina em uma carta ao poeta iídiche-americano H. Leivick: Shmerke Kaczerginski para H. Leivick, 4 ago. 1946, caixa 38, Coleção H. Leivick, RG 315, arquivos YIVO.

⁴ Shmerke Kaczerginski, "Khalutsim lid" in *Shmerke kaczerginski ondenk-bukh*, p. 257-258.

⁵ Abraham Sutzkever, carta a Max Weinreich, 25 mai. 1946, Coleção Max Weinreich, RG 584, arquivos YIVO.

⁶ O texto é citado na carta de acompanhamento de Max Weinreich de 5 de junho de 1946, arquivo 1, cartas de Weinreich, Coleção Sutzkever.

⁷ Max Weinreich, carta a Abraham Sutzkever, 17 jul. 1946, in "Briv funmaks vaynraykh tsu avrom sutzkever" (ed. Avraham Nowersztern), *Di Goldenekeyt*, n. 95-96 (1978): 171-72.

⁸ Max Weinreich, carta a Abraham Sutzkever, Shmerke Kaczerginski, e Chaim Grade, 15 ago. 1946, arquivo 1, cartas de Weinreich, Coleção Sutzkever.

⁹ Ver cartas de Aaron Glants-Leyeles a Abraham Sutzkever de 15 de junho de 1946, 26 de julho de 1946, 13 de agosto de 1946, e 10 de setembro de 1946, arquivo 1, Leyeles, Coleção Sutzkever.

¹⁰ Shmerke Kaczerginski, "Vos ikh hob gezen un gehert in kielts", *Undzer vort* (Lodz, Polônia), n. 5 (jul. 1946): 1-2; Shmerke Kaczerginski, "Di levaye fun dikieltser kdoyshim, fun undzer spetsyeln sheliekh, Sh. Kaczerginski" in *Dos naye lebn* (Lodz, Polônia), 12 jul. 1946, 1.

¹¹ Richard Walewski, *Jurek* (Tel Aviv: Moreshet/Sifriyat Hapoalim, 1976), p. 204-206.

CAPÍTULO 26

¹ Gershon Epshtein, carta ao YIVO, 26 nov. 1946, caixa 46-3, arquivo: "France", YIVO Administration, RG 100, arquivos YIVO.

² Aaron Glants-Leyeles, carta a Abraham Sutzkever, 1 dez. 1946, arquivo 1, Leyeles, Coleção Sutzkever.

³ Abraham Sutzkever, carta a Max Weinreich, 28 nov. 1946; arquivo 546, Coleção Max Weinreich, RG 584, arquivos YIVO; Max Weinreich, carta a Abraham Sutzkever, 12 dez. 1946, e 9 jan. 1947, in Nowersztern, "Briv fun maks vaynraykh", 173.

⁴ Max Weinreich, carta a Abraham Sutzkever, 30 jan. 1946, em Nowersztern, "Briv fun maks vaynraykh", p. 177 (Similarmente, Shmerke Kaczerginski, carta a Abraham Sutzkever, 21 out. 1947, arquivo 3, cartas de Kaczerginski, Coleção Sutzkever).

⁵ Max Weinreich, carta a Abraham Sutzkever, 21 nov. 1946, arquivo 1, Weinreich, Coleção Sutzkever; Max Weinreich, carta a Abraham Sutzkever, 1 mai. 1947, in Nowersztern, "Briv fun maks vaynraykh", p. 178.

⁶ Max Weinreich, carta a Gershon Epshtein, 3 fev. 1947, caixa 47-48, arquivo: "Epshtein", administração do YIVO, RG 100, arquivos YIVO; Max Weinreich, carta a Shmerke Kaczerginski e Abraham Sutzkever, 10 jul. 1947, arquivo 2, Max Weinreich, Coleção Sutzkever.

⁷ Max Weinreich, carta a Abraham Sutzkever, 10 jul. 1947, arquivo 2, "Max Weinreich", Coleção Abraham Sutzkever, Arc 4º 1565, Biblioteca Nacional de Israel, Departamento de Arquivos, Jerusalém; Max Weinreich, carta a Abraham Sutzkever, 12 jul. 1947, in Nowersztern, "Briv fun maks vaynraykh", 179; Max Weinreich, carta a Abraham Sutzkever, 17 jul. 1947, in Nowersztern, "Brivfun maks vaynraykh", p. 180. A inscrição está registrada em RG 223, arquivo 8, arquivos YIVO.

⁸ Max Weinreich, carta Abraham Sutzkever, 5 ago. 1947, in Nowersztern, "Briv fun maks vaynraykh", p. 181; o *pinkas* está na parte 2, arquivo 184, Coleção Sutzkever-Kaczerginski, RG 223, arquivos YIVO.

⁹ Max Weinreich, carta a Gershon Epshtein, 25 jul. 1947; caixa 47-48, "Epshtein", administração do YIVO, RG 100, arquivos YIVO.

¹⁰ Herbert Gotthard, carta ao professor Gotthold Eljakim Weil, Universidade Hebraica, 7 set. 1945, "Korrespondenz ... uber die Auslieferung der ehemaligen Mitarbeiters in Arbeitsstab Rosenberg, Dr. Gotthard, an Polen, 1945-1947, arquivo 77, "Zentralkomitee der befreiten Juden in der Britische Zone", RG B1/28, Zentralarkhiv zur Erforschung der Geschichte der Juden in Deutschland, Heidelberg.

¹¹ Shmerke Kaczerginski, "Men hot arestirt dos khazerl" in *Unzer moment* (Regensburg, Germany), 14 jul. 1947, p. 6; Abraham Sutzkever, carta a Rokhl Krinsky, 19 nov. 1946, arquivo 10, cartas de Krinsky, Coleção Sutzkever.

¹² "Gekhapt likvidator fun vilner yivo" in *Yediyes fun YIVO*, n. 22 (set. 1947): 6 (citando *Dos naye lebn*, 18 mai. 1947); Max Weinreich, carta a AbrahamSutzkever, 18 abr. 1947, arquivo 2, cartas de Weinreich, Coleção Sutzkever; "Gestapo Agent Who Liquidated Vilna YIVO Captured; Was Masquerading as Jewish DP" in *Jewish Telegraphic Agency Bulletin*, 21 mai. 1947. Weinreich escreveu para oficiais americanos sobre Gotthhard pouca coisa após ele ser descoberto, em 4 de setembro de 1946, e pediu com veemência que o assunto fosse investigado. Caixa 4, pasta 6, Coleção Territorial, RG 116, arquivos YIVO.

¹³ Max Weinreich, carta a Abraham Sutzkever e Shmerke Kaczerginski, 30 dez. 1946, caixa 47-2, "1947 correspondence", administração do YIVO, RG100, arquivos YIVO.

¹⁴ Akiva Gershater, carta a Abraham Sutzkever, 12 dez. 1946, arquivo 1, Gershater, Coleção Sutzkever.

¹⁵ Shmerke Kaczerginski, carta a Elias Schulman, 6 fev. 1948, caixa 3, arquivo 54, documentos de Elias Schulman, ARC MS15, Katz Center for Advanced Judaic Studies, University of Pennsylvania, Philadelphia.

[16] Ver Shmerke Kaczerginski, carta a H. Leivick, 21 jan. 1947, caixa 38, Coleção H. Leivick, RG 315, arquivos YIVO; e Grossman, "Shmerke!", p. 48-50.

[17] Tsalel Blits, "Vegn an altn pashkvil fun a yidishn kravchenko" in *Undzer Shtime* (São Paulo, Brasil), 20 dez. 1951, p. 3.

[18] Weinreich diz que a confidencialidade foi solicitada por Sutzkever, em sua carta a este em 10 de julho de 1941, arquivo 2, Max Weinreich, Coleção Sutzkever. Em uma carta de 1º de setembro de 1947, de Paris, Sutzkever escreve a Weinreich: "Concordo totalmente com a ideia de não tornar públicos os nomes. Como você provavelmente se lembra, essa é minha opinião desde o começo". Caixa 47-2, "1947 correspondence", administração do YIVO, RG 100, arquivos YIVO.

[19] "A symbol fun vilner yivo in New York" in *Yediyes fun YIVO*, n. 19 (fev. 1947): 5; "Di yidishe katastrofe in bilder un dokumentn, vos men zet af deroysshtelung 'yidn in eyrope 1939-1946'" in *Yediyes fun YIVO*, n. 20 (abr. 1947): 1-2.

[20] Nowersztern, "Briv fun maks vaynraykh", 25 ago. 1947, p. 182.

[21] "Dray dokumentn fun yidisher geshikhte: togbikher fun teodor hertsl, zeligkalmanovitsh un herman kruk in yivo" in *Yediyes fun YIVO*, n. 22 (set. 1947):1; "A sutskever un sh. katsherginski in vilner geto" in *Yediyes fun YIVO*, n. 22 (set. 1947): 7.

[22] Shmerke Kaczerginski, carta a Abraham Sutzkever, 8 dez. 1947, arquivo 3, cartas de Kaczerginski, Coleção Sutzkever.

[23] "Fun di vilner arkhiv oytsres" in *Yediyes fun YIVO*, n. 27 (jun. 1948): 5; "Vilnerkolektsye in arkhiv fun YIVO gevorn katologirt" in *Yediyes fun YIVO*, n. 33 (jun. 1949): 3.

[24] Abraham Sutzkever, carta de Lodz a Moshe Savir (Sutzkever), 18 out. 1946, e novamente de Paris, 20 nov. 1946, arquivo 1266.3, "Moshe Savir", Coleção Sutzkever.

[25] Aaron Glants-Leyeles, carta a Abraham Sutzkever, 1 dez 1946, arquivo 1, cartas de Leyeles, Coleção Sutzkever; Max Weinreich, carta a Abraham Sutzkever, 4 abr. 1947, arquivo 1, cartas de Weinreich, Coleção Sutzkever.

[26] Abraham Sutzkever, carta a H. Leivick, 4 jun. 1947, arquivo 1, cartas de Leivick, Coleção Sutzkever; Abraham Sutzkever, carta a Max Weinreich, 12 jul. 1947, caixa 47-2, "1947 correspondence", administração do YIVO, RG 100, arquivos YIVO.

[27] Abraham Sutzkever, carta a Max Weinreich, 21 set. 1947, arquivo 562, Coleção Max Weinreich, RG 584, arquivos YIVO. Sobre as páginas restantes do diário de Kruk, ver as cartas de Pinkhas Schwartz e Z. Szajkowski a Abraham Sutzkever, 28 out. 1955, e 16 jan. 1956, arquivo 1, cartas do YIVO, Coleção Sutzkever. Sutzkever doou mais uma grande quantidade de materiais para o YIVO em 1956.

[28] Shmerke Kaczerginski, carta a Abraham Sutzkever, 8 dez. 1947, arquivo 3, cartas de Kaczerginski, Coleção Sutzkever. Ver também a carta de Max Weinreich a Shmerke Kaczerginski, 8 set. 1948, arquivo 8, Coleção Shmerke Kaczerginski, RG P-18, arquivos de Yad Vashem, Jerusalém, Israel.

CAPÍTULO 27

[1] Charles Kindleberger, chefe da Divisão de Assuntos Econômicos Alemães e Austríacos, Departamento de Estado, carta a John Slawson, vice-presidente executivo, Comitê Judaico Americano, 7 mai. 1946, caixa 2, "Restitution of YIVO Property, 1945-1949", arquivos YIVO; O. P. Echols, diretor, Divisão de Assuntos Civis, Departamento da Guerra, carta a John Slawson, 24 mai. 1946, caixa 2, "Restitution of YIVO Property, 1945-1949", arquivos YIVO. Ver também Paul Vanderbilt, oficial-assistente de arquivos e bibliotecas, Seção de

Restituição, OMGUS, 28 jun. 1946, carta a Luther Evans, Bibliotecário do Congresso, arquivo 457, p. 457, registros gerais do Governo Militar dos Estados Unidos na Alemanha, RG 260, Arquivos Nacionais, College Park, MD.

[2] Ver Dana Herman, "Hashavat Avedah: A History of Jewish Cultural ReconstructionInc" (PhD diss., McGill University, 2008).

[3] Jerome Michael, carta a J. H. Hilldring, secretário de Estado adjunto, 21 ago. 1946, esp. p. 1, 5, caixa 2, "Restitution of YIVO property, 1945-1949", arquivos YIVO.

[4] Telegrama de Dean Acheson ao Departamento de Assuntos Políticos, Berlim, 30 abr.1946, 440.00119 EW/4-146, Departamento de Estado, RG 59, Arquivos Nacionais, College Park, MD; Departamento da Guerra, telegrama ao OMGUS, 2 mai. 1946, Restitution: Religious and Cultural (Jewish), registros gerais do Governo Militar dos Estados Unidos na Alemanha, RG 260, Arquivos Nacionais, College Park, MD.

[5] Hadassah M. Ribalow, carta a Max Weinreich, 8 ago. 1946, caixa 2, "Restitution of YIVO Property, 1945-1949", arquivos YIVO.

[6] Max Weinreich, carta a John Slawson, 13 ago. 1946, caixa 2, "Restitution Box of YIVO Property, 1945-1949", arquivos YIVO.

[7] Yankl Gutkowicz, carta ao Comitê Antifascista Judaico, 17 set. 1947, op. 1, d. 923, p. 49-50, Comitê Judaico Antifascista, F. 8114, Arquivo do Estado da Federação Russa (GARF), Moscou; ver também o apelo posterior de Gutkowicz ao presidente do Comitê Estadual para Instituições Culturais Educacionais, 2 ago. 1948, d. 10, Comitê Estadual para Instituições Culturais Educacionais do Conselho de Ministros da República Socialista Soviética da Lituânia. Conselho de Ministros da República Socialista Soviética da Lituânia, F. 476, Arquivos Lituanos de Literatura e Arte, Vilnius.

[8] Michael Kurtz, "The Allied Struggle over Cultural Restitution, 1942-1947", *International Journal of Cultural Property* 17, n. 2 (mai. 2010): 177-94; e, de modo mais geral, Michael Kurtz, *America and the Return of Nazi Contraband* (Cambridge: Cambridge University Press, 2009).

[9] Luther Evans, Bibliotecário do Congresso, carta ao secretário de Estado adjunto John H. Hilldring, 25 fev. 1947, e John H. Hilldring, carta a Luther Evans, 11 mar. 1947, ambos em "Restitution of YIVO Property, 1945-1949", arquivos YIVO.

[10] Nancy Sinkoff, "From the Archives: Lucy S. Dawidowicz and the Restitutionof Jewish Cultural Property", *American Jewish History* 100, n. 1 (jan. 2016):117-47; Lucy Schildkret, carta a Max Weinreich, 16 fev. 1947, "Restitution of YIVO Property, 1945-1949", arquivos YIVO.

[11] "Summary of YIVO collections", 31 mar. 1947, YIVO OAD 18, p. 44, registros gerais do Governo Militar dos Estados Unidos na Alemanha, RG 260, Arquivos Nacionais, College Park, MD.

[12] Lucy Schildkret, carta a Max Weinreich, 17 jun. 1947, caixa 2, "Restitution of YIVO Property, 1945-1949", arquivos YIVO.

[13] Cronologia manuscrita da restituição, carta da Harborside Warehouse Company ao YIVO, caixa 2, "Restitution of YIVO Property, 1945-1949", arquivos YIVO; Mark Uveeler, carta a Lucy Schildkret, 2 jul. 1947, caixa 47-48, arquivo "Germany", Administração do YIVO, RG 100, arquivos YIVO.

CAPÍTULO 28

[1] Ver David E. Fishman, "Evreiskii muzei v vilniuse, 1944-1949", in *Sovietica Judaica*, p. 193-211 (Jerusalem: Gesharim Press, 2017).

[2] Gutkowicz, "Der yidisher", p. 3; H[irsh] O[sherovitsh], "A sholem aleichemoysshtelung in vilnius" in *Eynikayt* (Moscou), 8 jun. 1946, p. 3.

[3] Alexander Rindziunsky, *Hurban vilna*, 219; Osherovitsh, memórias não publicadas, n. 370, caixa 3608, p. 206, Coleção Hirsh Osherovitsh, RG 370, Genazim Institute, Tel Aviv.

[4] Rindziunsky, *Hurban vilna*, 219-220.

[5] Ver Kostyrchenko, *Gosudarstvenyii antisemitizm*, p. 138, 147; Gennady Kostyrchenko, *Tainaia politika Stalina: Vlast' i antisemitizm* (Moscou: Mezhdunarodnie Otnoshenia, 2003), p. 352.

[6] Joshua Rubinstein, "introduction" in *Stalin's Secret Pogrom: The Post-War Inquisition of the Jewish Anti-Fascist Committee* (New Haven, CT: Yale University Press, 2001), p. 41-44; Kostyrchenko, *Gosudarstvenyii antisemitizm*, p. 234, 287-88; Kostyrchenko, *Tainaia politika Stalina*, p. 478.

[7] Vytautas Tininis, *Komunistinio Režimo Nusikaltimai Lietuvoje, 1944-1953*, vol. 2 (Vilnius: Comissão Internacional para Avaliação dos Crimes dos Regimes de Ocupação Nazista e Soviético na Lituânia, 2003), p. 239-244.

[8] Ibid., 247-249.

[9] "O reorganizatsii evreiskogo muzeia v. gorod vilnius v vilniusskii kraevecheskiimuzei", op. 2, d. 133, p. 117-126, Conselho de Ministros da República Socialista Soviética da Lituânia, F. R-754, Arquivo Central Estatal da Lituânia, Vilnius; ver Yu Rozina, "K voprosu ob unichtozhenii pamiatnikov istorii i kultury Vilniusav poslevoenyi period" in *Evrei v rossii: Istoria i kultura, sbornik trudov*, ed. Dmitry Eliashevich, p. 246-252 (São Petersburgo: Universidade Judaica de São Petersburgo, 1998), p.250-21.

[10] Rindziunsky, *Hurban vilna*, 213, Alexander Rindziunsky, entrevista de Dov Levin, A 529, p. 118-119, Divisão de História Oral, Universidade Hebraica; Akiva Yankivsky, entrevista do autor, Lod, Israel (por telefone), 3 fev. 2010.

[11] E. Račkovska, "Respublikinės spaudinių saugyklos suformavimas" in *Iš bibliografijos aruodų*, p. 13-20 (Vilnius: Knygų rūmai, 1985).

[12] "Di likvidatsye fun vilner yidishn muzey", *Nusekh vilne buletin* (Nova York), n. 2 (ago-set. 1957): 4; Ran, *Ash fun yerushalayim*, 196.

[13] Beilis, "A vertfuler mentsh", 5; Shloime Beilis, carta a Abraham Sutzkever, 24 fev. 1987, Beilis, arquivo 5, Coleção Sutzkever; Rindziunsky, *Hurban vilna*, p. 225; obituário anônimo em *Folks-Shtime* (Varsóvia), 29 jul. 1988.

[14] Levin, "Ha-perekha-aharon", p. 94; Genrikh Agranovskii and Irina Guzenberg, *Vilnius: po sledam litovskogo yerusalima* (Vilnius: Museu Estadual do *Gaon* de Vilna, 2011), p. 228; Y. Bekerman e Z. Livneh, eds., *Ka-zothayta ha-morahzehava* (Tel Aviv: Igud yeotsei vilna ve-ha-sevivahbe-yisrael, 1982), p. 198, 200.

[15] Agranovskii and Guzenberg, *Vilnius*, p. 559-560.

[16] Ibid., p. 77-78; minutas de reunião da Comissão Municipal de Arquitetura de Vilnius, op. 11, arquivo 158, p. 58-59, Instituto para Projetos de Construção Urbana, F.1036, Arquivo do Distrito de Vilnius, Vilnius.

CAPÍTULO 29

[1] Kuhn-Ludewig, *Johannes Pohl*, p. 273-285.

[2] Arquivo Herbert Gotthard, arquivo 14, p. 82-86, Comissão das Nações Unidas para os Crimes de Guerra, RG 67.041M, USHMM.

[3] Ludmila Hanisch, *Die Nachfolger der Exegeten: Deutschsprachige Erforschung des VorderenOrients in der ersten Halfte des 20. Jahrhunderts* (Wiesbaden, Alemanha: HarasowitzVerlag,

2003), p. 187; *Christian Albrechts Universitat, Kiel: Personal-und Vorlesungsverzeichnis, Sommersemester, 1959* (Kiel, Alemanha: Walter G. Muhlau Verlag, 1959), p. 29, 44, 79.

[4] Abraham Sutzkever, cartas a Chaim Grade, 17 nov. 1947, 12 fev. 1948, arquivo 252, arquivos YIVO, RG 566.

[5] Ver Ruth Wisse, "The Poet from Vilna" in *Jewish Review of Books* (Verão de 2010): 10-14.

[6] Krinsky-Melezin, "Answers to the Questionnaire", caixa 1; memórias de Abraham Melezin, "Making a New Life in America", caixa 1, Coleção Abraham Melezin, RG 1872, arquivos YIVO.

[7] Alexandra Wall, comunicação com o autor, e-mail, 3 ago. 2016.

[8] Rachela Krinsky-Melezin, carta a Abraham Sutzkever, 11 set. 1991, arquivo 1728.8, Coleção Sutzkever.

[9] "Ershter zhurnalistisher tsuzamentref mitn dikhter-partizan Sh. Kaczerginski" in *Idishe tsaytung* (Buenos Aires), 7 jun. 1950, p. 5.

[10] Prefácio, in *Shmerke kaczerginski ondenk-bukh*, p. 13; Jeanne Joffen, "Shmerke kaczerginski'sletste teg", in *Shmerke kaczerginski ondenk-bukh*, p. 92.

[11] "A. Sutzkever baveynt dem toyt fun Sh. Kaczerginski", *Idishe tsaytung* (Buenos Aires), 11 mai. 1954, p. 3; Max Weinreich, carta a Abraham Sutzkever, 6 mai.1954, arquivo 552c, Coleção Max Weinreich, RG 584, arquivos YIVO.

[12] Chaim Grade, "Eykh noflu giboyrim" in *Shmerke kaczerginski ondenk-bukh*, p. 43-45.

CAPÍTULO 30

[1] Račkovska, "Respublikinės spaudinių", p. 13-20; Fishman, "Tsu der geshikhte", 293-298.

[2] Shulamith e Victor Lirov, entrevista do autor, Israel, 23 dez. 1997; Rivka Charney, entrevista do autor, 2 jan. 1998.

[3] Meile Urnieziute, entrevista não publicada de entrevistador desconhecido, p. 1; Almone Sirijus Giriene, entrevista não publicada de entrevistador desconhecido, p. 3, ambas na posse do autor.

[4] Chaim Shoshkes, "Mayne ershte bagegenishn mit yidn in vilne" in *Tog-morgnzhurnal* (Nova York), 21 out. 1956.

[5] Fishman, "Tsu der geshikhte"; Shlomo Kurlianchik, entrevista do autor, Natanya, Israel, 16 dez. 1997.

CAPÍTULO 31

[1] Emanuel Zingeris, "Bikher un mentshn (vegn dem goyrl fun yidishe un hebreyishe-bikher-fondnin lite)" in *Sovetish heymland* (Moscou) (jul. 1988): 70-73; Dina Abramowicz, memorando a Samuel Norich, caixa 1, coleção não catalogada, transferência do YIVO de Vilna, 1989-, arquivos YIVO.

[2] Samuel Norich, entrevista do autor, Manhattan, Nova York, 18 abr. 2016.

[3] Richard Shephard, "Rejoining the Chapters of Yiddish Life's Story" in *New York Times*, 30 ago. 1989.

[4] Ver Hirsh Smoliakov, "Far di kumendike doyres" in *Yerusholayim de-lite* (Vilnius), jun. 1990, p. 4.

[5] Eu estava presente na reunião, nos escritórios do Comitê Estatal do Material Impresso da República Socialista Soviética da Lituânia, jun. 1989.

[6] Jonathan Mark, "Soviet Crackdown in Lithuania Clouds Jewish Archive's Fate" in *Jewish Week* (Nova York), 18 jan. 1991; Norich, entrevista.

[7] "Yivo Unpacks Treasure-Trove of Documents Lost since World War II" in *Jewish Telegraphic Agency Bulletin*, 28 fev. 1995; Jeffrey Goldberg, "The Shtetl Is Sleeping" in *New York Times Magazine*, 18 jun. 1995; Instituto YIVO, "YIVO Institute Recovers Lost Vilna Archives" in *YIVO News* (Outono 1995): 1. "Report on the Work Completed on the YIVO-Vilnius Documents", 30 jan. 1996, caixa 2, transferência do YIVO de Vilna, 1989-, arquivos YIVO.

[8] Masha Leon, "How Jewish It All Was: A Peek at YIVO's Lost World" in *Forward*, 3 mar. 1995, p. 1.

[9] Larry Yudelson, "YIVO Unpacks Documents Lost since War" in *Jewish Telegraphic Agency Bulletin*, 28 fev. 1995; Steve Lipman, "Paper Trail" in *Jewish Week* (Nova York), 3 mar. 1995, p. 1.

[10] Sutzkever, *Baym leyenen penimer*, 205-208 (seleções dessas páginas).

[11] Yudelson, "YIVO Unpacks Documents"; de maneira similar, Alexandra Wall, "Babushkaand the Paper Brigade" in *Jewish Standard* (Teaneck, NJ), 9 fev. 1996, p. 6.

REFERÊNCIAS

ABRAMOWICZ, Dina. "Vilner geto bibliotek." In Lite, edited by Mendel Sudarsky, Uriah Katsenelboge, and Y. Kisin, 1671–78. Vol. 1. New York: Kultur gezel- shaft fun litvishe yidn, 1951.
ABRAMOWICZ, Hirsz. "Khaykl lunski un di strashun bibliotek." In Farshvundene geshtaltn, 93–99. Buenos Aires: Tsentral farband fun poylishe yidn in argen- tine, 1958.
AGRANOVSKII, Genrikh, and Irina Guzenberg. Vilnius: po sledam litovskogo yeru- salima. Vilnius: Vilna Gaon State Museum, 2011.
ALUFI, Perets, ed. Eyshishok: Koroteha ve-hurbana. Jerusalem: Va'ad nitsole eyshishok be-yisrael, 1950.
ARAD, Yitzhak. Ghetto in Flames: The Struggle and Destruction of the Jews in Vilna in the Holocaust. New York: Holocaust Library, 1982.
"AZKORE nokh sh. dubnov in yivo." YIVO bleter 22, no. 1 (September–October 1943): 119.
BALBERYSZSKI, Mendl. Shtarker fun ayzn. Tel Aviv: Ha-menorah, 1967.
BEKERMAN, Y., and Z. Livneh, eds. Ka-zot hayta ha-morah zehava. Tel Aviv: Igud yotsei vilna ve-ha-sevivah be-yisrael, 1982.
BEILIS, Shloime. "Kultur unter der hak." In Portretn un problemen, 313–416. Warsaw: Yidish bukh, 1964.
———. "A vertfuler mentsh: tsum toyt fun Yankl Gutkowicz." Folks-shtime (Warsaw), August 7, 1982, 5–6.
BERNSTEIN, Leon. Ha-derekh ha-ahronah. Tel Aviv: Va'ad Tsiburi, 1990.
BLITS, Tsalel. "Vegn an altn pashkvil fun a yidishn kravchenko." Undzer Shtime (São Paulo, Brazil), December 20, 1951, 3.
BORUTA, Kazys. Skamb˙ekit v˙etroje, beržai. Vilnius: Vaga, 1975.
BROIDES, Yitzhak. Agadot yerushalayim de-lita. Tel Aviv: Igud yeotsei vilna ve-ha- sevivah be-yisrael, 1950.
CAMMY, Justin. Young Vilna: Yiddish Culture of the Last Generation. Bloomington: Indiana University Press, forthcoming.
CHARNEY, Daniel. A litvak in poyln. New York: Congress for Jewish Culture, 1945.
———. "Ver zenen di yung vilnianer?" Literarishe bleter (Warsaw) 14, February 26, 1937, 134–35.
CHRISTIAN Albrechts Universität, Kiel: Personal- und Vorlesungsverzeichnis, Sommersemester, 1959. Kiel, Germany: Walter G. Muhlau Verlag, 1959.

COHEN, Israel. Vilna. Philadelphia: Jewish Publication Society of America, 1st ed.: 1943, 2nd ed.: 1992.

DAWIDOWICZ, Lucy. From That Time and Place: A Memoir, 1938–1947. New York: Norton, 1989.

"DI LIKVIDATSYE fun vilner yidishn muzey." Nusekh vilne buletin (New York), no. 2 (August–September 1957): 4.

DOS NAYE lebn (Lodz, Poland). "Undzer batsiung tsum ratnfarnand: aroyszo- gunugen fun yidishe shrayber." November 6, 1946, 3.

DROR, Tsvika, ed. Kevutsat ha-ma'avak ha-sheniyah. Kibutz Lohamei Ha-getaot, Israel: Ghetto Fighters' House, 1987.

DWORZECKI, Mark. "Der novi fun geto (Zelig Hirsh Kalmanovitsh)." Yidisher kemfer (New York), September 24, 1948, 4–5.

———. Vayse nekht un shvartse teg: yidn-lagern in estonye. Tel Aviv: I. L. Peretz, 1970.

———. Yerushalayim de-lite in kamf un umkum. Paris: Yidish-natsionaler arbeter farband in amerike un yidisher folksfarband in frankraykh, 1948.

EHRENBURG, Ilya. Liudi, godi, zhizn: Vospominanie v triekh tomakh. Moscow: Sovetskii pisatel, 1990.

———. "Torzhestvo cheloveka." Pravda (Moscow), April 27, 1944.

ELIASBERG, Galina, Galina Evtushenko, and Anna Evtushenko. "Obraz tol'stogo v skulpture i memuaristike I. Ya. Gintsburga (k problem khudozhestvennogo vospriatie)." Vestnik VGU, Seria Filologia, Zhurnalistika 1 (2013): 124–31.

ENGELSHTERN, Leyzer. Mit di vegn fun der sheyris ha-pleyte. Tel Aviv: Igud yotsei vilna ve-ha-sevivah be-yisrael, 1976.

EVREISKAIA entsiklopedia. St. Petersburg: Brokgaus and Efron, 1906–1913. Feferman, Kiril. "Nazi Germany and the Karaites in 1938–1944: Between Racial Theory and Realpolitik." Nationalities Papers 39, no. 2 (2011): 277–94.

FISHMAN, David E. Embers Plucked from the Fire: The Rescue of Jewish Cultural Treasures in Vilna. 2nd expanded ed. New York: YIVO, 2009.

———. "Evreiskii muzei v vilniuse, 1944–1949." In Sovietica Judaica, 193–211. Jerusalem: Gesharim Press, 2017.

———. The Rise of Modern Yiddish Culture. Pittsburgh: University of Pittsburgh Press, 2005.

———. "Slave Labor Jewish Scholarship in the Vilna Ghetto." In There Is a Jewish Way of Saying Things: Studies in Jewish Literature in Honor of David G. Roskies. Bloomington: Indiana University Press, forthcoming.

———. "Tsu der geshikhte fun di yidishe zamlungen in der litvisher melukh- isher bikher-kamer." YIVO bleter (New Series) 1 (1991): 293–98.

FRIEDMAN, Philip. Their Brothers' Keepers. New York: Crown Publishers, 1957.

FUENN, Samuel Joseph. Kiryah ne'emanah: korot 'adat yisrael ba-'ir vilna. Vilna: Funk, 1915.

"FUN der vilner gezelshaft 'libhober fun yidishn altertum.'" Vilner vokhnblat 44 (November 1, 1913): 2; 47 (November 15, 1913): 2.

GERSHATER, Akiva. "Af yener zayt geto." In Bleter vegn vilne: zamlbukh, 41–45. Lodz, Poland: Farband fun vilner yidn in poyln, 1947.

GINZBURG, I. Ya. "Kak ya stal skulptorom." In Iz proshlogo: vospominania, 9–86. Leningrad: Gosudarstvennoe izdatelstvo, 1924.

GOLDBERG, Jeffrey. "The Shtetl Is Sleeping." New York Times Magazine, June 18, 1995.

GRADE, Chaim. "Froyen fun geto." Tog-morgn zhurnal (New York), June 30, 1961, January 12, 1962, January 19, 1962.

———. "Fun unter der erd." Forverts, March 15, 1979, April 1, 1979.
GRIN, Boris. "Mit sutzkevern in otriad 'nekome.'" Oystralishe yidishe nayes (Melbourne), October 13, 1961.
GRODZENSKI, A. I., ed. Vilner almanakh. Vilna: Ovnt kurier, 1939. 2nd reprint ed., New York: Moriah Offset, 1992.
GROSS, Jan T. "Witness for the Prosecution." Los Angeles Times Book Review, September 22, 2002.
GROSSMAN, Moshe. "Shemaryahu Kaczerginski." Davar (Tel Aviv), May 14, 1954, 4.
GUTKOWICZ, M. "Der yidisher muzey in vilne." Eynikayt (Moscow), March 28, 1946.
GUTKOWICZ, Yankl. "Shmerke." Di Goldene keyt 101 (1980): 105–10.
HAARETZ. "Hans Herzl's Wish Comes True— 76 Years Later." September 19, 2006. Hanisch, Ludmila. Die Nachfolger der Exegeten: Deutschsprachige Erforschung des Vorderen Orients in der ersten Hälfte des 20. Jahrhunderts. Wiesbaden, Germany: Harasowitz Verlag, 2003.
HAVLIN, Shelomo Zalman. "Pinkas kloyz ha-gra be-vilna." Yeshurun 16 (2005): 746–60.
HERMAN, Dana. "Hashavat Avedah: A History of Jewish Cultural Reconstruction Inc." PhD diss., McGill University, 2008.
IDISHE tsaytung (Buenos Aires). "A. Sutzkever baveynt dem toyt fun Sh. Kaczerginski." May 11, 1954.
———. "Ershter zhurnalistisher tsuzamentref mitn dikhter-partizan Sh. Kaczerginski." June 7, 1950.
JEWISH Telegraphic Agency Bulletin. "Gestapo Agent Who Liquidated Vilna YIVO Captured; Was Masquerading as Jewish DP." May 21, 1947.
———. "Hans Herzl, Son of Theodor Herzl, Commits Suicide after Funeral of Sister Paulina." September 18, 1930.
———. "Number of Jews in Vilna Grows to 4,000." April 12, 1945.
———. "Yivo Unpacks Treasure-Trove of Documents Lost since World War II." February 28, 1995.
KACZERGINSKI, Shmerke. "Amnestye." Yung-vilne (Vilna) 1 (1934): 25–28.
———. "Der haknkrayts iber yerushalayim de-lite." Di Tsukunft (New York) (September 1946): 638–41.
———. "Di levaye fun di kieltser kdoyshim, fun undzer spetsyeln sheliekh, Sh, Kaczerginski." Dos naye lebn (Lodz, Poland), July 12, 1946, 1.
———. "Dos vos iz geven mit bialistok vet zayn mit vilne." Vilner emes (Vilnius), December 31, 1940, 3.
———. Ikh bin geven a partisan. Buenos Aires: Fraynd funem mekhaber, 1952.
———. Khurbn vilne. New York: CYCO, 1947.
———, ed. Lider fun di getos un lagern. New York: Tsiko bikher farlag, 1948.
———. "Mayn ershter pulemiot." Epokhe (New York), nos. 31–32 (August–October 1947): 52–59.
———. "Men hot arestirt dos khazerl." Unzer moment (Regensburg, Germany), July 14, 1947, 6.
———. "Naye mentshn." Vilner emes (Vilnius), December 30, 1940, 3.
———. Partizaner geyen. 2nd ed. Buenos Aires: Tsentral farband fun poylishe yidn in argentine, 1947.
———. "Shtoyb vos frisht: 45 yor in lebn fun a bibliotek." Undzer tog (Vilna), June 4, 1937, 5.
———. Tsvishn hamer un serp: tsu der geshikhte fun der likvidatsye fun der yidisher kultur in sovetn-rusland. 2nd expanded ed. Buenos Aires: Der Emes, 1950.
———. "Vos ikh hob gezen un gehert in kielts." Undzer vort (Lodz, Poland), no. 5 (July 1946): 1–2.
KALCHEIM, Moshe, ed. Mitn shtoltsn gang, 1939–1945: kapitlen geshikhte fun partizaner kamf in di narotsher velder. Tel Aviv: Farband fun partizan, untergrunt-kemfers un geto-ufshtendlers in yisroel, 1992.

KALMANOVITCH, Zelig. "Togbukh fun vilner geto (fragment)." Edited by Shalom Luria, with Yiddish translation by Avraham Nowersztern. YIVO bleter (New Series) 3 (1997): 43–113.
———. Yoman be-geto vilna u-ketavim min ha-'izavon she-nimtsa' ba-harisot. Tel Aviv: Moreshet-Sifriat Poalim, 1977.
KASSOW, Samuel. "Vilna and Warsaw, Two Ghetto Diaries: Herman Kruk and Emanuel Ringelblum." In Holocaust Chronicles: Individualizing the Holocaust through Diaries and Other Contemporaneous Personal Accounts, edited by Robert Moses Shapiro, 171–215. Hoboken, NJ: Ktav, 1999.
KAZDAN, K. S., ed. Lerer yizker-bukh: di umgekumene lerer fun tsisho shuln in poyln. New York: Komitet, 1954.
KIZILOV, Mikhail. Sons of Scripture: The Karaites in Poland and Lithuania in the Twenti- eth Century. Berlin: De Gruyter, 2015.
KNAPHEIS, Moshe. "Di Sutzkever teg in buenos ayres." Di prese (Buenos Aires), June 10, 1953, 5.
KORCZAK, Reizl (Ruzhka). Lehavot ba-efer. 3rd ed. Merhavia, Israel: Sifriyat Po'alim, 1965.
KOSTYRCHENKO, Gennady, ed. Gosudarstvenyii antisemitizm v SSSR: Ot nachala do kulminatsii, 1938–1953. Moscow: Mezhdunarodnyi Fond Demokratia, Makerik, 2005.
———. Tainaia politika Stalina: Vlast' i antisemitizm. Moscow: Mezhdunarodnie Otnoshenia, 2003.
KOVNER, Aba. "Flekn af der moyer." Yidishe kultur (New York) (April 1947): 18–21; (May 1947): 25–28; (June 1947): 24–28.
———. "Reshita shel ha-beriha ke-tenuat hamonim." Yalkut Moreshet 37 (June 1984): 7–31.
KOWALSKI, I. A Secret Press in Nazi Europe: The Story of a Jewish United Partisan Organization. New York: Central Guide Publishers, 1969.
KRUK, Herman. The Last Days of the Jerusalem of Lithuania. Translated by Barbara Harshav. Edited by Benjamin Harshav. New Haven, CT: Yale University Press and YIVO, 2002.
———. Togbukh fun vilner geto. Edited by Mordecai W. Bernstein. New York: YIVO, 1961.
KUHN-LUDEWIG, Maria. Johannes Pohl (1904–1960): Judaist und Bibliothekar im Dienste Rosenbergs. Eine biographische Dokumentation. Hanover, Germany: Lau- rentius, 2000.
KURTZ, Michael. "The Allied Struggle over Cultural Restitution, 1942–1947." International Journal of Cultural Property 17, no. 2 (May 2010): 177–94.
———. America and the Return of Nazi Contraband. Cambridge: Cambridge University Press, 2009.
KUZNITZ, Cecile. YIVO and the Making of Modern Jewish Culture: Scholarship for the Yiddish Nation. Cambridge: Cambridge University Press, 2014.
LENEMAN, Leon. "Ven boris pasternak shenkt avek zayn lid avrom sutskevern." Di tsionistishe shtime (Paris), January 31, 1958.
LEON, Masha. "How Jewish It All Was: A Peek at YIVO's Lost World." Forward, March 3, 1995, 1.
LEVIN, Dov. "Ha-perek ha-aharon shel bate ha-sefer ha-yehudiim ha- mamlakhtiim be-vrit ha-moatsot." In Yahadut mizrah eiropa bein shoah le- tekumah, edited by Benjamin Pinkus, 88–110. Beersheba, Israel: Ben Gurion University Press, 1987.
———. Tekufah Be-Sograyim, 1939–1941. Jerusalem: Hebrew University Institute for Contemporary Jewry and Kibutz Ha-Meuhad, 1989.
———. "Tsvishn hamer un serp: tsu der geshikhte fun yidishn visnshaftlekhn institute in vilne unter der sovetisher memshole." YIVO bleter 46 (1980): 78–97.
LIPMAN, Steve. "Paper Trail." Jewish Week (New York), March 3, 1995, 1.
LUNSKI, Chaikl. "Der 'seyfer ha-zohov' in der shtrashun-bibliotek." In Vilner almanakh, edited by A. I. Grodzenski, 37–46. Vilna: Ovnt kurier, 1939. 2nd reprint ed., New York: Moriah Offset, 1992.

———. "Di yidishe historish-etnografishe gezelshaft." In Pinkes far der geshikhte fun vilne in di yorn fun milkhome un okupatsye, edited by Zalmen Rejzen, 855–64. Vilna: Historish-etnografishe gezelshaf a"n sh. an-ski, 1922.

———. "Vilner kloyzn un der shulhoyf." In Vilner zamlbukh, edited by Zemach Shabad, 97–112. Vol. 2. Vilna: N. Rozental, 1918.

MAHLER, Raphael. "Emanuel Ringelblum's briv fun varshever geto." Di Goldene keyt (Tel Aviv) 46 (1963): 10–28.

MAKHOTINA, Ekaterina. Erinnerung an den Krieg— Krieg der Erinnerungen: Litauen und der Zweite Weltkrieg. Göttingen: Vanderhoeck and Ruprecht, 2016.

MALATKOV, A. "Geratevete kultur-oytsres." Eynikayt (Moscow), August 17, 1944. Mark, Jonathan. "Soviet Crackdown in Lithuania Clouds Jewish Archive's Fate." Jewish Week (New York), January 18, 1991.

MARK, Yudl. "Zelig Kalmanovitsh." Di Goldene keyt (Tel Aviv) 93 (1977): 127–43. Markeles-Frumer, Noemi. Bein ha-kirot ve-anahnu tse'irim. Lohamei ha-geta'ot, Israel: Beit lohamei ha-geta'ot, 2005.

MAYERS, Y. "2,000 yidishe froyen bafrayt fun prison-lager in poyln; 4,000 yidn itst do in Vilne." Forverts (New York), February 27, 1945.

MAYZEL, Nakhmen. "Sholem aleykhem's briv tsu yankev dinezon." YIVO bleter 1 (1931): 385–403.

MENDELSOHN, Shloime. "Vi azoy lebn di poylishe yidn in di getos." YIVO bleter 19, no. 1 (January 1942): 1–28.

MERIN, Borukh. Fun rakev biz klooga. New York: CYCO, 1969.

MONASH University. "Biographies: Avram Zeleznikow (1924–)." Accessed Janu- ary 5, 2017. http://future.arts.monash.edu.

M.W. "Draysik nit publikirte briv fun sholem-aleykhemen." Filologishe shriftn fun yivo 3 (1929): 153–72.

NOWERSZTERN, Avraham. Avraham sutskever bi-mlo'ot lo shiv'im ta'arukha/avrom sutskever tsum vern a ben shivim, oysshtelung. Jerusalem: Jewish National and Uni- versity Library, 1983.

———. Avrom sutskever bibliografye. Tel Aviv: Yisroel bukh, 1976.

———, ed. "Briv fun maks vaynraykh tsu avrom sutzkever." Di Goldene keyt, nos. 95–96 (1978): 171–203.

ORLOVITZ-Reznik, Nesia. Ima, Ha-mutar kvar livkot? Tel Aviv: Moreshet, n.d.

O[sherovitsh], H[irsh]. "A sholem aleichem oysshtelung in vilnius." Eynikayt (Moscow), June 8, 1946, 3.

POLEVOI, B. "Ot imeni chelovechestva." Pravda, March 4, 1946, 4.

PUPKO-KRINSKY, Rachela. "Mayn arbet in YIVO unter di daytshn." YIVO bleter 30 (1947): 214–23.

RAČKOVSKA, E. "Respublikine's spaudiniu͜ saugyklos suformavimas." In Iš bibli- ografijos aruodu͜, 13–20. Vilnius: Knygu͜ ru¯ mai, 1985.

RAJAK, Zevi. "Di groyse folks-levaye far di geshendte toyres fun di vilner shuln un botei-midroshim." Der Tog (New York), April 6, 1947, 6.

RAN, Leyzer. Ash fun yerushalayim de-lite. New York: Vilner farlag, 1959.

———, ed. Yerushalayim de-lite ilustrirt un dokumentirt. New York: Vilner albom komitet, 1974.

REJZEN, Zalmen. "Doktor Teodor Herzl's umbakanter togbukh." Morgen-zhurnal, April 10, 1932.

RINDZIUNSKY, Alexander. Hurban vilna. Lohamei ha-geta'ot, Israel: Beit lohamei ha-geta'ot, 1987.

RINGELBLUM, Emanuel. Kapitlen geshikhte fun amolikn yidishn lebn in poyln. Edited by Jacob Shatzky. Buenos Aires: Tsentral fareyn fun poylishe yidn in argentine, 1953.
ROLNIKAITE, Maria. I vse eto pravda. St. Petersburg: Zolotoi Vek, 2002.
ROSKIES, David G., ed. and comp. The Literature of Destruction. Philadelphia: Jewish Publication Society of America, 1989.
ROZINA, Yu. "K voprosu ob unichtozhenii pamiatnikov istorii i kultury Vilniusa v poslevoenyi period." In Evrei v rossii: Istoria i kultura, sbornik trudov, edited by Dmitry Eliashevich, 246–52. St. Petersburg: St. Petersburg Jewish University, 1998.
RUBINSTEIN, Joshua, ed. Stalin's Secret Pogrom: The Post-War Inquisition of the Jewish Anti-Fascist Committee. New Haven, CT: Yale University Press, 2001.
SCHMIDT, I. M. Russkaia skulptura vtoroi poloviny XIX–nachala XX veka. Moscow: Iskusstvo, 1989.
SCHWARTZ, Pinkhas. "Biografye fun herman kruk." In Togbukh fun vilner geto, by Herman Kruk, edited by Mordecai W. Bernstein, xiii–xlv. New York: YIVO, 1961.
SCHULMAN, Elias. Yung vilne. New York: Getseltn, 1946.
SHEPHARD, Richard. "Rejoining the Chapters of Yiddish Life's Story." New York Times, August 30, 1989.
SHMERKE kaczerginski ondenk-bukh. Buenos Aires: A komitet, 1955.
SHOR, Fridah. Mi-likutei shoshanim 'ad brigadat ha-nyar: sipuro she beit eked ha-sefarim al shem shtrashun ve-vilna. Ariel, West Bank: Ha-merkaz ha-universitai ariel be- shomron, 2012.
SHOSHKES, Chaim. "Mayne ershte bagegenishn mit yidn in vilne." Tog-morgn zhurnal (New York), October 21, 1956.
SHUR, Grigorii. Evrei v Vil'no: Khronika, 1941–1944 gg. St. Petersburg: Obrazovanie- Kul'tura, 2000.
ŠIMAITE, Ona. "Mayne bagegenishn mit herman kruk." Undzer shtime (Paris), August 1–2, 1947.
———. "Mayn korespondents mit mentshn fun vilner geto." Di Goldene keyt 8 (1951): 203–11.
SINKOFF, Nancy. "From the Archives: Lucy S. Dawidowicz and the Restitution of Jewish Cultural Property." American Jewish History 100, no. 1 (January 2016): 117–47.
SMOLIAKOV, Hirsh. "Far di kumendike doyres." Yerusholayim de-lite (Vilnius), June 1990, 4.
SPEKTOR, Shmuel. "Ha-kara'im be-eyropah she-bi-shlitat ha-natsim be-re'i mis- makhim germani'im." Pe'amim 29 (1986): 90–108.
STEINWEIS, Alan E. Studying the Jew: Scholarly Anti-Semitism in Nazi Germany. Cambridge, MA: Harvard University Press, 2006.
STERNBERGER, Ilse. Princes without a Home: Modern Zionism and the Strange Fate of Theodore Herzl's Children, 1900–1945. San Francisco: International Scholars Publications, 1994.
SŪKYS, Julija. And I Burned with Shame: The Testimony of Ona Sˆimaite, Righteous among the Nations. Jerusalem: Yad Vashem, 2007.
———. Epistophilia: Writing the Life of Ona Simate. Lincoln: University of Ne- braska Press, 2012.
SUTZKEVER, Abraham. Baym leyenen penimer. Jerusalem: Magnes, 1993.
———. "Kerndlekh veyts." In Yidishe gas, 32–33. New York: Matones, 1947.
———. Lider fun yam ha-moves. Tel Aviv: Bergen Belzen, 1968.
———. "Rede fun sutzkever." Eynikayt (Moscow), April 6, 1944.
———. A. Sutzkever: Selected Poetry and Prose. Translated and edited by Barbara Harshav and Benjamin Harshav. Berkeley: University of California Press, 1991.
———. Vilner geto. Paris: Fareyn fun di vilner in frankraykh, 1946.

———. "Vi Z. Kalmanovitch iz umgekumen." Yidishe kultur (New York), no. 10 (October 1945): 52–53.

———. "Vos mir hobn geratevet in vilne." Eynikayt (Moscow), October 12, 1944.

SZYK, Zalmen. Toyznt yor vilne. Vilna: Gezelshaft far landkentenish, 1939. Tininis, Vytautas. Komunistinio Režimo Nusikaltimai Lietuvoje, 1944–1953. Vol. 2.

VILNIUS: International Commission for the Evaluation of the Crimes of the Nazi and Soviet Occupation Regimes in Lithuania, 2003.

TSARI, Leah. Mi-tofet el tofet: Sipura shel tzivia vildshtein. Tel Aviv: Tarbut ve-hinukh, 1971.

TUBIN, Yehuda, ed. Ruzhka: Lehimata, Haguta, Demuta. Tel Aviv: Moreshet, 1988.

TURKOW, Jonas. Farloshene shtern. Buenos Aires: Tsen.tral-farband fun poylishe yidn in argen.tine, 1953.

U[mru], D[ovid]. "Tsu der derefenung fun der yidishistisher katedre baym vilner universitet." Vilner emes (Vilnius), November 2, 1940, 1.

UNDZER tog (Vilna). "Fun der yidisher historish etnografisher gezelshaft." January 9, 1920, 3; February 4, 1920, 5.

VON PAPEN-BODEK, Patricia. "Anti-Jewish Research of the Institut zur Erforschung der Judefrage in Frankfurt am Main between 1939 and 1945." In Lessons and Legacies VI: New Currents in Holocaust Research, edited by Jeffry M. Diefendorf, 155–89. Evanston, IL: Northwestern University Press, 2004.

WALEWSKI, Richard. Jurek. Tel Aviv: Moreshet/Sifriyat Hapoalim, 1976.

WALL, Alexandra. "Babushka and the Paper Brigade." Jewish Standard (Teaneck, NJ), February 9, 1996, 6.

WEINREICH, Gabriel. "Zikhroynes vegn d"r maks vaynraykh." YIVO bleter (New Series) 3 (1997): 343–46.

WEINREICH, Max. Hitler's Professors: The Part of Scholarship in Germany's Crimes against the Jewish People. New York: YIVO, 1946.

WEISER, Kalman. Jewish People, Yiddish Nation: Noah Prylucki and the Folkists in Poland. Toronto: University of Toronto Press, 2011.

WERB, Bret. "Shmerke Kaczerginski: The Partisan Troubadour." Polin 20 (2007): 392–412.

WISSE, Ruth. "The Poet from Vilna." Jewish Review of Books (Summer 2010): 10–14.

W.K. "Die Einstige des Judentums, eine wertvolle Sonderschau des 'Einsatz- stabes Rosenberg' in Wilna." Wilnaer Zeitung, no. 194, August 20, 1942.

YANAI, Ya'akov. Mulka. Tel Aviv: 'Am oved, 1988.

Ycikas, Sima. "Zionist Activity in Post-War Lithuania." Jews in Eastern Europe (Jerusalem) 3, no. 34 (Winter 1997): 28–50.

YIVO Institute. Fun di arkhiv- un muzey-obyektn vos der yivo hot geratevet fun eyrope. New York: Author, 1943.

———. Yediyes fun amopteyl 87–88, nos. 1–2 (March–April 1940).

———. Yediyes fun YIVO. 1943–1948.

———. "YIVO Institute Recovers Lost Vilna Archives." YIVO News (Fall 1995): 1.

———. "Yizker." YIVO bleter 26, no. 1 (June–September 1945): 3–19. Yudelson, Larry. "YIVO Unpacks Documents Lost since War." Jewish
Telegraphic Agency Bulletin, February 28, 1995.

Zingeris, Emanuel. "Bikher un mentshn (vegn dem goyrl fun yidishe un hebre- yishe bikher-fondn in lite)." Sovetish heymland (Moscow) (July 1988): 70–73.

Este livro foi composto com tipografia Adobe Garamond Pro e
impresso em papel Off White 70 g/m² na RR Donnelley.